中文社会科学引文索引（CSSCI）来源集刊

人文论丛

2018年

第2辑（总第30卷）

冯天瑜　主编

教育部人文社会科学重点研究基地
武汉大学中国传统文化研究中心　主办

WUHAN UNIVERSITY PRESS
武汉大学出版社

KEY RESEARCH INSTITUTE IN UNIVERSITY

图书在版编目(CIP)数据

人文论丛.2018年.第2辑:总第30卷/教育部人文社会科学重点研究基地,武汉大学中国传统文化研究中心主办.—武汉:武汉大学出版社,2018.11
ISBN 978-7-307-20610-6

Ⅰ.人…　Ⅱ.①教…　②武…　Ⅲ.社会科学—2018—丛刊　Ⅳ.C55

中国版本图书馆CIP数据核字(2018)第254933号

责任编辑:李　程　　　责任校对:汪欣怡　　　版式设计:马　佳

出版发行:**武汉大学出版社**　　(430072　武昌　珞珈山)
　　　　　(电子邮件:cbs22@whu.edu.cn 网址:www.wdp.com.cn)
印刷:湖北恒泰印务有限公司
开本:787×1092　1/16　印张:19.75　字数:478千字　插页:2
版次:2018年11月第1版　　2018年11月第1次印刷
ISBN 978-7-307-20610-6　　定价:76.00元

《人文论丛》2018年第2辑（总第30卷）

学术顾问（以姓氏笔画为序）

卜松山　瓦格纳　艾　兰　池田知久

刘纲纪　朱　雷　李学勤　杜维明

宗福邦　饶宗颐　章开沅　谢和耐

裴锡圭

编委会成员（以姓氏笔画为序）

冯天瑜　刘礼堂　李维武　陈文新

陈　伟　陈　锋　吴根友　沈壮海

张建民　杨　华　杨逢彬　罗国祥

尚永亮　郭齐勇

主　编　冯天瑜

副主编　郭齐勇　陈　锋　陈文新　杨　华

本卷执行主编　陈文新

本卷执行编辑　王林伟　王　迪

目 录

人文探寻

文史考论

哲学与宗教

明清经济与社会

人文探寻

略议中国文化现代转进

□　冯天瑜

一、何谓现代性

从古（先代）迈向今（现代），是全球历史不断进行的过程。然而，中国 19 世纪中叶以降的古今转换非同往昔：已经完成工业革命的西方，挟其军事、经济、政治强势，打断中国文化固有的运行轨迹，现代性不期而至。这与西方的现代性是中世纪末期以来社会内生的情形颇有差异。

在西方，"现代"（modern）是与"古典"（antiquitas）相对应的概念，"现代性"略指走出中世纪的文化属性——

物质文化层面，机器生产代替手工生产、自然经济主导转向商品经济主导；

社会组织层面，近代民族国家建立，宗法皇权制退出政坛，代议制基础上的民主政制兴起；

观念层面，确定从低级到高级不断进化的线性历史观，建立在理性原则基础上的以人的独立价值为本位的自由、平等、博爱观念普及。

需要指出的是——

第一，现代性的获得，是一项世界性成就，并非一隅之地的封闭性独创。即使以原发性著称的西欧现代化，除自备条件外，也广为汲纳异域成就（如中国的四大发明等器物文化和考选文官制等制度文化），方全面赢得现代性要素；而在高级农耕文明固有轨道内运行的中国，19 世纪中叶以后，因西力东渐的激发，前进因素觉醒，进入现代性剧变，更是内外因素汇聚的产物。

第二，"现代性"是一个相对概念，所有社会，包括最具现代性的社会，都保有某些传统特点，不宜把传统性与现代性当作两个完全对立的文化标志。"传统—现代"二元割裂说不符合历史真实。

第三，现代性与西方化互有缠绕，必须惕戒其间的认识陷阱。现代性并非专属西方，现代化不等于西方化，我们所讨论的现代性，是包容中西现代化实践与理论的现代性。

第四，"现代性"时下遭遇后现代的挑战，"解构现代性"成一新命题，然而，当下时代的主潮仍是现代性的实现，诸如中国这样的后发国家，现代性尚是未竟之业，故我们在迎受后现代洗礼之际，仍然应当主要用力于现代性问题的解决。

第五，现代性即使在发源地西方，也既有连续性又有断裂性。在中国，由于现代性是经由外力引发的（内在现代性因素逐渐觉醒并发生作用），其与传统的断裂尤显突出。而要达成断裂性与连续性的统一，必须通过一个崎岖坎坷的历程，其间既面临前所未遇的危局，同时也迎来新的发展机遇，诚如清末洋务大吏所言：

> 我朝处数千年未有之奇局，自应建数千年未有之奇业。①

在"奇局"下建"奇业"，是百余年来中国人对现代转型作出的积极回应。今日波澜壮阔的中国现代化建设，正是更加宏伟的"奇局"下建"奇业"。

19世纪中叶以后的百余年，现代化浪潮自西徂东，日渐迅猛地推进，中国文化经历着"三千年未有之变局"，自晚清、民国以至于当下，中国人一直面临"现代性"的反复拷问——

> 从器物层面到制度层面，再到观念层面，中国文化迎受现代化的能力如何？
> 中国固有的"内圣外王"之学，历经工业文明的激荡，是否可以构建新"内圣"，以提升国人的精神世界，成就健全的"现代人"？
> "内圣外王"之学是否可以开出新"外王"，以构筑持续发展的制度文明与物质文明，跻身现代世界强国之林？

在严峻的民族危机挤迫下（空间性压力），在文化现代性的追问下（时间性压力），国人展开关于中国文化的新一轮自省，从而开辟艰难、壮阔的文化自觉历程。

二、现代文化奠基于三项成就的聚合

文化的现代转进，奠基于三项不可或缺的成就，尤其仰赖三项成就的聚合——

> 第一，市场机制、价值法则合理运作，商品经济充分发育；
> 第二，民主与法治从理念到制度完善化，人民主权得以真实实现；
> 第三，经由考选的科层官僚制②建立，确保权力的公正与效率。

只有当上述三项成果相互支撑、协同运作，方可迈上现代文化坦途，如果仅是其中一项孤立展开，便可能南辕北辙。例如，没有一、三两项的配合，第二项（人民主权）独

---

① （清）李鸿章：《议复张家骧争止铁路片》，《李文忠公全书》（奏稿）卷三九。
② 科层制是指一种由非世袭的、训练有素的专业人员依照既定规则持续运作的行政管理体制，保证行政责职的明确性、一致性与能力的发挥，是合议制的代替。"科层官僚制"概念由德国社会学家马克斯·韦伯提出，略指技术化、理性化和非人格化的官僚制度，是现代社会合理运行的必需。

进，将陷入民粹主义泥淖；再例如，没有第二项（人民主权）的制约，第三项（科层官僚制）将堕为专制主义的工具；若仅有二、三两项而弱于第一项（商品经济充分发育），现代文化即成无法坐实的空中楼阁。

反顾文化史便会发现，往昔中国曾在上述三方面各有程度不同的建树，向世界（尤其是向西方）奉献科层文官制等卓异创造，方使自备一、二项成就的西欧赢得三项成就的聚合，在 17 世纪以降率先启动现代化。而中国因一、二两项成就有所欠缺，早熟的官僚制在近古以至近代沦为维护专制皇权的"旧制度"，终为革命摧毁。这些成败得失，其因由皆埋伏于文化生成史的运行之间。

现代文化的转进，是一项庞大复杂的系统工程，不仅需要器物文化、制度文化、观念文化的精心建设，还尤须仰赖诸成果的有机"聚合"，单兵独往，难获成功。

经过百余年的奋起、积淀与广采博纳，当下中国程度不一地兼拥三项成果，遂有三十余年现代化建设的巨大进步；但三项成果发展并不平衡，跛足状态尚未克服，三者的聚合度更有待提升，这正是当下中国亟待解决的课题。

三、悖论四问

人们注意到文化史"长江后浪推前浪"现象，但不可忽视另一侧面：历史进步又往往包蕴着悖论①——前现代文化的成就有可能构成现代文化的阻力，现代文化则埋伏着后现代进路上的陷阱。

匈牙利思想家乔治·马尔库塞（1898—1970）指出，现代性的历史和逻辑导致了文化悖论，而恰恰是文化悖论包含的矛盾性使批判和反思成为可能，因此"文化悖论也是对多样性的一种保存，从而打破对现代性的同一性，克服现代性危机"②。

社会转型之际的中国人于困知勉行③间，已提出了如下疑问——

近代"言论界骄子"梁启超在清末即发出一个历史性拷问：为何明初出现世界最卓越的航海家郑和，但郑和之后却无第二郑和？④ 这是从海洋事业的盛衰，先期提出与"李约瑟悖论"相类似的问题。

20 世纪中后叶，长期从事中国科技史研究的英国学者李约瑟，在 7 卷 34 册巨著《中国科学技术史》第 1 卷（导论）提出以后冠名"李约瑟悖论"的问题：

> 如果我的中国朋友们在智力上和我完全一样，那为什么像伽利略、托里拆利、斯蒂文、牛顿这样的伟大人物都是欧洲人，而不是中国人或印度人呢？为什么近代科学

---

① 悖论（paradox）来自希腊语"para+dokein"，意为"多想一想"。悖论指在逻辑上可以推导出互相矛盾的结论，但表面上又能自圆其说。解决悖论需要创造性思考，悖论的解决又可以给人带来全新的观念。

② 转引自隽鸿飞、杜红燕：《东欧新马克思主义与启蒙理性》，《中国社会科学报》，2013 年 5 月 29 日，B02 版。

③ 《礼记·中庸》："或生而知之，或学而知之，或困而知之，及其知之一也。或安而行之，或利而行之，或勉强而行之，及其成功一也。"

④ 梁启超：《祖国航海大家郑和传》，《饮冰室合集·专集之九》，中华书局 1989 年版，第 11 页。

和科学革命只产生在欧洲呢?……为什么直到中世纪中国还比欧洲先进,后来却会让欧洲人着了先鞭呢?怎么会产生这样的转变呢?①

美国的中国学家本杰明·史华慈所撰《中国政治思想的深层结构》提出一个问题:

> 在中国历史中,有一思想特质似乎贯穿它的发展,我们或许可以称之为"典范",我并不是指它是儒家所特有的,而应该说是先秦许多思想家(像墨家、法家、道家等)所共有的特质。为什么我会对此感兴趣呢?因为有一个恼人的问题总是不断出现:为什么中国历史上始终不曾出现过一个与此深层结构相异的替代品(alternative)?②

史华慈所说的"深层结构",是指中国历史上至高无上的皇权。史华慈认为,在中国思想史上,从没有人设计另一套替代品。③而至高无上的皇权既是中国古代文明获得显绩的原因,又如同西方政教合一的高度集权体制一样,带来巨大负面效应,在近古和近代尤其如此。人们把这种现象称之"史华慈问题",也可以称之"史华慈悖论"。

民主人士黄炎培1945年7月访问延安时询问毛泽东:历史上很多政权"其兴也勃焉","其亡也忽焉",即朝气蓬勃地快快兴起,又匆匆忙忙地灭亡,原因是"政怠宦成""人亡政息""求荣取辱"等,有无"跳出这周期律的支配"的办法?④

"梁启超之问""李约瑟之问""史华慈之问""黄炎培之问",其侧重面有别,却都是从当下出发,试图求解历史悖论:中国曾经创造光耀千秋的古典文化,为何在近代落伍?而历史传统为何既是无尽的文化生命源泉,又形成不易超克的前行阻力?中国近代落伍和当下复兴为何都可以从历史传统中找到根据?

这些问题全都聚焦于文化的现代转进,而答案却深藏在历史的浩茫之中。

四、前　瞻

十五十六世纪以来,随着西欧诸国率先进入现代历程并向全球播散,在其影响下,中国文化的内在动力激发起来,渐次迈向现代转型之路。⑤中国文化的现代性起步,大约发端于明清之际(17世纪),而正式迈入现代文化门槛则在19世纪中叶,形成规模

---

① 该书英文版于1954年以来由剑桥大学出版社陆续出版,中文版由科学出版社20世纪80年代以来陆续出版。引文提及的伽利略、牛顿,耳熟能详,此不赘述。托里拆利(1608—1647),意大利物理学家、数学家,发明水银气压计。斯蒂文(1548—1620),比利时—荷兰物理学家,代表作《平衡术》(1586),提出杠杆理论、斜面定律,被称为阿基米德到伽利略之间最伟大的力学家。

② 《史华慈论中国·中国政治思想的深层结构》,新星出版社2006年版,第25页。

③ 笔者以为,在中国思想史上,近古的邓牧、黄宗羲、傅山、唐甄等人设计过极端皇权的替代品——"新民本"方案,不过未入主流,以"待访""潜书"之类形态隐于草野(见冯天瑜、谢贵安:《解构专制——明末清初"新民本"思想研究》,湖北人民出版社2002年版)。

④ 见黄炎培:《延安归来》,国讯书店1945年版。

⑤ 本文"现代"取泛义,包括狭义的"近代"(1840—1919)在内,直抵当代。

效应在 19 世纪末叶以降。如果说中国古典文化源远流长，根基深厚，那么，较之西方现代文化已运行四五个世纪，中国现代文化却为期不长，迄今不过百余年，尚处在初级阶段。

中国文化的古今转换与中西文化交会互为表里，而近代意义上的中西文化交会，有两个关键时段，一为明清之际（17 世纪前后百余年间），二为清民之际（19 世纪下半叶、20 世纪上半叶百年间），这也正是中国文化从古典形态向现代形态转变的两个节点，当然后者的程度与规模远高于前者。

明清之际，欧洲早期殖民主义国家的传教士东来，其宗教及科技学术进入中国，然影响力限于"形下之器"；清中叶以降，完成工业革命的英国等西方列强用炮舰加商品打开中国封闭的国门，强行将中国纳入世界统一市场和全球性国际关系。中国遭遇到"高势位"的西洋现代文化的入侵，中西文化既相冲突又相融会，这一过程造成中国文化的空前危机，也赋予中国文化新的发展机遇，其文化的物质、制度、精神诸层面渐次发生现代转型，从"中国之中国""亚洲之中国"渐次迈入"世界之中国"。

（1）明中叶以后，商品经济活跃；在观念层面，黄宗羲、顾炎武、王夫之、唐甄等思想家非君崇公，将民本思想推至新阶段，开启蒙主义之先绪。此间，西方传教士进入中土，揭开西学东渐序幕，这是继佛教东传之后，中国本土文化与外域文化的又一次会合。满洲八旗入主中原建立清王朝，其初期（顺治、康熙）并未中断这一交会过程，但雍正以后则大体使中西文化交流停顿下来。清朝前中期理学是官方哲学，朱熹的《四书集注》是科举考试的范本，而士人实际经营的则是考据学，朴学实证精神得到空前发展，成就古典文化的一次大整理，并对两汉以来经学的神圣性起着"解构"作用。

（2）清代晚期至民国间文化的现代转型，是内力和外力共同作用的结果，是西方影响与中国文化固有因素彼此激荡、相互作用的产物。在民族危亡和西方现代文化的冲击面前，中国文化自元典时代就深蕴其中的忧患意识、变易观念、华夷之辨、民本思想等精神传统，通过现代生活的激发，获得新的生命，转换为现代救亡意识、"变法—自强"思潮、革命观念以及现代民族主义、民主主义等，推助中国文化转进；至于自宋明以来隐而未彰的原发性现代文化因子，更被纳入中国文化转型的动力系统。中国现代文化并非西方文化的整体移植，而是中西文化涵化互动的产物，如果对此估计不足，必将导致对中国一百余年来现代化进程作外因论的片面解释。

（3）由于现代西方文化从东南沿海登陆，所以两广、江浙成为 19 世纪中叶以降百余年来中西文化碰撞的前沿。粤闽等地以及宋明以来就已成为文化中心的江浙等地，在这一阶段不仅是经济的重心而且是新文化的中心，其文化能量不断向内地辐射、推进。此种由南向北、由东向西的文化传播路向，与两宋以前由西向东、由北向南的文化传播路向恰成相反之势。而两湖地区则成为古与今、中与西相互交会的要冲地带，际会风云，人文荟萃。这些都构成中国现代富于特色的文化景观。

简要而言，近代中国人采纳西方文化的基本线索是，首先接受"火器历法"，随之是"制械练兵之术"，进而是"西政"：从君主立宪到民主共和国方案。中国人逐渐认识到，学习西方，只限于"声、光、化、电、营阵、军械"之类技艺固然不够，停留在行政制度的修改也无补于大计，还必须有"政治根本问题之觉悟"，尤其要"多数人之觉悟"，其中包括政治的觉悟和伦理的觉悟，这才是"吾人最后觉悟之最后觉悟"①。

面对西方的强敌、身处古今中西交会的大变局，中国人忖度思索，起初是不承认西方的形上之道与形下之器有可采之处，继而是有所汲纳、有所排拒，大体路数是：器物层面较大幅度取法西洋，制度层面、观念层面则力求保守故旧，后又渐次被动地零星采摘西政之"形"，而未能深究西政背后的西学之奥。对于中国传统的制度文化、观念文化，则缺乏现代性精选与创造性转换。这样，近代中国出现文化外层（器）与内层（道）更化的不配套、不协调，导致中国文化史上空前的道—器二元分割及体用相悖的困局，而走出困局的需求，引发了近百年来的"体用之辩"。

一种文化的体与用是历史形成的。西方现代化属于内源、自生型，其现代文化的体与用是从西方传统文化引申出来，在现代生态中形成的统一体；而中国现代化是在西方现代文明的威迫和示范下方得启动的，属于外源、次生型，不仅有古今演绎，而且需要作中西对接，而这种对接，好比人体接纳外来器官移植，易生排异反应，需要经历一个复杂而艰难的调适过程。正是在这种背景下，自清末以降展开了长时段、多层次的体用协调之路的探索。

在众多的中西体用论中，惟有"中西文化互为体用"说庶几切合现代中国文化的实际状态与未来走势。在现代化进程中，"体""用"两层面已经并继续发生着中西文化的交融互摄，体与用皆有中西互动的可能与必要。觉醒了的现代中国人既不"执古"亦不"骛外"，而以中国文化为母本，汲纳有益于现代性成长的西方文化，在体用两层面实现中西涵化，不断丰富与提升中华民族的精神家园。这里的关键环节是：弘扬中国文化刚健自强、厚德载物的精神，不单在应用技艺上，而且在本体层面和应用层面的结合上，达成中外文化的融通，从本土及世界的沃壤中生长现代文化。这是文化自觉指引下的发展进路。

由文化自省引发文化自觉，寻觅新的世界条件下中国文化"道—器"融通、"体—用"协调的健全发展路径，这是一个复杂的认识过程与实践过程，有待今人及后人努力探寻，借用屈原（约前340—前278）大夫的名言——路漫漫其修远兮，吾将上下而求索。②

当下世界尚未告别"民族国家时代"，近现代以"民族国家"为基本单位的国际秩序，依然保持下来，各国领土与主权不可侵犯依然是基本准则。至于各国的文化传统，更在新的世界条件下生机勃勃地传承发展，其丰富性并没有消融于"全球化"大潮之中。在这一意义上，当下仍处在"民族国家"与"全球化"交混的时代。以中国而言，古代那种界限模糊的"天下"意识被民族国家意识所取代不过百余年，"中国近代思想史的大部分时间里，可以说是一个使'天下'变为'国家'的过程"③。这种"民族国家"的确立以及民族文化的多元发展，是现代文明健康成长的必备条件，也是通向全球化时代的基点。当今是全球化与民族国家并存的时代，故应当从"融入世界文化统一体"与"诸民族文化多元发展"两个向度，把握未来文化。

---

① 陈独秀：《吾人最后之觉悟》，《青年杂志》1926年2月16日第1卷第6号。
② 屈原：《离骚》97句。
③ ［美］勒文森：《儒教中国及其现代命运》第1卷，加州大学出版社1968年版，第100页。

　　不同于古代、中世纪文明分途演进，现代文明是在经济一体化的大系统内展开的，诸系统固然各有差异，但在文明人类那里又存在共通的价值取向，这首先是由于人类生理条件、生命需求的基本一致，由此导引出共通的、类似的价值判断，如欺诈、偷盗、乱伦在所有文明系统都是被否定的，有的文明与宗教还专设历法，禁止欺诈、偷盗、乱伦，这是价值普遍性的一个例证。又如佛教的"慈悲"、道教的"自然"、儒学的"仁义"、基督教的"博爱"，被全人类公认其普世性。再以中国文化倡导的"信义和平"①"民无信不立"② 之"信"为例，便与世界经济伦理之首条的商业信誉一脉相通。中国传统的"讲信修睦"③，无疑张扬着普世价值。同此，"民主、自由、人权"是人类的共同追求，是人类自古以来，尤其是在近代与专制制度、蒙昧主义作斗争的过程中形成的价值共识，并非专属西方。以"民主"而论，其基旨是尊重并接受人民当家作主的权利，这历来为中国贤人所追求（近现代尤甚），中国的"民为邦本"说、"民贵君轻"说、"人皆可为尧舜"说④、"法不阿贵"说⑤、"天下者天下人之天下"说⑥，便与民主精义的取向一致。同时，中国人又不断从外来文化中吸取民主精华，增进公民自治、民意表达的程序性、规则性与公开性。中国的现代化进程离不开民主的成长，但中国的民主不是对外来民主的简单模仿，也不是固有民本思想的整体沿袭，而是中—外、古—今的综汇与再创造。

　　总之，中国文化精粹没有自外于普世价值，而是以富于民族特色的形态昭显、丰富着普世价值。文化的普世性又决不意味着排斥、取消文化的民族性。文化的普遍化（世界化）与特殊化（本土化）二者间的张力，是未来文化成长的动能所在。人类的总体性进步，依赖于诸民族文化的进步，而不是诸民族文化的衰落；世界文化的丰富性，要靠各民族文化特色的发扬去充实它，"将来世界大同，犹赖各种文化系统，各自发挥其长处，以便互相比较，互相观摩，互相取舍，互相融合"⑦。因此，中华民族文化的繁荣，不仅是中华民族的追求，也是世界各平等待我之民族的期望。中华文化健康有益的民族特征的发展，正是对全人类文化作出的一份宝贵贡献。在这一意义上，文化愈是民族的，便愈是全人类的。也是在这一意义上，一个成功的中国乃是世界的福音。

　　我们应当从历史单线进化的错觉中摆脱出来，确立多元与一体对立统一的文化观。未来的中华文化的各个不同层面，如技术层面、制度层面、风俗层面、观念层面，走向世界一体化的步伐有异，保持民族特性的程度不一，它们分别遵循自身的规律，在世界化与民族化纵横两坐标间划出各自的运行轨迹，而作为一个有机整体的中华文化，将在世界性与民族性的对立统一中阔步前进。

　　现代哲学家张岱年（1909—2004）自20世纪30年代提出，20世纪80年代以后又加以伸发"天人论古今，综创贯中外"的文化综合创新论，超越拒斥外来文化的传统主义

　　① 孙中山：《三民主义之民族主义》，商务印书馆1947年版。
　　② 《论语·颜渊》。
　　③ 《礼记·礼运》。
　　④ 《孟子·告子下》。
　　⑤ 《韩非子·有度》。
　　⑥ 《六韬·武韬·顺启第十六》载姜太公言："天下非一人之天下，乃天下人之天下也。"《吕氏春秋》载孟子语，大意相同。
　　⑦ 熊十力：《论六经》，大众书店1951年版，第113页。

和抛弃传统的西化主义的"两极性"和单向度立场，指出现代文化的健康进路——兼综东西两方之长，发扬中国固有的卓越的文化遗产，同时采纳西方的有价值的精良的贡献，融合为一，而创成一种新的文化，但不要平庸的调和，而要做一种创造的综合。①

　　未来的中华文化既不是全盘西化，也不是固有传统的整体沿袭，而是以传统格义现代、以现代格义传统，达成传统文化的现代再造；是中西之学在体与用、内与外诸层面相互渗透的综合创新体。这一历程以知识经济、信息社会建设为基础，以民主政制、健全法治的成长为保障，以人的全面发展为标志。这将是一个器物文化—制度文化—观念文化全面推进的过程，际会风云，场景复杂而壮伟。

（作者单位：武汉大学中国传统文化研究中心）

---

① 见张岱年：《文化与价值》，新华出版社 2004 年版。

儒家天下责任观的历史考察

□ 涂可国

儒家责任伦理，依据对象性客体的不同社会层面，包括主体自我对自然的责任、对自己的责任、对他人的责任、对家庭的责任、对国家的责任和对天下的责任。对这两类责任，儒家都有所涉猎，但有些是隐含的，有些是明言的。如分说，那么，儒家所言的"天下"属于与身、家、国三种相并列的狭义范畴；如总说，那么，儒家所言的"天下"是包含天（自然）、身（人）、家、国四者在内的广义范畴，它是国的扩大和延伸，由此，儒家阐发的"天下责任观"可以分成广义的和狭义的两种。一般来说，儒家所明言的责任伦理内容没有涉及对自然的责任，而着力根据《大学》提出的"格物、致知、诚意、正心、修身、齐家、治国、平天下"八条目划分主体对自己的责任、对他人的责任、对家庭的责任、对国家的责任和对天下的责任。譬如何瑭就说："人之有生，莫不有身焉，亦莫不有家焉。仕而在位，则又有国与天下之责焉。修齐治平，莫不有道，此则道之实体也。"① 就主体自我对自己的责任而言，何瑭上述一段话实质上不仅包含着家国天下责任，也蕴含着修身的责任；就主体自我对他人的责任而言，顾炎武把救民以事和救民以言分别确定为在上位者的责任和在下位者的责任②；就主体自我对国家的责任而言，顾炎武论及了"保国者"③。不过，儒家有关主体自我对自己、对他人、对家庭和对国家的明言责任比较零散，相比而言，对天下的明言责任的阐发不仅较为广泛也较为深刻，以下笔者将主要依据历史的顺序分析儒家天下责任观的历史演变和主要类型。

一、道冠天下的天下责任观

现代话语体系中，"天下"的近义词大致有世界、全国、六合、天地、寰宇等。先秦时期，"天下"是一个与"国"相对应的想象概念，它具有极大的可伸缩性、不确定性。就其内涵而言，"天下"指四海之内、全中国、人世间、社会上、全世界、所有的人，国家或国家的统治权以及自然界、天地间等。就其外延而言，"天下"有时包括"四海"在内的地理区划，有时则不包括"四海"，如《尚书·大禹谟》云："奄有四海，为天下

---

① 黄宗羲：《明儒学案·卷四十九·诸儒学案中三》，中华书局 1985 年版，第 116 页。
② 张京华校释：《日知录校释》卷二十一《直言》，岳麓书社 2011 年版，第 777 页。
③ 张京华校释：《日知录校释》卷十七《正始》，岳麓书社 2011 年版，第 557~558 页。

君";有时则是指普天之下的笼统范畴,相当于世界、六合、寰宇或宇宙、自然界、天地间等。先秦儒家构建完善了独特的"天下观",其中就包含着带有较浓厚意识形态色彩的"天下责任观"。

儒家的创始人孔子没有也不可能明确界定"天下"概念,但是《论语》大量运用"天下",据统计"天下"出现23次。《论语》"天下"范畴的用法或义项主要有:

一是对道的执着追求:

> 天下无道也久矣。①
> 天下有道则见,无道则隐。②
> 天下有道,则礼乐征伐自天子出;天下无道,则礼乐征伐自诸侯出。……天下有道,则政不在大夫。天下有道,则庶人不议。③
> 鸟兽不可与同群,吾非斯人之徒与而谁与?天下有道,丘不与易也。④

二是依善、仁、礼、义、让等德性而行天下:

> 纣之不善,不如是之甚也。是以君子恶居下流,天下之恶皆归焉。⑤
> 君子之于天下也,无适也,无莫也,义之与比。⑥
> 三以天下让。⑦
> 一日克己复礼,天下归仁焉。⑧
> 能行五者于天下,为仁矣。⑨

三是德治天下:

> 舜禹之有天下也,而不与焉。⑩
> 舜有臣五人而天下治。⑪
> 舜有天下,选于众,举皋陶,不仁者远矣。汤有天下,选于众,举伊尹,不仁者远矣。⑫

---

① 《论语·八佾》。
② 《论语·泰伯》。
③ 《论语·季氏》。
④ 《论语·微子》。
⑤ 《论语·子张》。
⑥ 《论语·里仁》。
⑦ 《论语·泰伯》。
⑧ 《论语·颜渊》。
⑨ 《论语·阳货》。
⑩ 《论语·泰伯》。
⑪ 《论语·泰伯》。
⑫ 《论语·泰伯》。

管仲相桓公，霸诸侯，一匡天下，民到于今受其赐。①

禹稷耕稼，而有天下。②

兴灭国，继绝世，举逸民，天下之民归心焉。③

孔子上述三个层面的天下观大致分为两个方面：一为描述性的文字，对舜禹和管仲治理天下的举措、成效进行介绍；二为规范性的文字，强调天下有道无道时如何待人出处，表达了对有道社会的理想追求。然而，贯彻于孔子天下观始终的一条主线就是"道"（仁义之道、统一之道、民本之道、群处之道等），建构了一种"道冠天下"的责任观，它超越了以德治国的限囿而提升到以德治天下的高度。虽然这些论断缺乏"责"与"任"的字眼，但从实质内容上体现了孔子为了天下的安宁、统一、向善、礼乐等价值目标而有道则见、克己复礼、义之与比的强烈责任感。

作为反映孔子及其弟子思想的《礼记》，其天下观非常丰富，它关于"天下"概念的用例有126项，建构了诸如"君天下""共天下""天下之达礼""天下服""分天下""周天下""天下九州岛""兼天下而有""居天下之大端""天下大治""治天下""得天下""天下大服"等多种多样有意义的概念命题，囿于篇幅，本文不可能一一论列，这里只选择列为"四书"的《大学》《中庸》对《礼记》的天下责任观做一鸟瞰式的分析。

《大学》所使用的"天下"概念大致有两层含义：第一是空间性的地理意蕴，也就是"普天之下"，如它说："盖人心之灵莫不有知，而天下之物莫不有理，惟于理有未穷，故其知有不尽也"；第二是政治性的意蕴，如它说："国治而后天下平"。

《大学》的天下责任观主要体现在"八条目"之上：

古之欲明明德于天下者，先治其国。欲治其国者，先齐其家。欲齐其家者，先修其身。欲修其身者，先正其心。欲正其心者，先诚其意。欲诚其意者，先致其知；致知在格物。物格而后知至，知至而后意诚，意诚而后心正，心正而后身修；身修而后家齐，家齐而后国治，国治而后天下平。

以"物格而后知至"为界这段话可细分为两小段，它以天下为起点和终点。前段话从社会实践意图层面说明了要做到德治天下，就必须坚持齐家、修身、正心、诚意、致知和格物的行动路线；后一段话从社会实践结果层面阐述了物格、知至、意诚、心正、身修、家齐、国治、天下平八个环节先后因果相联的入世进路。通过循环论证，它表达了儒家的"内圣外王"之道，融贯了人的物格、知至、意诚、心正、身修的自我责任和家齐、国治和天下平的社会责任，将平治天下的动机论与结果论有机统一起来。

《中庸》的天下责任观大致体现为：一是致中和。它指出："中也者，天下之大本也；和也者，天下之达道也。致中和，天地位焉，万物育焉。"这虽然主要立足于事实层次和价值层次阐发了中和是天下的大本大道，而致中和可以使天地各得其位、万物自然发育，

---

① 《论语·宪问》。

② 《论语·宪问》。

③ 《论语·尧曰》。

但结合前面的论述加以理解，可以认定它也从行为规范层面要求通过修身养性、志道慎独的工夫践履"致中和"的天下责任。二是认知和实践天下之道与德。孔子指出，为政之道在于注重修身以道、修道以仁、尊贤事亲和知人知天，而君臣、父子、夫妇、昆弟和朋友五者是天下达道，知、仁、勇三者是天下达德；无论是五达道抑或是三达德，人不可能全知全行，但一定要做到好学、力行和知耻，这是因为体会到这三者的重要性，就"知所以修身；知所以修身，则知所以治人；知所以治人，则知所以治天下国家矣"。可见，实践五达道和三达德既是个人的道德责任，也是能够治人、治国和治天下的基础。三是平治天下。孔子认为治理天下国家有九条大法，即"修身也，尊贤也，亲亲也，敬大臣也，体群臣也，子庶民也，来百工也，柔远人也，怀诸侯也"。而由于"唯天下至诚""诚者，天之道也；诚之者，人之道也"。也由于只有天下至诚的圣人，才能掌握治理天下大事的法则，建立天下的根本，了解天地的变化生育——"唯天下至诚，为能经纶天下之大经，立天下之大本，知天地之化育"。因此治理天下就必须遵循"至诚之道"。如果说平治天下为总的责任的话，那么修身、尊贤、亲亲、敬大臣、体群臣、子庶民、来百工、柔远人和怀诸侯就是完成总的责任所应履行的具体责任。四是君子王天下。孔子相信天下国家能够治理好（"天下国家可均"），但必须依靠君子，实施君子之治。在他看来，天子之所以称王于天下，就在于他制礼仪、订制度、考文字，做好了这三样大事，就不会犯大的过错；天子应当是"德位一体"的君子，而君子之道就是注重修身养性、鉴往知来、亲民信民，因此"君子动而世为天下道，行而世为天下法，言而世为天下则"。由君子称王天下必定像文王那样"壹戎衣而有天下。身不失天下之显名，尊为天子，富有四海之内"。质言之，"君子笃恭而天下平"。

二、王济天下的天下责任观

孟子可谓儒学史上天下意识最为浓厚的哲学家，他以"如欲平治天下，当今之世，舍我其谁也？"① 的英雄气概对天下之道做了深入思考，以致《孟子》一书"天下"用项高达 170 多见。学界对孟子的天下观已经有了精深研究，成果十分丰硕②，本文不可能面面俱到地罗列《孟子》中所有"天下"用例，这里只能精选其中与责任较为相关的义项加以分析。笔者认为，孟子的天下责任观可以归纳为"王济天下"，它约略呈现以下八种情形。

一是王天下：王道理想。孟子把养生丧死无憾视为王道政治的出发点，认为"王无罪岁，斯天下之民至焉"③。他充分阐明了王道政治对于天下的重要功能：如果实施尊贤使能、俊杰在位，市廛而不征、法而不廛，耕者助而不税之类的王道，就能无敌于天下，就能王天下。④ 他认为，倘若以不忍人之心行不忍人之政，那么，治理天下易如反掌：

① 《孟子·公孙丑下》。
② 参见赵汀阳：《天下体系：世界制度哲学导论》，江苏教育出版社 2005 年版；刘莉莎：《论孟子的天下观》，《湖南大学学报》（社会科学版）2017 年第 2 期等。
③ 《孟子·梁惠王上》。
④ 《孟子·公孙丑上》。

"治天下可运之掌上。"① 为此，孟子要求统治者取得天下时重王轻霸："行一不义、杀一不辜而得天下，皆不为也。是则同。"② 并基于"得道者多助，失道者寡助"的理念主张根据民心民意而非"兵革之利"威震天下。③ 孟子推崇尧舜之道，而他总结三代之治的经验是"得天下也以仁，其失天下也以不仁"④；或"不以仁政，不能平治天下"⑤；或"继之以不忍人之政，而仁覆天下矣"⑥。他概括实行仁政的政治功效就是"仁者无敌"，他引证孔子的话说："仁不可为众也。夫国君好仁，天下无敌。"⑦ 并强调"彼陷溺其民，王往而征之，夫谁与王敌？故曰：'仁者无敌。'"⑧ "仁人无敌于天下。"⑨ "国君好仁，天下无敌焉。"⑩

二是得天下：以民为本。孟子指出，天下之王要有所作为，就应坚守推恩说——"恩足以及禽兽"，做到"老吾老，以及人之老；幼吾幼，以及人之幼"，如此，"天下可运于掌"。⑪ 孟子认为，要安定天下就要"与民同忧乐"，这是因为"乐民之乐者，民亦乐其乐；忧民之忧者，民亦忧其忧。乐以天下，忧以天下，然而不王者，未之有也"⑫；而解决鳏、寡、独、孤这些天下之穷民无告的政治责任问题，就必须像文王那样"发政施仁"⑬。尤为可贵的是，孟子创立了人溺己溺说："禹、稷、颜回同道。禹思天下有溺者，由己溺之也；稷思天下有饥者，由己饥之也，是以如是其急也。禹、稷、颜子易地则皆然。"⑭ 此外，孟子还揭示了天下的得失取决于民心的道理："桀纣之失天下也，失其民也；失其民者，失其心也。得天下有道：得其民，斯得天下矣。"⑮ 由此可见，掌管天下、安定天下既是统治者的志向也是其应尽到的责任，在孟子看来，实现一统天下、治理天下的政治理想，就必须推恩行道、与民同乐、发政施仁和得民得心。

三是保天下：依仁且智与他国交往。在回答齐宣王所问"交邻国有道乎？"问题时，孟子指出两点：以大事小的仁者之道和以小事大的智者之道，认为"以大事小者，乐天者也；以小事大者，畏天者也。乐天者保天下，畏天者保其国"⑯。而在夷夏之辨中，孟子吸收了孔子"远人不服，则修文德以来之"⑰的观念，力主同处一个天下的由代表先

① 《孟子·公孙丑上》。
② 《孟子·公孙丑上》。
③ 《孟子·公孙丑上》。
④ 《孟子·离娄上》。
⑤ 《孟子·离娄上》。
⑥ 《孟子·离娄上》。
⑦ 《孟子·离娄上》。
⑧ 《孟子·梁惠王上》。
⑨ 《孟子·尽心下》。
⑩ 《孟子·尽心下》。
⑪ 《孟子·梁惠王上》。
⑫ 《孟子·梁惠王下》。
⑬ 《孟子·梁惠王下》。
⑭ 《孟子·离娄下》。
⑮ 《孟子·离娄上》。
⑯ 《孟子·梁惠王下》。
⑰ 《论语·季氏》。

进文化的夏转化处于相对落后文化地位的夷："吾闻用夏变夷者，未闻变于夷者也"①，显示了充分的文化自信、文化自觉和文化责任精神。

四是统天下：天下"大一统"。孟子在见梁惠王晓之以仁义之道时阐述了影响深远的王道政治和"大一统"思想。在孟子看来，只有具备仁心、仁德的人才能统一天下，只有葆有不忍人之心的不滥杀无辜的人才能保持国家天下的统一，也只有不嗜杀，人天下之民才能"皆引领而望之"②，因而实现天下"定于一"的社会理想，必须不嗜杀人，必须实现仁政德治，除此之外别无选择③。必须指出，孟子的"据仁统一""仁定天下"或"仁统天下"理念并非朱熹注解的那样："王文列国分争，天下当何所定。孟子对以必合于一，然后定也"④，是指诸侯国之间的统一，而是指诸侯国内部天下的统一。

五是治天下：合理的社会分工。孟子批评陈相所推崇的许行"贤者与民并耕而食，饔飧而治"观念时强调指出，社会上既有大人之事也有小人之事，不能要求一个人从事所有工作，而必须使"劳心者治人，劳力者治于人"⑤；正常的社会治理结构是治天下与从事耕种不可兼为——"劳心者治人，劳力者治于人；治于人者食人，治人者食于人"，这是天下通行的要义⑥；作为圣贤，尧舜充分认识到自己所应承担的职责是治理天下：尧把得不到舜作为自己的忧虑，舜把得不到禹、皋陶作为自己的忧虑；大舜用心于分人以财、教人以善、选贤举能，而大禹专注于治水，而不是致力于耕种⑦。

六是平天下：修身为天下之本。孟子指出，人们常说"天下国家"，殊不知，"天下之本在国，国之本在家，家之本在身"⑧。意在表明，个人的修身是天下稳固和谐的大本大源。为了天下，孟子强调注重反求诸己、修身正身："皆反求诸己，其身正而天下归之。"⑨ 基于家国同构的义理逻辑，孟子指明只要每个人孝亲敬长，那么天下就会太平："人人亲其亲、长其长而天下平。"⑩ 最有意义的是，孟子较为明确地提出了作为士的"穷则独善其身，达则兼善天下"的天下责任观：

> 尊德乐义，则可以嚣嚣矣。故士穷不失义，达不离道。穷不失义，故士得己焉；达不离道，故民不失望焉。古之人，得志，泽加于民；不得志，修身见于世。穷则独善其身，达则兼善天下。⑪
>
> 得志，与民由之；不得志，独行其道。⑫

① 《孟子·滕文公上》。
② 《孟子·梁惠王上》。
③ 《孟子·梁惠王上》。
④ 朱熹：《四书章句集注·孟子集注卷一》，中华书局2011年版，第192页。
⑤ 《孟子·滕文公上》。
⑥ 《孟子·滕文公上》。
⑦ 《孟子·滕文公上》。
⑧ 《孟子·滕文公上》。
⑨ 《孟子·离娄上》。
⑩ 《孟子·离娄上》。
⑪ 《孟子·尽心上》。
⑫ 《孟子·滕文公下》。

孟子所讲的"独善其身"并非道家式的遁世逍遥，亦非"夹起尾巴过日子"之类的犬奴哲学，更非"自扫门前雪""事不关己，高高挂起"的利己主义，而是在尊德乐义、重视道义价值的前提下，力倡"独善"与"兼善"的与世推移，它无非是要求人穷困失意时洁身修身，保持自己的美好品格；显达得志时兼济天下、与民谋利。

七是道天下：独行其道的处世哲学。孟子推崇"志士不忘在沟壑，勇士不忘丧其元"① 的英雄品格和"富贵不能淫，贫贱不能移，威武不能屈"② 的大丈夫气概，倡导"居天下之广居，立天下之正位，行天下之大道。得志与民由之，不得志独行其道"③ 的处世原则，主张根据仁义之道认识和处理天下的继位问题："非其道，则一箪食不可受于人；如其道，则舜受尧之天下，不以为泰，子以为泰乎？"④ 孟子为自己的好辩辩护时阐发了志道天下的观念。他辩解说，由于世衰道微、邪说暴行有作、臣弑君子弑父，圣王不作，诸侯放恣，处士横议，以致"杨朱墨翟之言盈天下，天下之言不归杨则归墨"⑤。因此他才像孔子一样具有深深的忧患感而"正人心，息邪说，距诐行，放淫辞"⑥。

八是贵天下：不能以天下与人。《孟子·万章》篇论及君臣、父子、兄弟等人伦关系阐释了尧舜的孝悌之道，进而提出了尊天下、贵天下的思想。孟子讲究孝亲为大："孝子之至，莫大乎尊亲；尊亲之至，莫大乎以天下养。为天子父，尊之至也；以天下养，养之至也。"⑦ 有的人批评孟子这段话宣传的是将天下的所有用来尊亲、养亲，因而属于孝亲大于爱天下、血缘亲情大于社会正义的"私天下"或"家天下"的腐败行为。显而易见，这是对"以天下养"一语的误读。孟子此一章句的真义是，一个孝子应当在合理合规的前提下尽自己能力范围的天下所有来孝敬、奉养父母。只要联系孟子强调的"天子不能以天下与人"观点就不难理解。在孟子看来，能不能"以天下与人"，一取决于天意：尧之所以传天下之位给舜是"天与之"⑧，"天不言，以行与事示之而已矣"⑨；二取决于民意："暴之于民而民受之"⑩，"天与之，人与之，故曰：天子不能以天下与人"⑪；三取决于贤能：大禹传位于自己的儿子并不是"不传于贤而传于子"⑫，而是"天与贤，则与贤；天与子，则与子"⑬。总之，天下是神圣的，是体现天（实为大自然）的意志的天下，是代表民心民意的天下，掌握天下的权力不能由一个人决定，由此彰显了必须维护天

---

① 《孟子·离娄上》。
② 《孟子·滕文公下》。
③ 《孟子·滕文公下》。
④ 《孟子·滕文公下》。
⑤ 《孟子·滕文公下》。
⑥ 《孟子·滕文公下》。
⑦ 《孟子·万章上》。
⑧ 《孟子·万章上》。
⑨ 《孟子·万章上》。
⑩ 《孟子·万章上》。
⑪ 《孟子·万章上》。
⑫ 《孟子·万章上》。
⑬ 《孟子·万章上》。

下尊严与神圣的责任感。孟子进一步指出，伊尹出于"乐尧舜之道"①"使先知觉后知，使先觉觉后觉"②的强烈历史使命感，以屈辱自己匡正天下，把拯救天下黎民百姓的重担扛在自己的肩上："自任以天下之重"③。

综上所述，孟子在承继孔子天下责任观的基础上建构了由王天下、得天下、保天下、统天下、治天下、平天下、道天下和贵天下组成的天下责任观。它也许不是自觉建构的，也不太成体系，同时孟子所说的"天下"大多数指向诸侯国范围内的有限区域，只有在论述尧舜禹古圣、周天子之治和身、家、国、天下四元结构时才指向超越国家层面的、呈同心圆状扩展的疆域，总体来说是基于先秦时期有限地理认知建构起来的时空观念，但是，它毕竟表达了儒家心系天下的情怀和以德治国的理想。尤其是它围绕治理天下、平定天下主旨所提出来的得道多助、失道寡助，仁覆天下，乐以天下、忧以天下，得其民得天下，乐天者保天下，天下一统，身正而天下归，穷则独善其身、达则兼善天下，居天下之广居、立天下之正位、行天下之大道，不以天下与人和自任以天下之重等一系列思想观念，无论是对中国主流意识形态的建构、天下国家的治理，还是对培育中国人心忧天下、天下己任的道德情操都产生了极为深广的影响。

三、兼利天下的天下责任观

为了给当政者提供"南面之术"，实现安邦定国的政治理想，荀子更是精心构建了丰富多样的"天下观"，《荀子》一书"天下观"用例高达369见，可见一斑。天下责任观是荀子天下观的重要构成，它展现在以下多个方面。

一是横行天下。荀子所讲的"横行天下"并不是横行霸道、蛮不讲理，而是指凭借自身良好的道德修养"走遍天下都不怕"。他说："体恭敬而心忠信，术礼义而情爱人，横行天下，虽困四夷，人莫不贵。劳苦之事则争先，饶乐之事则能让，端悫诚信，拘守而详，横行天下，虽困四夷，人莫不任。"④ 这是说，一个身心追求恭敬、忠信、礼义和情爱的人，即便流落于四方蛮夷之地也会受到尊敬；一个吃苦耐劳、诚实守信、品貌端详的人，即便流落于四方蛮夷之地也会受到他人的信任。

二是德取天下。夺取天下靠什么？有的靠武力征服、靠霸道阴谋。而荀子认为，虽然"贵为天子，富有天下，是人情之所同欲"⑤，可是拥有天下必须依赖王道、依赖德性。他指出："夫天生蒸民，有所以取之：志意致修，德行致厚，智虑致明，是天子之所以取天下也。"⑥ 天子获取天下的资本不是别的正是崇高的志向、敦厚的德行、聪明的智慧。荀子赞赏文武之治天下，指出为人上者的责任从积极方面说就是注重内在修养："志意定乎内，礼节修乎朝，法则度量正乎官，忠信爱利形乎下。"⑦ 从消极方面说就是反对霸道：

① 《孟子·万章上》。
② 《孟子·万章上》。
③ 《孟子·万章上》。
④ 《荀子·修身》。
⑤ 《荀子·荣辱》。
⑥ 《荀子·荣辱》。
⑦ 《荀子·儒效》。

"行一不义，杀一无罪，而得天下，不为也。"①

三是兼利天下。在《非十二子》篇中，荀子斥责邪说奸言枭乱天下，使天下不能治，主张效法舜禹之治："一天下，财万物，长养人民，兼利天下，通达之属莫不从服"②，由此他进一步为当时的志士仁人确立了一项重要责任，这就是"上则法舜、禹之制，下则法仲尼、子弓之义，以务息十二子之说"③，认为只有如此，才能除天下之害。

四是善养天下。荀子所谓的"养天下"之"养"如同他所说的"养人之欲"之"养"一样是指"治理"的意思，"养天下"即为"治天下"。他认为治理天下的根本之一就是使社会等差有序："制礼义以分之，使有贫富贵贱之等，足以相兼临者，是养天下之本也。"④ 不过，在荀子看来，治理天下的根本大法是实行王道兼具霸道，做到"仁眇天下，义眇天下，威眇天下"⑤；只要坚持修仁义、伉隆高、正法则、选贤良、养百姓的德治方针，"修其道，行其义，兴天下同利，除天下同害"⑥，就能像尧舜、汤武一样实现天下一统。如果说孔子强调"德政"、孟子凸显"仁政"，那么荀子主张"义政"。荀子指出治国理政必须贵义、敬义，根据"古者禹汤本义务信而天下治，桀纣弃义倍信而天下乱"⑦ 的历史经验，他得出结论说："凡为天下之要，义为本，而信次之。"⑧

董仲舒十分重视天下之辨，创立了以天下为忧的天下责任观。《春秋繁露》一文"天下"用例达105项，该书提出了"天下大禁""天下法""天下平""天下无二道""天下同乐""德已洽天下""天下之大""天下之常""天下之得失""治天下""大亡天下""先天下""王天下""无敌于天下""以忧天下与之"等一系列概念范式。

与天下责任伦理密切相关的有两点。

一是天下一统。董仲舒继承并发展了孟子天下"定于一"论，高举"《春秋》大一统者"的思想旗帜，要求王朝实现政治一统、思想一统和天下一统，论证了天下一统的重要性。在解释《春秋》"王正月"时，他提出了"一统于天下"的制度化改革对策："王者必改正朔，易服色，制礼乐，一统于天下，所以明易姓非继人，通以己受之于天也。"⑨据《汉书·董仲舒传》载，董仲舒依据法天而立道的原则，提出了君王的政治责任："王者上谨于承天意，以顺命也；下务明教化民，以成性也；正法度之宜，别上下之序，以防欲也。"正是根据"《春秋》大一统者，天地之常经，古今之通谊也"的观念，董仲舒提出了"罢黜百家，独尊儒术"的政治主张。

二是除天下之忧患。董仲舒云："至意虽难喻，盖圣人者贵除天下之患。贵除天下之患，故春秋重，而书天下之患遍矣。以为本于见天下之所以致患，其意欲以除天下之患，

———————————————

① 《荀子·儒效》。
② 《荀子·荣辱》。
③ 《荀子·荣辱》。
④ 《荀子·王制》。
⑤ 《荀子·王制》。
⑥ 《荀子·王霸》。
⑦ 《荀子·强国》。
⑧ 《荀子·强国》。
⑨ 《春秋繁露·三代改制质文》。

何谓哉？天下者无患，然后性可善。"① 其意是圣人认识到只有天下者无患，人性才可以为善，因而重视消除天下的患难。董仲舒还指出一个真正的君子会以天下之忧而忧："君子以天下为忧"②，而春秋之制要求务必"一统乎天子，而加忧于天下之忧也，务除天下所患"③。虽然董仲舒以上有关天下一统、除天下之忧患的言论并没有直接明言责任，且主要是针对天子的建言，但是它们弘扬了公羊学"春秋大一统"的政治理念，推动了西汉以后中国天下统一的政治实践，也为日后范仲淹提出"先天下之忧而忧，后天下之乐而乐"理念奠定了思想前提。

四、"民胞物与"的天下责任观

宋明理学家虽然对董仲舒"大一统"的政治理念不大用心，但传承了他的"天下忧患"思想。张载创新性地明确提出了"天人合一"的宇宙观和"天下一体之仁"的道德观，为其天下责任观预设了逻辑前提。张载的"天下一人而已，惟责己一身当然尔"④虽然旨在凸显责己的优先性，但隐含着"天下责任"的思想胚胎。据《张子语录》记载，张载说"为天地立志，为生民立道，为去圣继绝学，为万世开太平"⑤，后世将其改为"为天地立心，为生民立命，为往圣继绝学，为万世开太平"的"横渠四句"，用以概括其为学宗旨。实际上，天地、生民、往圣和万世可以归结为古往今来的"天下"，由此"横渠四句"充分表达了张载深厚的天下责任观。而他的"民胞物与"观念更是为天下责任创立了情感和社会基础：

> 乾称父，坤称母；予兹藐焉，乃混然中处。故天地之塞，吾其体；天地之帅，吾其性。民吾同胞，物吾与也。大君者，吾父母宗子；其大臣，宗子之家相也。尊高年，所以长其长；慈孤弱，所以幼（其）[吾]幼。圣其合德，贤其秀也。凡天下疲癃残疾、惸独鳏寡，皆吾兄弟之颠连而无告者也。⑥

显见，张载在儒家"泛爱众""万物皆备于我""天地万物一体""人不独亲其亲，不独子其子"等思想基础上，吸取了墨子的"兼相爱"、庄子的"天地与我并生，万物与我为一"、惠施的"泛爱万物，天地一体"等思想，提出了"民吾同胞，物吾与也"的观念。张载不是空洞地、完全普遍地谈论自我对天下的责任，而是把形而上的万物一体、天人一体、人我一体本体论与形而下的对他人、对天下苍生的关怀、关爱伦理学有机结合起来。对他来说，万物一体、民胞物与为自我承担天下责任提供了必要性与可能性：虽然人与人之间存在君臣、父子、兄弟、长幼、康疾等差异，但都是天地所生，彼此血肉相联、

---

① 《春秋繁露·盟会要》。
② 《春秋繁露·盟会要》。
③ 《春秋繁露·符瑞》。
④ 《张载集·正蒙》，章锡琛点校，中华书局 1978 年版，第 29 页。
⑤ 《张载集·正蒙》，章锡琛点校，中华书局 1978 年版，第 320 页。
⑥ 《张载集·正蒙》，章锡琛点校，中华书局 1978 年版，第 62 页。

血气想通，荣辱与共、痛痒相连，形成了命运共同体，需要互相挽扶、互相帮助，因而我应当尽到尊长慈弱、扶危济困的责任；也正是天下民众与我为血缘或非血缘同胞，可谓天下一家，才能相互理解、心意相通，才能"穷神过化"，才能"动心忍性、增益不能"，加之每个人都具有孟子所言的恻隐之心、同情之心，因此我才能揽责、担责，才能克服自我的私心私意，把照顾、关心天下的疲癃残疾、惸独鳏寡者转化为自己不可推卸的责任。

明代赵贞吉同样依据"道通天地万物，无古今人我"的理念确立"己任"。尽管他特别强调个人自我责任的自主性、内在性，但在阐述"己任"的过程中，揭示了由于自己尚未发展完善导致无法尽到"了天地万物也"的责任的后果，由此他主张要从"天地万物古今与我一体"或"我与天地万物古今一用"观念出发，顺应个人的性情挺立自我对于天下万物的责任。①

五、以天下为己任的天下责任观

二程着力于从政治角度发展儒家的天下责任伦理。他们陈述说："先王之世，以道治天下；后世只是以法把持天下。"② 毋庸置疑，二程推崇先王之道治而反对后世之法治，他们实则倡导"道治天下"的政治责任观。程颐说过："君相协心，非贤者任职其能施于天下乎？三者本也，制于事者用之。"③ 他以反问的方式强调，只要君相协心、任贤使能，那么就可以把立志、责任和求贤三者推广到天下，如此能够成就大事。这意味着程颐把治理天下视为君臣的共同责任。

唐朝李延寿撰写的《南史·孔休源传》道："休源风范强正，明练政体，常以天下为己任。"称赞东汉孔休源具有传统中国知识分子忧国忧民、安邦定国、志在天下的儒者责任情怀。朱熹的责任伦理思想最大的贡献是在此基础上创新性地多方面地进一步阐发了"以天下为己任"的论说。一方面他和吕祖谦在《近思录》一书中基于儒家的治道不但称赞大禹舍己从人治水，完成了一项天下重大任务："治水，天下之大任也。非其至公之心，能舍己从人，尽天下之议，则不能成其功"；强调"治天下，以正风俗、得贤才为本"。而且认为治身齐家、建立治纲、分正百职和顺天时以制事是圣人治天下之道。另一方面从人才、人格角度谈及如何识才、用才问题时，朱熹高度评价范仲淹，认为他具有济世之才，是一个"杰出人才"，然后指出："且如一个范文正公，自做秀才时便以天下为己任，无一事不理会过。一旦仁宗大用之，便做出许多事业。"④ 虽然这里的"己任"之"己"是指士大夫阶层，体现了儒家"士的自觉"精神，但未尝不可以成为天下所有人的"己任"。

朱熹"以天下为己任"的责任观念后世得到了传承，明末清初的吕留良从"仁者，爱人"的价值观角度明确提出了"仁者，以天下为己任也"⑤。借以凸显具有仁爱品德的

① 参见黄宗羲：《明儒学案·卷三十三·泰州学案二》，中华书局1985年版，第755~756页。
② 《二程集·河南程氏遗书》卷三，王孝鱼点校，《理学丛书》，中华书局2004年版，第4页。
③ 《二程集·河南程氏文集》卷五，王孝鱼点校，《理学丛书》，中华书局2004年版，第521页。
④ 《朱子语类》，黎靖德编，王星贤点校，中华书局1986年版，第3088页。
⑤ 吕留良：《四书讲义》卷十五《论语十二》。

人所应彰显的天下情怀。这一天下责任观与墨子"仁之事者，必务求兴天下之利，除天下之害，将以为法乎天下。利人乎，即为；不利人乎，即止。且夫仁者之为天下度也，非为其目之所美，耳之所乐，口之所甘，身体之所安，以此亏夺民衣食之财，仁者弗为也"① 的天下责任观有着惊人的一致性。何瑭在阐述社会责任的分野时讲过："人之有生，莫不有身焉，亦莫不有家焉。仕而在位，则又有国与天下之责焉。修齐治平，莫不有道，此则道之实体也。"② 尽管这样的责任划分带有"精英化"的偏颇，忽视了即使一般百姓也应承担治国平天下的责任，但是它毕竟创设了"天下之责"理念，为儒家的责任伦理思想作出了独特的贡献。

六、匹夫有责的责任观

前面笔者围绕儒家责任主体伦理角度论及自我的责任（"己责"）时，阐述了顾炎武把"保天下者"视为"匹夫之责"。虽然他把"保国者"单纯看成君臣的责任失之偏颇，但他说"保天下者，匹夫之贱与有责焉耳矣"③。为清代以来弘扬范仲淹"先天下之忧而忧，后天下之乐而乐"的天下责任观、彰显"天下兴亡，匹夫有责"的时代最强音作了良好的铺垫。

据《清实录·雍正朝实录》载，针对"夷夏之辨"，雍正皇帝提出了"天下一统，华夷一家"的政治理想。他说："我朝肇基东海之滨，统一诸国，君临天下。所承之统，尧舜以来中外一家之统也；所用之人，大小文武，中外一家之人也；所行之政，礼乐征伐，中外一家之政也。内而直隶各省臣民，外而蒙古极边诸部落，以及海澨山陬，梯航纳贡，异域遐方，莫不尊亲，奉以为主。"正是根据"中外一家之统，中外一家之人，中外一家之政"的观念，雍正指明了"莫不尊亲，奉以为主"的天下责任。

晚清以来深刻的民族危机激发了知识分子强烈的救国救民责任感和忧患意识，梁启超吸收了中国传统的天下责任思想特别是顾炎武的"保天下者，匹夫之贱与有责焉耳矣"理念，在《饮冰室合集》中提炼出影响深远的"天下兴亡，匹夫有责"的名句。④ 也许有人批评梁启超的天下责任观限于中华民族的救亡图存的民族主义，而不是真正的"天下一家""协和万邦"的所谓"天下主义"或"世界主义"。⑤ 的确，犹如刘莉莎所指出的，清末至民国时期，中国思想界在如何面对西方势力与一个全新的"世界"之时，"天下"观念让位于国家、民族的概念⑥，梁启超的天下责任观还只是一种民族—国家的责任观，而不是世界性的天下责任观，它有可能导致"国家之外没有责任"的逻辑。但是，

---

① 《墨子·非乐》。

② 黄宗羲：《明儒学案·卷四十九·诸儒学案中三》，中华书局 1985 年版，第 116 页。

③ 张京华校释：《日知录校释》卷十七《正始》，岳麓书社 2011 年版，第 558 页。

④ 《饮冰室合集·文集之三十三·痛定罪言·三》云："今欲国耻之一洒，其在我辈之自新……夫我辈则多矣，欲尽人而自新，云胡可致？我勿问他人，问我而已。斯乃真顾亭林所谓天下兴亡，匹夫有责也。"

⑤ 参见盛洪：《从民族主义到天下主义》，《战略与管理》1996 年第 1 期；《新帝国主义、战略恐怖主义，还是天下主义？》，《国际经济评论》2002 年第 4 期。

⑥ 参见刘莉莎：《论孟子的天下观》，《湖南大学学报》（社会科学版）2017 年第 2 期。

应当肯定，梁启超依据顾炎武"保天下者，匹夫之贱与有责焉耳矣"的语义概括出影响深远的"天下兴亡，匹夫有责"的八字成文的语型，为中华民族责任思想的发展和中国人责任感的培育作出了杰出贡献。而且，梁启超实际上认识到了超越狭隘国家主义的全人类的天下责任，正如他所说："中国人则自有文化以来，始终未尝认国家为人类最高团体。其政治伦常以全人类为其对象，故目的在平天下，而国家不过与家族同为组成'天下之一阶段'。"[1]

（作者单位：山东省社会科学院文化研究所）

---

[1] 梁启超：《先秦政治思想史》，岳麓书社 2010 年版，第 4 页。

"和"范畴与华夏水火烹调论

□ 高成鸢

一、解　题

学界历来对"和"的研究相当充分，似乎已少有开拓余地。笔者曾长期探索"华夏先民独特饮食经历"（即中餐的形成理路）空白课题，从中意外获得诸多学术启示，相信能据以对"和"的源头提出补充新见。

首先对题目中的"水火烹调"加以说明，这是华夏"粒食"文化特有的食物致熟、致美技法。它以水的存在为用火的前提条件；古佚书《本味篇》（被国学大家王利器认定为华夏"烹调经典"①　）中最早的表述是"水最为始……火为之纪"。

世界公认食肉及用火致熟是人类进化的关键。恩格斯的相关论述在中国较有权威，他断言肉食导致了"火的使用和动物的驯养"②。人类学的这些新知与中华独有的历史文献记载完全契合，汉代《白虎通·号》总结先秦诸书说"古之人民皆食禽兽肉"，燧人氏"钻木燧取火，教民熟食，避臭去毒"。③肉类的致熟，普遍采用自然界固有的天火烧烤；在西方，此法后来也被沿用于麦粉面包的烘焙。畜牧文化基因的西方烹饪，以直接用火为主要技法；而华夏先民连肉食也变为用水烹煮。西餐尽管早已包括煮法，但现代华人俞平伯仍然称之为"貊炙"④。这表明中西烹饪本质差别之所在。

二、"和"与华夏粟食"歧路"

为便于探讨，先就学界对"和"已有的认识作一简述。就笔者所见，北京大学李中华先生的《"和"论》⑤　一文较为精粹，其要义转述如下：

① 王利器：《烹调之圣伊尹说》，《中国烹饪》1980 年创刊号。
② 恩格斯：《自然辩证法》，人民出版社 1962 年版，第 143 页。
③ （清）陈立：《白虎通疏证》，中华书局 1994 年版，第 51~52 页。
④ 俞平伯：《略谈杭州北京的饮食》，聿君编：《学人谈吃》，中国商业出版社 1991 年版，第 103 页。
⑤ 李中华：《"和"论》，《光明日报》，2008 年 9 月 22 日，第 12 版。

　　"和"是中国哲学文化的最高价值标准，贯穿于六《经》，早于其他范畴。其历史动因是，地理环境决定中华农业文明异于游牧和商业类型：安土重迁、爱好和平、天人合一。"和"反映了对灾害及侵略的忧患，维系着家庭—宗法结构的凝聚。

关于"和"字的由来，李文简括前人之说：

　　《说文》："和，相应也，从口、禾声。"早期甲骨文"和"作"龢"，《说文》："龢，调也，读与和同"，二字在古代经传中通用。"龢"字从"龠"、从"禾"。《说文》："龠，乐之竹管，三孔，以和众声也。""龠"表形，"禾"表声。

按，"和"与"龢"在《说文》中是分属于"口"部、"龠"部的两个字，读音同为"禾"，前者今读去声，其字形曾为"咊"。

　　按照宋人提出的"右文"原理（即合成字右边的声符更有表义功用），①"和"字的源头，从表声的"禾"字方面所做的开拓还欠充分，需要加以补充。中国人民大学张法教授认为，"和"的意蕴，除了与表义的"口部"相关的歌咏、言谈及其人际功用外，还可以根据形声的"禾"而扩大到与植物相关的气候、土地等方面；又据《说文》"禾，木也"而推演到"木"，从而联系到上古的"中杆（'丨'）"，于是"和"便成为广泛涵盖语言、音乐、饮食、农业、社会以至"天人之和"的观念体系。②同样根据"右文原理"，本文可以从饮食史的重要角度对"禾"的广泛意蕴作进一步的拓展。

　　《说文》对"禾"的解释有三项："禾，嘉谷也"；"以二月始生，八月而熟，得之中和，故谓之禾"；"从木，象其穗"。按，"谷"可以包括"五谷"，"嘉谷"何指？段玉裁注释明确说"今俗云小米是也"。"象其穗"，段注"穗必下垂"。粟、黍之穗下垂最明显，直穗的麦类本不属于禾，而是外来作物。又，与麦类的越冬生长不同，禾生长于年中时节，因而被赋予"'中'和"的意蕴。至于稻类（大米）及下属品种的粳、糯等，其文字都属"禾"部，还有用于各种作物的种、稼等字，都体现"禾"具有华夏农耕文明出发点的地位。

　　"禾"属于木，更值得注意的还有由"木"派生的"未""味"二字，都与食物密切相关。对"未""味"分别加以考察，就会把"和"的意蕴拓展到中华饮食文化核心之"味"的内涵。

　　《说文·口部》："味，滋味也，从口，未声。"再看"未"，《说文·未部》："未，味也，六月滋味也。五行木老于未，象木重枝叶也。"段玉裁注释"六月滋味"说："《律书》曰：'味者，言万物皆成，有滋味也。'"可以论证，"味"远超饮食，是华夏文化特有的精神范畴，如"世味"一词可以概括全部人生体验。"味"由"未"字衍生而来，这是汉字"右文"法则的典型表现。"味"的本原既然能追溯到"禾"，可知作为中餐美味成因及载体的"和"，本来只与谷类食物相关。因此"和"的研究离不开华夏粟食的

---

① 裘锡圭：《文字学概要》，商务印书馆 2013 年版，第 172 页。

② 张法：《"和"的观念在中国远古的起源与特点》，《甘肃社会科学》2016 年第 3 期。

"歧路"。

华夏先民的饮食经历独异于众：黄土高原生态不良（据花粉化石分析论定），只适于耐旱的粟类生长，[①]因此先民未能经过游牧而走通"农牧互补"的普遍道路。汉初陆贾《新语·道基》总结说，神农"以为行虫走兽难以养民，乃求可食之物，尝百草之实"[②]；《淮南子·修务训》说"神农尝百草，一日而遇七十毒"。显然，先民迫于严酷的饥饿才从"百谷"中选出粟类，而进入种植单一作物的独特生存状态。谷粒不能直接用火致熟，这一难题逼出了陶鬲（鬲与"隔"通，隔开水火，鬲又改进为甑甗）及煮法、蒸法的发明。《逸周书》记载："黄帝始蒸谷为饭。黄帝始烹谷为粥。"（按，理应粥在饭先）[③]《尚书·益稷》说"烝民乃粒"，"粒食"是华夏之民的自称，如《墨子·天志》说"四海之内，粒食之民……"《礼记·王制》说"北方曰狄……有不粒食者矣"，"东方曰夷……有不火食者矣"。按，夷人不可能仍吃生肉，对"不火食"的理解，当参考谯周《古史考》所说："及神农时，民食谷；及黄帝，始有釜甑，火食之道成。"[④]这表明，只有用以水制火的烹（煮）、炊（蒸）致熟，才够上"火食之道"的文明标准，而用火烤肉被排除在烹饪"正史"之外。华夏的肉食也要符合"火食之道"；远古先民不会用盐，祭祖要用仿古的"大羹"，《礼记·乐记》曰"大羹不和"，郑玄注："大羹，肉湆，不调以盐菜。"[⑤]

笔者曾撰文指出，从"炊谷为饭"起，作为华夏饮食本质特色的"饭菜分野"（"菜"由羹演变而来）格局就已形成。[⑥]张光直先生也认为："（华人）饮食这个大范畴内有饭与菜这两个小范畴。"[⑦]谷粒脱壳、去糠才成小米，先民所食常是带糠的"脱粟"，蒸成的"干饭"粗涩难咽，连咸味（盐为人体必需）都没有，必须借助多汁的羹来"下饭"。《韩非子·外储说左上》："夫婴儿相与戏也，以尘为饭，以涂为羹。"可见饭、羹不可分离。肉料匮乏，便用野菜填充，专用动词"芼"，《礼记·内则》"芼羹"孔颖达疏："用菜杂肉内为羹。"[⑧]肉、菜互相作用，意外地创生美味；又通过"饭菜交替入口"这种中餐独特进食方式的的反衬，导致"味"从"食"中异化出来；突出表现为成语"鸡肋"从三国时代的"食之无所得"[⑨]，变为鲁迅笔下的"食之无味"[⑩]。

曲折的中餐史，可以概括为"苦尽甘来"（西方人没有吃草经历，不懂何以不苦即为

① [美]何炳棣：《读史阅世六十年》，广西师范大学出版社2009年版，第408~413页。

② 王利器：《新语校注》，中华书局1996年版，第10页。

③ 黄怀信等校注：《逸周书汇校辑注》，上海古籍出版社1995年版，第1222页。

④ 《太平御览》卷847，河北教育出版社1984年版，第7册，第808页。

⑤ （清）阮元校刻：《十三经注疏》，中华书局1980年版，第1528页。

⑥ 高成鸢：《"菜"的词义学探究：从蔬菜到菜肴的演化及其意义》，《中国烹饪》1991年第9期。

⑦ [美]张光直：《中国古代的饮食与饮食具》，张光直：《中国青铜时代》，三联书店1999年版，第350页。

⑧ （清）阮元校刻：《十三经注疏》，中华书局1980年版，第1461页。

⑨ 《三国志·魏书·武帝纪》裴松之注引《九州春秋》。

⑩ 《鲁迅书信集·致章廷谦》，《中国成语大词典》，上海辞书出版社1985年版，第515页。

"甘")。是黄土地粗涩的粟食，孕育了"味"及相关的"和"。虽然稻作更悠久，但江南"饭稻羹鱼……无冻饿之人"（《史记·货殖列传》），鱼羹无需茞菜，不利于"味"的发生。文明创造来自逆境的挑战，中华度量衡体系以黍米的直径为出发点（《汉书·律历志》）。标志着"粟食文化"占有"礼"的正统地位，及文化基因的同化力。

三、"和"：烹调技法与美味菜肴的代称

"烹调"不同于"烹饪"；"饪"即熟，"烹饪"适用于主食加工；"调"与"和"近义，菜肴加工宜用"烹调"。羹，作为"味"的载体，是最早的"烹调"品，是华夏先民的重大发明。关于美味创生的机理，商初大智者伊尹在古佚篇《本味》有缜密的思辨及表述，被收入《吕氏春秋》而得以流传。[1]原文要点如下：

> 夫三群之虫，水居者腥，肉玃者臊，草食者膻。臭恶犹美，皆有所以。凡味之本，水最为始。……九沸九变，火之为纪，时疾时徐。灭腥、去臊、除膻，必以其胜，无失其理。调和之事，必以甘酸辛苦咸。……鼎中之变，精妙微纤，口弗能言……

文中的"调和"一词，表明这段引文切合本文主题。文中强调，形成美味的基质，乃是天然气息（臭）不良（恶）的动物食料；没有"恶"，"美"就无从产生。动物可按其气息分为三类（华夏独有的动物分类法）：水生者带腥气，食肉者（如野猪）带臊气，食草者带膻气。按，肉食基因的西方文化迄今没有腥臊膻的观念，表现为词语缺乏。三种恶气分别来自特定物质（"各有所以"）；通过烹煮的"沸、变"过程，借助能与各类恶气分别相克的添加物质，就会祛除腥、臊、膻（至今烹牛肉多用花椒，烹鱼多用大蒜），而生成用语言无法形容的微妙感觉。王利器解释"必以其胜"说："器按，言必以相胜相制之品，以去其腥臊膻之臭气也。"[2]

《本味》记述的技艺名为"和羹"，见于《古文尚书·说命下》："若作和羹，尔惟盐梅。"唐代孔颖达注释说："羹须咸醋以和之。"[3]据此，"和"的词义当是"添加包括蔬菜的各类佐料、用水火烹煮，以造成美味"的动作系列。

动词"和"又可用作名词，以指代用肉料加佐料做成的烹调品。西汉辞赋家枚乘曾在名篇《七发》中赞美"肥狗之和，冒以山肤"，这种"和"就是用石耳（菌类山珍）为配料做成的狗肉羹，李善注曰："和，谓和羹也。"[4]但从语法来看，句中的"和"已成为名词。"和"用作名词，更显著的例证是《淮南子·精神训》中的"桓公甘易牙之和"之句，意为齐桓公欣赏厨师易牙做的菜肴。

《尚书·说命》中的"和羹"一词为早期孤例（甲骨及金文中尚无羹字），战国时代

---

① 陈其猷：《吕氏春秋集释》，学林出版社1995年版，第741页。
② 王利器疏证：《吕氏春秋·本味篇》，中国商业出版社1983年版，第39页。
③ （清）阮元校刻《十三经注疏》，中华书局1980年版，第175页。
④ （梁）萧统：《文选》，中华书局1981年版，第480页。

流行的似乎是简单的"割烹"之称，如《孟子·万章下》："伊尹以割烹要（商）汤。"枚乘《七发》则说"伊尹割烹，易牙调和"，可见当时已认识到厨艺发展从低到高的两个阶段。到了东汉，王充《论衡·自纪》说："狄牙（即易牙）和膳，肴无淡味。"这显示"和"的对象从菜肴进而扩大到膳食整体，可见其观念已普及泛化。

中餐的"饭—菜"处于不同的价值层次。"生米做成熟饭"也是不可逆的变化，但与"肉料＋芼菜→菜肴"不同，后者属于主料与佐料互相改变的化合作用（chemical combination，具体内容尚属未知），即《本味》所说的"沸"—"变"过程，其前提条件是水火互动——水是原料的溶解剂，火（热）是化合的催化剂。中华烹调的这一本质奥秘，到汉代才被哲人认识透彻，并有学理上的准确表述，即如《淮南子·说林训》所说：

> 水火相憎，鐕在其间，五味以和。（高诱注："鐕，小鼎。"唐代《文子·上德篇》"鐕在其间"作"鼎鬲其间"，更能概括各种烹调器皿。）

按，这句极为洗练的表述，对低层次的做饭，及做羹菜的各种材料都略而不提，以突出表明互动的水、火才是烹调的本质所在。"水火相憎"即汉语俗话"水火不（相）容"，西方语文对此无法翻译，遑论更深奥的"水火相济"（出自《周易·既济卦》），用以比喻复杂微妙的人事关系。笔者发现中西文化的这一重大差异，经深入探索已形成观点体系，有试作论文发表。[①]

"和"本是个模糊概念，它后来被用来指代具体的烹调技艺及其美味成品，必定有其无比贴切的理由。深入考察，这包含两方面的意蕴：其一，"和"指动物肉料与植物作料的化合，已如上述；其二，"和"又可指作为中餐"味道"形成原理的阴阳结合，近于《老子》"冲气以为和"。

"味"的鉴赏标准从肉食的"美"变为粒食的"甘"，《说文》："甘，从口含'一'；'一'，道也。"这似乎预示"味"像"道"一样会一分为二。后来华人的美味标准果然独有鲜（舌感，不离水）、香（鼻感，不离火）之分，近世再合一而为"味道"（章太炎在《新方言》中考订为新名词），笔者曾有专门论证，题为"道分阴阳、味合鲜香"；其中提出"道可道，是味道"的猜想。[②]"味道"是"滋味"（《说文》）与"臭"（《本味》，即 smell，古称"气"）的结合。由于吃的器官"口"的结构奇妙，舌、鼻在其中连通，而使"味"极为难知，以致《老子》也误用咸酸等"五味"代称菜肴的无尽美味。

对比而言，西方人用火烤肉，以溶液为载体的鲜味不可能被感知。精通中西文化的林语堂，曾以"烧鹅与菠菜同放在盘中"为例，断言西方人不懂"味道的调和"，并说只有鸡味渗进白菜里，白菜味钻进鸡肉中，才是调和。[③] 以上所述表明，"和"成为华夏烹调技艺之名称的充足理由。对于"和"的研究，这当然是不容忽视的。

---

① 高成鸢：《"水火"范畴与中华文化》，《社会科学论坛》2014 年第 8 期。
② 高成鸢：《从饥饿出发：华人饮食与文化》，香港三联书店 2013 年版，第 170~178 页。
③ 林语堂：《中国人的吃》，聿君编：《学人谈吃》，中国商业出版社 1991 年版，第 11 页。

四、烹调的融合是哲学之"和"内涵的核心

总括学界的相关论列，"和"的要旨似乎可以分为消极的、积极的两类。消极的"和"，意为共存诸事物相互关系的和顺不悖。积极的"和"又有两个层次：其浅层者，强调对单一性的否定，这符合音乐学的"和谐"（harmony）原理，即宁愿多音阶及不同乐器的多音色共鸣，以增加美感；深层者，特指对立诸事物经过冲突及互相同质化的改变，而形成新生事物。这是"和"的哲学内核，它与消极的"和顺"及积极的"和谐"具有一致的价值取向，但更加深入一层。

"和"的研究，从先秦文献中列举的典型例句，重要者常见以下两条：

> （1）《左传·昭公二十年》，智者晏子说："和如羹焉，水、火、醯、醢、盐、梅，以烹鱼肉。""声亦如味……五声，六律，七音，八风，九歌，以相成也。""若以水济水谁能食之？若琴瑟之专壹谁能听之？"
> （2）《国语·郑语》，智者史伯说："夫和实生物，同则不继。以它平它谓之和。""声一无听，色一无文，味一无果，物一不讲。"

考察以上两条的内容，同为智者向君主阐述政治深奥的原理，都是借用烹调及音乐两种美学实践作为比喻。对这两种借喻的重要性作比较，根据上文对"和"的文字溯源，是乐器在先；而根据两位智者的言论，却都是烹调在先。再按照在文化史上的先后来看，烹调反而在后。这显然表明，深思的智者认为，对于比喻说明复杂微妙的政治关系，后出的烹调技艺比古老的乐器结构更为契合而有效。可以说没有任何其他实例比烹调更契合作为"和"内涵核心的"以他平他"。因此，继商代宰相伊尹、傅说之后，历来都用"调和鼎鼐"作为高级政治的代称。①

分析史伯提出的"和"内涵，有两点很严苛："和"的实现过程中，对立方面必须互相改变；"和"的结果必须有新事物产生出来。音乐上的和，从和声学来看，音阶 do、sol 共鸣足以增加悦耳的美感，但却不能满足 do、sol 互相改变的条件，其共鸣的声音效果也不构成新事物。烹调则酷似政治上的君臣关系：居于主体地位的君王譬如肉料；而众位臣僚则像醋、酱、盐、梅等多种佐料一样，各以自己的个性，分别从不同方面对君王的特性发生影响，同时臣僚之间也会相互协调，结果是磨合成理想的"班子"。

要形成"和"的政治局面，首先必须排除破坏性因素，譬如和声学上切忌 mi、fa 等不和谐音阶的共鸣，以免造成刺耳效应。就此点而言，用烹调比喻政治似乎不如用音乐。然而在高厨的实践中，材料配伍的"宜忌"历来也多有讲究，尤其在烹调技艺高峰的清代，美食理论家袁枚（1716—1797）已在专著《随园食单》中把相关经验总结成文（《搭配须知》一节），其中强调烹调材料不但要"必有辅佐""交互见功"，更值得注意的是还从反面明确指出：不同于蘑菇、鲜笋的"可荤可素"，芹菜、刀豆等切忌配荤；严禁

---

① 《旧唐书·裴度传》卷一百七十四。

"置蟹粉于燕窝之中"等。①此类搭配禁忌，显然相当于音乐上 mi、fa 齐鸣的噪音效果。本文作者曾提出，袁枚的这一理论近于西方的"和声学"（harmonics），不妨称之为"和味学"的萌芽。②学界公认和声学的基础"十二平均律"是中国明代朱载堉（1536—1611）创建的，③早于擅长和声的欧洲作曲家莫扎特（1756—1791）。至于中国音乐实践上的落后，应该归因于"饥饿文化"之以饮食为先。

引用烹调史料论证"和"的哲学内涵，这种较大创新要求论据特别强固。以上所述，其理路是借助古"龢"字"右文"的"禾"字，从主食角度考察"和"与饮食的关联；鉴于"和"特指中餐中的菜肴，更有力的论证，当是提供"和"与副食相关的文字学依据。这方面笔者已发现"和"的另一变体"盉"字。

盉＝和。清代考据家王先谦曾在《荀子集解·礼论》中纠正一个错字：原书中"五位调香，所以养口也"句中的"香"应为"盉"（香本为植物的气息，荀子时代菜肴之"香"的观念尚未形成）。《荀子集解》引王念孙的考证说："香当为盉，《说文》：'盉，调味也，从皿，禾声。'今通做'和'……经传皆通用和字，而盉字遂废。"④ 据此，王念孙已明确肯定"盉"曾是调味之"和"的异体字，后来废而不用。《说文解字·鬲部》的"羹"字（篆体），许慎解释的原文"五味盉羹也"用的正是"盉"，这提供了一个铁证：迟至东汉"和"还写成"盉"。

考古学上常见名为"盉"的商周青铜食具，似乎"皿"部限定盉是容器而非烹器，然而可以论证皿类与器类互通。《说文解字》："器，皿也。"段注："皿部曰：'皿、饭食之用器也。'"然而段注又说："木部曰：有所盛曰器，无所盛曰械。"⑤ 据此，初民的制作物非"械"即"器"，区别仅在于是否"有所盛（chéng）"。据此，广义的"器"可包括皿，《荀子·礼论》原文的"五味调盉"，系因形近而误作"香"，这极有可能，因而"盉—和相通"的考证结论未见有人提出异议。

曾用于烹调的"盉"字，两个部件都属于饮食领域，"禾""皿"分别与中餐特有的饭、菜直接相关，而"盉"又与"和"相通，这一新的论据，在"和"源自音乐、源自烹调的两种观点中，大大地加强了后者的理由和依据。当然这决不意味着对前者的同时肯定，包括对音乐在先的肯定，这样，就使"和"的哲学内涵之重心发生从音乐实践方面向烹调实践方面的转移。宋代张载在《正蒙·太和篇》中提出的"仇必和而解"命题，从烹调角度也易于理解：肉料的恶气与调料的芳香和解而形成菜肴的美味。交融程度可重可轻，在于厨师的技艺与食客的口味。

中餐烹调的本质在于水火的对立统一，"和"也是水火冲突的积极结果，这样就引向《老子·第四十二章》的名言："万物负阴而抱阳，冲气以为和。"郭齐勇先生认为"气是物质、精神能量与信息的统一"⑥。笔者在比较饮食史探索中形成假想：时而有形时而无

---

① （清）袁枚：《随园食单》，中国商业出版社 1990 年版，第 7 页。

② 高成鸢：《从饥饿出发：华人饮食与文化》，香港三联书店 2013 年版，第 290~292 页。

③ 戴念祖：《天潢真人朱载堉》，大象出版社 2008 年版，第 97~137 页。

④ 转引自《汉语大辞典》第 7 卷，汉语大辞典出版社 1994 年版，第 1442 页。

⑤ （清）段玉裁：《说文解字注》，上海古籍出版社 1981 年版，第 86 页。

⑥ 郭齐勇：《中国哲学史上的非实体思想》，《郭齐勇自选集》，广西师范大学出版社 1999 年版，第 253 页。裘锡圭：《文字学概要》，商务印书馆 2013 年版，第 172 页。

形的"气"就是蒸煮中发生的水蒸气，其本质是水、火的融合。老子所谓"冲气以为和"，其"和"即水与火在冲突中交融的结果，这与史伯之"和"的内涵一致。

综上所述，"和"概念的形成，与中华文化的发展同步，经历过从反映音乐原理进而反映烹调原理的深化过程。

五、结 语

《易·系辞上》曰："形而上者谓之道，形而下者谓之器。"华夏粟食文化始于孪生的饭、羹。先民借助形而下的陶器，通过水火对立统一的烹调而创生美"味"。中华精神文明成果的形而上之"道"，只能喻之以"味"，物质文明成果的烹调技艺及"味道"的载体都曾以"和"为代称。"和"与"味"密不可分，因此"和"的研究不能忽视对烹调的考察。富含学理的中华烹调实践似乎不该被排斥于学术之外。

（作者单位：天津图书馆、天津社会科学院）

文史考论

王阳明主教文明书院背景考述[*]

□ 焦 堃

正德元年（1506）末，王阳明因参与朝中官员反对宦官刘瑾的运动而被捕下狱①，并被贬为贵州龙场驿丞。翌年十二月，王阳明由浙江动身前往贵州，并于正德三年（1508）春到达龙场。到正德五年（1510）初离开贵州赴江西庐陵知县之任为止，王阳明一共在贵州度过了大约两年的时光。而在这两年之间，除了著名的龙场顿悟之外，王阳明最为引人注目的活动当属主教贵阳文明书院。据《年谱》所记，时任贵州提学副使的席书于正德四年（1509）聘请王阳明"主贵阳书院"②，并"身率贵阳诸生，以所事师礼事之"③。王阳明在这所书院中的教育活动应当一直持续到其离开贵州为止，本文即针对此段经历，对其背景进行集中考察。

首先需要指出的是，《年谱》中所记之"贵阳书院"并非这所书院的准确名称。据先学之考证，这所书院的真正名称为"文明书院"，此点已不容疑议。④ 文明书院建成于正德元年七月，此时距王阳明到达贵州尚不足两年，可以说在王阳明前来主教时，这所书院才刚刚起步不久。本文首先对这所书院建立的背景及其当时在贵州教育事业中所占据的地位进行探讨。

文明书院系当时的贵州提学副使毛科所建。嘉靖《贵州通志》中记载："文明书院在治城内忠烈桥西，即元顺元路儒学故址，本朝弘治间提学副使毛科建。"⑤ 下附徐节所作

---

* 本文为第 50 批教育部留学回国人员科研启动基金资助项目"阳明学派形成过程及结构研究"之成果。

① 钱德洪等弟子所编纂的王阳明之年谱（本文以下称《年谱》）记载王阳明下狱的时间为正德元年二月，但据董平《王阳明的生活世界》所考证，"二月"乃是"十二月"之误。参照董平：《王阳明的生活世界》，中国人民大学出版社 2009 年版，第 23 页注 4。

② 吴光等编校：《王阳明全集（新编本）》卷三十二《年谱一》正德四年条，浙江古籍出版社 2011 年版，第 1235 页。

③ 吴光等编校：《王阳明全集（新编本）》卷三十二《年谱一》正德四年条，浙江古籍出版社 2011 年版，第 1235 页。

④ 参照谭佛佑：《王阳明"主贵阳书院"辨证》，《贵州文史丛刊》1987 年第 1 期，第 81~83 页，以及王路平：《王阳明"主贵阳书院"证误》，《浙江学刊》1997 年第 6 期，第 83~91 页。

⑤ 嘉靖《贵州通志》卷六《学校·文明书院》，《中国地方志集成·贵州府县志辑》第一册，巴蜀书社 2006 年版，第 339 页。

之书院记中详细记述了修建这所书院的经纬，其中云：

> 按察司宪副毛公……奉玺书提督学政、屯田，兼理词讼。公乃尽心所事，无一不举，首以学校为务。恒念贵阳士子虽涵濡圣化之久，人才未底其域，况初学小子立志不确，问学圈进，深以为虑，乃建书院、延师儒以陶镕之。弘治十七年，公于省城中因择忠烈桥西胡指挥废宅及四旁民居易得，遂官给以值而开拓之，右为提学分司，左为书院。……经始于是岁十月，讫工于正德元年七月。①

这段文字传达出了毛科建立文明书院的背景，即贵阳"人才未底其域"，也就是说当时贵阳的教育事业仍旧处在比较低的水平上。实际上，这一情况并非只限于贵阳，当时整个贵州皆是如此。从明初到约嘉靖年间为止，贵州都是明朝两京十三布政司中教育水平最低的地区，这一点在科举的实施情况及名额分配中有着直观的表现。日本学者道上峰史在其《明代贵州の乡试开科》一文中对明代贵州的科举实施状况进行了考述。② 据此文所述，永乐十一年（1413）设立贵州布政使司之后，贵州并未随之开始实施乡试，这在全国乃是绝无仅有。相反，永乐十四年（1416）朝廷下令贵州士子前往云南参加乡试，其后朝廷一度改令贵州士子前往湖广参加乡试，后又改为前往云南，直到嘉靖十四年（1535）贵州方才开始举行乡试，而此时距设立贵州布政司已经过去了一百二十多年。朝廷分配给贵州士子的乡试合格名额亦是各省份中最少的，在宣德四年（1429）时仅有一人，随后虽逐步增加，但到正统十二年（1447）时亦不过十人，正德五年时也不过二十一人而已；而同为文教较为落后地区的云南在宣德四年时的名额是十人，正统十二年时是十五人，正德五年则是三十四人。③

除此之外，贵州教育的落后亦体现在管理机构和官员的设置上。据道上峰史所述，正统元年（1436）在全国设立主管各省教育、考试事务的提调学校官即提学一职时，贵州和云南并未设立。④ 而弘治四年（1491）正月贵州巡按御史汪律在上奏中云此前贵州学校皆由云南提学佥事兼领，并请求在此后改由贵州兵备副使带管，获得朝廷允许。⑤ 据张德信《明代职官年表》一书，弘治四年至七年间（1491—1494），贵州提学由贵州兵备副使吴倬兼任。⑥ 兵备副使即是出任兵备道的按察司副使，虽然是民政系统的官员，但其执掌必然偏重于军务，且贵州兵备之驻地均不在贵阳⑦。《明代职官年表》又记弘治七年，贵州按察副使戚昂接替吴倬担任提学直至弘治十六年，⑧ 不过据王力《明代贵州提学官员与

---

① 嘉靖《贵州通志》卷六《学校·文明书院》，《中国地方志集成·贵州府县志辑》第一册，巴蜀书社 2006 年版，第 339 页。

② 道上峰史：《明代贵州の乡试开科》，《明清史研究》第 9 辑，2013 年，第 53~70 页。

③ 参见道上峰史：《明代贵州の乡试开科》，《明清史研究》第 9 辑，2013 年，第 65~66 页。

④ 道上峰史：《明代贵州の乡试开科》，《明清史研究》第 9 辑，2013 年，第 62 页。

⑤ 《明孝宗实录》卷四十七"弘治四年正月丙申"，"中研院"历史语言研究所，1962 年，第 950 页。

⑥ 参见张德信：《明代职官年表》，黄山书社 2009 年版，第 3860~3863 页。

⑦ 据万历《贵州通志》所记，贵州共设兵备道三员，均由按察司副使或佥事担任，分别驻普定、毕节、铜仁。参见万历《贵州通志》卷二《秩官》，书目文献出版社 1990 年版，第 30 页。

⑧ 参见张德信：《明代职官年表》，黄山书社 2009 年版，第 3863~3872 页。

地方社会》一文所述，在戚昂之后尚有沈庠任贵州提学，任职时间可能为弘治九年。① 而到弘治十六年（1503），朝廷下旨，"命贵州按察司副使毛科提调学校，兼督理屯田"②。据此看来，毛科之执掌当是以提学之职务为中心的。上引徐节所作之文明书院记中云毛科在修建文明书院的同时还修建了"提学分司"，说明在毛科上任之前贵州提学甚至没有自己专门的官署。而这亦从侧面反映了戚昂、沈庠之执掌应当并非以提学之职为中心，这两人很可能亦是以兵备副使的身分兼任提学。也就是说，自毛科上任时起，贵州才有了以文教、学校为中心职务的本省提学官。

面对贵州当时落后的教育状况，刚刚上任的毛科试图采取措施有所作为，亦是极为自然的做法。徐节所作之文明书院记中云毛科在上任后"首以学校为务"，也就是将建设文明书院作为首要任务。一般来说，弘治以后是明代的官方学校即儒学开始衰落，而民办或官办书院蓬勃发展的时期，前人研究中对此点已多有指摘。③ 但文明书院的建立却有其较为特别的背景。贵阳城内在洪武二十五年起，一直有贵州宣慰司儒学这所官方学校存在。据张羽琼《论明代贵州官学的发展》一文所述，贵州历代地方官吏对贵州宣慰司儒学均加意扶持，"到弘治年间，儒学校仍然'高明壮丽，他学莫之先也'"④。不过对于毛科来说，这样的状况显然仍旧无法令其满意。徐节之文明书院记云书院建成后，毛科"选聪俊幼生及各儒学生员之有志者二百余人"⑤ 进入书院学习。由于贵阳城内仅有贵州宣慰司儒学这一所儒学，故而记文中所云"各儒学"必然包括了贵州其他地区的儒学，即各府州县、宣慰司或是卫所的儒学。而所谓"聪俊幼生"，笔者认为很可能是来自各地社学的较为优秀的学生。也就是说，文明书院的选材范围并非只限于贵阳一地，而是整个贵州。毛科之所以建立这所学校，一是由于当时贵阳尚未设府，无法成立正式的儒学；⑥ 二则是为了便于将整个贵州的优秀学子集中起来，实施精英教育。"书院"之名称意味着文

———————

① 王力：《明代贵州提学官员与地方社会》，《石家庄学院学报》2014 年第 5 期，第 29 页。此外《明孝宗实录》又云朝廷于弘治四年四月"复除广东布政司左参政刘宪于贵州、山西按察司金事杨一清于陕西，提调学校"（《明孝宗实录》卷五十"弘治四年四月戊申"，"中研院"历史语言研究所，1962 年，第 999 页）。此处所记命刘宪于贵州提调学校一事不仅与前述命贵州兵备副使带管学校的记载相抵触，且万历《贵州通志》卷二《院司道镇题名》中所载贵州历任官员的名单中并无刘宪其人，不知是出于何因。参见万历《贵州通志》卷二《院司道镇题名》，书目文献出版社 1990 年版，第 31~42 页。

② 《明孝宗实录》卷一百九十八"弘治十六年四月壬寅"，"中研院"历史语言研究所，1962 年，第 3657 页。

③ 如可参照白新良：《中国古代书院发展史》，天津大学出版社 1992 年版，第 69~70 页。

④ 张羽琼：《论明代贵州官学的发展》，《贵州社会科学》2001 年第 4 期，第 108 页。

⑤ 嘉靖《贵州通志》卷六《学校·文明书院》，《中国地方志集成·贵州府县志辑》第一册，巴蜀书社 2006 年版，第 339 页。

⑥ 在设立布政司之前，贵阳城是贵州宣慰使司的驻地，即贵州宣卫司之治城，而贵州卫亦驻贵阳城内。永乐十一年虽设立了贵州布政使司，但布政使驻地贵阳并未随之设府，而是继续作为贵州宣慰使司之治城而存在。直到隆庆二年（1568），朝廷方迁程番府入贵阳，并于次年改程番府为贵阳府。按照明代制度，府及以下的州、县三级可建立正式的儒学，而布政司并不能直接设儒学，故而在贵阳设府以前，有资格设立儒学的只有不在布政司管辖之下的贵州宣慰司、贵州卫以及后来从贵州卫中分设的贵州前卫。而实际情况是贵州卫和贵州前卫均未设立学校，故而在贵阳府学设立之前，贵阳城中只有贵州宣慰司儒学这一所官方儒学。

明书院虽然担负着替代官方儒学培养士人的任务，但其并无朝廷分配的生员名额，其功能集中于为士人提供一个学习的场所。

前文已经述及朝廷分配给贵州的乡试合格名额虽然稀少，但却一直处于增长趋势。这说明贵州之文教水平虽然在全国处于落后状态，但却也在稳定地提高，嘉靖年间朝廷允许贵州举办乡试之举，正是这一势头持续发展的结果。① 可以想见，在这一趋势之下，贵州士人对于更为优质的教育的需求必然也在不断调高。因此可以认为，文明书院的设立一方面是对这种需求的响应，另一方面也是要有意识地将贵州的教育水平再提升一个层次。

正德四年席书接替毛科出任贵州提学，而毛科则于同年四月致仕归乡。在毛科致仕之际，王阳明专门作《送毛宪副致仕归桐江书院序》② 一文为其送行。席书接替毛科之后，依然对文明书院相当重视，《年谱》记载其曾与毛科一起"修葺书院"③。且席书继承了毛科的做法，"择州县子弟入文明书院"④，依然从全省范围内选择优秀学生进入书院学习。而其提升贵州教育水平的另一举动，便是聘请王阳明至文明书院主教。

实际上，聘请王阳明入主书院之举应当并非始于席书。王阳明有诗作《答毛拙庵见招书院》云：

> 野夫病卧成疏懒，书卷长抛旧学荒。
> 岂有威仪堪法象？实惭文檄过称扬。
> 移居正拟投医肆，虚席仍烦避讲堂。
> 范我定应无所获，空令多士笑王良。⑤

梧木《贵阳"文明书院"今何处》一文中称贵州近代著名文史专家柴晓莲先生考证此诗内容与文明书院有关，"是王阳明初来文明书院时，对贵州提学副使毛科邀请讲学的答复。王阳明在龙场驿任上，不幸病倒，但龙场没有医生，只有巫术。王阳明应邀来贵阳城内文明书院讲学，也是为了到省城贵阳就医方便。诗中表达了王阳明对毛科邀请讲学的谦虚态度"⑥。此诗乃是应毛科邀请至文明书院讲学而作应当不错，但观诗句内容，似乎王阳明并没有接受毛科之邀请，否则《年谱》中不会对此毫无记载，而称王阳明是在接到席书邀请后方"主贵阳书院"。不过无论如何，毛科曾邀请过王阳明一事应当属实。

实际上，在王明阳还身处龙场时，便已经吸引了一批士人前来随之学习。嘉靖《贵州通志》卷六《学校》阳明书院条中所收徐杏《阳明书院记》云："先生抵龙场，履若

---

① 参照道上峰史：《明代贵州の乡试开科》，《明清史研究》第 9 辑，2013 年，第 65~67 页。

② 吴光等编校：《王阳明全集（新编本）》卷二十二，浙江古籍出版社 2011 年版，第 913~914 页。

③ 吴光等编校：《王阳明全集（新编本）》卷三十二《年谱一》正德四年条，浙江古籍出版社 2011 年版，第 1235 页。

④ 道光《贵阳府志》卷五十六《明总部政绩录·席书》，《中国地方志集成·贵州府县志辑》第十三册，巴蜀书社 2006 年版，第 168 页。

⑤ 吴光等编校：《王阳明全集（新编本）》卷十九，浙江古籍出版社 2011 年版，第 742 页。

⑥ 梧木：《贵阳"文明书院"今何处》，《贵州文史》2006 年第 1 期，第 55 页。

中土。居职之暇，训诲诸夷，士类感慕者云集听讲，居民环聚而观如堵焉。"① 同书卷九《名宦》王守仁条中云："贵之诸生无远近，皆裹粮从之游。"② 王阳明所作《龙冈新构》诗二首之序中亦云："诸夷以予穴居颇阴湿，请构小庐，欣然趋事，不月而成。诸生闻之，亦皆来集，请名龙冈书院，其轩曰何陋。"③ 这些跟随王阳明学习的士人中甚至有当时贵州的官宦子弟，如据钱明考证，出身云南蒙化府的朱光霁"其父恒斋任贵州宪长，适阳明谪居龙场，于是便让他和兄从阳明而习"④。这些事实说明作为流谪而来的内地一流文人学者，王阳明甫至文教相对落后的贵州，便吸引了大量当地的士子，其文化影响力极为突出。龙场距贵阳城近在咫尺，毛科与王阳明又是余姚同乡，在这种情况下，王阳明引起主管贵州教育的毛科及其继任者席书的注意，是极为自然的事情。

关于席书聘请王阳明主文明书院一事的前后经纬，《年谱》正德四年条中记载云：

> 是年先生始论知行合一。始席元山书提督学政，问朱陆同异之辨，先生不语朱陆之学，而告之以其所悟，书怀疑而去。明日复来，举知行本体，证之五经诸子，渐有省。往复数四，豁然大悟，谓"圣人之学，复睹于今日。朱陆异同，各有得失，无事辩诘，求之吾性，本自明也"。遂与毛宪副修葺书院，身率贵阳诸生，以所事师礼事之。⑤

万历《黔记》卷三十九《宦贤列传六·提学副使席文襄公书》中亦有较为详细的记述，兹将原文抄录于下：

> 席书，字文同……正德四年副使，提学贵州。性嗜静养，学问根本周程，课士先德行后文艺。时王文成谪丞龙场驿，倡良知之学，乃具书敦请训迪诸生。其书曰："近时董诸士者，要不过属题命意，改课文、锻字句以应主司之意，裁新巧以快主司之目。上以是取士，下以是挟策。师舍是无以为教，弟子舍是无以为学。居今之时，欲变今之习，诚难矣，岂朝廷之初意乎？贵之士安于土俗，诱以禄利，尚不乐从；教以举业，复不能治。幸有治者，日省月试，又不能工，而况有大于举业者乎？舍是以教贵，诚亦难矣。……书知误天下之豪杰者，举业也；然使天下士借是而知所向上者，亦举业也。……今之教者能本之圣贤之学以从事于举业之学，亦何相妨。执事早以文学进于道理，晚以道理发为文章，倘无厌弃尘学，因进讲之间，悟以性中之道义，于举业之内，进以古人之德业，是执事一举而诸生两有所益矣。"文成既入文明书院，公暇则就书院论学，或至夜分，诸生环而观听以百数。自是贵人知从事心性，

---

① 嘉靖《贵州通志》卷六《学校·阳明书院》，《中国地方志集成·贵州府县志辑》第一册，巴蜀2006年版，第341页。
② 嘉靖《贵州通志》卷九《名宦·王守仁》，《中国地方志集成·贵州府县志辑》第一册，巴蜀2006年版，第416页。
③ 吴光等编校：《王阳明全集（新编本）》卷十九，浙江古籍出版社2011年版，第735页。
④ 钱明：《王阳明及其学派论考》，人民出版社2009年版，第358页。
⑤ 吴光等编校：《王阳明全集（新编本）》卷三十二《年谱一》正德四年条，浙江古籍出版社2011年版，第1235页。

不汩没于俗学者，皆二先生之倡也。①

结合以上两段文字，可以看出席书原本就对道学抱有兴趣，在听说王阳明在龙场所提倡的知行合一论之后与其论辩，而最终为王阳明所折服。而其聘请王阳明主文明书院之举，则是同时从"圣贤之学"和"举业之学"两方面加以考虑的。一方面，席书对单纯应付科举的"举业"持批判态度，并从其"课士先德行后文艺"的立场出发，希望王阳明向文明书院的学生讲授其思想，以陶铸这些学生之德行；另一方面，由于自身职责，席书又必须尽力提高这些学生在科举考试中的成绩，并希望王阳明能够帮助他们针对科举考试进行准备。其结果是席书希望王阳明"因进讲之间，悟以性中之道义，于举业之内，进以古人之德业"，即在讲授道学思想的同时兼顾科举。对此王阳明欣然应允，从龙场移居贵阳，负责文明书院的教学事宜。

可以看出，席书之所以能够打动王阳明前往文明书院任教，主要原因还是在于其对后者思想的认可，以及对书院教育中道学因素的重视。王阳明有诗作《春日花间偶集示门生》云：

> 闲来聊与二三子，单夹初成行暮春。
> 改课讲题非我事，研几悟道是何人。
> 阶前细草雨还碧，檐下小桃晴更新。
> 坐起咏歌俱实学，毫厘须遣认教真。②

前述梧木《贵阳"文明书院"今何处》一文称柴晓莲先生考证此诗乃是王阳明在文明书院主教时所作。③ 从诗中"改课讲题非我事，研几悟道是何人"两句可以看出，王阳明在教学中的首要目标显然是传授自身思想、促使学生"研几悟道"，而并非"改课讲题"，即针对科举进行辅导。王阳明之所以未接受毛科之邀请前往文明书院主教，亦有可能是因为毛科对其思想并无特殊兴趣，而只是单纯希望王阳明能够辅导书院学生之举业而已。不过虽然王阳明之教学以"研几悟道"为主要目标，但这并不意味着王阳明在主教文明书院期间完全没有顾及学生的举业。在传授心学思想的同时兼顾那些需要参加科举考试的学生的需要是席书的明确要求，亦是后来王阳明授徒讲学之际的一个特征。如《年谱》中记载嘉靖三年八月，王阳明在绍兴乡居讲学时，其弟子钱德洪之父向王阳明询问心学是否妨碍科举，王阳明则回答说"岂特无妨，乃大益耳"，并向其解释了其中原委。④ 在传授思想之际兼顾举业的做法应当在王阳明尚在贵州时便已经开始了。

王阳明顾及贵州士子举业一事还可从重刻《文章轨范》一事中得到印证。《文章轨

---

① 万历《黔记》卷三十九《宦贤列传六·提学副使席文襄公书》，《中国地方志集成·贵州府县志辑》第三册，巴蜀书社 2006 年版，第 192 页。

② 吴光等编校：《王阳明全集（新编本）》卷十九，浙江古籍出版社 2011 年版，第 751~752 页。

③ 梧木：《贵阳"文明书院"今何处》，《贵州文史》2006 年第 1 期，第 55~56 页。

④ 吴光等编校：《王阳明全集（新编本）》卷三十四《年谱三》嘉靖三年八月条，浙江古籍出版社 2011 年版，第 1301~1302 页。

范》是南宋谢枋得所编辑的古文范本，供需要参加科举考试的学生学习参考。正德三年，贵州巡按御史王济与左布政使郭绅等人重刻《文章轨范》供贵阳士子学习之用，并请王阳明为此书作序。王阳明所作之序即其文集中《重刻〈文章轨范〉序》一文，其中云：

> 宋谢枋得氏取古文之有资于场屋者……名之曰《文章轨范》。盖古文之奥不止于是，是独为举业者设耳。世之学者传习已久，而贵阳之士独未之多见。侍御王君汝楫于按历之暇，手录其所记忆，求善本而校是之，谋诸方伯郭公辈，相与捐俸廪之资，锓之梓，将以嘉惠贵阳之士……属守仁叙一言于简首。①

文章标题之下并标明写作时间为"戊辰"即正德三年。此版本之《文章轨范》今似已不存，但《四库全书》中收有另一版本的《文章轨范》，亦是王阳明作序，但序文落款却是"正德丙寅仲秋既望，余姚王守仁序"②。从此落款可知此序作于正德元年八月十六日，当时王阳明尚在北京任京官之职，此书亦当出版于同时期。此序除无以上引文中"世之学者……属守仁叙一言于简首"一段外，其他内容均与《重刻〈文章轨范〉序》相同，也就是说王阳明在写作《重刻〈文章轨范〉序》时只是在旧序中加入了一段说明重刻经纬的文字而已。由此可知王阳明赴贵州之前手上应当有《文章轨范》一书，并且极有可能将此书千里迢迢带到了贵州。《重刻〈文章轨范〉序》中云王济"手录其所记忆，求善本而校是之"，此用于校正的"善本"很可能便是王阳明手上的版本，或者所谓"手录其所记忆"云云只是为了将功劳算在王济头上的夸张之辞，实际情况可能是以王阳明带去的版本为底本进行了翻刻，故而王阳明才会被邀请为重刻的版本作序。总之，参与重刻《文章轨范》一事说明王阳明充分顾虑到了贵州士人从事举业的需求。并且王阳明本人亦是文章大家，上引万历《黔记》之文中，席书便称王阳明"早以文学进于道理，晚以道理发为文章"，充分肯定了王阳明的文学成就，而笔者亦曾对王阳明早年积极参与文学复古运动的经历加以考证③。由此看来，王阳明在主教文明书院期间亦很有可能对学生应付科举所必须的文章写作技能进行了指导。

通过以上论述，拙文阐明了王阳明主教文明书院之背景。文明书院之建立，乃是担任贵州提学的毛科在贵州较为落后的文教水平开始逐步提升的背景下，为进一步推进贵州的教育事业发展而采取的措施；而王阳明之所以被毛科的继任者席书邀请前往文明书院主教，除了其自身在贵州的文化影响力之外，更是由于席书对其思想的认同和倾倒。王阳明在文明书院讲学，首先是为了进一步传播自己的思想，但同时也帮助贵州士子提高在科举

① 吴光等编校：《王阳明全集（新编本）》卷二十二，浙江古籍出版社 2011 年版，第 916 页。据万历《贵州通志》卷二中所载贵州历代巡按御史及左布政使之名单，可比定"侍御王君汝楫"即王济，"方伯郭公"即郭绅。参见万历《贵州通志》卷二《院司道镇题名》，书目文献出版社 1990 年版，第 33、34 页。而据《明人室名别称字号所引》，王济之字实际当为"汝舟"。见杨廷福、杨同甫编：《明人室名别称字号索引》，上海古籍出版社 2002 年版，第 120 页。

② 谢枋得编：《文章轨范》，《景印文渊阁四库全书》集部第 1359 册，台湾"商务印书馆"1986 年版，第 543 页。

③ 参照焦堃：《论王阳明早年经历及其思想形成》，《人文论丛》2015 年第 1 辑，武汉大学出版社 2015 年版，第 99~101 页。

考试中的成绩。包括主教文明书院期间在内，王阳明在贵州培养出了一批弟子，其中有不少人经科举而进入仕途，对此钱明《王阳明及其学派论考》一书第十四章《王学之过化——黔学考》① 等著述中已有较为详细的考证，拙文兹不详述。不足不备之处，还请各位学者同道不吝指正。

（作者单位：武汉大学历史学院）

---

① 钱明：《王阳明及其学派论考》，人民出版社 2009 年版，第 352~376 页。

由《诗〈生民〉解》论戴震的疑古及史学地位

□ 李 锐

　　戴震是乾嘉汉学的代表人物，是清朝思想界的巨擘。但是长期以来，他在史学上没有很高的地位。许多研究著作或者略过不表；或者虽然关注他的史地研究，但是因其《水经注》牵涉到一桩公案，其成绩不得不大打折扣；或关注其主修的方志，却因为有与章学诚不同的意见，在今日似略显下风。与戴震颇有往复讨论的章学诚，在戴过世之后评价说"其于史学义例、古文法度，实无所解，而久游江湖，耻其有所不知，往往强为解事，应人之求，又不安于习故，妄矜独断"①。这一评价恐怕不太客观。但是章学诚因其《文史通义》《校雠通义》等著作，在近世被视为史学大家。而近人研究戴震，则多关注于他的经学、小学或哲学成就。于是，戴震在史学上没有多大建树，他的成就只在经学、小学或哲学方面，似乎就成为定论了。著名的史学家顾颉刚更说戴震小时候很有怀疑精神，但是长成之后，"没有一点疑古的成绩"②。

　　其实，事实并非如此。之所以戴震的疑古史成绩长期以来没有被人认识到，恐怕和现代的学科分工体系的弊端有关。因为乾嘉时期的学者，没有后来的文史哲分科的观念，常常是经史子集无所不读。戴震怀疑古史的工作，是在诗经学内做出来的。

　　戴震有短文《诗〈生民〉解》，不长（又见于戴震的《毛郑诗考正》），很多文集都选有此文，其要点如下：

　　　　《帝系》曰："帝喾上妃姜嫄"，本失实之词，徒以附会周人禘喾为其祖之所自出。《国语》禘、郊、宗、祖、报五者，禘、郊与宗、祖之名异。"有虞氏郊尧"，"商人禘舜"，《礼记·祭法》易之以"有虞氏郊喾"、"宗尧"，"殷人禘喾"。喾在郊、禘，未可知也。虞舍其先世而宗尧，是乱宗属矣，非也。使喾为周家祖之所自出，何《雅》、《颂》中言姜嫄、言后稷，竟无一语上溯及喾？且姜嫄有庙，而喾无庙。若曰履迹感生，不得属之喾，则喾明明非其祖之所自出。曾谓王者事祖祢之大义，

---

①　章学诚：《书朱陆篇后》，叶瑛：《文史通义校注》，中华书局 1994 年版，第 275 页。

②　顾颉刚：《崔东壁遗书·序》，上海古籍出版社 1983 年版，第 58 页。

而可蒙昧其间乎？由是以言，周祖后稷，于上更无可推。后稷非无母之子，故姜嫄不可无庙。始祖庙之外，别立姜嫄庙，不在庙制之数。《周礼》享先妣与天神、地祇、四望、山川，皆分用前代之乐，享先祖用周《大武》，此礼意之至微也，无于礼者之礼也，明乎礼可以通诗。

《诗》美姜嫄曰："克禋克祀，以弗无子。"何也？禋、祀并事天之名，德可以当神明，然后能事天。姜嫄无夫而生子，故推明其德之能禋祀上帝，既《鲁颂·閟宫》所称"赫赫姜嫄，其德不回，上帝是依"是也……

商人祖契，于上亦更无可推，故《商颂》言有娀，与周之但言姜嫄同。不然，何异知母而不知父？①

很明显，戴震是从《诗》文本出发，指出周人祖后稷，只言其母姜嫄，不及帝喾；商人祖契，也只及其母有娀，不及帝喾。戴震还从礼制出发，指出周人有姜嫄庙而无帝喾之庙，可以证明帝喾不是后稷之父。而我们知道，《帝系》《史记·五帝本纪》以及后世的各种历史著作中，多认为商周始祖都出自帝喾，皆为黄帝后裔。

因此，戴震在这短短的一段文字中，得出了一个重要的结论，即根据《诗经》，商周的始祖只是后稷和契，其上更无可推，与帝喾毫无关系。我们看戴震大约同时注释的《天问》中的"稷维元子，帝何竺之？投之于冰上，鸟何燠之？"也遵从王逸以"帝"为天帝之说，谓"后稷生而仁贤，是天独厚之也"②，而不用后世洪兴祖、朱熹等以"帝"为帝喾，"元子"为元妃（史称姜嫄为帝喾元妃）之子之说。这就表明戴震不以帝喾为后稷之父的态度，是一贯的。戴震之后，马瑞辰就根据戴说以及《天问》王逸注，举六条证据证明姜嫄不是帝喾之妃。③ 后来，皮锡瑞在其《经学通论》中也引述了戴震之说。这说明戴震之说，在清代一直受到重视。

其实，关于姜嫄是不是帝喾之妃、后稷是不是帝喾之子的问题，是一个经学史上的老问题。《诗经》毛传认为姜嫄是高辛氏之妃（本未明言高辛氏即帝喾），即是后稷有父；三家诗则都认为后稷是无父感天而生。郑笺看出了世系上的问题，认为姜嫄是尧时高辛氏之妃，同时也认为后稷是感天而生，于是调和为有父（是帝喾高辛氏之后的高辛氏）感天而生。④ 此后，这个问题又经历朝辩论，王逸、张融等尚还疑之（张融说见《毛诗正义》所引），大儒朱熹等均舍毛从郑。罗泌于《稷、契考》中也说："或者又曰：《诗》言简狄惟言从帝，《诗》美后稷惟称姜嫄，曾不及喾。刘向叙《列女传》，履迹、吞乙之事俱当尧代，而传记简狄乃谓有娀之佚女，则姜嫄果为帝喾后十世之妃。吹求微类，以疑其所自者，是不然。《世本》《大戴》之书，言昔帝喾十<卜>四妃之子皆有天下，而稷之后为周，周人既上推后稷为喾子矣，何所疑邪？"⑤ 表明当时人仍有不信者，罗泌反驳之，

────────────────

① 戴震：《戴震全集》第二册，清华大学出版社 1992 年版，第 1217～1219、1245～1247 页。标点不全依原文。

② 戴震：《戴震全集》第二册，清华大学出版社 1992 年版，第 930 页。

③ 马瑞辰：《毛诗传笺通释》卷 25，中华书局 1989 年版，第 871～872 页。

④ 其实郑玄注礼《檀弓》与笺诗《生民》时意见并不一致，罗泌已经指出此一点。但据黄以周《儆季杂著文钞》卷四《答郑康成学业次第问》所言，郑玄注礼在笺诗之前。故当以后说为正。

⑤ 《路史·发挥》明乔可传本，第四卷。

不过反驳得并不有力。

到清代，陈启源的《毛诗稽古编》也看出了矛盾，指出："况使后稷之生，果系人道交接，有父有母，则周家不应特立姜嫄之庙，别奏先姒之乐，而《生民》、《閟宫》二诗亦何为独美稷之母，不及其父乎？"我们看前面戴震之说，正是提到了姜嫄有庙而帝喾无庙，以及《周礼》享先姒用乐，《生民》《閟宫》皆美姜嫄。但是陈启源到此却放弃了，说"天地之大，奇诡变幻，难尽以理概耳"①。因此，真正完成否定姜嫄是帝喾之妃、后稷是帝喾之子的人，是戴震。

在当时的学术氛围中，戴震能得出这一结论，相当了不起。戴震这种敢于打破旧说的态度，和他在其他方面比如做《孟子字义疏证》以颠覆宋儒讲心性论的风格，非常相似。戴震倡导由小学通经学，他又由经学而入史学，根据经学研究成果，来判断史学中的商周始祖的问题。后来张之洞明确提出应该由小学入经学，由经学入史学，以之为学术的正路，这恐怕与戴震很有关系。

清代后来发展出了今、古文学派，今文学的代表皮锡瑞在其《经学通论》中的《诗经》部分中，作有《论诗齐鲁韩说圣人皆无父感天而生，太史公褚先生郑君以为有父又感天乃调停之说》《论〈生民〉〈玄鸟〉〈长发〉〈閟宫〉四诗当从三家不当从毛》，讨论《生民》与经今文、古文说的问题，认为当用圣人无父感天而生之说，并在后一文中撮引戴震之语作为证据。当然，其时的古文学派，也有很多人继续调和毛郑，完全不管戴震之说。

梁启超在 1921 年的《中国历史研究法》中，也提到契、稷非帝喾。② 梁启超对于戴震有专门研究，他很可能是根据戴震之说得出的结论。当然，这也有可能是根据当时的今文经学衍生出的结论，但其近源应该是戴震之说。

1923 年，顾颉刚在《与钱玄同先生论古史书》一文中，提出了著名的"层累地造成的中国古史"说。顾颉刚的基本思路，是根据古书篇章的年代先后，编排史料的先后，考察史料所含古史的先后顺序。其最重要的结论，是围绕《诗经》得出的。他说《诗经》未言黄帝、尧舜，所以其时还没有这些人。其开篇是根据《商颂·玄鸟》的"天命玄鸟，降而生商"、《大雅·绵》的"民之初生，自土沮漆"，《大雅·生民》的"厥初生民，时维姜嫄"，推出"可见他们只是把本族形成时的人作为始祖，并没有很远的始祖存在他们的意想之中。他们只是认定一个民族有一个民族的始祖，并没有许多民族公认的始祖"。

我们看顾颉刚由《玄鸟》《绵》《生民》等推出"没有许多民族公认的始祖"，实际上根源就是后稷、契皆不是帝喾之子，所以商周不同源。而所谓"《诗经》未言黄帝、尧舜，所以其时还没有这些人"，也和戴震的思路相近——从《诗》文本出发，指出周人祖后稷，只言其母姜嫄，不及帝喾；商人祖契，也只及其母有娀，不及帝喾。这就是因为《诗经》未言帝喾，所以没有帝喾。

然则但凡了解戴震或清代今文家之说的学者，都不难得出商周不同源的结论，也不难

---

① 陈启源：《毛诗稽古编》，阮元、王先谦编：《清经解·清经解续编》卷78，上海书店 1988 年版，第 423 页 A。

② 梁启超：《中国历史研究法》第五章，上海古籍出版社 1998 年版，第 79~81 页。

认为没有帝喾——可是从毛传、郑笺来看，仍然可以认为当时存在尧舜。因此，当顾颉刚在《答刘胡两先生书》中提出其"层累地造成的中国古史"说，可以"打破民族出于一元的观念"，仿佛非常难得时，想不到刘掞藜的态度竟然是表示同意①。刘掞藜等所要反对顾颉刚之说的重点是尧舜禹的问题。

顾颉刚的"层累地造成的中国古史"说，当然有不同于戴震的地方，譬如重视古书的时间序列等。但是其核心命题，乃至论证思路，却和戴震紧密相关。而且顾颉刚也可能了解戴震的这一学说。《顾颉刚日记》就记载，1922 年 2 月 15 日，"车中点读皮锡瑞《诗经通论》略毕"②。此外顾颉刚对梁启超的《中国历史研究法》也非常熟悉，他在《与钱玄同先生论古史书》一文中所说"《尧典》的靠不住，如梁任公先生所举的'蛮夷猾夏'、'金作赎刑'"，就出于《中国历史研究法》③。而《顾颉刚日记》明记 1922 年 3 月 20 日，"在车看梁任公《中国历史研究法》"；6 月 1 日，"抄《中国历史研究法》入史料"。④ 顾颉刚也曾经在《古史辨》第二册《自序》中说道："我承认我的工作是清代学者把今古文问题讨论了百余年后所应有的工作，就是说，我们现在的工作应比清代的今文家更进一步。"⑤ 这也表明，他对于皮锡瑞的书，或者清代今文学者的成绩是比较清楚的。

因此，从顾颉刚的"层累地造成的中国古史"说在近现代的影响来看，我们应该充分重视戴震在清代的史学地位。顾颉刚所说戴震"没有一点疑古的成绩"，显然是有失公允的。戴震的疑古成绩虽不多，但是其影响足够使其成为一个疑古史家。虽说崔述的《经传禘祀通考》《唐虞考信录》等也否定了帝喾和后稷的关系，但是崔说的时间要晚，而且不是从《诗经》出发谈这个问题，当时的影响也没有戴震大。由此，戴震这个观点在学术史上的贡献需要重新估量。而由戴震之说，我们或也能了解何以梁启超等学界耆宿，对胡适、钱玄同、顾颉刚等人所谓的"史学革命"不以为意。也许顾颉刚从《诗经》出发，论证契、稷非帝喾子，在此基础上再推出"层累地造成的中国古史"说，可能要更合情合理。可是他们非要说"东周以上无史"，有明显的打倒黄帝、尧舜的目的论，不免引起反感。然则"层累地造成的中国古史"说的时代意义，或许也要重新评价。而点读过皮锡瑞《诗经通论》，应该了解戴震之说的顾颉刚，何以要说戴震"没有一点疑古的成绩"，甚至在晚年还引述《戴东原集》卷九的《与任孝廉幼植书》，仍然贬低戴震，说"任大椿之疑古（戴震之反疑古）"⑥，全然不顾卷一的《诗〈生民〉解》，就很值得人回味了。

何以戴震的史学成绩在近代似乎一直没有引起当时年轻一辈学者的注意，其原因还有待考察。比较吊诡的是，重视戴震哲学成绩的胡适，指导顾颉刚走疑古之路，他们却似乎并不知道戴震的疑古成绩。他们点读崔述的书，以为是发现了一个被埋没了的巨人（其

① 刘掞藜：《讨论古史再质顾先生》，《古史辨》第一册，上海古籍出版社 1982 年版，第 153 页。
② 顾颉刚：《顾颉刚日记》第一卷，台湾联经出版事业股份有限公司 2007 年版，第 210 页。
③ 参见梁启超：《中国历史研究法》第五章，上海古籍出版社 2006 年版，第 103 页。
④ 顾颉刚：《顾颉刚日记》第一卷，台湾联经出版事业股份有限公司 2007 年版，第 219、238 页。
⑤ 顾颉刚：《古史辨》第二册，上海古籍出版社 1982 年版，第 6 页。
⑥ 顾颉刚：《愚修录（一）》，《顾颉刚读书笔记》第十二卷，中华书局 2011 年版，第 15 页。

实张之洞的《书目答问》早已列有此书）。更有甚者，顾颉刚晚年在为《崔东壁遗书》所作的序中，引述王昶《戴东原墓志铭》的记载，在记戴震十岁时怀疑朱子所说《大学》是孔子之言而曾子述之的故事之后，说戴震"幼时有这等的怀疑精神，但何以长成之后，他只为汉学的大师，没有一点疑古的成绩呢？实在那时信古的空气已压倒了疑古了，只有不与外方通声气的崔述，才能够超出于这时代之外，以毕生的精力写了一部《考信录》"①。此处顾颉刚对戴震的评价，显然未得其实，反而昭示出他对戴震学术的不了解乃至有隐匿学术渊源之嫌。难道顾颉刚真的忘了皮锡瑞《诗经通论》中的戴震之语吗？或者是他的"车中点读"，没有太认真，《诗经通论》中引述的戴震言论，还不足以引起他的疑古兴趣？

这里我们无意贬低顾先生，所以不再做推测。但是从《顾颉刚日记》和《顾颉刚读书笔记》来看，他至少对戴震的学术了解得不多，缺乏专门研究，多是利用二手成果；他在《诗经》的研究上，也是重视姚际恒而胜于其他经学家。如《顾颉刚日记》于 1924年 3 月 3 日提到叶圣陶、王伯祥要顾颉刚为他们标点的戴震《孟子字义疏证》等三种作序；1930 年 5 月 9 日提到曾听过黄子通讲《戴东原哲学》；1947 年 12 月 31 日的清代考证文选拟目中，戴震有目无书；1948 年 10 月 9 日提及"看戴东原传（梁任公作）"；10 月19 号提到"上课，讲反道统说（戴震）……抄梁任公《戴东原的哲学》……到办公室续抄《戴东原的哲学》，讫"；10 月 20 号"上课，讲反道统说（戴东原）"②。也许作"层累地造成的中国古史"说时的顾颉刚，看书很多，对戴震之说的结论很清楚（如可能从《诗经通论》或梁启超的《中国历史研究法》那里得知），但是没有注意这一说法来自于戴震，以致后来对戴震的评价不客观。

他的这种不客观，或可能来自于年轻时的一个成见。在 1921 年的《景西杂记（三）》中，顾颉刚记载了王昶的《戴东原墓志铭》中戴震的幼时故事，说"读此段，可见戴氏极有疑古的精神。但何以后来他只为汉学的大师，没有一点疑古的成绩呢？可见清儒之学并不疑古。其疑古者，自康、雍以还，已绝迹矣。仅有的不与外方通声气之崔述能够疑古，其余正统学派的人物已想不到怀疑了"③。这显然就是后来顾颉刚所著《崔东壁遗书序》之所本。其实顾颉刚先生是可能翻过《戴东原集》的，可惜他或许带着"疑古"的眼镜来搜寻史料。可是，顾颉刚既然已经将戴震视为反疑古的人物，何以在《崔东壁遗书序》中不把戴震作为反疑古的旗帜，而只是引用了年轻时的观点呢？是后来注意到了戴震的《诗〈生民〉解》而没有说，还是《崔东壁遗书序》主要由助手完成呢？

总之，戴震对于《生民》等诗中姜嫄、后稷与帝喾之关系的考证文章虽然很短，但是却涉及了一个很重要的古史问题。戴震在这个问题上的结论，极具颠覆中国古史黄帝一元系统的力量。而且很可能是他的经史学研究成果，引导出了顾颉刚的"层累地造成的

———————————

① 顾颉刚：《崔东壁遗书·序》，上海古籍出版社 1983 年版，第 55 页。

② 顾颉刚：《顾颉刚日记》第一卷，台湾联经出版事业股份有限公司 2007 年版，第 461 页；顾颉刚：《顾颉刚日记》第二卷，台湾联经出版事业股份有限公司，第 399 页；顾颉刚：《顾颉刚日记》第六卷，台湾联经出版事业股份有限公司，第 194、355、360 页。

③ 顾颉刚：《景西杂记（三）》，《顾颉刚读书笔记》第一卷，中华书局 2011 年版，第 255 页。

中国古史"说。有鉴于顾颉刚这一结论在近现代史学上的地位，我们恐怕很难说戴震"没有一点疑古的成绩"。戴震的疑古成绩虽然不多，不及崔述系统，但是从其所处的时代、环境来说，戴震反而可以算是有清一代最敢于怀疑中国古史的人，而且是在当时最有影响的人。因此，我们要充分重视戴震的史学成绩，还他疑古史家、史学家的地位。显然，对于清代乃至近代的学术史，我们也需要据此而重写。

（作者单位：北京师范大学历史学院）

天涯知己与知识迁移[*]

——清代中后期汉阳叶氏家族结交朝鲜文人考述

□ 李 越 程 芸

乾隆三十年（1765），朝鲜使者洪大容在北京同清朝文人严诚、潘庭筠和陆飞三人结为知己，回国后又将相关笔谈和书信整理成《乾净衕会友录》，此书在朝鲜士大夫中广为流传，带来很大冲击。有学者认为："正是由于一个'奇士'寻找'天下奇士'的亲身体验，才开始打开了当时朝鲜国内精神世界方面的封闭状态"[①]，因此，洪大容北京之行后，中朝文人的往来更为频繁、深入。

汉阳叶氏家族与朝鲜文人的交往，就是一个突出的例证。不仅时间长，跨越乾嘉道咸四朝，且人际范围广，涉及众多燕行使者及其国内亲友。他们的长期友谊，映射出清代中后期中朝文人往来的一些新特点：一是父子相续，具有家族性、群体性；二是诗歌酬唱之外，还探讨学术，赠送金石字画和书籍，由此促成了知识的传播和迁移；三是延续着重"情"的主题，"天涯知己"成为他们内心普遍的情感体验，并开拓出新的精神空间。

一、父子赓续、家族往来与群体效应

汉阳叶氏家族以行医起家，康熙十二年（1673）叶文机在汉阳创办叶开泰药室，开始经营医药事业，至第四代叶廷芳以科举入仕，叶氏家族从此科第相续。

叶廷芳官至中宪大夫，其子叶继雯（字桐封，号云素）早岁即有文名，乾隆五十五年（1790）中进士，官至刑科给事中。《卧园诗话》称其"诗不轻作而气息独为醇古"[②]，程鸿诏言其"治经深于礼"，连嘉庆皇帝也赞其"学问不减彭元瑞"，"学有根柢"[③]。朝

———————————————

　　* 本文为国家哲学社会科学基金项目"古代朝鲜燕行文献所存明清文学史料的整理与研究"（项目编号：13BZW088）阶段性成果。

　　① ［日］夫马进著，伍跃译：《朝鲜燕行使与朝鲜通信使——使节视野中的中国·日本》，上海古籍出版社 2010 年版，第 167 页。

　　② 潘焕龙：《卧园诗话》，《明清遗书五种》，北京图书馆出版社 2006 年版，第 174 页。

　　③ 程鸿诏：《有恒心斋集》，《清代诗文集汇编》678 册，上海古籍出版社 2010 年版，第 248 页。

鲜人李肇源的《怀远人·叶云素继雯》则说："笃好洛闽书，天姿郎近道。"① 可见其学问、风貌。叶继雯嗜藏书，建有弦林馆藏书室，藏书万卷。

叶继雯之子叶志诜（字东卿，号遂翁、淡翁），嘉庆九年（1804）以贡生入翰林院，官国子监典簿。叶志诜是文坛领袖翁方纲的得意门生，"嗜古博学，考订金石尤为擅长"②，著有《平安馆藏器目》和《平安馆金石文字七种》等。有一位朝鲜燕行使这样记载他初见叶志诜的情形："有叶舍人志诜，善八分，能诗词，我国亦知名。即日译官指一朝士曰：此叶舍人也。众中尤见俊异，丰度逸韵，令人动魄。"③ 可见，叶志诜声名早已远播朝鲜，其初识更令人印象深刻。

叶志诜长子叶名琛（1807—1859），字昆臣，道光十五年（1835）进士，二十七年（1847）擢广东巡抚，升两广总督。次子叶名沣（1811—1859），字润臣。道光十七年（1837）中举，官内阁中书，咸丰九年（1857）擢侍读，"居恒嗜诗，于书无不窥"④，颇有诗才，交游广泛，"家门鼎贵，依然寒素，汲引人材惟恐不及"⑤。

叶氏名人辈出，与朝鲜文人的交往，则集中于叶继雯、叶志诜以及叶名沣、叶名琛这三代，体现出父、子相续的家族性特点。如曾多次进入中国的朝鲜使者李尚迪（1803—1865），就与叶志诜、叶名琛、叶名沣保持着深厚友谊，尤其和叶名沣，相交有三十年之久。李尚迪《怀人诗》中特别提及叶志诜、叶名琛、叶名沣三人，可见其情谊。

之所以形成世代延续的家族性交往，在于他们主动将后辈延引、纳入这种跨国的人际关系之中，能够亲承家学的子弟更有机会受到关注。如朝鲜诗人赵秀三（1762—1849）和叶志诜往来频繁，诗中屡屡称赞叶志诜的两个儿子，其《叶东卿主事志诜》有云："覃翁衣钵传高弟，汉隶弓裘有宁儿（东卿有子二人能传家学）。"⑥ 叶志诜的两个儿子得以随侍左右，才学让赵秀三印象深刻。其《叶东卿主事二首》之二有曰："佳儿亦复承庭训，东国新传摘句图。"⑦ 二子不仅传承家学，其名声已传至朝鲜。叶志诜曾在信中告诉洪敬谟（1774—1851）自己两个儿子出仕的消息，叶名沣则随信附上儿子的书画，请李尚迪给予指导，正是这种父子相传的风气，成为一种内在动力，维系并促进叶氏家族与朝鲜文人的世代往来。有学者指出，道咸间中朝文人的交往"并非只是两个人的事情，而是出现了群体化、家族化的特点"⑧，于叶氏家族可见出一斑。

---

① ［朝鲜］李肇源：《黄粱吟》，《燕行录全集》第三辑第八册，广西师范大学出版社 2012 年版，第 180 页。

② 徐世昌：《晚晴簃诗话》，华东师范大学出版社 2009 年版，第 969 页。

③ 佚名《随槎日录》，转引自［日］夫马进著，伍跃译：《朝鲜燕行使与朝鲜通信使——使节视野中的中国·日本》，上海古籍出版社 2010 年版，第 82 页。

④ 闵尔昌：《碑传集补》卷五十朱琦《叶中宪君传》，文海出版社 1973 年版，第 2763 页。

⑤ 张星鉴：《仰萧楼文集》，《清代诗文集汇编》676 册，上海古籍出版社 2010 年版，第 329 页。

⑥ ［朝鲜］赵秀三：《秋斋先生集》，《韩国历代文集丛书》769 册，景仁文化社 1999 年版，第 376 页。

⑦ ［朝鲜］赵秀三：《秋斋先生集》，《韩国历代文集丛书》769 册，景仁文化社 1999 年版，第 408 页。

⑧ 孙卫国：《清道咸时期中朝学人之交谊——以张曜孙与李尚迪之交往为中心》，《南开学报》（哲学社会科学版）2014 年第 5 期。

叶氏家族声名远播朝鲜，很多燕行使慕名前往。金永爵（1802—1868）称叶名沣"君尚古道，交遍天下，爰暨海东，多结识者"①，亦可为一证。而据相关文献统计，与叶氏家族关系密切的朝鲜士人有李肇源、金鲁敬、申纬、赵秀三、申在植、金善臣、姜时永、金正喜、金山泉、李祖默、李尚迪、洪敬谟、洪奭周、洪显周、李裕元、郑元容、赵秉铉、丁若镛、李尚健、吴亦梅、安载舆、金有渊、李著人、金永爵、李正懋、金品山等几十人。可见，所谓"交遍天下"，并非夸张之语。其中大部分是燕行使，还有一些未曾到过北京，却通过燕行使与叶氏家族诸人建立了友谊，如洪显周（1793—1865）少时即对中原神往不已，但终身未有机会过往，然而通过燕行使他与许多仰慕的清朝文士通信往来，叶志诜是其中之一。

值得注意的是，这种家族化、群体性特征体现于中朝双方。如金鲁敬家族和叶氏家族的三代人，都有交往。金鲁敬和叶继雯、叶志诜父子交情深厚，金鲁敬之子金正喜、金山泉亦曾出使北京，其中金正喜和叶志诜关系密切，金山泉和叶志诜、叶名琛父子往来颇多。李尚迪、李尚健兄弟和叶名沣关系匪浅。而通过和这些家族的交往，叶氏家族又建立起更为广泛的交游网络。如金鲁敬介绍申纬去拜访叶志诜，与叶志诜、叶名沣相交最久的李尚迪是金正喜的学生，李尚迪的弟子吴庆锡和叶名沣关系密切。叶氏家族之名声在朝鲜文人间口耳相传、代代延续，造访叶氏虎坊桥寓所的燕行使者亦源源不断。

二、子午泉、平安馆与"天涯沧海"情怀

叶氏寓所内有子午泉，其水味咸，只有子午两个时辰是清冽的，被视为奇景，尤其引起燕行使的注意。赵秀三、洪奭周、李晚秀、金正喜、李尚迪等人，纷纷写下咏赞子午泉的诗。归国后，子午泉也成为他们的谈资，更多的朝鲜文人由此听说了子午泉。叶志诜曾委托燕行使回国后，遍征朝鲜文人题咏子午泉。赵秀三《叶东卿主事》诗有云："宝剑曾酬天下士，名泉岁集海东诗。"② 可见子午泉在朝鲜文人口中的声誉。

位于虎坊桥西的叶氏寓所平安馆，则成为中朝文士往来的集萃之所。如洪敬谟（1774—1851）早知叶志诜之名，但不敢唐突登门，过后耿耿于怀，于是第二次出使时，给叶志诜寄去书信，有曰："往岁庚寅，某以年贡使入京，丕拟造请于门屏，而迹涉唐突，不敢直进，且无先容，未遂识荆之愿，拘兹耿耿，空还海上，今幸以使命又赴上都，斯可以少伸前日之恨矣。"③ 很多燕行使也像他一样，慕名前往叶氏平安馆拜访。燕行使来此拜访叶氏，更多的清朝文人亦在此结识燕行使。叶名沣的友人吴昆田《朝鲜使者金永爵笔谈记》记曰："朝鲜使者金永爵以年贡来京，闻叶子名沣之贤而过从焉。将归，叶子筋之于邸舍，招余与冯君鲁川志沂、杨君汀鹭传第、张君午桥丙炎同集。"④ 张丙炎书

———————————————

① ［朝鲜］金永爵：《邵亭先生文集》，《韩国历代文集丛书》2993 册，景仁文化社 1999 年版，第 127~128 页。

② ［朝鲜］赵秀三：《韩国历代文集丛书》769 册，景仁文化社 1999 年版，第 376 页。

③ ［朝鲜］洪敬谟：《外史续编》第 7 卷《叶东倾先生玉展》，转引自韩荣奎、韩梅：《18—19 世纪朝鲜使臣与清朝文人的交流》，中国海洋大学出版社 2014 年版，第 42 页。

④ 吴昆田：《漱六山房全集》，《清代诗文集汇编》629 册，上海古籍出版社 2010 年版，第 437 页。

金永爵《邵亭文稿》后曰："余交邵亭先生垂十年，咸丰戊午春始识君润臣斋中。"① 虎坊桥西的平安馆逐渐成为叶氏家族的代名词。朝鲜友人的笔下，常出现的"虎坊桥""虎坊桥平安馆"都是代指叶氏。如赵秀三《叶东卿主事志诜》曰："虎坊桥下纵横辙，政是高丽乞画时。"② "虎坊桥"已然成为叶氏的代名词，且在燕行使笔下传续不休，这更进一步提高了叶氏家族在朝鲜的知名度。

燕行使们在这里诗酒酬唱、风雅相聚，离别之后，其情其景又成为追怀的对象。如李肇源《赠别云素叶御史继雯》中有"惆怅虎坊桥上月，随人千里影迟迟"③ 之句。借望月来寄托思念之情，这是中国古人常用的诗歌表达方式，名句如张若虚"此时相望不相闻，愿逐月华流照君"，李白"我寄愁心与明月，随君直到夜郎西"，李肇源此句有异曲同工之妙。而特别的是，他对月亮作了限定，这个月亮不是天下共有的那个月亮，而是特指虎坊桥上的月亮，"虎坊桥"作为地理符号，既指居住于此的叶氏家族，也指叶氏和朝鲜文人的交往，承载着燕行使归国后的思念，此月永在，那么，他们的诗作、情谊、风雅也会长存。

显然，子午泉、平安馆逐渐进入许多朝鲜燕行文人的共同记忆，成为他们书写北京记忆时的重要符号，更浓缩了清代中后期中朝文人往来的主要内容。

参与中朝文人雅集的许宗衡（1811—1869）在叶名沣去世后，填词《望海潮》一阕，以寄朝鲜文人李尚迪："东风杨柳，关门未隔，随春寄到瑶华。檐月正明，廊灯忽暗，良宵旧梦都遮。踪迹感搏沙。去年好时节，杯酒谁家。鸭绿江头，别来帆影忆欹斜。当时胜侣堪嗟。问桥西老屋，空有啼鸦。残腊闭门，填词自遣，关心人况天涯。应叹鬓霜加。风雨漫相念，沧海枯槎。但愿年年驿使，芳讯卜梅花。"④ 词中回忆了往昔众人雅集酬唱的情形，真是"当时胜侣堪嗟"。而承载这一胜集的空间，正是虎坊桥平安馆，也即"桥西老屋"。词中有"沧海""天涯"等词语，这既是中国古典诗歌中常用的意象，也频繁地出现在朝鲜燕行文人的笔下。如李尚迪《韩斋雅集图题寄绣山舍人》诗有"衰暮休伤别，天涯若比邻"⑤ 之句，直接借用王勃诗句，劝慰朋友不要为离别而感伤。叶名沣致李尚迪的信亦有言："藕船仁兄阁下，相交三十年，甫及一聚，辄复云别，能不黯然魂销者乎？海内存知己，天涯若比邻，愿与足下共勉之。"⑥ 叶名沣和李尚迪相交三十年，从年少轻狂到两鬓斑白，可谓是天涯知己，面对短暂相聚后的长久分别，乃至永无再见的遗憾，只能借王勃的名句抒写慰藉之情。李尚迪为了铭记他和清朝朋友的友谊，特意取意于王勃诗，自号"海邻居士"，还将与清朝文人的酬唱之作编为《海邻论世集》，又将和友朋往来书信编为《海邻尺牍》，皆取"海内存知己，天涯若比邻"之意。事实上，叶氏和朝鲜

---

① ［朝鲜］金永爵：《邵亭先生文集》，《韩国历代文集丛书》2993 册，景仁文化社 1999 年版，第 378 页。

② ［朝鲜］赵秀三：《韩国历代文集丛书》769 册，景仁文化社 1999 年版，第 408 页。

③ ［朝鲜］李肇源：《黄粱吟》，《燕行录全集》第三辑第八册，广西师范大学出版社 2012 年版，第 178 页。

④ 董文涣编，李豫、［韩］崔永禧辑校：《韩客诗存》，书目文献出版社 1996 年版，第 134 页。

⑤ ［朝鲜］李尚迪：《恩诵堂集》，《韩国历代文集丛书》2707 册，景仁文化社 1999 年版，第 256 页。

⑥ ［朝鲜］李尚迪编，望汉卢抄：《海邻尺牍钞》，1930 年，第 17 页。

文人都视彼此为"天涯知己"的。如叶名沣《朝鲜金邵亭尚书永爵嘱李藕船索余诗刻赋赠》有曰："苦吟三十载，骚雅渺难寻。海国有知己，天涯同寸心。"① 《酬李锦农从事》又说："何以酬知己，高歌不厌真。"② 他将朝鲜友人视为可以交心的知己，而对于朝鲜文人而言，亦复如此。

中朝文人之间的这种天涯沧海的知己之情，往前追溯，是乾隆时期燕行文人洪大容与清朝文士严诚、潘庭筠、陆飞三人的相交与相知。前人的故事，成为后人颂扬的传奇。叶名沣、吴昆田等人和金永爵笔谈酬唱，分别之时，金永爵书曰："从此天涯地角，只有一段相思而已，唯望年年递信，庶无愧于湛轩、铁桥之交契耳。"③ 湛轩、铁桥即指洪大容和严诚，他们的交谊，被中朝文人反复谈及，也成为后人学习、模仿的对象。叶氏家族和朝鲜文人的友谊，可视为洪大容和严诚"天涯知己"之情的延续。

"天涯知己"既体现为诗酒雅集之时的抒情言志，也承载着诸多细腻真实的人情往来。如李尚迪出使北京时，卧病客馆，独在异乡，孤独寂寞难以排遣，叶名沣等人频频过往探望，化解了李尚迪的孤寂落寞。因此，在中朝文人笔下，尤其对清朝士人而言，天涯不限中国一域，而是扩大到东亚世界，那些他们从未接近也无法踏足之地，虽遥远却因为有朋友的存在而格外真切，"天涯""沧海"变得可触可及，就在眼前。

面对生死，"天涯知己"之情还能跨越时间、空间。叶名沣去世后，金永爵《寄孔绣山阁读宪彝》诗曰："重持玉节朝紫宸，见君如复见润臣……万里神交喜同调，炯然一点灵犀照。若使亡友死有知，泉台闻此应含笑。"④ 他将对故友的情谊，转移、投射到往昔一起酬唱的异国朋友身上，"见君如复见润臣"，足以动人。而李尚迪有曰："吾生亦几何，来世更交密"⑤，更发下"来世更交密"的誓言，面对死亡，不惧死亡，且许诺来生更交密，若非有真挚的情谊不会为之痛哭，若非知己亦不会期待来生。

如果说洪大容和严诚等人的友谊体现了东亚"情"的世界⑥，那么叶氏与朝鲜文人的深情则延续并进一步丰富了东亚"情"的世界的内涵。他们的"天涯知己"之情，打破时间和空间限制，也是中朝文人交流史上最温情的色彩之一，足为后人追慕。

三、笔谈、雅集、赠书与知识的迁移

中朝文人的交往多以笔谈方式进行，他们从各自感兴趣的问题开始，也就一些话题展

---

① 叶名沣:《敦夙好斋诗全集》,《清代诗文集汇编》639 册, 上海古籍出版社 2010 年版, 第 340 页。

② 叶名沣:《敦夙好斋诗全集》,《清代诗文集汇编》639 册, 上海古籍出版社 2010 年版, 第 90 页。

③ 吴昆田:《漱六山房全集》,《清代诗文集汇编》629 册, 上海古籍出版社 2010 年版, 第 437 页。

④ [朝鲜] 金永爵:《邵亭先生文集》,《韩国历代文集丛书》2993 册, 景仁文化社 1999 年版, 第 340~341 页。

⑤ 见李尚迪诗《孔绣山阁督书至, 言叶润臣观察浙江旋以疾去世, 其家人尚寄吴门, 披览未竟, 声泪并下。即拈以话雨帖中润臣所赠日字韵, 以代哀词》([朝鲜] 李尚迪:《恩诵堂集》,《韩国历代文集丛书》2707 册, 景仁文化社 1999 年版, 第 362 页)。

⑥ [日] 夫马进著, 伍跃译:《朝鲜燕行使与朝鲜通信使——使节视野中的中国·日本》, 上海古籍出版社 2010 年版, 第 183 页。

开争论，以在尽可能短的时间内了解对方，获得尽可能多的异域知识，进而拼搭出一个想象的异域世界。

咸丰九年（1859）二月二日，叶名沣为金永爵饯行，召吴昆田、冯志沂、杨传第、张丙炎等人同集，"阅两时许，尽十余纸，洋洋洒洒不下五千言"①。吴昆田记下了这次笔谈的主要内容，他们首先询问了金永爵的身分、家世，然后问及朝鲜贡使制度、科举考试、党派政治、时局等。叶名沣还特意询问了王士禛《感旧集》所录朝鲜金尚宪之事。此外，还谈到"洋教"在两国的情况。通过笔谈，叶名沣等人对朝鲜政治、时局和文化多少有所了解，短时间内迅速获得大量的知识。

有时，笔谈还涉及严肃、认真的学术讨论。道光六年（1826），申在植（1770—1843）以冬至兼谢恩副使的身分出使北京，次年正月初九，叶志诜招申在植和李璋煜、王筠、汪喜孙、颜怀珠等，聚于宣武门外的虎坊桥平安馆，众人谈宴竟日。同月二十六日，申在植和李璋煜、王筠、汪喜孙又相聚。② 他们谈到了汉学、宋学的问题，甚至有激烈的争论。作为宋学信徒的申在植，显然对汉学所知不多，甚至不知道顾炎武、戴震等人的著作，这说明朝鲜士人对清朝学术动态尚存在着相当的隔膜。而王筠则表示，要赠与申在植顾炎武、戴震的著作，还向他推荐段玉裁《说文解字注》。

笔谈实际上是知识交换和传播的一种手段，笔谈之中或笔谈后，常常还有诗酒酬唱、吟诗作画等风雅活动，这就进一步密切了情谊。书扇、写图等艺术创作活动，频繁出现于叶氏和朝鲜文人的交往中。如程祖庆（字忻有，号西蘅）善画，聚会时他往往承担绘画的任务。他根据燕行使吴庆锡的描述，为他的庭院写图，叶名沣则写诗为之记。雅集结束时，程祖庆又作《题诗图》赠别吴庆锡。叶名沣在诗中则说，"扬鞭归讯关门路，回首离情付画中"③，短暂的相聚之后是长久的分别，且不知是否还有机会见面，只有将离情别绪投注在诗与画之中。而吴庆锡亦善画，他取字"亦梅"，于是，在为叶名沣书扇时，他特意画上梅花，以表纪念，叶名沣则为之作诗曰："更说江边春色早，东来消息此中探"④，将无形的思念转化为纸上梅花。分别之际，叶名沣等人向吴庆锡索画《枫岳图》，以为留念，叶名沣有诗《以诗索吴亦梅画枫岳图》，中有"相思传藻绘，万里听天风"⑤之句。为之图画，这既是中朝文人艺术交流的方式，也是他们情谊的见证，更能超越时空，成为后人追慕、想怀当时情景的媒介。

赏玩金石、字画，也是中朝文人雅集的重要内容。叶志诜作为翁方纲的得意门生，也爱好金石书画，这种爱好更成为叶氏家族的风气。叶志诜曾同燕行使申纬（1769—1847）在翁方纲家中，赏玩申纬带来的朝鲜著名文人金祖淳（1765—1832）的诗扇，又同观

① 吴昆田：《漱六山房全集》，《清代诗文集汇编》629 册，上海古籍出版社 2010 年版，第 439 页。
② 见［朝鲜］申在植《笔谈》，转引自［日］夫马进著，伍跃译：《朝鲜燕行使与朝鲜通信使——使节视野中的中国·日本》，上海古籍出版社 2010 年版，第 56 页。
③ 叶名沣：《敦夙好斋诗全集》，《清代诗文集汇编》639 册，上海古籍出版社 2010 年版，第 247 页。
④ 叶名沣：《敦夙好斋诗全集》，《清代诗文集汇编》639 册，上海古籍出版社 2010 年版，第 248 页。
⑤ 叶名沣：《敦夙好斋诗全集》，《清代诗文集汇编》639 册，上海古籍出版社 2010 年版，第 289 页。

《圣教序》碑帖。燕行使李肇源（1758—1832）作有《赠别云素御史叶继雯》诗，其中有"金兰托契吾何幸，石磬遗音孰有知"① 之句，其后注释则云"壁上悬磬甚古"。"石磬"，指叶继雯收藏的古董，可以想见当时众人雅集赏玩古董的情景。叶名沣曾和王拯、孔宪彝、吴庆锡等人一起赏玩道咸间著名画家戴熙（1801—1860）的山水小册，并分韵赋诗。② 可见金石字画成为中朝文士雅集时观赏、吟咏的对象。

李尚迪有诗《润臣中翰寄鬼趣图题咏》云："两峰作画百家题，短句长歌似滑稽。人世如今多鬼趣，未须燃照水宫犀。"③《鬼趣图》是扬州八怪之一罗聘的画作，问世之后引发了持续百余年的题咏，包括翁方纲、纪昀、姚鼐、王昶、王芑孙、张问陶、钱大昕、蒋士铨、叶志诜等名流竞相参与。后《鬼趣图》流转至广州富商潘仕成手中，咸丰元年潘氏出资刻印了《鬼趣图》及题咏之作，其中有图八幅，诗数百首。④ 从李尚迪的这首诗中可知，叶名沣寄给李尚迪的，应该就是潘仕成所刻《鬼趣图题咏》。如此，李尚迪既能同清朝名流一起欣赏到流行的画作，阅读众人的题咏，而通过叶名沣，李尚迪也加入到这场持续百余年的超越时空的文人雅集中。而他的前辈，燕行使朴齐家、柳得恭，也曾在乾隆庚戌（1790）年观看《鬼趣图》并留下题咏。这些史实的串联，将从知识迁移的域外维度，赋予《鬼趣图》经典化进程以别样的趣味和内涵。

中朝文人的雅集、赏玩，既是对其时京城文化风习的呼应，也不由自主地推动了金石字画的买卖、流通，还发生了种种意想不到的文化交流和学术碰撞。叶氏家族成为中朝金石流通传播的媒介，通过朝鲜友人，叶氏家族开始关注朝鲜金石，为晚清金石学研究开拓了新的领域。

叶氏赠送给朝鲜友人的，有《周鼎拓本诗考》《启祺鼎铭》《顾祠石刻》等。李尚迪则赠予叶名沣拓本《文殊记》，叶名沣回信说："《文殊记》以亦梅《金石考》所载全文校之，缺五十余字，然已足实贵，为之狂喜。"⑤ 这里"亦梅"，前文已有述，即与叶名沣往来频繁的燕行使吴庆锡，著有《三韩金石录》，"金石考"云云，当指此书。叶名沣以吴庆锡的《三韩金石录》为依据，来对校李尚迪所赠《文殊记》，可见，此前叶名沣对朝鲜金石颇为关注，已有《三韩金石录》，亦可知"文殊记"应为金石之属。叶名沣用"为之狂喜"四字，来形容他收到拓本的心情，足见"文殊记"之珍贵。吴庆锡又曾赠叶名沣以《新罗真兴王北狩定界石刻残字》拓本，叶名沣为之作诗，诗中有注云："王兰泉

① ［朝鲜］李肇源：《黄粱吟》，《燕行录全集》第三辑第八册，广西师范大学出版社 2012 年版，第 178 页。

② 王拯有诗《绣山同年招同朝鲜吴亦梅暨润臣、鲁川宴集韩斋，出观戴醇士侍郎熙画寄山水小册，分得"墨"字，见王拯：《龙壁山房诗草》，《清代诗文集汇编》659 册，上海古籍出版社 2010 年版，第 417 页。

③ ［朝鲜］李尚迪：《恩诵堂集》，《韩国历代文集丛书》2707 册，景仁文化社 1999 年版，第 281~282 页。

④ 参见程章灿：《一场同题竞赛的百年雅集——读南海霍氏藏本罗聘〈鬼趣图卷〉题咏诗文》，《文艺研究》2011 年第 7 期。

⑤ ［朝鲜］李尚迪编，望汉卢抄：《海邻尺牍钞》，1930 年，第 18 页。

侍郎昶、翁覃溪阁部方纲著录中，未及此种，彼时尚未出土也。"①此碑因出土较晚，不为中土士人所知，因而王昶（有《金石萃编》160卷）、翁方纲（有《两汉金石记》《粤东金石略》《汉石经残字考》《焦山鼎铭考》《庙堂碑唐本存字》等金石学著作）这样的金石大家也未及著录。吴庆锡将此碑拓赠送叶名沣，足见两人交谊之深，叶志诜亦赠予李尚迪刚出土的《启諆鼎铭》，透露出道咸之际中朝文士金石交流的及时。事实上，叶氏家族不仅搜集朝鲜金石拓本，阅读朝鲜金石学著作，也展开了相应的研究、撰述，如叶志诜就有《高丽碑全文》八卷。

书籍流转、传播，也是中朝文人交往的重要内容，与之伴随的知识迁移和思想传播更进一步地将中朝文化交流推向了新的高度。

叶氏家族赠予朝鲜朋友大量书籍，钩稽相关材料，可知有《山海经注》（郝懿行）、《周易集解》（孙星衍）、《苏斋经说》（翁方纲）、《揅经室集》（阮元）、《文笔考》（阮福辑）、《墨法集要》（沈继孙）、《朱椒堂诗集》（朱为弼）、《高东溪集》（高登高）、《梅曾亮集》、《叶名沣诗集初编》、《烈女传补注》、《翁钱校正汗简》、《大戴礼记》、《段氏说文》、《苎园石刻》、《沂澥集》等。其中郝懿行、孙星衍、翁方纲、阮元的著作，是当时经学研究的代表性成果，将之赠予朝鲜文人，有助于朝鲜文人及时了解清朝学术的动态。特别值得一提的是，道光元年（1821）秋天，朝鲜平壤等地发生瘟疫，死者十数万，于是，叶志诜寄给丁若镛（1762—1834）琉璃厂所刻的药方②。有时，叶氏也充当朝鲜友人的代购者，按照他们的需求帮忙买书。如申纬就曾委托书状官尹秉烈，请叶志诜购买书籍，其《送岁币尹书状秉烈入燕》之三曰："陈篇插架非难事，只有新书渴我情。恨未复初收续刻，凭君搜索向东卿。"注曰："《复初斋集》原书十三册外，又有续刻二册，访问于叶东卿，可得。"③

可见，叶氏家族和朝鲜文人的交往范围、交往内容都非常广泛，不论是笔谈、诗酒酬唱，还是赏玩字画、互赠金石，抑或书籍流通，对于双方而言，都是知识传播、接受的互动过程。同时，在这个知识迁移的互动过程中，他们也建构起关于对方的一种新的异域图景。双方之间既展开了对话，更深化了情感的交流和文化的认同，这是近代东亚文化圈内部值得重视的一种现象。

四、余 论

叶氏三代与朝鲜文士保持了密切的交往，其交游网络涵盖了当时很大一部分的燕行使，不可谓不广泛，同时，他们还通过燕行使与一些未曾到过清国的朝鲜文人相交、相知。交往的范围，除了常见的诗歌酬唱，更有书画、金石、书籍的往来，甚至纸笔、砚

---

① 叶名沣：《敦夙好斋诗全集》，《清代诗文集汇编》639册，上海古籍出版社2010年版，第289页。

② ［朝鲜］丁若镛：《与犹堂全书》第五集，《影印标点韩国文集丛刊》第285辑，韩国民族文化推进会2002年，第385页。

③ ［朝鲜］申纬：《警修堂全稿》册九，《影印标点韩国文集丛刊》第291辑，韩国民族文化推进会2002年，第198页。

石、医药等。从知识传播与迁移的角度看，叶氏家族是中朝文化交流史上不可忽略的重要人物，值得关注。而除了汉阳叶氏，还有张曜孙（张惠言）家族、翁方纲家族、纪昀父子等，都和朝鲜士人保持着密切往来。不过，像叶氏家族这样和朝鲜文人历经三代、跨越四朝的广泛而深入的往来，却并不多见。

1859 年，被英军俘虏的叶名琛客死于南亚次大陆的加尔各答，叶名沣得到消息后不久亦离世。沧桑世变，改变了个人、家族的轨迹，也改写了清代后期中朝文人交往的情调与内容。二人的逝世，导致了叶氏家族的衰落，也基本终结了这个家族与朝鲜文人的世代交游。而从某个角度看，它更具有一种象征意义——中朝文人交流史上那些温情、浪漫、风情、雅致的书页虽然让人心动、令人神往，但终究是要被翻过去的。此后，晚清中国在风雨飘摇之中艰难前行，朝鲜亦深陷重重的内忧外患，以至于两国都遭遇亡国灭种的危机。正如金永爵《寄孔绣山阁读宪彝》所说："风流销歇倏东西，有如晨星之落落。"①承载着中朝文人的情感和回忆的虎坊桥平安馆，已成为旧时风流，任后人凭吊。

（作者单位：中山大学中文系、武汉大学文学院）

---

① ［朝鲜］金永爵：《邵亭先生文集》，《韩国历代文集丛书》2993 册，景仁文化社 1999 年版，第340~341 页。

哲学与宗教

道音之美与声音之道

——老、庄与《乐记》音乐美学思想根本差异之分析

□　刘进清　吴根友

作为中国音乐美学的根本问题之一，道与音的关系，是儒道两家美学思想的核心内容之一，他们都强调声音之美与道的内在联系，是道的具体表现之一。但是，由于儒道两家有关"道"的具体规定不同，他们在讨论声音与道的关系问题时，其侧重点与论证方式也就不一样。具体地说来，道家更加强调合乎"道"的要求的声音之美的绝对优先性价值，而对于作用感官的感性的世俗声音之美有所忽略，甚至认为这些世俗的乐音之美还妨碍了人们对于大道的把握，如老子讲"五音令人耳聋"这句话时，实际上是说，由宫、商、角、徵、羽五种声调构成的人类社会的音乐，会让人丧失对于"道音"的把握与理解。庄子同样认为，由比竹之类的乐器所产生的"人籁"，往往会妨碍人们对于"天籁"的聆听。虽然，老子、庄子否定这些作用于感官的世俗音乐的价值，其主要的言说对象是针对统治阶层追求感官刺激的现象而言的，但从理论上说仍然有一定的不足，忽视了作用于感官的乐音的独立价值，进而也就否定了音乐这门艺术自身存在的合理性。儒家虽然也否定郑卫之音，但他们都一致强调声音之美可以与社会的治道相通，而且通过声音的聆听可以知道一国政治之得失。同时，他们还强调用"乐"，即美的声音来协调礼制从而更好地管理社会，进而达到理想的礼乐文明状态。而这种理想的状态，即是所谓"声音之道通于伦理"，"声音之道通于政"。① 音乐学界对于先秦儒道两家的音乐美学思想的主要特点、产生原因、各自的不足，均有十分丰富的讨论。② 对于本文所讨论的问题，"道音"与"声音之道"的问题，也有不少可以借鉴与启发性的研究成果。如对老子、庄子音乐美学中"道"与"音"的关系问题，学界比较集中地讨论了"大音希声"的问题，主要有两种观点，一是认为"大音希声"，即是无声，因为道本身是没有声音的，主要代表人物是蔡仲德先生。③ 一是认为"大音希声"强调的是，道的声音无法用感官去感知，这一音

---

① 近期有学者讨论了"乐何以成为教"的问题，探索性地指出，古代的"乐教"可能类似于戏剧。这一说法对于"乐教"的认识，有新的启迪（王顺然：《周秦时期具有"戏剧"性质的"乐"如何承担道德教化》，《中国哲学史》2018 年第 3 期）。

② 参见蒋孔阳《先秦美学思想论稿》、蔡仲德《中国音乐美学史》、修海林《中国古代音乐美学》等著作。

③ 蔡仲德：《中国音乐美学史》，人民音乐出版社 2003 年版，第 146 页。

乐美学思想强调与道相一致的音乐所具有的精神性价值，进而否定当时统治者过分追求感官刺激一类的音乐，代表人物有蒋孔阳、修海林等人。① 另外，也有学者指出，道家音乐美学不是"以音论音"，而是"以音论道"，"把音乐置于一个哲学的高度"，强调人在音乐审美中的自然性与人的精神愉悦，而不是一种感官的享受，最终让人在精神境界上达到天人合一的境界。② 这一说法比较有启发性。

对于《乐记》篇所讨论的音乐问题的研究，一般的音乐美学史著作都有比较深入的分析，余树声则比较仔细地分析了儒家功能主义的音乐美学观，对《乐记》所强调的"声音之道与政通"和"声音之道可以通伦"的思想做了比较细致的分析。他认为，第一个命题可以从三个层面来看，第一层是稳定政治宏观环境，第二层是稳定君臣与君民关系，第三层是稳定整体性社会和谐。第二个命题则表现为另外三个层次：第一层是音乐可以返人之道，即通过善乐感化人心从而回归到道上面来。第二层是音乐可能表现为以道制欲。第三层合乎礼制精神的音乐可以抵制淫邪音乐的传播与流行。③

就道家与儒家音乐美学的相异点，学界有比较一致的认识。但对于儒道两家的音乐美学相同点的认识，最近有新的认识。归纳研究者们意见，大体上有如下四点：一是都肯定音乐的外在效用，轻视音乐的内在规律，都将音乐视为实现目的的工具。二是都提倡中和、淡和、节制的美学观。三是在思维方式有相似之处，都重视追求人与人、人与社会、人与自然的和谐。四是对音乐的协和有较为合理的理解，都重视音乐对于人的内在影响。④

本文在前贤与时贤研究的基础上，集中探讨先秦道家"道音"观，指出这种"道音观"从道所代表的真理性、整全性要求出发，否定了具有感性特征的音乐的价值。在比较的过程中，主要揭示了道家的"道音"观与以《乐记》为代表的儒家提出的"声音之道与政通"的功利主义音乐美学，在否定音乐自身的独立性这一点上的相同之点。希冀这一管见能够进一步深化对先秦道、儒两家音乐美学思想的认识。

① 蒋孔阳："希声，不是没有声音，而是说我们听不到。"（蒋孔阳：《先秦美学思想论稿》，安徽教育出版社2007年版，第135页）。修海林认为："凡合乎'道'的本性的'希声'之乐，才是最大，最美的音乐，或者说是具有'道'的属性的音乐。"（修海林：《中国古代音乐美学》，福建教育出版社2004年版，第165页）修海林还从正面评价了老子"大音希声"的音乐审美观，认为这种审美观可以"将人引向对音乐审美中精神体验的重视"，从而"启发人们更注重审美中的精神体验"（第167页）。另外，像余树声在《儒道两家的音乐美学传统》一文中指出：道家崇尚的是自然主义的音乐观，"自然的大音"是人类的听觉神经无法听到的，而凡是人类能听到的声音都不是大音（《中国社会科学》1990年第5期）。赵璐也很正确地揭示了道家音乐美学不是"以音论音"，而是"以音论道"，"把音乐置于一个哲学的高度"，强调人在音乐审美中的自然性与人的精神愉悦，而不是一种感官的享受，最终让人在精神境界上达到天人合一的境界（赵璐：《黄钟》，《武汉音乐学院学报》2004年增刊）。
② 赵璐：《黄钟》，《武汉音乐学院学报》2004年增刊。
③ 余树声：《儒道两家的音乐美学传统》，《中国社会科学》1990年第5期。
④ 陈萱、王炎琪：《感性的体悟，理性的传达——先秦儒道音乐美学思想再探》《艺海》2016年第12期。

一、大音希声——老子的大音（道音）观及其论音与声的关系

老子的哲学以道为核心概念，构建了其哲学的形上体系，以政治哲学为核心，强调人类社会的政治之道要以抽象的绝对之道为根据、为原则。其价值哲学的基本原理则以自然原则为最高原则，要求人为的、人文的原则依从自然的原则，因而可以称其价值哲学为自然主义的（尽管其哲学中的"自然"概念具有人文性，刘笑敢称之为"人文自然"）。而其音乐美学的原则是价值哲学的一个有机组成部分，故其所崇尚的音乐之美是"大音希声"一类的乐音，而不是让普通行人驻足的世俗的流行音乐所体现出来的乐音。流行的王弼本《老子》一书共有五千五百余字，直接讨论音乐的文字大体有如下6条：

（1）大器晚成，大音希声，大象无形。（第41章）

（2）听之不见名曰希。（第14章）

（3）乐与饵，过客止。道之出口，淡乎其无味，视之不足见，听之不足闻，用之不足既。（第35章）

（4）五色令人目盲，五音令人耳聋，五味令人口爽。（第12章）

（5）高下相倾，音声相和，前后相随。（第2章）

（6）天地之间，其犹橐龠，虚而不屈，动而愈出。（第5章）

通过对以上六条有关音乐美学思想内容的分析、归纳，大体上可以得出如下四种认识：

第一，合乎道的声音——大音，它的自然节奏表现为"希声"。有些学者将"希声"解释为无声，如蔡仲德。① 但在我们看来，所谓"希声"，即是指人的感觉之耳听不见的声音。道从声音和形态方面表现为"寂兮寥兮"的本然状态，与人对大自然物体发出的声波的感受，这两者之间是有所不同的。老子非常高明，他不认为人的耳朵听不见的声，就是无声，正如人的眼睛看不见的，不是无物无状，人的手抓不住的东西就是空无，什么都没有，只是表现为夷、希、微而已。"希声"仅是人的耳朵听不见而已。与"希声"一词相应的构词有"希言"，"希言自然"。在老子看来，飘风、骤雨，都是自然之言，但这种大声的、剧烈的自然言说方式，在大自然中是很少的，而不是没有。老子讲的"大音"，实即"道音"，第25章讲道之名为"大"，而"道音"即真理的声音。道向人说话的时候很少，真理向人说话的时候也很少，故我们普通人常常与真理失之交臂。换句话讲，因为人类常常受到感性欲望的遮蔽，所以也很难听到真理的声音。

第二，日常生活中过于繁富而悦耳动听的五音——宫、商、角、徵、羽及其所组合而成的世俗音乐与乐音，会让人丧失对于道的聆听的直觉能力。让人丧失听觉能力，并不是真的耳聋，而是指听不见合乎道的要求的大美之乐音。老子在此处表现出过于以真（或真理）取代美的倾向，有其思想的流弊。事实上，老子已经注意到，普通人对于通常意义上的乐音，还是流连忘返的："乐与饵，过客止。"意思是讲，世俗的乐音与美好的小吃，还是能够让行人驻足或流连忘返的。但在老子看来，正是这种世俗的乐音让人忘记或

---

① 蔡仲德认为，"大音希声"即至乐无声。而无声之乐"善始且善成"，是一切有声之乐的本源（蔡仲德：《中国音乐美学史》，人民音乐出版社2003年版，第146页）。

忽视了大音之美。

第三，自然的声与乐音，是相互融合、相互协调的。这是老子对音乐之为音乐的最为直接的论述，揭示了人类所喜悦的乐音，其实是与自然物发出的物理性的声波相互协调的结果。乐音离不开物理性的声波，而物理性的声波与乐音相协调就构成了人间世俗的音乐。蔡仲德先生将老子思想中声与乐对立起来，认为老子思想中的"音"与美、善一样不可靠，"音"之美须赖"声"之丑而存在。而且，从人为而丧失自然的这一点来说，"音"又正是丑的。① 其实，老子恰恰反对人们将人为之音视为美，将自然之声视为丑的观点，他认为，人类所创造的乐与乐音，必须通过与自然之声相协调，才能构成美，正如高下、长短都是在比较中而成就对方的。老子讲"大音希声"，意思是讲，合乎道的要求的乐音，其中的声波不是密集而繁促的，应当是舒缓而悠长的。

第四，老子害怕人为的努力，要求一切都顺应自然的法则。这样，人类社会也因此而变得有序化。对于诸侯王而言，更是如此。他们若能遵循道的法则，减少人为的、过分的欲望，诸侯国的秩序就会更好。天地万物虽然杂多，但合乎道的秩序与要求，是相互协调的。不协调的飘风、骤雨只是大自然偶尔出现的现象。在老子看来，天地之间的巨大空间像一个风箱与排箫之类的乐器一样，人不去作为的时候（即无为的时候）是安静的。人一旦让它们动荡起来，里面有无穷的事情和声音会被搅动，因而就出现不可控的现象。

要而言之，老子的音乐美学思想过于强调真理的声音，把大音——代表一种超越的真理的声音与世俗的五音——可以构成音乐的声音割裂开来了，实际上否定了作为声音的艺术——音乐的存在的必要性与意义。不过，在老子否定世俗意义上的音乐的同时，他也提出了一个深刻的美学问题，即什么样的音乐能与人的存在真理，或合乎真理要求的存在联系起来？流行歌曲中的靡靡之音肯定要受到批判，这一点，老子与孔子似乎一致，老子反对人间悦乐的"五音"，孔子严厉地批评"郑卫之音"，认为郑卫之音淫，妨碍人们对礼制秩序的遵守。但还有什么样的一些音乐或乐音不应该受到批判呢？在老子看来，那只能是合乎道的要求的"道音"。从音乐美学的角度看，老子提出的"道音"思想观念，有其深刻性的一面，但他以"道音"来否定人为的音乐与乐音，这一思想本身也存在着割裂道与物、道与器、真理的声音与具体的声音之间的内在联系的不足，过分地强调了形而上的整全之道的"道音"——真理的声音的绝对性与超越性，忽略了人类社会自身的感性存在及其具体的表现方式之一——声音与乐音与大全真理的内在关系。从这一角度说，老子思想中的辩证思维，由于过于强调"道音"的绝对意义，相对忽视了人间世俗乐音中体现的"道音"因素，表现出某种形而上学的倾向。在此一问题上，蔡仲德先生批评老子将道音与五音对立起来的思维倾向，是十分中肯的。

二、庄子"天籁"之本义及其所体现的音乐美学思想

庄子的音乐美学思想既有同于老子的地方，也有与老子思想不同的地方。就其同的地方说，崇尚自然，反对人为，是老子、庄子思想在音乐方面一致性的表现，在《齐物论》篇，庄子认为人为的音乐不足以反映道音之大全，昭氏一旦鼓琴，道就有亏缺。只有昭氏

---

① 蔡仲德：《中国音乐美学史》，人民音乐出版社2003年版，第141页。

不鼓琴，道（从声音的角度来看）才是完整的。此处所说的"道"，是从声音的角度来讨论"道"的完整体现的问题。

　　然而就其不同的地方而言，庄子似乎没有将自然之乐音与人为的乐音完全对立起来，而只是一种程度上的差别。如《齐物论》篇中人籁、地籁、天籁三者，并不是一种绝对的对立状态，对于庄子而言，"天籁"虽然是最美的音乐，但他也没有因此完全否定人籁、地籁的价值。只是从价值高低的角度予以排序，将"天籁"放在价值的顶端。笔者的这种认识似乎也可以从蔡仲德先生的观点中得到印证。① 另外，在《天运》篇，庄子虚构了一个寓言故事，即北门成与黄帝的一段对话，在此对话中，北门成讨论了黄帝《咸池》之乐给人的三种精神或曰心理状态，第一阶段是惧怕，第二阶段是懈怠，第三阶段迷惑，因为迷惑而导致愚钝。为什么第三阶段会让人迷惑呢，因为这一阶段的音乐已经是"天乐"了："天机不张而五官皆备，无言而心悦，此之谓天乐。"② 而惧、怠、惑三阶段的听觉感受，也间接地表明了"天乐"与人间音乐的内在关系。③ 本文集中讨论《齐物论》中的"天籁"问题。

　　《齐物论》的开篇就讨论了人籁、地籁、天籁的问题：子綦问子游道："**女闻人籁而未闻地籁，女闻地籁而未闻天籁夫！**"对于"地籁"：子綦解释道："夫大块噫气，其名为风。是唯无作，作则万窍怒呺，而独不闻之翏翏乎？山林之畏佳，大木百围之窍穴，似鼻，似口，似耳，似枅，似圈，似臼，似洼者，似污者；激者，謞者，叱者，吸者，叫者，譹者，宎者，咬者，前者唱于而随者唱喁，泠风则小和，飘风则大和，厉风济则众窍为虚。而独不见之调调、之刁刁乎？"

　　对于人籁，子綦解释道："**地籁则众窍是已，人籁则比竹是已，敢问天籁。**"

　　对于天籁，子綦解释道：**子綦曰："夫吹万不同，而使其自已也，咸其自取，怒者其谁邪？"**

　　人籁、地籁，古今解释比较一致，但究竟何谓"天籁"，古今的解释歧义很多。就笔者掌握的部分文献来看，音乐学界多倾向于将"天籁"解释为符合自然之美、合乎道的要求的声音。④ 按照笔者的理解，"天籁"至少有如下三层意思：

　　第一，"天籁"即"道籁"。这一层意思与老子的音乐美学思想有内在的关系。老子讲"大音希声"，"大音"，其实即是道之声。而庄子讲的"天籁"，类似老子讲的"大音"，因而权且可以称之为"道籁"。而所谓"道籁"，即是"道"通过声音的形式表现出来的一种形态。《老子》第二十五章讲"道"是"寂兮寥兮"，寂，即是"道"通过声

　　① 蔡先生还非常明确地揭示了人籁、地籁与天籁的关系，认为如果"比竹""众窍""如能合乎规律，合乎自然本性，不需要外在的'怒者'，去掉规律之外的人为，便可以成为'天籁'"。这一说法深得我心。参见蔡仲德：《中国音乐美学史》，人民音乐出版社 2003 年版，第 160 页。
　　② 参见蔡仲德《中国音乐美学史》（人民音乐出版社 2003 年版）第 161 页对此段描写音乐的具体分析。
　　③ 修海林认为，庄子的"法天贵真"中的"天"，即是"道"。因此，他追求的"天乐（yuè）"，亦可以说"道乐"（《中国古代音乐美学》，福建教育出版社 2004 年版，第 167 页）。
　　④ 蔡仲德先生认为：天籁"寓自然即自由而合规律之义。在《庄子》看来，这是音乐的最高境界，是自然之乐、'道'的音乐的特征之一"（参见蔡仲德：《中国音乐美学史》，人民音乐出版社 2003 年版，第 160 页）。

音而表现出来的一种状态。道从视觉的"形"来看是无形的，从触觉的"抟"来把握是"抟之不得名曰微"。但都不等于虚无，什么也没有。庄子没有着重从人的听觉角度来阐述"道音"，而是从自然而然，没有主宰者的角度来阐述"道音"的特征。

第二，"天籁"即自然而然的一切声音。"道籁"与老子的"大音"又有所不同，"天籁"可以引申为自然而然的，没有类似"吹"与"被吹"对象的任何声音。因此，作为一种与美联系在一起的声音——"天籁"，即可以理解为人与物不在对立状态下产生的一切声音，都称之为"大音"。这种"大音"既可以是伟大的哲人用感官，用思想、心灵听到的声音；也可以是常人用耳朵听到的各种自然而然的溪声、河流声、哇鸣声、落叶声，甚至敏感的诗人听到的落花声音。

第三，从"天籁"的构词类型进一步理解其本义与引申义。《庄子》文本中以"天"为词头的词汇还有很多，天均、天府、天倪、天道、天运、天年、天放、天德、天乐、天伦、天门、天游、天极、天机、天性、天理、天壤、天韬，天帙、天地等，在这些词汇中，"天"绝大多数情况都是作为限定语，是指大自然的本有状态，此一层意思，实与"道"的意思相通。只有极少数词汇的"天"字不是这样的，如"天地"是两个名词联系在一起。"天运"即是指大自然本身的运动。"天年"一词中的"天"字虽作定语，修饰"年"，其词义是指自然而然的寿命极限，没有多少哲学意味。除此三个以天为词头的词汇之外，其他以"天"为词头的词汇就非常具有哲学意味了。

天道、天德、天极、天乐、天伦、天放、天游、天机、天性、天理这些词可以作为一组，但考虑到道、德、极是道家特有的哲学词汇，可以另作一组，而将天乐、天伦、天放、天游、天机、天性、天理另作一组。

天道、天德、天极即道道、道德、道极。天道即是老子所说的"有物混成之道"，天德即"孔德之容，唯道是从"的"上德"，"天极"即是"道之极"。

天乐、天伦、天放、天游、天机、天性、天理等词，即是指与大自然的本性相一致的乐、伦、放、游、机、性、理。因而与人间的人乐、人伦、人放、人游、人机（或曰心机）、人性（特别是儒家讲的人性）、人理（人所规定的法则、秩序）构成相反的一极。通过这些词汇，庄子丰富了老子"道法自然"的思想内容，将老子重视大自然本身法则的思想，通过这些词汇从不同的侧面与层次揭示出来了。

天均、天府、天倪、天壤、天韬、天帙、天门等词汇可以作为一组，这一组词汇的特点是："天"字后面的名词都指具体的人间事物，加上"天"字则不再是指形而下的具体事物了，而是与道发生了关系，具有比喻与象征的意味。而"天籁"一词的性质与这组词汇相同。"天均"之"均"有二义，一是指制造陶器或乐器的模具，一是指轮子。天均既可以是大自然的模子，它塑造了不同类型的事物。它也可以是自然时间之轮，日来月往，轮转不已。"府"，本指藏物之闭合型的库与洞穴。"天府"则是大自然本身，它可以拥有万物，生出万物，为人所用。这种类比性的词汇，既与形下的、具体的事物有关，又不是具体形下的任何一事物。这种"不类之类"的词汇，正是庄子"卮言"所具有的思想魅力。它是以超越形式逻辑的文学性的类比思维方式构造出的表达哲学思想的新词汇，看似酒桌上喝酒者的胡言乱语，实则是庄子"以卮言为曼衍"的理性语言巧妙运用的结果。

要而言之，"天籁"不是任何形状的具体乐器发出来的声音，它即是"道"通过声音的形式展示出来的一种整全性、无遮蔽性的大美之音。这种"大美之音"平常的人是很难用耳朵的听觉器官来感受，需要用心灵、精神感受、聆听，这正是《人间世》讲的"无听之以耳而听之以心，无听之以心而听之以气"。而道是按照自身的要求运动，即道法自然，故"天籁"也就是一切自然而然的声音。

自然而然的声音是否都是美音、乐音呢？从老子、庄子的美学思想来看，答案是肯定的。在老、庄的音乐美学思想体系内的乐音，与我们今天讲的好听的声音——美的声音，意义还不完全一样。我们今天学科建制与生活中的音乐及其美学，主要强调声音形式之美——亦即刘勰在《文心雕龙》中提到的"声文"，主要是指一种悦耳的形式。此外美的声音还包含着丰富、深刻而正确的情感与思想内容。而道家讲的声音之美，首先是合道的，也就是正确的，当然就是真实的。只有合道，才可能是真实的，也才是美的。老、庄强调的是"道音"，现代音乐强调"乐音"——声音的美好形式。因此，这以老、庄为代表的道家音乐美学与今天作为一种艺术形式之一的音乐美学在思想倾向上有巨大的不同。① 不过，由于庄子提倡的"天籁"美学思想具有较大的可诠释空间，大自然的声音，以及合乎自然的声音就是乐音与美好的声音，则今天的音乐美学中崇尚自然而然的美学观点与主张，又可以从道家的音乐美学中吸取合理性的思想内核。"天籁"一词的意义经过长时间的转换，现在也已经非常自然地成了我们音乐美学评价的最高标准。

三、儒家功利主义音乐美学观

在讨论道家、儒家音乐美学思想差异之前，我们先看看韩非子功利主义的美学观点。《外储说左上》第三十二记载了这样一则故事：宋王与齐王有仇，修筑武宫。歌唱家癸在筑城的过程中唱歌，"行者止观，筑者不倦"。宋王召见他，赐给钱财。癸对宋王说道：我的老师射稽比我唱得更好，宋王就托人找来射稽。射稽唱歌，"行者不止，筑者知倦"。宋王就说，哎，你的老师不如你啊！癸回答道，大王您看看筑城的效果：我唱歌，劳动的人只筑了四板，射稽唱歌，劳动的人筑了八板。我唱歌，墙的厚度为五寸，不结实。我的老师唱歌，墙的厚度为二寸，且结实。从功效的角度看，我的老师绝对比我的歌唱得好。这件事情是真是假，我们暂且不去讨论。从音乐美学的角度来看，韩非子以音乐家的声音有利于筑城墙的实际效果大小、好坏来评价声音美好的程度，与道家从声音与整全之道关系的紧密程度来考察声音的美好程度，显然不同。

对声音之美的评价问题，道家强调的是声音与道的关系，乐音如果不与道发生关系，不仅没有正面价值，而且还会有负面的影响。因此，在道家的音乐美学思想体系里，音乐本身是没有独立价值的。在儒家的思想体系里，乐音有没有独立的价值呢？如果按照孔子的"美善相乐"，"尽善尽美"的观点来看，乐音应该有自己独立的价值。像孔子闻韶乐，三月不知肉味。可见音乐之美对孔子而言是有独立价值的。不过，以孔子为代表的儒家所推崇的韶乐之美，因为其内容反映的主要是儒家圣王的德政与王道思想，是一种理想的政治秩序和社会秩序，所以就其思想内容而言是属于道德与政治之善，亦可以是美政，而不

---

① 蔡仲德先生非常正确地区分了老子与庄子音乐美学思想的不同之处，但笔者从"道音"的角度则主要阐述了二人音乐美学的相通、相同之处。实可以补蔡先生所论之不足。

是现代音乐意义上的声音之美妙。在儒家的诸多经典之中,《礼记》与《荀子》之中均有《乐论》篇,这两篇典型的儒家音乐美学作品,都非常详细地论述了音乐之美与社会政治秩序的关系,本文仅以《礼记》中的一段典型文献为例,考察儒家音乐美学重视音乐与政治、社会秩序之关系的特征。如果说,道家音乐美学思想主要考察了声音与道的关系,我们似乎可以说,儒家音乐美学则直接讨论了"声音之道"——即声音之美的所以然的道理,其音乐美学更关注乐音与社会良序与人的心理良序的内在关系。

《礼记·乐记》中的美学思想内容十分丰富,音乐界与美学界的众多学者均有很多的论述与阐述,在此笔者不再重复前人所论。① 笔者将主要从"声音之道"的角度揭示《乐记》中的美学思想。概括地说,《乐记》中所涉及的"声音之道"大体上包含三个方面的内容,其一,声音之道与政通,如《乐记》云:

> 凡音之起,由人心生也。人心之动,物使之然也。感于物而动,故形于声。声相应,故生变;变成方,谓之音;比音而乐之,及干戚、羽旄,谓之乐。乐者,音之所由生也;其本在人心之感于物也。是故其哀心感者,其声噍以杀。其乐心感者,其声啴以缓。其喜心感者,其声发以散。其怒心感者,其声粗以厉。其敬心感者,其声直以廉。其爱心感者,其声和以柔。六者非性也,感于物而后动。是故先王慎所以感之者。故礼以道其志,乐以和其声,政以一其行,刑以防其奸。礼乐刑政,其极一也;所以同民心而出治道也。

分析地来看,上述文献主要讨论了音乐美学五个方面问题,(1)声音的起源问题;(2)声、音、乐的区别与联系问题;(3)声音与人心的不同状态的关系;(4)声音是人心感物而动的结果,不是人性的体现,而只是人情;(5)声音与政治的关系。五个方面的问题归结为一个问题,即由于乐音与人心的内在关系,所以声音的根本精神——即声音之道与政治的教化具有内在的联系,不可以掉以轻心,要认真加以对待——"礼乐刑政,其极一也;所以同民心而出治道也"。

其二,声音之道与政通的具体表现,一是什么样的政治形态,就会出现什么样的音乐美学风格;二是宫商角徵羽的五音结构及其所构成的和谐关系——"君臣民物事"的五种物事的结构及其合理的秩序有类似,如《乐记》云:

> 凡音者,生人心者也。情动于中,故形于声。声成文,谓之音。是故治世之音安以乐,其政和。乱世之音怨以怒,其政乖。亡国之音哀以思,其民困。声音之道,与政通矣。宫为君,商为臣,角为民,徵为事,羽为物。五者不乱,则无怗懘之音矣。宫乱则荒,其君骄。商乱则陂,其官坏。角乱则忧,其民怨。徵乱则哀,其事勤。羽乱则危,其财匮。五者皆乱,迭相陵,谓之慢。如此,则国之灭亡无日矣。郑卫之音,乱世之音也,比于慢矣。桑间濮上之音,亡国之音也,其政散,其民流,诬上行私而不可止也。

---

① 参见蒋孔阳《评〈礼记〉的音乐美学思想》一文(《中国社会科学》1984 年第 3 期)。

析而言之，上述文献进一步讨论了两个方面的主要问题，（1）声音的美学形态与政治形态的关系，所谓"治世之音安以乐，其政和。乱世之音怨以怒，其政乖"的说法，其所阐发的是音乐的美学形式是政治形态的综合反映的道理，在美学上属于反映论的类型。（2）音乐中的五音——宫商角徵羽，与社会政治结构中的具体社会—政治角色是对应的——"宫为君，商为臣，角为民，徵为事，羽为物"。这种对应关系在今天看来未必真的如此，但将不同音高与社会政治中的职位、角色结合起来，从音乐的内在结构来阐述政治和谐与声音和谐的内在关系。体现了儒家音乐美学以声音之和（即乐音）比拟政治之和的哲学思维方式。

其三，音乐与政治、社会秩序相通，全面地懂得音乐的社会与政治功能与价值，就可以与礼制的制度精神相统一了，礼乐相辅相成，相得益彰，就可以成为有德的政治家。因此，音乐之美，不在于追求乐音的各种极致形式，而是要与政治制度、文化制度之礼相配合，以实现治世安邦的主要功能。因此，音乐之美没有自己的独立价值，它的根本是极致形式与礼制相配合。由此可知，儒家的音乐美学是广义的功利主义美学，具体而言，属于政治、社会功利类型的功利主义美学。《乐记》云：

> 凡音者，生于人心者也。乐者，通伦理者也。是故知声而不知音者，禽兽是也；知音而不知乐者，众庶是也。唯君子为能知乐。是故审声以知音，审音以知乐，审乐以知政，而治道备矣。是故不知声者不可与言音，不知音者不可与言乐。知乐则几于礼矣。礼乐皆得，谓之有德。德者得也。是故乐之隆，非极音也。

析而言之，这种功利主义类型的美学观，有如下几个特点，一是将知音与知乐看作区分人兽、众庶与君子的标准。这就表明，自然的声波是人与禽兽共有的一种感性认知能力与认知内容，只有合乎人类精神标准的乐音才是人与禽兽的分水岭。显然，儒家的音乐美学在这一点上与道家崇尚自然而然的道之音的美学思想，有本质的区别。当然，儒家的音乐美学里也包含了君子与庶人相区分的等级制思想内容在其中。二是知乐与知礼的精神相一致，乐与礼相结合，共同构成了礼乐政治文明的全面内容。三是，对于音乐之美的终极评价标准，不是追求乐音的极致状态，而是要与礼制相一致，这是儒家重视音乐的根本理由——"乐之隆，非极音也"。

儒家的另一位重要代表人物荀子，在其《乐论》一文中，大体上阐述了与《乐记》相类似的思想内容，兹引一段典型文献以证之：

> 夫乐者，乐也，人情之所必不免也，故人不能无乐。乐则必发于声音，形于动静，而人之道，声音动静，性术之变尽是矣。故人不能不乐，乐则不能无形，形而不为道，则不能无乱。先王恶其乱也，故制《雅》、《颂》之声以道之，使其声足以乐而不流，使其文足以辨而不諰，使其曲直、繁省、廉肉、节奏足以感动人之善心，使夫邪污之气无由得接焉。是先王立乐之方也，而墨子非之，奈何！故乐在宗庙之中，群臣上下同听之，则莫不和敬；闺门之内，父子兄弟同听之，则莫不和亲；乡里族长之中，长少同听之，则莫不和顺。故乐者，审一以定和者也，比物以饰节者也，合奏以成文者也，足以率一道，足以治万变。是先王立乐之术也，而墨子非之，奈何？

上述文献中荀子的基本观点与《乐记》相同，肯定人情需要有乐音来给人提供快乐，但人对声音之乐的追求不能没有道的限制，因此王者制定出让乐音成为乐音的根本法则，即乐音之道——用雅、颂之乐来引导人们追求快乐的感情，促使人在不同的政治组织与社群里达到和谐的政治、社会效果。荀子以高度哲学化的语言肯定了音乐的社会、政治的功利价值："故乐者，审一以定和者也，比物以饰节者也，合奏以成文者也，足以率一道，足以治万变。"并此功利价值反驳墨家批评音乐、否定音乐价值的音乐美学思想。

从美学的观念看，儒家、法家、墨家都属于功利主义音乐美学一系，即从音乐是否有利于眼前的利益，如筑墙、政治活动等。他们之间的区别是：墨家主要是从音乐妨碍现实利益的实现这一角度来批评音乐及其审美活动的，而法家则是从具体事务的角度来考察音乐的功利价值。相比较而言，儒家虽然属于功利主义一系的音乐美学流派，但他们对于音乐的性质，音乐与人情的关系，音乐与社会制度、伦理的内在联系的认识，要比墨家、法家深刻得多。其功利主义的美学观对于作为艺术的音乐而言，是有极大伤害的。但儒家要求音乐从整体上服务于人生、服务于社会，则又有相当大的合理因素，因而也具有相当大的理论诠释空间。如后来音乐美学中有一派持陶泄情感、陶冶人情的主张，与后来的音乐美学中的宣泄理论之间，就有很大的关联性。因此，对于儒家的音乐美学思想的评价需要更加仔细且慎重。

四、结　语

如何看待音乐的价值？中国传统的道家与儒家学者都提出了不同的见解，相比较而言，道家的音乐美学更偏重于音乐与道——真理的关系。作为真理的代名词之道，在道家的思想体系中是重要的价值目标，音乐必须要体现"道"的内容，才具有价值。而道家之道的主要内容即是大自然的内在秩序与和谐状态，因而音乐之美必须以合乎自然节奏、秩序与太和的状态，才具有美学价值。可以说，道家的音乐美学思想，具有深刻而丰富的思想内涵，且具有十分广阔的想象空间。但道家的音乐美学思想也蕴涵着一种取消音乐的危险，即任何人为的乐音都是没有价值的。因此，对于道家的音乐美学思想，我们必须要以批判的态度加以继承与发扬。法家、墨家一样，儒家所持的是一种功利主义的音乐美学观，他们把音乐与政治的关系绑得太紧，音乐与政治相通，在高度肯定音乐治世功能的同时，也容易消解音乐的独立性，伤害作为艺术的音乐的自身发展。

笔者的观点是：音乐艺术与其他艺术形式，乃至于整个学术与科学，在研究的领域里都应该坚持百花齐放、百家争鸣的态度。大自然是丰富而深刻的。就一点而言，道家，特别是庄子提倡"齐物"的艺术美学思想，在今天应当得到很好的继承。《文心雕龙·乐府》篇说："故知诗为乐心，声为乐体。乐体在声，瞽师务调其器；乐心在诗，君子宜正其文。"所谓"乐心"，即音乐的精神；乐体，即音乐的承载物。音乐的精神是"诗"，而"诗"在中国文化传统里意义极其丰富，既是人的真实情感的流露，又是合乎美的规律的语言、韵律形式。诗与乐结合在一起，更能体现中国文化的精神特质。礼与乐结合在一起，更能体现中国政治文明的特质。诗乐、礼乐合为一体，体现了中国音乐美学的即世而超世的特征。在学术层面，就表现为道与儒互补。从美学的角度看，道家更偏向于追求

"道音"之美，而儒家则偏重追求声音与治道相通的"声音之道"。他们的音乐美学思想的根本精神与价值取向都表现出根本性的差异，但在否定，乃至于消解音乐审美的独立性及其自身的价值方面，又具有相当的一致性。这与古典社会艺术、政治、宗教、科学浑然一体的时代生存状态是高度一致的。

（作者单位：武汉科技学院音乐学院、武汉大学哲学学院）

论《庄子》中存在性之"道"的三重意蕴*

□ 朱松苗

众所周知，"道"是中国传统思想的主题。这在于"道"对中国古人的人生在世具有特别的意义——其存在是被"道"所规定的：人遵道而行就是"有道"，逆道而为就是"无道"；有道之人处于光明之中，无道之人则处于黑暗之中……所以前者真，后者伪；前者善，后者恶；前者美，后者丑；前者生，后者死。正是基于这样的理解，"道"不仅成为区分人与动物的标准，而且成为区分人与人的标准。问题在于，什么是"道"？它又何以能够成为人乃至万事万物存在的规定呢？

一般认为，"道"是一个语义丰富的语词：在认识论意义上，它有着道理之义；在语言论意义上，它有着言说之义；在方法论意义上，它有着门道、方法等义。但是严格说来，这些含义已经不是道的本义，因为认识论意义上的"道"实际上是知道的内容，语言论意义上的"道"则是说道或传道的内容，方法论意义上的"道"是得道的内容——它们都已不是"道"本身。本文所探讨的是存在论意义上的"道"，因为它是知道、得道、传道的起点和本源。

一、存在性之"道"

关于"道"的本义，学术界一般认为是道路，其他义则为其引申义，如古代学者许慎（"道，所行道也。从辵从首。一达谓之道"①）、段玉裁（"道者人所行。故亦谓之行。道之引伸为道理，亦为引道。从辵首。首者，行所达也"②）等，现代学者任继愈（"'道'字本来是人走的道路"③），冯达文、郭齐勇（"'道'的本义指道路"④）等。

* 本文为教育部人文社会科学研究青年基金项目"《庄子》之'无'的美学精神研究"（项目编号：17YJC720044）；山西省高等学校哲学社会科学研究项目（项目编号：2017265）阶段性成果。

① 许慎：《说文解字》，中华书局 1963 年版，第 42 页。
② 许慎撰，段玉裁注：《说文解字注》，上海古籍出版社 1981 年版，第 75 页。
③ 任继愈：《中国哲学史》，人民出版社 2010 年版，第 57 页。
④ 冯达文、郭齐勇主编：《新编中国哲学史》，人民出版社 2004 年版，第 48 页。

但也有人对此提出了不同的意见，如刘翔在《中国传统价值观诠释学》一书中就认为道路之义并不是道字的本义，而是它的引申义。他针对的就是许慎对道的解释，因为许慎将道的字形理解为 "从辵从首"，进而才有了 "道路" 之义。刘翔认为 "从辵从首" 只是 "道" 较晚的构形，而不是最初的构形。他以迄今所见最早的西周金文 "道" 字为例，说明道实际上是 "从行从首会意。所从行，象四达之衢，即今所谓十字街口；所从首，为人头之形。从行从首，象人张首处于十字街口之状，以示辨明方向引道而行之意"。正是基于此，刘翔认为 "道" 的本义是 "引道而行"，进而引申出导引之义。①

不独有偶，安乐哲、郝大维在《道不远人：比较哲学视域中的〈老子〉》一书中也持有类似的观点，认为 "道" 字由两部分构成："辵（脚）……因而有 '经过'、'越过'、'导向' 的意思……；首（头）——意指整个头部……因此有 '首先' 的意思。'头' 的这一成分暗含的 '引领'……的意思在某种意义上就是 '给出方向'……'道' 常被借用为它的同源动词 '导'……因此，这个词原初就带有动名词性、过程性和能动性：'一个导向'"，并认为 "'道' 最早出现在《尚书》，其语境是：开出一条隧道导引河流，以免河水泛滥堤岸"②。基于此，他们认为 "道" 的本义为引导、导向，后在此基础上才引申出道路、方法、言说、教导等含义。

那么 "道" 的本义究竟是道路，还是 "导"？这个问题又可以被具体化为：到底是先有了路，才把人导向一个地方；还是先有一个导向，人们才构筑了路？事实是，路是具有导向之路，而 "导" 是由路来实现和完成的。没有 "导"，路就失去了其意义；而没有了路，"导" 就无路可走。所以不存在没有 "导" 的路，也不存在没有路的 "导"。两者是同一事情的两个方面——"导" 是路之体，路是 "导" 之用（在此意义上，路是被 "导" 所规定的）。当有 "导" 之需时，路就产生了；当路产生时，"导" 就实现了。两者原本是统一的。

不过，就思想的发生所依赖的现实而言，"道" 的道路义是原初的。"尽管甲骨文字已经发现了近五千个，似乎还没有识出一个公认的、在后来的金文中使用频繁已高的 '道' 字……这莫非是由于道路对于人的生活固然重要，但其重要性乃藏于它的用，而不在它的体。"③ 如果是这样的话，这意味着在人类社会早期，道路虽然已经存在，但是人们却日用而不知，后来随着人类理性思维的发展，道路的 "导" 之义才逐渐显现出来。"藏" 意味着 "导" 原本是存在的，而不是 "不存在" 的——道路产生时它就与之俱生，否则道路就不是道路。

所以如果一定要人为地将之进行区分的话，我们可以这样认为：从历史或字源学的角度而言，"道" 首先是道路，然后才有引导义的产生；但从思想的角度而言，"道" 首先是引导，然后是道路的形成，即有了 "导" 的需要，随后才有了路的形成；最后从 "道" 自身的角度（存在）而言，路和 "导" 是同时发生的，两者不可分离。因此从历史上看

---

① 刘翔：《中国传统价值观诠释学》，华东师范大学出版社 2009 年版，第 252 页。
② 安乐哲、郝大维：《道不远人：比较哲学视域中的〈老子〉》，何金俐译，学苑出版社 2004 年版，第 66 页。
③ 庞朴：《一分为三——中国传统思想考释》，海天出版社 1995 年版，第 241 页。

"道字的抽象义应是引申义，是从其具体的本义道路引申来的；这大概已无争议"①，但是，在"道"的基本义（道路）和引申义（导）之间，"导"无疑更为根本，"导"规定了路。

由此可见，在存在论意义上，"道"实际上已有两种含义：一是形而下的道路之义，之所以说它是形而下的，是因为它可感可见，是显现出来的现实之道；二是"导"之义，而"导"之所以可能，则在于道路背后规定着它的"道"，此"道"无形无状，却从根本上规定了道路的延伸，所以它虽然不可感也不可见，却是存在的，这就是形而上之"道"。不仅现实之路是有"道"的，万事万物也是有"道"的，他们和道路一样，都是"道"的显现。

除此之外，在安乐哲和郝大维看来，"道"不仅具有引导义，作为动词，它自身还含有"开创新路"之义，因为"'道'不仅是'way'，而且是'way-making'，是一个不断构筑新的前行之路的行动"，也就是说，这个"道"不应是"产品"，而是"过程"，因为"'道'（路）已铺好，'道'就被约束和限定住了……"② 所以这里的"道"不应是死之道，而是生生之道，它是被不断开辟出来的。基于此，真正的"道"需要不断地自我否定，这个过程也是"道"实现和完成的过程。

当然，安乐哲、郝大维对于"道"的揭示也还存在着一些值得商榷的地方，比如在他们看来，道路不是由其他，而是由人所开辟的，这就产生了一个问题，人又是凭借什么开辟道路的呢？实际上就是道路自身的指引。所以从根本上讲，不是人开辟道路，而是道路自身开辟道路。因为每一条道路都是自然展开的——在它的世界里这条路是唯一之路，而不可能有其他的路。这样它才能将与之相关的他物聚集为一；否则当道路是人为开辟时，道路将不自然，这会使它周围的物远离物自身，同时也就是远离道路，所以这样的道路不是统一之路，而是分裂之路，在分裂之中，道路将失去其所处的世界，将失去其本源的统一性，从而失去其本源的生命。人和万物的行走只不过是实现、显现了这条路。因此不是人建造了路，而是路自身规定了自身，或者说人按照路自身的规定参与了路的修建过程。

综上所述，存在性之"道"实际上有三重含义：首先，它是指形而下的道路，而道路的意义就在于它的"导"，即引导、导向之义；其次，道路之"导"之所以可能，又在于道自身——形而上之道；最后，道不仅是名词性的，更是动词性的，它在本质上不是道路，而是开辟道路，其结果就是道路的不断形成，在此意义上，道是生生之道。

二、庄子之"道"

"道"在《庄子》中出现了三百余次，是一个语义丰富、内涵饱满的关键词。它们大体上可以分为存在性之"道"、思想性之"道"、语言性之"道"和方法性之"道"。其中，《庄子》对于存在性之"道"的论述基本遵循了"道"自身的含义：一是作为导引

---

① 庞朴：《一分为三——中国传统思想考释》，海天出版社 1995 年版，第 241 页。

② 安乐哲、郝大维：《道不远人：比较哲学视域中的〈老子〉》，何金俐译，学苑出版社 2004 年版，第 68~69 页。

的现实之路——形而下之道；二是形而上之道，它包括道自身、天道、帝道、圣道、人道等；三是生生之道——道的自我否定。

（一）形而下之道

"士成绮见老子而问曰：'吾闻夫子圣人也。吾固不辞远道而来愿见，百舍重趼而不敢息。'"（《天道》）① "君曰：'彼其道远而险，又有江山，我无舟车，奈何？'市南子曰：'君无形倨，无留居，以为君车。'君曰：'彼其道幽远而无人，吾谁与为邻？吾无粮，我无食，安得而至焉？'"（《山木》）

显而易见，"不辞远道""道远而险""道幽远而无人"中的"道"都是道路之义。作为道路，它有不同的形态：根据距离的远近，它分为远道和近道；根据路况的好坏，它分为平道和险道；根据路人的多少，它分为热闹之道和幽静之道……对于一般人而言，他们愿意走近道而不是远道，走平道而不是险道，走热闹之道而不是幽静之道。因为相对于近道，远道更消耗人的体力，甚至伤害人的身体；相对于平道，险道容易置人于不可预测的危险之中；相对于热闹之道，幽静之道会使人远离人群，而陷于不可忍受的孤独之中。《山木》中的"君"就是一般人的代表。但是《天道》中的士成绮却与之相反，虽然道远，他却能"不辞远道"来拜访老子，这倒不是因为他天生喜欢"远道""险道"和"幽静之道"，因为这种长途跋涉对人的身体确是一种巨大的消耗——"百舍重趼"，但即便如此，他却能不辞辛苦，那么他意欲何为？

道。"吾愿去君之累，除君之忧，而独与道游于大莫之国。"（《山木》）对于有道之人或求道之人而言，为了"道"可以"不辞远道"；但是对于无道之人而言，"道远而险""道幽远而无人"将会成为人与道之间一条巨大的鸿沟。也就是说，有"道"的指引，人可以克服身体的局限性，激发人的精神力量，从而激活人的生命，超越自己。

所以道路需要依靠其背后的"道"来指引人，或者说道路通过其自身来引导人——"远道"自身就说明人们要通达道，必须长途跋涉，没有捷径可走；"险道"也说明道的获得不可能是一帆风顺的，它要经历艰难困苦；"幽道"则说明了通达道的过程是孤独寂寞的，因为事情的真实只有在幽静中才能向我们敞开，在喧嚣的热闹中，人容易失去自我，从而遮蔽这种真实，拒绝这种敞开。

因此，道路之道本身就含有"导引"之义。这样以"道"通"导"或以"导"通"道"就不难理解了。作为通假字的"道""导"，在《庄子》中多次出现。

"吹呴呼吸，吐故纳新，熊经鸟申，为寿而已矣。此导引之士，养形之人，彭祖寿考者之所好也。若夫不刻意而高，无仁义而修，无功名而治，无江海而闲，不道引而寿，无不忘也，无不有也，淡然无极而众美从之。此天地之道，圣人之德也。"（《刻意》）陈鼓应认为这里的"导"原本为"道"，只是"导""道"古通②，所以后来的人们可能为了所指的清晰性，直接用"导"替代了"道"。不独有偶，"'吾固告子矣：中国之民，明乎礼义而陋乎知人心。昔之见我者，进退一成规、一成矩，从容一若龙、一若虎。其谏我

———————————————

① 陈鼓应：《庄子今注今译》，中华书局 1983 年版，以下所引《庄子》正文均出自此书，只在引文后注明篇名。

② 陈鼓应：《庄子今注今译》，中华书局 1983 年版，第 458 页。

也似子，其道我也似父，是以叹也.' 仲尼见之而不言。子路曰：'吾子欲见温伯雪子久矣。见之而不言，何邪?' 仲尼曰："若夫人者，目击而道存矣，亦不可以容声矣!'" (《田子方》) 对于"道"字，陈碧虚在《阙误》中引江南古藏本作"导"，所以陈鼓应认为这里的"道"通"导"①。

在《刻意》中，熊鸟动物之所以能够导引彭祖，是因为熊鸟的行为自然而然，它符合天地之道，彭祖遵循这条自然之路就可以锻炼身体、延年益寿。在《田子方》中，父亲之所以能够引导子女，表面上是因为父亲所行之路比子女多，实际上是因为父亲所悟之道比子女深；温伯雪子之所以能够引导仲尼，也是因为温伯雪子见"道"、得"道"，而仲尼尚未得"道"。因此，作为"导"的"道"，在这里事实上已经不再是原初意义上的、人在大地上所行之道路，而是庄子意义上的更为抽象的道——天地之道，即天地运行之道，也就是自然之道。

但在生活世界中，除了自然之道，人们还生活在非自然之道中。所以"导"作为人的导引，它除了有积极意义上的指引之义，也有消极意义上的误导之义；与之相应，"道"不仅指正道，有时也指歪道或歧途，甚至是邪道——有不同的"道"，就有不同的"导"；有不同的"导"，也有不同的"道"。

对于庄子而言，这种"误导"突出地表现在其思想的敌人——儒家的礼仪之道上，在《田子方》中，温伯雪子之所以对鲁国人避而不见、对仲尼反复"叹"息，就是因为在他看来，儒家之道只是礼仪之道，它只能引导人们遵循一套既定的规矩、原则，而不是遵循人的自然天性；它只是让人沉迷于外在的仪式甚至是虚情假意，而不是倾听内心的呼唤，所以儒家之道还不是真正的"道"。当我们将其作为"导引"时，它会让我们误入歧途。

还有一种"误导"是隐蔽的，因为它以得"道"的面貌出现。这突出地表现在《刻意》中，即彭祖表面上遵循自然之"导"，但实际上却背离了自然之"导"（或者说他遵循的是外在的自然——养形，而不是内在的自然——养心；或者说他遵循的是"有"，而不是"无"）。之所以说他背离了自然之"导"，是因为他的"导引"是刻意的，有其人为的目的——"寿"。而"寿"应是遵循自然的结果，而不是人为追求的对象，所以"导引"是人为的，这实际上也违背了人的自然。故而我们应该"不导引"而"寿"。

因此，我们要区分有目的的"导引"和无目的的"导引"，即人为的"导引"和自然的"导引"。前者看起来有道，实际上无道，后者才是真正意义上的"导引"，因为它不仅否定了无道，而且否定了"导引"自身，唯有这种彻底的否定，"导引"才能成为纯粹的"导引"——即"道"的指引。

所以如果说"导"指明了"道"的话，那么这也意味着，如果形而下的道路不能指引人行走在正确的路上，它就是歧途；如果形而下的"道"不能指引人正确的行为处事，它就是无道、非道；如果形而下之"道"不自我否定的话，那么它就不够纯粹，它甚至会以有道之名行无道之实，所以它仍然是无道和非道的。

① 陈鼓应：《庄子今注今译》，中华书局 1983 年版，第 617 页。

（二）形而上之道

不仅人有人的所行之道，万事万物都有它们运行的道路，如果说道路是被"导"所规定或被道路自身所规定的话，那么万事万物的道又是由何而规定的呢？在此之外，是否还有一个更高的存在，在规定（"导"）着所有的存在者呢？

随着人类理性思维的发展，人们关于"道"的思考也有了突破——即突破了形而下意义上的现实之路，而产生了形而上意义的"道"，这是"道"的引申义，也是它的抽象义，因为它泛指万事万物所运行的道路。

1. 大道

对于庄子而言，万事万物所运行的道路，也就是它们的存在之路，这条路不是随意的，而是被"道"所规定的。对于《庄子》而言，这个"道"不是其他，而就是事物自身的本性，万物遵循自己的本性，就是遵循自身的道，所以这条道路不是被他者所规定，而是被自身所规定（这正好符合了道的本义）。在自身中，物才能保持自身的完整性、纯粹性、统一性，否则它将失去自身，成为无道者。在此意义上，事物遵循了自身的本性，就得到了"道"。

道不仅能让万物作为个体持守自身，而且能让万物作为一个整体，构成一个完整、统一、纯粹的世界。在此意义上，自然界既被自然而然所规定，又是自然而然的显现者和实现者，而且是其最高的实现者，因为自然而然不仅指向个体，而且指向个体所存于其中的整体。这个整体就是个体的聚集，这同样也是由道完成的，且只能由道来完成。在其中，人是自然界中最特别的一个存在者。因为他不仅是自然的，而且能够意识到这种自然。所以他的自然是自觉的自然，而不仅仅是自发的自然。故而只有人才有"人为"，并且只有人才能反对"人为"。如果说道是自己规定（"导"）自己的话，那么人只是遵循、随顺、倾听这种"导"，然后实现、参与这种"导"。如果说"道"是万物的本性的话，那么这也意味着正是"道"让万物成为万物，否则万物将失去自身，在此意义上，"道"就是万物的本源和基础，万物由"道"而出才能成为自身。

因为"道"是事物所运行的道路，而且是符合其本性的道路，所以它是必然的、本质的，在此意义上，"道"被称为规律、规则。事物遵守了规律、规则，就是遵循了事物自身的本性，因此它是得"道"的。

正是因为此，庄子又将"道"称为"大道"，《齐物论》："夫大道不称，大辩不言，大仁不仁……"即最广大的道，因为它不是一物之"道"、非拘围于一隅，而是万物之"道"，它包容万物且让万物由自而出；"至道"，《在宥》："至道之精，窈窈冥冥；至道之极，昏昏默默"，即最高的道，因为它是万物的根本和基础；这样的"道"又被称为"妙道"，《齐物论》："夫子以为孟浪之言，而我以为妙道之行也。"

但是"道"并不显现于自身，而是显现在天道与人道之中。

2. 天道、人道

如果说作为总根据的"道"是存在的话，那么它不是以"有"的形态存在，而是以"无"的形态出现，即它不是有形的，而是无形的。所以作为"无"的"道"要实现自身，就需要"有"，"有"不仅是"道"的载体，也是"道"的显现，更是"道"的实现和完成。

在现实社会中，"道"显现为万物的运行之路。这个"万物"不仅包括人，而且包括天、地、鬼、神、动物、植物等；同时这个"路"不仅包括物的局部——脚所行之路，而且包括作为整体的物所行之路——万物之"道"。但对于庄子而言，其中主要有两种"道"："天道"和"人道"。"何谓道？有天道，有人道。无为而尊者，天道也；有为而累者，人道也。主者，天道也；臣者，人道也。天道之与人道也，相去远矣，不可不察也。"（《在宥》）

所谓天道，就是指天的运行之道，对于《庄子》而言，它就是天地之道，即自然之道——它一方面指的是日月星辰和自然万物的运行之道，也即自然界的运行法则；另一方面也指向这个法则的核心——自然而然。因为这个法则是被自然而然所规定的，所以它不是一种外在的强制性法则，而是内在的合乎本性的呼唤。因此天道是"无为而尊者"，它无需主观、有意地去作为，而只需遵照自己的本性自然而行，故而它不被外物所规定，而是被自己所规定，它自己就是自己的"主"。在此意义上，"天道"就是"道"的完美实现和显现，所以在《庄子》中，"天道"几乎成为"道"的代名词。

所谓人道，就是人的所行之道，它首先指的是人在大地上的所行之路，其次也指人作为整体性的存在在社会中的所行之道。对于庄子而言，这里的"人"与"天"相对，如果说"天"是自然的话，那么"人"就是人为的。与之相应，"人"行之道也就具有了两种含义：一方面，它是指"人"不行走在自然之路上，即不行走在道路自身所规定和开辟的道路上，而是行走在人为开凿的道路上，这种道路因为只考虑到了人的主观需要，而违背了道路及其所属的世界整体的自然本性，所以它看起来是道，实际上却是无道；另一方面，它是指"人"不是行走在社会的正途中，这条道路不是自然的集聚，而是人为的集聚，"人"处身于人为的聚集中，就是处身于歧途之上，所以"有为而累"——人看起来有所作为，却南辕北辙，与人的初衷相去甚远，做得越多，反而相距越远，因此人会处于一种无法摆脱的"累"之中。在此状态中，人就不再是自己的主人，而成为自己所追求的对象的奴隶——"臣"。

这样的人道又被庄子称为"多骈旁枝之道"，即旁门左道，"是故骈于明者，乱五色，淫文章，青黄黼黻之煌煌非乎？而离朱是已！多于聪者，乱五声，淫六律，金石丝竹黄钟大吕之声非乎？而师旷是已！枝于仁者，擢德塞性以收名声，使天下簧鼓以奉不及之法非乎？而曾、史是已！骈于辩者，累瓦结绳窜句，游心于坚白同异之间，而敝跬誉无用之言非乎？而杨、墨是已！故此皆多骈旁枝之道，非天下之至正也"（《骈拇》）。它之所以被称为旁门左道（"非天下之至正也"），就是因为它不是自然之道，而是人为之道，因为这条道路超出了人的正常需求，成为满足人的贪欲的工具——纵情于视觉、听觉、语言，并且利用仁义之情以获得利益，这些都偏离了事物自身，它不仅会伤害事物自身——"乱五色，淫文章""乱五声，淫六律"，而且最终会伤害自己——"塞性""敝"，即伤害自己的身体，遮蔽自己的本性。

因此，对于庄子而言，当人道遵循天道时，它是"有道"的，否则它是"无道"的。所以天道要指引人道，人道要到达天道，就像"主"要指引"臣"，"臣"要倾听"主"一样，于是就有了主臣之比喻。

那么人道如何到达天道呢？或者说人道如何认识天道呢？

3. 帝道、圣道

在天道和人道之间，还存在着一种特别的道，即"帝道"和"圣道"。"天道运而无所积，故万物成；帝道运而无所积，故天下归；圣道运而无所积，故海内服。"（《天道》）如果说天道是万物得以生成的原因的话，"帝道"就是天下人民归向的原因，"圣道"是四海之内的人们宾服的原因。之所以如此，在《庄子》看来，是因为它们都"运而无所积"，即自然而动，无所执着，"恣物之性而无所牵滞"①，即"天道""帝道""圣道"都是被自然所规定的。对于"天道"而言，这是它的题中应有之义，因为它本身就是天地之道、自然之道；而"帝道"遵循了"天道"；"圣道"则是"帝道"的另一种形态，或者说最本真的形态，"天道运转，覆育苍生，照之以日月，润之以雨露，鼓动陶铸，曾无滞积，是以四序回转，万物生成也。王者法天象地，运御群品，散而不积，施化无方，所以六合同归。圣道者，玄圣素王之道也"②。

但是庄子没有解释、成玄英没有解释清楚的是，这几种关系是如何成立的——或对《庄子》而言，这些关系原本是显而易见的，因为这几个词本身就蕴含了它的原因。

所谓"帝"，"王天下之号也"③，"帝"之所以能王天下，就是因为他是天之子，所以"帝"又被称为天子，他是上天派来治理人民的君主，是天在人间的代言人，也即天的显现者。天与帝的不同在于，天不是人，帝是人，所以他们既有同一性，又有差异性。

也正是这种不同和差异，一方面使得帝成为沟通天与人的存在者，帝将天的意志传达给人，在此意义上，"帝道"就代表着"天道"。"故古之王天下者，知虽落天地，不自虑也；辩虽雕万物，不自说也；能虽穷海内，不自为也。天不产而万物化，地不长而万物育，帝王无为而天下功。故曰：莫神于天，莫富于地，莫大于帝王。故曰：帝王之德配天地。此乘天地，驰万物，而用人群之道也。"（《天道》）这里的"王天下者"就是"帝"，他的智慧虽广，却不是他追求而来，而是顺应自然的结果；他的语言虽美，却不是出于他个人的意愿，而是自然流露的结果；他的能力虽强，却不是为了自己，而是水到渠成的结果。故而"帝王之德配天地"，"配"也就是"合"之义，所合之处就是摒弃人为、遵循自然，这是"帝"合于"天""地"之处。也正是因为此，天地无为而万物化育；帝王无为而天下功成。在此意义上，"莫神于天，莫富于地，莫大于帝王"，"帝"具有了和天地同等的位置，所谓的"神""富""大"在历史上虽然有各种各样的解释，但是其根本用意无非是在强调，在天地之间三者是最大、最根本的，所以如果说万物要遵循天地之道的话，人群则要遵循这最大、最根本的帝道。

但是另一方面，因为帝是人，所以他也不可避免地具有人的欲望，当这种欲望越过天的规定时，人为就可能逾越自然，"帝道"就可能背离"天道"。也许正是因为这种潜藏的危险，人们用"圣道"代替了"帝道"。所谓"圣"，其原本的构形为"聖"，由"耳""口""王"三部分组成，其中，耳用于听，口用于说，所以圣的字面义就是听说之王，

---

① 郭象注，成玄英疏：《庄子注疏》，曹础基、黄兰发点校，中华书局 2011 年版，第 247 页。
② 郭象注，成玄英疏：《庄子注疏》，曹础基、黄兰发点校，中华书局 2011 年版，第 247 页。
③ 许慎：《说文解字》，中华书局 1963 年版，第 7 页。

但圣人不是随意而听，也不是随意而说，而是倾听"天"的声音，然后把所听到的声音传达给人民，因此"圣"取代"帝"，成为"天"的代言人。两者的不同在于，"帝"是有位之代言人，而"圣"是有德（道）之代言人；"帝"有可能背离"天"，"圣"则须臾不离"天"。所以"圣"虽然是人，但他不是一般的人，而是完善、完美的人，他的欲望被自己所规定。"帝"虽然不是一般的人，但他可能比一般的人更一般，因为当"帝"无道时，他的欲望比一般人更不受规定。

（三）道的自我否定

但是，道自身也不能被极端化。当道有如此可能的时候，道自身也需要被否定。

因此在《齐物论》中，庄子提出圣人应"不缘道"。所谓"缘"，一般理解为攀缘、向上爬之义，由此"不缘道"首先被理解为不攀缘人道、世俗之道，因为这些道看起来是道，实际上却是无道，如果再去攀缘，就是错上加错。其次，对于"道"自身而言，也不可攀缘——"夫圣智凝湛，照物无情，不将不迎，无生无灭，固不以攀缘之心，行乎虚通至道者也"①，即圣人之心应该是一颗自然之心，没有主观、人为，所以当心灵执着于"道"时，这本身是有违于"道"的。再次，陈鼓应将"缘"理解为"拘泥"，认为"不缘道"就是"不拘泥于道"②，即人不被"道"所缚，之所以如此，是因为人们将"道"看成一个固定的实体，这实际上是将"道"固化了，于是"道"就成为束缚人的东西，即非道的形态。最后，林希逸将"不缘道"理解为"无行道之迹也"③，人不是为了行道而行道，因为当人有意去行道时，他就会留下痕迹，即"道"不是其目的，行道之"迹"才是其目的，这恰恰是无道的。所以《齐物论》认为"道昭而不道"，即"道"显现出来就有了痕迹，这种痕迹就会成为一种新的"有"，进而成为人们追求的对象，最终激发人的新的欲望。释德清也从心灵出发，认为"言无心合道，而无缘道之迹也"④，即"道"是自然而然的发生，而不是心灵追求的结果，一旦心灵有这种意愿，"道"便不再是"道"自身了——实际上人顺人之人性、物顺物之物性而行就是得"道"。

概言之，"道"的自我否定具有两层含义：首先，它意味着"道"和"无道"或"非道"的分离，即"道"否定以"道"之名行违"道"之实的非道行为和思想；其次，它也意味着"道"和自身的分离，当"道"成为一种新的"有"时，"道"就要自我否定，否则它就会沦为新的"无道"——在此意义上，"道"乃生生之道，而不是一成不变之道，即"道"是不断生成的，而这种生成就发生在"道"与自身相分离的过程中。

总之，"道"的自我否定不是其他，而就是"道"自身的完成，所以就本质而言，"道"的自我否定是"道"的最高形态，但它不是否定真正的"道"，毋宁说，它就是真正的"道"，或者说它只有在不断的自我否定中才能成为真正的"道"。所以不存在一个脱离了自我否定的"道"，否则它就不是真正的"道"；也不存在一个脱离了"道"的自我否定，否则它就不是真正的"否定"。

---

① 郭象注，成玄英疏：《庄子注疏》，曹础基、黄兰发点校，中华书局 2011 年版，第 53 页。
② 陈鼓应：《庄子今注今译》，中华书局 1983 年版，第 102 页。
③ 林希逸：《庄子鬳斋口义校注》，周启成校注，中华书局 2009 年版，第 39 页。
④ 释德清：《庄子内篇注》，华东师范大学出版社 2009 年版，第 52 页。

也正是因为如此,《庄子》绝少从正面去论述 "道" 是什么,其在小心翼翼地避免由此所带来的困境,所以它只是用 "负底方法"① 讲 "道" 不是什么,在那些看似不可理喻又若隐若现的描述中,让混沌之 "道" 自身呈现出来。

三、小　结

综上所述,"道" 在《庄子》文本中的含义是丰富的,它既含有存在性之 "道",又含有思想性之 "道" ("道理") 和语言性之 "道" (道说),还含有作为方法和工具的 "道" ("存身之道" 等)。其中,存在性之 "道" 是根本性的,这在于存在决定了思想、语言和方法。而存在性之 "道" 同样也是语义丰富的,它既包含有形而下之 "道",也包含有形而上之 "道",同时还含有 "道" 的自我否定。其中,形而上之 "道" 无疑又是根本性的,因为对于《庄子》而言,形下之 "道" 就根源于形上之 "道",而 "道" 的自我否定正是形上之 "道" 的自我完成。

对 "道" 之语义的厘清,不仅可以帮助我们揭示出《庄子》之 "道" 的丰富性和复杂性,避免在理解《庄子》文本时所产生的歧义与混乱;而且正是在这种追本溯源中,"道" 的含义才能全面、完整地向我们敞开,也正是在这种敞开中,"道" 自身的真理也即其存在才能向我们显现出来。

(作者单位:山西运城学院人文学院)

---

① 冯友兰:《三松堂全集》(第 5 卷),河南人民出版社 2001 年版,第 150 页。

论艺术真诚的二层次：从"意"之内涵解析*

□ 王 玲

一、绪 言

艺术所欲表达的精神、状态或情感，可以以"意"来概括之。艺术家以某种"创意"塑造出作品，形成画面、造型、文字或曲调。读者或欣赏者又通过作品领受到这种"意境"，进而唤起心中的某种共鸣。相较而言，中国艺术对"意"的重视尤为突出，无论书画还是音乐都有着"写意"的追求，对表现形式和技法细节反倒不太强调。有学者指出，先秦两汉的美学强调"志"，魏晋美学强调"韵"，晚唐以后的美学强调"意"。① 而志和韵其实都以"意"为基本内涵，"意"之与道相合且长远坚定者可曰"志"，余意无穷者可曰有"韵"或"神"②，因此也就有"意志"及"意韵"的合称。"意"如同艺术的灵魂，是艺术家区别于工匠的根本所在。探究"意"的内涵，是探索艺术深刻内质和价值追求的必经之途。

本文将借助于西方意向性理论以及儒学的研究来深入讨论"意"以及对"意"的价值诉求——真、诚。艺术最注重的乃是真诚，否则艺术的任何表现就失去了灵魂和亲切感。然而关于艺术真诚，现实中存在着一些误解和误用，究其原因，乃是因为对"意"的理解出现偏差，或是不够全面、不够深入。以下将从解析"意"入手，说明"意之真"具有两个层次的含义，进而说明"艺术真诚"不只是直率，还有着更深的内涵。

---

* 本文为国家社会科学基金教育学青年课题"艺术教育的道德人格培养原理研究：以音乐教育为中心"（项目编号：CEA140171）阶段性成果。

① 刘纲纪：《中西美学比较方法论的几个问题》，湖北省美学学会编：《中西美学艺术比较》，湖北人民出版社 1986 年版，第 65 页。

② 宋人范温曰："有余意之谓韵。"（《潜溪诗眼》）见郭绍虞：《宋诗话辑佚》，中华书局 1980 年版，第 372~375 页。

二、"意"之结构与艺术

关于"意"的概念，虽然各派哲学有千差万别的定义，但又有着极其相似的互通性。在西方现代意向性理论①的意义中，"意"是一种关涉对象的活动，或者形象地说，乃是"心灵目光的朝向"②，即所谓心灵目光所投注的那个方向。汉朝董仲舒曾诠释"意"称"心之所之谓意"（《春秋繁露·循天之道》）。在这一意义上，董仲舒对"意"的基本定义与胡塞尔并无不同，甚至可以认为两者具有完全一致的内涵。而宋儒朱熹曾概括曰："心者一身之主宰；意者心之所发，情者心之所动，志者心之所之。"（《朱子语类》卷五）同样清晰地指出了"意"在心灵活动中的发动、投射功能。其后，明儒王阳明延续了对"意"的这种看法，他说："身之主宰便是心，心之所发便是意，意之本体便是知，意之所在便是物。"③总之，"意"是人之心思发动的关键，乃"对……的意识"，是心理关注力的趋向和投注。

关于"意"的结构，意向性理论还提供了另一个重要的观察。它认为意向性不仅指向一个外部对象，它其实具有双重的结构——内涵性（内容）和指向性（目的）。④ 即在指向的同时，在自己的意义世界之中赋予了那一外物某种内涵。有了指向就即刻有了内容，就其内容就可以理解此意向性。"意识与世界是一下子同时被给予的。"⑤ 意识产生的时候，一整个外部世界就赫然呈现了。更进一步来说，世界本身就是意识投射意义的世界。外部的意义世界乃是心灵目光投注而赋予的。而究其实，"意"的本质不在于"那个外物"，却在于"我所投注、赋予的内涵"。此正合于王阳明所主张的"意之所在便是物"，心外实无独立之物，他关于山花和心灵的互动有一段著名的对话："你未看此花时，此花与汝心同归于寂；你来看此花时，则此花颜色一时明白起来。"⑥ 这无疑表明在"意"作用的那一瞬间，主体、客体以及意本身同时俱起、同时俱现。"意"发现了外物，也可以说创造了具有主体之意蕴的外物。倘若我们将山中之花换成画家笔下的花，意向性的创造作用能彰显得更加明朗：画家未画此花时，此花与画者的心皆归于寂静；画家画花时，笔下之花渐渐明晰起来，画者的心意也随之显现出来。

意的对象不只是山花这样的物象，它所构造的世界远比花要丰富得多，是一个有着情感、伦理的世界，也是一个动态的世界。德国现象学鼻祖胡塞尔（Edmund Husserl，1859—1938）一语中的："这个对我存在的世界不只是纯事物的世界，而且也以同样的直

---

① 现当代的意向性研究肇始于布伦塔诺，经胡塞尔现象学的发展，而逐渐成为兼具深度和广度的研究领域，意向性被视为人的心灵乃至整个存在最为独特、本质的方面，目前诸多学科都有相应研究。不仅在欧陆的现象学中得到大量研究，英美分析哲学也有相应的意向性理论。

② ［德］胡塞尔：《纯粹现象学通论》，李幼蒸译，商务印书馆 1995 年版，第 105 页。

③ （明）王守仁：《王阳明全集》，上海古籍出版社 1992 年版，第 6 页。

④ J. Haldane：Naturalism and the Problem of Intentionality, *Inquiry*, 1989（32）：305-322。

⑤ ［法］萨特：《胡塞尔现象学的一个基本概念：意向性》，刘国英译，见倪梁康主编：《面对实事本身：现象学经典文选》，东方出版社 2000 年版，第 645 页。

⑥ （明）王守仁：《王阳明全集》，上海古籍出版社 1992 年版，第 107~108 页。

接性是价值的世界、善的世界和实践世界。"① 可以说，意不仅是认识事物的根据，而且是善、恶、美、丑、可怕、可爱等情感判断的缔造者。如果情感是水波，那么意就是搅动起水波的竹棍；如果情感是火焰，那么意就是点燃火焰的打火石。因为有了意的促动，情才有了某种方向性。朱熹在谈到意对情的作用时，也曾指出："情是发出恁地，意是主张要恁地。如爱那物是情，所以去爱那物是意。情如舟车，意如人去使那舟车一般。"（《朱子语类》卷五）这个比喻想要说明意为情感的机关，人们心中的"情"好比被驾驶的舟船车乘，而"意"即如驾驶车船的人，产生什么样好恶喜怒哀乐的情绪，其实是由意决定的。

鉴于以上关于"意"之内涵的探讨，艺术正是这样一种在自己的意义世界里赋予并创造对象内涵的活动，甚至可以说，艺术是一种有意识、放大化的意向性活动。清代思想家王夫之曾说，"无论诗歌与长行文字，俱以意为主。意犹帅也。无帅之兵，谓之乌合"②。在艺术表现中，"意"是统摄各种材料和手法的中心，它调配着乐音、词汇、颜色、行动等各种艺术元素。在"意"的作用下，人们完成创意、立意、表意等一系列活动，将各种感知体验串连起来，充实它、丰满它，使整个艺术具有有机的结构和生命，其间"意"一以贯之，最终呈现为成熟的作品。如果艺术家心中的"意"不够清晰、不够深刻、不够圆熟，艺术作品就难以令人满意。中国艺术中，绘画注重"写意"，而不注重对外物描摹的形似，专重物我合契的神意，故曰："作画必先立意，以定位置。意奇则奇，意高则高，意远则远，意深则深，意古则古，庸则庸，俗则俗矣。"③ 有怎样的立意，便能成就相应的艺术品位和风格。此外，中国传统音乐基本皆为标题音乐，亦是由于重视意。

不过，艺术与意的一般活动又有别。艺术从纷杂生活中抽象而创造出一种有意味的形式，它所构建起来的世界不再以"外在世界"的面目出现，而直接地显现人的意识。"艺术中的抽象过程却又完全不同于科学、数学和逻辑学中的抽象，艺术中抽象出来的形式不是那种帮助我们把握一般事实的理性推理形式，而是那种能够表现动态的主观经验、生命的模式、感知、情绪、情感的复杂形式。"④ 创作者可借助艺术最直接地反照内心，有了艺术形式的外现，人们可能才对自我有了恍然大悟的首次熟悉。也正是透过由艺术传导的意义世界，人和人之间打开沟通的频道，获得共振的生存体验。依此而论，艺术反而不是从生活中的一种"抽象"，而是人们领略生活、感受生活的最本然的体验，且是灵动的、富于价值感的活泼泼的体验。

三、艺术对"意"的真诚表达

艺术作为"意"的一种呈现，首要的要求即是真诚。这里所谓的真诚，是指艺人努力体验并表达自己当下真实状态，与之相反的是"伪"、是"造作"、是"刻意"。艺术

---

① ［德］胡塞尔：《纯粹现象学通论》，李幼蒸译，商务印书馆1995年版，第91页。
② （清）王夫之：《薑斋诗话》，丁福保编：《清诗话》，上海古籍出版社1978年版，第8页。
③ （清）方薰：《山静居画论》，人民美术出版社1959年版，第79页。
④ ［美］苏珊·朗格：《艺术问题》，滕守尧译，南京出版社2006年版，第186页。

呼唤真诚，即是要求体验与表达保持一致，而不刻意添加或专意地夸大。惟有诚，外部的意义世界与心灵才会真诚地观待而生，否则只是虚假的呈现。艺术的魅力与其 "意" 的真挚程度十分相关。俄国文豪托尔斯泰（Llya Tolstoy，1866—1933）指出，艺术感染性的多少取决于三个要件：（1）所传达的情感的独特性；（2）此种情感传达的清晰程度；（3）艺术家的真挚程度。艺术家越是发自内心汲取情感，情感就越真挚、越独特，而也能有一种明确的表达。因而真挚是三者中最重要的。①

艺术要求人不断探寻与内心世界的合一，更深地理解自我和他人，如此创作或表演出来的艺术才能打动人。同时借由艺术来使内心获得其表达纾解的恰当途径。《礼记·乐记》中更直接地点出音乐对内心的表现是非常透彻、难于造作的——"和顺积中而英华发外，唯乐不可以为伪"。音乐是从心灵活动的内在发源地直接流淌出来的，与 "意" 相通。因此，古人在选择音乐时，也主张直己而陈德，依据个人的气质禀性来选择最相近、能贴合自己情性的音乐。②

不仅歌唱是如此，演奏乐器亦主张意在声先，弹奏时应当音与意合。蔡邕的一则故事惟妙惟肖地演绎了 "音与意合" 之趣。邻人以酒食招待蔡邕，蔡邕赴其家时听到主人家有客弹琴，琴音中有杀气，以为将对自己不利，就转身回去了。后来追及原委，才知道琴音的杀气并非主人有恶意，乃是因为弹琴者鼓弦时见到螳螂捕鸣蝉，动意欲螳螂得手（《后汉书·蔡邕列传》）。可见乐音将心中微妙的动作都反映了出来，此诚所谓 "惟乐不可以为伪"。类似的故事在《韩诗外传》中亦有，孔子鼓瑟时见狸欲捕鼠而未得，狸厌目曲背，弟子曾子与子贡从孔子弹奏的乐音里听出了 "贪狼之志，邪僻之行"（《韩诗外传》卷七）。钟子期闻琴声而知晓俞伯牙的心意所在。③ 察其音而能探其意，一个人的心理活动都在琴声中流露无遗。

艺术作为 "意" 的传达，它的动人品质来自于真诚。如果艺术成功的话，能表里融通而不假造作，则它的形式的躯壳就会消融掉，而透显出真实的生命状态。其中没有一点牵强和虚假，在每一个细节都保持对内心体验的忠实。就艺术客观的效果而言，只有保持了对自己体验的忠实，无之不言有，小者不饰大，方能打动受众，甚至让聪明的听者直接领会到艺术家本人的心理和情感。美国学者加登纳言简意赅地说："艺术的真就是艺术家尽量直接或完全传达其思想与情感的努力。"④所谓 "真悲无声而哀，真怒未发而威，真亲未笑而和"（《庄子·渔父篇》），即是已然确立了心灵目光的指向，即便未发之于外，也其势韵全然饱和于内，不待发而后明。

---

① ［俄］列夫·托尔斯泰：《艺术论》，张昕畅、刘岩、赵雪予译，中国人民大学出版社 2005 年版，第 132~133 页。

② 参见《礼记·乐记》：子赣见师乙而问焉，曰："赐闻声歌各有宜也，如赐者，宜何歌也?" 师乙曰："乙贱工也，何足以问所宜? 请诵其所闻，而吾子自执焉。宽而静、柔而正者，宜歌《颂》；广大而静、疏远而信者，宜歌《大雅》；恭俭而好礼者，宜歌《小雅》；正直而静、廉而谦者，宜歌《风》。肆直而慈爱者，宜歌《商》；温良而能断者，宜歌《齐》。夫歌者，直己而陈德也。……"

③ 伯牙子期事见《韩诗外传》卷九。

④ ［美］H. 加登纳：《艺术与人的发展》，兰金仁译，光明日报出版社 1988 年版，第 451 页。

四、"意"的局限与升华

既然艺术是"意"的呈现和传递，艺术如要提升层次，就需要在更深程度上厘清意与生命之间的关系。浮现在意识当中的任何想法，是否生命真相的体现呢？去抓住漂浮的意识和情绪并把它表达出来，是否可称得上真诚呢？

正如前面所述，由于"外指的意向性"设定了对象，也设定了自我，几乎统摄了生命的整个活动，所以现象学把意向性作为存在的一种真实的形式，认为它不仅是认识论的范畴，它还是本体论的基本范畴。胡塞尔说："意向性，它构成自我学的生命之本质。"① "整体时空世界，包括人和作为附属的单一现实的人自我，按其意义仅只是一种意向的存在。"② 意向正是"由自我、我思和构造系统所组成的系统"。"当自我从自己能动的发生中把自己构造为那些持续着的自我特性的同一基底时，它也就进一步地把自己构造成了一种'固定的和持续的'人格自我。"③ 胡塞尔的分析让我们看到了，人是如何以一种"外指的意向性"来构建起自我的，同时也就将对象作为自己人格的内容。

然而，外指的意向性并不必然就是生命的本真状态。叔本华（Arthur Schopenhauer，1788—1860）对此感到十分绝望——"意志自身在本质上是没有一切目的、一切止境的，它是一个无尽的追求"④。叔本华认为人都是自己意志的奴隶，生出人生的种种悲苦烦恼。到海德格尔（Martin Heidegger，1889—1976），则进一步要将意向性从意识中解放出来，而认之为人的存在的基本结构。质言之，不再把"意向性"作为一种发自"主体"的活动，而整个的就是活动本身。他说："人格的本质在于，它只生存于意向性行为的施行过程之中，所以人格在本质上不是对象。"⑤ 因而，对意向性的反思，不是对所指向之物的考察，也不是关注于这种"指向性"，而是反思这一活动本身所透露出来的主体倾向。海德格尔似乎已经到了突破"外指的意向性"的临界处。

我们可以看到，西方对"意象性"的研究主要是对意向性发生机制的研究，而倘若把"意"等同于人最本质的活动的话，其结果则令人沮丧。那种漫无边际的外在化投射在对象上是永无归宿的，在根源上又是活泼灵动的。若以它的散漫否定其灵动，会扼制住生命力；若任其活跃于无休止的投射，则又会迷失在无尽追求中。

因此，"意"既不能扼杀，也不能放任，需要经过收束、凝聚、回归，从而得以升华。这一番工夫在中国传统哲学中被发展得颇为成熟。学者高新民指出："西方大多数哲学家所理解的心的确是'小我肉体之心的机能'，而且对意向性的'用'的开发的确比不上中国哲学，如不太注重从文化、人生、境界等方面去开发利用它。只是到了最近才有人注意到了心的弥散性或无封闭性的特点。不过，西方哲学对意向性之'体'（本质、结

---

① ［德］胡塞尔：《欧洲科学的危机和超越论的现象学》，王炳文译，商务印书馆 2001 年版，第 103~104 页。

② ［德］胡塞尔：《纯粹现象学通论》，李幼蒸译，商务印书馆 1995 年版，第 135 页。

③ ［德］胡塞尔：《笛卡尔式的沉思》，张廷国译，中国城市出版社 2002 年版，第 90 页。

④ ［德］叔本华：《作为意志和表象的世界》，石冲白译，商务印书馆 1982 年版，第 235 页。

⑤ ［德］海德格尔：《存在与时间》，陈嘉映、王庆节译，三联书店 2006 年版，第 60 页。

构、机制、条件）的探讨又是我们所望尘莫及的。"① 此言十分精辟。中国古典思想对于"意"的观察、运用和淬炼，特别值得今人注目，而中国人更是借助艺术来实现这种精神世界的提升。

《大学》八条目之一的"诚意"即不再顺着意向性所指而朝向外物，而是涵纳回来，"反身而诚"，在"自慊"上做功。普通人的"意"幽微又极为易变而不知止，既不稳定也很暧昧，常常受制于一时的情绪，即便好善恶恶也不能笃切，故而需要在心接外物而动情之际，去如实体会自己心理之动向，使意变得纯一有力又不呆板，进而恰如其分地表达之。真正有造诣的艺术，传递的一定是清晰纯诚之意。艺术有助于人将浮弱游移的心意归拢凝聚，令情感体验转深转细。因此，本来是一个朝他物发动的意向行为，变成了"慎独"的工夫，在"独"中养成表里如一的习性。

如果"意"一直处在对外物的攀缘和取舍中，则心也会被扭曲、逐物而不知返。一旦"意"不再以对象来定义自我，开始返察自我逐物的倾向性，则会发现本以为从主体出发去取舍客体，不料反倒是以建构出来的对象取代了生命之意义，所以不论内外主客，似乎全无外乎"意"的把戏。"意诚而后心正"，诚意之本体是自足饱满的，其发用才可能是端正无伪的，贯彻到生活的方方面面方才各有其则、各得其成。如不能涵纳回观，收其放心，则内在虚弱动荡，其发用时便游移不知所宗，逐物为己，心理呈现多面化多重人格难以整合，乃至不能面对自我。程颐曾言："学者不可以不诚，不诚无以为善，不诚无以为君子。修学不以诚，则学杂；为事不以诚，则事败；自谋不以诚，则是欺其心而自弃其忠；与人不以诚，则丧其德而增人之怨。"（《二程遗书》卷二十五）诚的要求普涉对人对己、为学为事各个方面，但究其质，纲领却不外乎意向性的回归。

由此可见，"真诚"不仅仅是不虚伪、不遮掩，感受到什么就表达什么只是"真诚"的初步。贴近生命本质的真诚，还要穿越浮泛的意识，穿越惑乱的迷雾，突破逐物的习惯，才能体会到世界本源的真味。

五、艺术对"意"的净化

艺术既是表达意义的活动，同时又是帮助人回归到这种本真体验的方式，而使人不至于流失在外部世界投射中。艺术通过再一次地意识并表达意义本身，而将心灵的目光引回来。宗白华先生说得好，艺术境界是——

> 以宇宙人生的具体为对象，赏玩它的色相、秩序、节奏、和谐，借以窥见自我的最深心灵的反映；化实景而为虚境，创形象以为象征，使人类最高的心灵具体化、肉身化。②

艺术既是内心世界的表达，又是对内心世界悉心地观察和体会。在与心灵世界的对话中，人又在修正、检束活动本身。音乐等艺术，若能做到丝丝入扣的真诚无妄，即已离言

① 高新民：《意向性理论的当代发展》，中国社会科学出版社 2008 年版，第 3 页。
② 宗白华：《中国艺术意境之诞生》，《美学散步》，上海人民出版社 1981 年版，第 59 页。

思、舍造作、内无我、外无物。

对于欣赏音乐艺术的听者而言，在音乐欣赏中，既是在经历乐音，又是在经历生命体会，"在音乐中，我们同自己是如此接近，以致常常达到几乎令人震惊的程度"①。意所依托的主体、客体分裂的状态得到交融弥合。就像叔本华所言，音乐等艺术能帮人忘掉自我，摆脱意志束缚，由意志世界转向意象世界。审美观照将人们从欲求的无尽之流中托了起来，整个意识完全为一个单一的直观景象所充满、所占据。注意力不再集中于欲求的动机了，离开意来把握事物，不关利害而能接近实相。② 说来十分吊诡，意既是生命的一种活动，又是深入生命真相的障碍，而艺术既是意的传递，又可以是意的突破。深刻的艺术是发自生命深处的，它不再被意所捆缚，它的诉求不在"意"的层次上，不追求多么有创意，或如何去吸引人的注意，它来源于生命的直观。

因此，我们可以发现恢弘壮丽的艺术对意之回归的作用特别显著。壮美而肃穆的音乐会增加精神上的敬虔与专注的作用，收摄浮躁涣散的心神，使人沉浸在光明祥瑞、清净安宁的气氛中。③ 这用王国维先生的话来解释，即是壮美宏大的艺术直接带来小我意志的破裂，人会体验到狭小的自我被冲决开了。④ 此外，中国艺术对恬淡的好尚是另一种非常巧妙的转化意的方式。古琴艺术尤其善用这种反求诸己的欣赏态度，崇尚"淡"的音乐，"使听之者游思缥缈，娱乐之心，不知何去"（《谿山琴况》），本来人抱着向外攀求娱乐之心，而在淡泊的曲调中发现不得其欲，遂开始检束和返照。历史上陶渊明、李白的"无弦琴"，杜甫的"无声琴"⑤ 曾令人们百思不得其解，而这何尝不是"……使人在无声之音中体会到人生最本源的实相——'真'。这也可以说，真正优秀的音乐所给予的美的感受，能使人们向最根源的实在，即向'无'、'太素'、'泰初'、'自然'、'真'等等归投、融即"⑥。美妙的艺术能使人与生命之真境相契合。这种"真"是超越尘世浮华、体认到本源的"真"。若非实相，则皆为虚妄的假相，如同柏拉图洞穴中历历在目的影像，即便看得真切，却是虚假的。而上品的艺术，试图把人们引向洞穴外明亮的太阳。

六、"真性情"辨析

行文至此，有必要澄清这样一种普遍的观念——艺术表达就要力求真实地反映和再现人的心理，不管是挣扎、暴力、欲望、黑暗，还是狂喜、焦躁、怒吼，完全将这些外显出

---

① ［美］H. 帕克：《美学原理》，张今译，广西师范大学出版社 2001 年版，第 147 页。

② 参 ［德］叔本华：《作为意志和表象的世界》，石冲白译，商务印书馆 1982 年版，第 274、250页。

③ 参释昭慧：《从非乐思想到音声佛事》，《中央音乐学院学报》1993 年第 4 期，第 86~93 页；1994 年第 1 期，第 85~90 页。

④ 参王国维：《叔本华之哲学及其教育学说》，《静庵文集》，辽宁教育出版社 1997 年版，第 54页。

⑤ 昭明太子《陶靖节传》云："……蓄无弦琴一张"。李白《赠临洺县令皓弟》："大音自成曲，但奏无弦琴。"杜甫《过津口》："瓮余不尽酒，膝有无声琴。"

⑥ ［日］笠原仲二：《古代中国人的美意识》，魏常海译，北京大学出版社 1987 年版，第 48 页注释21。

来，被认为是在艺术中保持了真诚的态度，甚至越夸张地表达，越是被赞赏为 "真性情"。这一观点在现代艺术中很有声势，其哲学上有非理性主义为其后盾。在叔本华、尼采等唯意志论者心目中，"意" 就是一种生命冲动，并认为艺术的本质就是对生命冲动的模仿，并宁可停留在一种原始的、非理性的生命冲动中。但这是否即可谓之 "真诚" 或 "真性情" 呢？

清人何绍基认为，"真性情" 虽是天然圆具，但不是不假修身工夫就可以持守的。只有涵养性情、多读古书、阅历世事，才可能将真性情固结到身上，否则为外物摇夺。其《与汪菊士论诗》曰："平日明理养气，于孝悌忠信大节，从日用起居及外间应物，平平实实，自家体贴得真性情，时时培护，字字持守，不为外物摇夺，久之，则真性情方才固结到身心上。"① 由此可见，尼采等所谓的生命意志，在何绍基看来，不过常常是受外物牵连、摇夺、驱驰的状态，决非人之本来面目，丝毫谈不上 "真"，只是虚妄的念头而已。真正的 "真" 是直探本源的，而本源反倒是纯净清澈的。

关于真与诚之深入而纯净的看法，在西方艺术观中不乏回响。歌德曾言："我逃避一切非纯净的东西……但愿关于纯净的观念能进入到我的这一口食物中去……在我的体内变得更加闪耀……对天才的第一要求和最终要求便是向人们提供真。"② 托尔斯泰也说："艺术家越是发自内心地汲取情感，情感就越真挚，那时它就越具有特色，这种真挚能够使艺术家找到他所欲传达情感的明确的表达。"③对真的追求，是中外艺术共通的精神，不会因艺术形式的差异而有别。

综上所述，艺术有 "表意" 的需要，精湛的艺术在 "意" 上至极真诚笃实。一个求真的艺人会在两个层面上有所体会：

第一，在一般意义上，艺人努力体验并表达自己当下状态的 "真"，与之相反的是 "伪"、是 "造作"；

第二，艺人进一步探寻生命、涤荡灵魂，以达致生命本质的 "真"，与之相反的是 "妄"、是 "虚浮"。

正如 "意" 有两条路，"艺术" 也有两条路：或者逐物，或者返本。逐物需要不断变幻，不断突破过去的形式；返本却需要安然沉凝，不断突破内心的束缚，越来越与本质贴近。在前者，艺术只是吐露，甚至是宣泄；在后者，艺术却是雕琢人格的过程，是成长成熟的伴侣，最后 "人艺俱老"，即人格与艺术皆达致炉火纯青之境。艺术所向往的真诚，不仅仅是直率，而是从内到外的通透淋漓，它呈现的是人格的一体化和完整性，也是人与世界的深度融合，这条求真的艺术之路大概是绵延无尽的。

（作者单位：贵州大学历史与民族文化学院）

---

① （清）何绍基：《东洲草堂文钞》卷五，《清代稿本百种汇刊》集部 72，文海出版社 1974 年版，第 227 页。

② 转引自 ［美］H. 加登纳：《艺术与人的发展》，兰金仁译，光明日报出版社 1988 年版，第 452 页。

③ ［俄］托尔斯泰：《艺术论》，张昕畅等译，中国人民大学出版社 2005 年版，第 133 页。

试论孟子学中的道德主体性[*]

□王林伟

现代新儒家代表人物牟宗三曾指出：中国哲学的特质在于其特重"主体性"与"内在道德性"，而儒家对此道德主体性的彰显与阐发最为有力。[①] 但此处所言的"道德主体性"该如何理解？它与西方自笛卡儿以来占主导地位的主体性哲学又有什么关系？事实上，自晚清以来，随着西学潮水般地涌入，主体性话语越来越深入地参与到古代思想的阐释及现代哲学的建构当中。故近代以来国人关于主体性、反主体性的各种讨论方兴未艾，且其间又存在西方要素与中国传统自身要素相互交叉缠绕的问题。在这种复杂交错的情形下，我们是否还有必要坚持谈论道德主体性及其关键地位？抑或此间的情形在逼迫我们做如下的追问：到底何谓真正的道德主体？道德主体性问题跟自古以来的见性问题又有什么关系？如果两者密切相关，是心体还是性体在其间居于主导地位？

在此，本文试图回到孟子所打开的义理世界来对其作出回应。盖孟子作为心性之学的宗师，对此上这些问题已做过极为深入的思考和阐发。以下，本文将遵循现象学展示的方式并适当参照现象学的已有成果来发掘孟子的道德主体性思想。具体而言，本文包括此下三方面的内容：（1）本心的发明：通过对四端之心的疏释来展示心体的本原情状，由此凸显主体性的一个根本维度；（2）主体性的二重格局与三个维度：通过对大体、小体之区分的阐发及对三个维度（小体、本心、思）的阐明来展现孟子关于道德主体性结构所赢得的洞见；（3）主体性的展开：依据所赢得的洞见来展现孟子思想视域中道德主体性的展开方式：人格主体及共通体。综括这些内容，孟子的道德主体性学说就可以得到具体而微的展示。

一、发明本心：孟子之创辟心灵

孟子之后千有余年，陆象山提出"发明本心"的主张，其思想源头即孟子的"求其

＊ 本文是教育部人文社会科学重点研究基地重大项目"阳明心学的历史渊源及其近代转型研究"（项目编号：16JJD720014）的阶段性成果；得到"中央高校基本科研业务费专项资金"武汉大学自主科研项目（人文社会科学）"先秦儒家主体性思想研究"的资助。

① 牟宗三：《中国哲学的特质》（《牟宗三全集》第28卷），台湾联经出版事业股份有限公司2003年版，第4页。

放心"。然陆象山用此四字的确点出了孟子所具有的创辟心灵，此即两者生命智慧之相续。但到底何谓本心？我们又如何达成对其的真切领会？孟子的相关论述是否为我们通达本心提供了充分的指引？本文认为：通过对四端之心等论题的阐发，孟子的确为世人领会本心指明了一条康庄大道。以下我们即追寻孟子的指引来展示本心所具有的特性。

1. 道德本心作为先天、原初的自身呈现

首先，通过"孺子将入于井"这个经典案例，本心被孟子展示为某种先天、原初的自身呈现，此为本心的本质规定性。在《孟子·公孙丑上》中，我们读到如下论述：

> 所以谓人皆有不忍人之心者，今人乍见孺子将入于井，皆有怵惕恻隐之心，非所以内交于孺子之父母也，非所以要誉于乡党朋友也，非恶其声而然也。①

此为孟子展示人性之善的经典论述，历来为学者所重视且多所阐发。这里暂且撇开这些阐发，首先来考察"孺子将入于井"的情境设置特征：此情境未必人人都真实经历过，但"孺子""井"却是日常生活中的常见之物，且"孺子"天然地具有引发人之本性的趋势。要言之，该情境设置既为大家所熟悉，同时又不至于太受后天习俗的影响，可将其视为某种极限而本真的情境。其次，再来看孟子的三个排除性描述：非所以内交于孺子之父母也、非所以要誉于乡党朋友也、非恶其声而然也。第一条排除经由孺子（对方）之社会关系所带来的功利性引导（纳交）；第二条排除自我之社会关系中正面价值系统（誉）的引导；第三条排除自我之社会关系中负面价值系统（恶声）的引导。这也就是说：具体的社会关系、社会中所构建起来的道德等文化价值系统都没有参与到此"怵惕恻隐"的呈现当中来，亦即这是一种源于自身的先天呈现、源始感通。此种先天呈现即是本心自身的流露，它具有如下的特性：不思不虑以出之者、无有习气杂染者、不容已者、出于天机自然者、当场当机发生者。就理解该本源情境而言，这里不要求任何理论预设或论证，不管生理物理式、心理式还是哲学人性论式的。这里的关键在于：无所遮蔽地看到本心的自身流露。②

2. 道德本心作为源始、通达的情感或判断力

如果说本心是以先天、原初的方式呈现自身，那么其具体表现形态如何呢？这种形态又有什么更确切的规定性呢？其实，在此上的分析中，孟子的宗旨已初示端倪。怵惕恻隐之心作为仁之端，其间所彰显的恰恰是某种源始、通达的情感能力：怵惕者，心之应境而感；恻隐者，心之感而动者也。与此相类，羞恶之心和恭敬（或辞让）之心所展示的是

---

① 朱熹：《四书章句集注》，中华书局1983年版，第237页。

② 古代学者也早已言及此种特性，如朱熹于《四书章句集注》中引谢氏曰："人须是识得真心。方乍见孺子入井之时，其心怵惕，乃真心也。非思而得，非勉而中，天理之自然也。"（朱熹：《四书章句集注》，中华书局1983年版，第237页）此处所言的不思不勉、天理之自然，所昭显的恰是本性在心体上的自然流露。船山曾于《读四书大全说》（王夫之：《读四书大全说》，中华书局1975年版，第3页）中有云："性自不可拘蔽。尽人拘蔽他，终奈他何，有时还迸露出来。如乍见孺子入井等。即不迸露，其理不失。"

源始的羞耻、厌恶、恭敬等情感。而是非之心则是指此心当下分别善恶的能力，或者更确切地说，是道德价值的判断力。故四端之心中，前三者均为根源于此心的本原情感能力，唯是非之心偏重判断力。《滕文公上》篇中对此情感之源始通达特性有透辟的展示，其文如下：

> 盖上世尝有不葬其亲者。其亲死，则举而委之于壑。他日过之，狐狸食之，蝇蚋姑嘬之。其颡有泚，睨而不视。夫泚也，非为人泚，中心达于面目。盖归反虆梩而掩之。掩之诚是也，则孝子仁人之掩其亲，亦必有道矣。①

孟子通过此段描述，追溯了孝子仁人掩埋其亲的根源性理由：置身于情境之中而生出的不忍于心且不容已的情感。此情感发于中心而达于面目以至于"其颡有泚"，孝子之孝、仁人之仁就在此"泚"中表露自身。此"泚"所展示的恰是某种源始而超越的情感。此情感乃是价值世界的源头：既是价值呈现的源头，也是价值判断的最终依据。② 回到孟子的语言，我们可以这么说：离开恻隐、羞恶、恭敬、是非之心，仁义礼智就会成为悬空的价值，而所有价值判断也将失去其意义和动力，盖价值不得到呈现就无法成其为价值。

3. 本心的呈现既源出自身又扎根于情境

综括此上两个特性，领会本心性状的道路已然在目。但为了对本心做更确切的展示，此处拟对孟子与告子有关人性的论辩加以疏释。通过驳斥告子的杞柳之喻、湍水之喻、生之谓性说及仁内义外说，孟子彻底揭示了仁义外在此类说法的无根、不足乃至流弊，彰明了仁义内在的基本事实。而其根本依据，仍在乎此上所言的四端之心："恻隐之心，仁也；羞恶之心，义也；恭敬之心，礼也；是非之心，智也。仁义礼智，非由外铄我也，我固有之也，弗思耳矣。"③"非由外铄"即表明仁义内在于人心、人性自身之中，吾人的心性方是其最终的源头。这自然是该论辩所彰显的核心要义，无人能否认。但此番论辩（尤其是关于义内义外的辩论）还包含了另外一层义理：仁义呈现所具有的情境性。固然，所有的敬都是"行吾敬"，义正是在此意义上表露其内在性；但"庸敬"和"斯须之敬"的区分却也说明：义之裁断是不能脱离具体情境的，否则就不会有"庸"与"斯须"的区别了。事实上，"孺子将入于井"的经典案例也蕴含了情境性的规定，而孟子答陈臻之问"馈金"（《公孙丑下》）、又以孔子为"圣之时者"（《万章下》），更为显明地展示了义之裁断的情境性④，与《中庸》的"时中"、《周易》的"时义"血脉相通。

综合此上所论，我们可做如下小结：本心所描绘的乃是此心既源出于自身、又扎根于情境的先天呈现，其具体表现为源始而通达的情感，其真切内容即所谓的四端之心。孟子

---

① 朱熹：《四书章句集注》，中华书局 1983 年版，第 263 页。

② 与此相关，可以参考舍勒的情感直观和质料先天学说，参见舍勒：《伦理学中的形式主义与质料的价值伦理学》第二版序言，倪梁康译，商务印书馆 2001 年版。

③ 朱熹：《四书章句集注》，中华书局 1983 年版，第 328 页。

④ 早期海德格尔的"实际性"解释学以及存在主义者的生存论，对此也有深刻的洞见。

所发明的本心，即是此义下的本心①。孟子思想的创辟性正在于发现、彰明此心并由此点亮了人类世界德性之源的火炬。唐君毅以"人对其他人物之直接的心之感应""无所为而为之心之直接感应""性情心德性心"② 等说法来展示孟子的本心，正与此上所言相呼应。

二、二重主体性：大体、小体

本心之特性既然已经得到描述，那么接下来的问题就是：何以此本心会出现放失的情形以至于孟子要指点世人"求其放心"？换句话说：本心何以会被遮蔽而得不到呈现？对此问题的考察将我们导向孟子有关二重主体性的阐述。在《告子上》中，孟子对此问题做了具体的辨析。首先，关于本心的遮蔽问题，孟子提出了陷溺说和梏亡说，指明外部环境和人事之作为所发生的作用。但外部环境和人事之作为又何以会导致本心的遮蔽，陷溺说和梏亡说并不能穷其底蕴。在此情形下，孟子进一步提出了大体、小体之分，亦即主体性所具有的二重格局；随着此格局的不同展开，主体性就会有不同的表现形态；在不同的形态中，本心所得到的呈现、所具有的分量也有所不同。

1. 初步的回应：陷溺其心、有所梏亡

在孟子针对告子申明其性善论的立场时，公都子曾以"性无善无不善""性可以为善可以为不善"以及"有性善有性不善"等众多说法的存在来质疑性善说是否能充分成立。面对公都子的疑问，孟子仍旧回到了此上作为本心的四端之心。由此本心而言，心性情才皆善也。③ 所有的不善，都是因为不能尽其才，故云"或相倍蓰而无算者，不能尽其才者也"④：就才本身而言，四端之心人皆有之，不存在什么根本的差别，但随着其才之尽与不尽的千差万别，其人德行上的表现也就跟着千差万别。现在要追问的是：为什么这人人皆有的善才会出现尽与不尽上的种种差别？对此，孟子回应道：

> 富岁，子弟多赖；凶岁，子弟多暴，非天之降才尔殊也，其所以陷溺其心者然也。⑤

孟子于此指出：天之降才虽没有什么太大的差别，但是随着富岁、凶岁等外部环境的不同，人心有可能因此而出现"陷溺"的情况。所以才之尽与不尽，外部环境的影响是非常大的。但这里我们仍旧可以追问：对尽其才而言，外部环境的影响真的具有如此决定性的意义吗？如果真是这样，那么人之德性修养岂不是被环境所决定吗？孟子当然不会这

---

① 此本心的呈现且有自然生长义：只要不受到外部因素的阻碍以及人为地扼杀，本心会自然流露并茁壮成长，故孟子有火之始燃、泉之始达及牛山之木的譬喻，又有扩充、存养的工夫论说。

② 唐君毅：《中国哲学原论·导论篇》，中国社会科学出版社 2005 年版，第 49~51 页。

③ 根据牟宗三的相关阐释，此段文本中的心、性、情、才皆紧扣本心而言，故皆善。此处的心性情才的意义不能根据后来的宋明理学来理解，唐君毅对此亦持相同的见解，文繁不具引。

④ 朱熹：《四书章句集注》，中华书局 1983 年版，第 328 页。

⑤ 朱熹：《四书章句集注》，中华书局 1983 年版，第 329 页。

么看，因为在其他地方他说过："周于利者，凶年不能杀；周于德者，邪世不能乱。"①真正的有德者是不会被邪世所动摇的。所以光是追溯"陷溺其心"的外部环境是不够的，肯定还有其他的因素在遮蔽本心的显发。在孟子看来，这就是人自身的所作所为对良心的遮蔽，或者说，对良心的梏亡。故在《告子上》中，我们还读到：

> 牛山之木尝美矣，以其郊于大国也，斧斤伐之，可以为美乎？是其日夜之所息，雨露之所润，非无萌蘖之生焉，牛羊又从而牧之，是以若彼濯濯也。……虽存乎人者，岂无仁义之心哉？其所以放其良心者，亦犹斧斤之于木也，旦旦而伐之，可以为美乎？其日夜之所息，平旦之气，其好恶与人相近也者几希，则其旦昼之所为，有梏亡之矣。②

孟子善用譬喻，牛山之木章即是经典示范：牛山本来草木茂畅，但因为临近大国，所以到山上来砍伐的人络绎不绝，再加上牛羊的放牧对萌蘖的损伤，整座山就变得光秃秃的了，然而这并非牛山的本来面目。与此相类，人皆有其良知良能（斯所谓良心），但其人白天的所作所为不断地遮蔽、戕害本心，以至于最后其人与禽兽无异，但这绝非人性的本来面目。总结起来，本心之所以会被遮蔽，无非源于外部环境的影响和自身所作所为的戕害。此前提出的问题于此似乎得到了回答，但继续追问下去，此回答依旧不能令人满意。外部环境为什么能影响本心的呈现，其影响方式又是如何运作的？而人之所作所为为什么会戕害自身的本性，这种戕害又是如何发生的？孟子同样对此作了阐发，此即其大体、小体之说。

2. 主体性的二重格局：大体与小体

由此上所言，能尽其才者即能顺其本心而彰显之、扩发之，不能尽其才者则遮蔽其本心而有所陷溺、有所梏亡。就德性而言，前者为大人，后者为小人。而大人跟小人的分别，依据孟子的说法，就在前者养其大者，后者养其小者。若从主体性的角度而言，则人作为主体有两个层次；此即孟子对主体性所做的大小、贵贱之别：

> 体有贵贱，有小大。无以小害大，无以贱害贵。养其小者为小人，养其大者为大人。③

于此可见，在孟子看来：主体并非某种单一之物，它至少有两个层面。针对这两个层面，我们分别可以用贵贱、小大等词语来形容其性状。大者贵者即为大体，小者贱者即为小体。在主体展开自身的过程中，所应当遵循的原则如下：不能以小妨碍大，不能以贱妨碍贵。其人所作所为若只停留在小者、贱者的层面，那他就是小人；反之，若能以大者、贵者为主而兼统小者与贱者，那他就是大人。此即如公都子与孟子之如下问答：

---

① 朱熹：《四书章句集注》，中华书局 1983 年版，第 366 页。
② 朱熹：《四书章句集注》，中华书局 1983 年版，第 330~331 页。
③ 朱熹：《四书章句集注》，中华书局 1983 年版，第 334 页。

公都子问曰："钧是人也，或为大人，或为小人，何也？"
孟子曰："从其大体为大人，从其小体为小人。"①

如此，则大人与小人之所以异得其所在。然而，进一步的问题出现了：大体与小体，人皆有之，为什么有些人会从其大体，而有些人却会从其小体呢？到底是什么因素在主导着"从"的去向？更确切地说：小体和大体分别是如何让主体去"从"的？这样的疑问自然逃不过公都子的眼睛，而孟子也对此作出了最终的解答：

曰："钧是人也，或从其大体，或从其小体，何也？"
曰："耳目之官不思，而蔽于物，物交物，则引之而已矣。心之官则思，思则得之，不思则不得也。此天之所与我者，先立乎其大者，则其小者弗能夺也。此为大人而已矣。"②

通过此上论述，很显然，小体是指以耳目之官为代表的感性官能，而大体则是以思来加以规定的心体。前者最终会归到身体上，我们可以称之为感识。后者则会归为虚明灵觉之心体，我们可以称之为心识。根据孟子的描述，感识的特性在于：它不需要经过思考就可以摄取外物、呈现外境。但是这种摄取有其局限：感性官能仿佛将自己粘滞在自己所摄取的对象之上，对它来说对象既是呈现也是遮蔽。而对象的相继呈现（物交物）则持续不断地转换感性官能的兴趣，以至于将感性官能牵引入某种流动的粘滞状态当中。与此相对，心识的特性如下：心体作为虚明灵觉之体具有思的功用，通过思的功用就可以实现此心所含具之良知良能的畅发，亦即让此心持守在本心的发用状态当中。且孟子认为：感识和心识虽然都出于天之所命，但只要我们能首先挺立大体的主导地位，那么小体就会听命于心官。依据现象学的话语，我们这里涉及的是两种给予性，在其中主体扮演的角色各不相同：感识所涉及的主要是某种被动综合发生的给予性，此中主体所展示的主要是接受性（虽然其中不乏主动性要素，例如主体兴趣的游移；但这也受制于对象的牵引）；与之相对，心识所涉及的主要是某种自身给予性，它源出于自身且持守在自身之内，此中主体所展示的主要是自发性（虽然其中也有被动性要素，如某种具体情境的呈现，但后者并非决定性因素）。由此我们可以看到：小体当中包含了某种出离自身的倾向，当小体成为主导性力量的时候（王阳明所谓"随躯壳起念"），思作为心之官就会丧失其本来的功用，本心因此也就得不到显发而落入陷溺、梏亡的境地，这就是本心之所以会被遮蔽的最终原因。

孟子对大体、小体的区分与描述展示了深刻的洞见，该洞见实贯穿其思想的全体。在某种意义上，把握此区分是进入孟子思想世界的关键。事实上，在《孟子》中随处可以发现该洞见的影子。即便在论述四端之心的时候，孟子犹对此念念不忘："人之有是四端也，犹其有四体也。"人心中有四端，就好比身体具有四肢。此即是以大体之四端类比小

---

① 朱熹：《四书章句集注》，中华书局1983年版，第335页。
② 朱熹：《四书章句集注》，中华书局1983年版，第335页。

体之四肢。在《告子上》中我们又读到："口之于味也，有同耆焉；耳之于声也，有同听焉；目之于色也，有同美焉。至于心，独无所同然乎？心之所同然者何也？谓理也，义也。圣人先得我心之所同然耳。故理义之悦我心，犹刍豢之悦我口。"① 此处以眼、耳、口之所同然类比心之所同然，仍旧是小体与大体对举的格局：眼、耳、口等感觉器官在其发用中摄取色、声、味且其所摄取具有相同的取向，这是小体的特征；心官在其发用中则可以呈现理义，此理义之呈现亦有其相同的取向，这是大体的特征。由此，我们可以将小体规定为感性的主体，并将大体规定为德性主体。君子的行为以大体为本，盖德性主体的挺立不妨碍感性主体且可对其施以调适上遂之功；小人的行为则以小体为本，主体沉迷于感性世界中而不得超升并由此损害德性主体。故大可以且应当统小，反之则不然。要而言之，孟子以大体之性超越了生之谓性的老传统，进而由此挺立了德性生活的主导地位和永恒意义。当然孟子并未完全抛弃生之谓性的说法，他只是特别凸显了德性主体的首要地位。切实言之，我们当合感性与德性为人性，并小体与大体为全体。

3. 补充性说明：大体、本心、思三者之关联

通过对主体性之二重格局的揭示，我们已经彰明了本心何以会被遮蔽：一旦大体失落其地位，小体就会牵引主体出离自身的本性（物交物则引之而已，亦即主体自身的物化倾向，宽泛地讲，一切对象都有可能引发此种倾向），亦即以陷溺其心、良心梏亡的方式造成本心的遮蔽状态。此即表明：大体与本心之间存在着极为密切的关系，不然大体的沦落不会导致本心的遮蔽。那么接下来要追问的是：大体与本心之间到底存在什么关系？思作为心体的独特功用又在其中扮演了什么样的角色？只有回答这个问题，我们关于主体性之二重格局的展示才能落到实处。

首先来看本心与大体之间的关系。如此前所指出的，本心乃是源出于性体自身而又扎根于情境之中的先天呈现，所以它跟以"物交物则引之而已"的小体特征不相关。排除了归属于小体的可能性，那么本心只能归属于大体。然而本心又是以何种方式归属于大体呢？孟子在《离娄上》中为我们提供了指引："诚者，天之道也；思诚者，人之道也。"② 本心作为先天、原初的呈现就是一种诚的状态，此可谓是"在人之天道"；而思诚则是通过思之功用让此心持守在诚的状态当中，思诚者，以思诚之也。吾人之所以需要思诚，恰恰是因为作为小体的主体时刻都有出离自身、丧失本性的可能性。这就关涉到思与本心的关系：思就是始终注目于本心并维持本心之畅发、通达的明觉、自觉（"易传"所谓"敬以直内"）。由此可见，从整全的角度来说，本心和思都归属于大体（心体）：本心是德性的自然流露，而思则是始终维持、彰显德性的显发，其中思尤为凸显了德性意识的觉醒、自觉，离开这种自觉，本心之流露很可能只是昙花一现、不知其所以然（如齐宣王之不忍）。

换句话说，心体作为大体包含两个层次：一是心体自身的先天呈现（此中却是无思虑的，如怵惕恻隐之发，着不得半点人力），由此性体得以对我们彰显自身，此即所谓的即心显性；二是心体之思作为自觉的德性意识（念兹在兹），由此性体在彰显的基础上能

---

① 朱熹：《四书章句集注》，中华书局 1983 年版，第 330 页。
② 朱熹：《四书章句集注》，中华书局 1983 年版，第 282 页。

够成就自身以臻于完满，此即所谓的尽心成性。德性工夫的要紧处全在此"思"字，而其主动性意味也更为强烈。王船山对此已有深论："孟子说此一'思'字，是千古未发之藏，与《周书》言'念'，《论语》言'识'，互明性体之大用。……乃心唯有其思，则仁义于此而得，而所得亦必仁义。……是天之与我以思，即与我以仁义也。此从乎成性而言也。……故'思'之一字，是继善、成性、存存三者一条贯通梢底大用，括仁义而统性情，致知、格物、诚意、正心，都在者上面用工夫，与《洪范》之以'睿作圣'一语斩截该尽天道、圣功者同。"① 孟子之"思"的深刻意蕴在此已被抉发无遗，读者幸致意焉。

三、道德主体性的展开：以操存及天下为度

孟子的道德主体不仅在其结构上有其二重格局特征，此二重格局还必须在时间的历程中展开自身，此即为道德主体性的展开。依据孟子，主体性的展开至少具有如下两个重要的维度：一是人格主体的展开，二是主体作为共通体的展开。更确切地说，前者即是修—身的维度，而后者则是政—治的维度。在孟子那里，两个维度各有准则但又相互融通：人格主体的展开以操存为度，共通体的运作当以天下为度，两者在运作中相互融通、交涵互摄。

1. 人格主体的展开：以操存为度

所谓人格主体的展开，用现代术语来说，即是修养工夫论。关于孟子的工夫论，可参看笔者的相关论述。② 此处，我们侧重从主体性的结构方面来开显其工夫论的特性。简要而言，孟子的工夫论可归纳为两种经典论述：扩充存养说及持志集义养气说。其修身工夫最后所达到的境界即是"践形尽性""根心生色"。以此上所阐明的主体性的二重结构为本，这些论述均能得到确切的现象学展示。

首先来看扩充存养说：其实质内涵即是扩充四端、存养本心，此为直面本心之先天呈现而立论。关于扩充四端，孟子在以"孺子将入于井"的范例肯认四端之心后说："凡有四端于我者，知皆扩而充之矣，若火之始然，泉之始达。"③ 此即是说：人在心体上皆有此四端，如果能明了于此"扩而充之"，其情形就好比"火之始然，泉之始达"，驯致其道则会燃起熊熊大火、汇成江河湖海。此处四端之心的呈现固然是先天、源始的，但"知皆扩而充之"者则不仅是原初的呈现，此中大体之思已经在发挥其功用，所以在扩充说中大体的两层意蕴均已涵摄在其中。存养本心之说与此完全同理，孟子对此云："故苟得其养，无物不长；苟失其养，无物不消。孔子曰：'操则存，舍则亡；出入无时，莫知其乡。'惟心之谓与？"④ 此即表明：万物皆有其长养之道，只要遵循此道对其加以养育，

① 王夫之：《读四书大全说》，中华书局 1975 年版，第 699~701 页。
② 参见王林伟：《孟子学中的见性问题》，邓辉、郭美华主编：《东方哲学》（第九辑），上海书店出版社 2016 年版。
③ 朱熹：《四书章句集注》，中华书局 1983 年版，第 238 页。
④ 朱熹：《四书章句集注》，中华书局 1983 年版，第 331 页。

则无不可遂其生长。剋就身心而言，其关键在于存养本心，亦即始终致力于对"出入无时，莫知其乡"之心的操存。此处的操存工夫，其实质内涵仍旧是发挥大体之思的功用。故扩充存养说是撇开小体，直接就大体而立论，并将本心的先天呈现和思的自觉工夫都涵盖在内。

其次来看持志集义养气说。孟子区分了志、气、体三个层面："夫志，气之帅也；气，体之充也。"① 此即是以心志为气之统帅，以气为形体之充盈。依据主体性的二重格局而言，这里的心志归属于大体，形体归属于小体，气虽居中但偏重于小体。志和气的关系如下：以志为至，以气为次，然两者交相养，故虽以"持其志"为本，却不能"暴其气"。此即是说：修身工夫当以大体为本，但是不能完全忽略小体的作用。此后，孟子又借浩然之气论述了集义养气、勿助勿忘的工夫："其为气也，至大至刚，以直养而无害，则塞于天地之间。其为气也，配义与道……是集义所生者，非义袭而取之也……必有事焉而勿正，心勿忘，勿助长也。"② 这段经典描述中，"必有事焉""勿忘勿助"即是所谓的持志工夫，其真切内容则通于大体之思（思诚、念兹在兹）；而义之所以只能集而不能袭取，恰恰是因为义自身是某种源于本性而又扎根情境的先天呈现（此即通于本心之性状），因而集义工夫的实质就是维持本心的畅发。故持志、集义是紧扣大体的二重意蕴而立论的：持志相应于心官之思，集义相应于本心之先天呈现。而所谓的养气，其实质内涵就是"直养而无害"：直养即是持志、集义之融贯（此即道义之门），无害即是小体听命于大体而不损害大体（故能配义与道）。此即是综括大体的两重意蕴以及小体之特性而对修养工夫做综合的展示、说明。

如果说在养气工夫中，小体只是不害大体；那么在践形尽性的境界中，小体已经跟大体通一无二，全体均为性体的浑然呈现，盖作为形色的小体亦本源于天命。此即如孟子所言："形色，天性也；惟圣人，然后可以践形。"③ 唯有大体、小体浑然一体、全幅朗现，才是所谓"践形"的圣人。亦唯有达于"定性"境界，才能真正做到"践形"。践形的实质内涵即是所谓的"根心生色"："君子所性，虽大行不加焉，虽穷居不损焉，分定故也。君子所性，仁义礼智根于心。其生色也，睟然见于面，盎于背，施于四体，四体不言而喻。"④ 先立乎其大、小者不能夺此类说法，已然不能形容此境界。毋宁说，在此境界中，大体所表征的德性主体已经全幅浸润、渗透到小体所表征的感性主体当中，以至于感性的形色均为德性光辉的彰显。此即表明：人格修养当以完整的主体性为目标，亦即德性主体与感性主体浑然一体、光辉著见的整体，主体性的二重格局至此浑然通化。

2. 主体作为共通体：以天下为度

在人格展开的同时，主体也作为共通体之成员而现身。盖主体的生活并非孤立、隔绝之物，它总是在具体的环境、特定的人伦关系中展开自身。这就意味着：主体始终要在跟他物、他人的交道中来成就自身。这种主体间的关系乃至人与万物的关系就构成了政——

---

① 朱熹：《四书章句集注》，中华书局 1983 年版，第 230~231 页。
② 朱熹：《四书章句集注》，中华书局 1983 年版，第 231~232 页。
③ 朱熹：《四书章句集注》，中华书局 1983 年版，第 360 页。
④ 朱熹：《四书章句集注》，中华书局 1983 年版，第 355 页。

治、文—明的运作基础。依照孟子的理念，主体（士君子）作为共通体之成员，其行为当以天下为度，这就是主体性的政—治维度。我们依旧根据主体性的结构来察看此维度。

首先，主体间之通达乃至主体与万物的通达均源于心体所具有的无限感通能力，亦即大体所具有的万物同体的宏大心量，此即孟子所云"万物皆备于我"。然而，虽然万物皆备于我，但我跟其他主体、跟万物打交道的方式却不尽相同。此即孟子所提出的等差之爱："君子之于物也，爱之而弗仁；于民也，仁之而弗亲。亲亲而仁民，仁民而爱物。"①然而，此处可以追问的是：此种等差是如何划定的呢？孟子认为等差之爱出于天理之自然（一本之论），那么这种自然等差又从何处体现呢？在此我们必须回溯到作为天性的形色（小体）之上：所谓亲者即是此形色日夜之所亲近，民者平常所见同此形色之人也，物则只是供此形色所使用者。只有结合大体之无限感通及小体之情境局限，我们才能理解孟子何以既主张"皆备"又倡导"等差"。在共通体中，孟子尤为注重主体间的关系：其表现即是就天下国家而论共通体。孟子之言"乐以天下、忧以天下""达之天下""善推其所为""与民同乐""与百姓同之"，均体现了以天下为度的政治意识。

主体性的二重格局也体现在整个社会的构成上面。在孟子看来，整个社会可以分为两个群体：士与民。用孟子的话来说，前者就是劳心者，后者则是劳力者。心自然归属于大体，而力则出自小体。故所谓的劳心即是尽其大体之用，而劳力则是尽其小体之用。士和民具有不同的特征：士志于道故虽无恒产而可以有恒心，民致力于生故有恒产而后有恒心；士以礼乐教化、仁义之道治理、化导天下，民以农事、百工之事之产出供养天下。如果我们将社会看作大的生命，那么士人群体就构成其大体，而民众则构成其小体。当然这只是譬喻，盖无论士与民，作为真正的主体皆有其大体与小体。孟子关于政治的指导原则即可从此格局中推导出来。自社会整体而言，士人作为大体要负担起治理的责任，因而不能将天下之无道推诿于民。当然，国家治理权力的最终来源是民（得乎丘民而为天子），治理的本务在于安顿天下之民。因而士人作为治理的主导力量，其为政有两个要素：自治和治民。自治即是以仁义之道自处，而治民即是养民和教民；养以小体为先，教以大体为务。故孟子论为政，必以"制民之产"为先，而后再"谨庠序之教"。据此而言，理想的社会即是如下情形：一方面以士人为主导而士与民各安其位、各司其职，另一方面士与民之间情感畅通、和谐共存。此即为孟子心目中理想的共通体。

3. 补充说明：独善与兼善

如上所论，主体总是既作为人格主体又作为共通体之成员来展开。对于志于道的士人来说，情形更是如此。那么士人作为主体该如何处理这两个维度的关系呢？孟子对此已有回答："穷则独善其身，达则兼善天下。"更详细地说，即是："士穷不失义，达不离道。穷不失义，故士得己焉；达不离道，故民不失望焉。古之人，得志，泽加于民；不得志，修身见于世。"②所谓的"穷则独善其身"即是在政治抱负无法展开的情况下去完成自己的人格、挺立人格的永恒价值（得己、不失义）；达则兼善天下即是通过政治上的措施来造福整个天下（泽加于民）并在此过程中完成自己的人格（不离道）。此即表明：人格主

①　朱熹：《四书章句集注》，中华书局1983年版，第363页。
②　朱熹：《四书章句集注》，中华书局1983年版，第351页。

体的展开、德性主体的确立是主体时时刻刻都要肩负的责任，不论所处的境遇如何（穷达），此身总是不可不修。盖德性源出于性体自身，是"求之在我"者，而穷达则出于命运，非人力所能强求。要言之，即是："天下有道，以道殉身；天下无道，以身殉道。"①

四、余　论

在展示孟子有关道德主体性的见解之后，现在我可以来思考如下的问题：孟子意义上的道德主体性是否穷尽了主体性的全部内容？如果不是，那么其欠缺何在？此外我们也可以追问：孟子之主体性和西方意义上的主体性又存在着什么关系？如果两者之间存在差异，这种差异是否体现了中西文化传统在根本上的不同走向？根据此上的论述，孟子之主体性就结构而言被展示为二重格局（大体与小体）、三重意蕴（小体、本心、思）；就纵向展开而言具有人格主体和共通体之成员两个维度。在笔者看来，这当然不能穷尽主体性的全部内容。只需将其与孔子之思想相较，我们就能发现其若干欠缺：孔子重学、重习，此外孔子极重视历史的维度，这些都未能在孟子之主体性中得到完整体现。实际上，主体性乃是人类生命的终极奥秘所在，它本是一个奥体、密体。换句话说，它本是无限之物，又何以会在有限存在中将自身完全呈现呢？若与西方之传统相较，我们就更能发现其欠缺：西方所着重的知性主体、逻辑主体在孟子这里基本上未被涉及。正是在此对比中，我们发现不同的文化传统对主体性的不同开掘，每种开掘都有其独特意义。而在大会通的时代，我们所要肩负的任务就是：在当下活生生展开的主体性中综汇此前已经开掘了的主体性内容，以便在新的形势下对主体性做更深、更新的开掘。新开掘的主体性将在更高的层次上涵化孟子式的德性主体与西方的知性主体，但这种涵化将如何落实，则有待于有识有志之士。要言之，此后的人类思想绝不能放弃主体性，恰恰相反，应对其加以高举、加以深化。盖只有真正地领会主体性、挺立主体性，才能让人类精神文化的真正源泉不断涌现。

（作者单位：武汉大学中国传统文化研究中心）

———————————————

① 朱熹：《四书章句集注》，中华书局 1983 年版，第 362 页。

论朱熹的社会治理思想及其政治实践[*]

□　谢耀亭

朱熹，字元晦，又字仲晦，号晦庵，晚号晦翁，世尊称为朱子，南宋高宗建炎四年（1130）生于南剑尤溪（今福建尤溪）。朱熹祖籍徽州婺源（今江西婺源），朱氏为婺源著姓，以儒名家，其父朱松，曾任著作郎、吏部郎等职。绍兴十一年（1141），宋高宗接受金的条件，宋金达成"绍兴和议"，且以"莫须有"的罪名杀害岳飞及其子岳云、部将张宪，朝野震惊。"秦桧决策议和，松与同列上章，极言其不可，桧怒，风御史论松怀异自贤，出知饶州，未上，卒。"① 父亲去世时，朱熹年仅十四岁，遵遗训，受学于胡籍溪、刘草堂、刘屏山三君子。二十四岁，受学于二程三传弟子李侗，自谓"自见李先生，为学始就平实，乃知向日从事于释老之说皆非"②。朱熹一生勤学问道，忧国忧民，于儒家内圣外王之道，念念不忘，事事躬亲，终成一代儒学宗师。

学界关于朱熹的研究，多侧重探讨其学术思想，这与朱熹一生的经历及其对后世的贡献与影响有关，正如其弟子黄榦所言："若其措诸事业，则州县之设施，立朝之言论，经纶规画，正大宏伟，亦可概见。虽达而行道，不能施之一时；然退而明道，足以传之万代。"③ 陈来先生也指出："他所生活的南宋前期，民族、阶级矛盾错综复杂。他一生关怀政治，力主恢复大义，他的政治理想是以格君心之非来改善政治和变移风俗。在他更历的四个朝代，与各朝统治集团中的人物有着广泛的复杂联系，晚年立朝之日，也参与了统治集团的内部斗争。在政事方面，除创立社仓外，南康救旱，浙东荒政，漳州经界，他也充分表现了超乎俗儒的管理才干。尽管如此，他仍然主要是作为一个儒家学者在当时享有

＊ 本文系国家社科重大招标项目"《礼仪》复原与当代日常礼仪重建研究"（项目编号：14ZDB009）阶段性成果。

① （元）脱脱等：《宋史》卷一百八十八《朱熹传》，中华书局1977年版，第12751页。

② （明）戴铣：《朱子实纪年谱》，《朱子全书》（第二十七册），上海古籍出版社、安徽教育出版社2002年版，第24页。

③ （宋）黄榦：《勉斋集·朝奉大夫华文阁八待制赠宝谟阁直学士通议大夫谥文朱先生行状》，《朱子全书》（第二十七册），上海古籍出版社、安徽教育出版社2002年版，第561~562页。

盛名。"① 由此可见，朱熹的伟大，在于"明道"，而非"事功"，这从后来赐谥号由"文忠"的初议，到最后定为"文"也可略见："初，太常议以'文忠'谥公。按公在朝之日浅，正主庇民之学郁而不施，而著书立言之功大畅于后，合'文'与'忠'谥公，似矣而非也。有功于斯文而谓之'文'，简矣而实也。"② 朱熹历史地位的确立，主要是其学术思想的贡献，是以学界对其社会治理思想与政治实践的论述相对较少。有关朱熹政治实践的材料梳理，主要见于历代为其所作的年谱、传记中，可以束景南先生的《朱子大传："性"的救赎之路》为代表，对朱熹一生所做事迹有详尽考述。③ 朱熹的政治实践中，比较著名的，如荒政、社仓法，学界也曾有过讨论，④ 日本学者吾妻重二曾从朱熹的地方行政政绩、减免租税与改良差役法、批判富农豪右、经界法等方面对朱熹的政治实践有较为系统的论述。⑤ 但整体来看，学界关于朱熹的社会治理思想与政治实践研究少之又少。社会治理思想，是针对社会现实设计的治世蓝图，其与政治实践并不完全等同，但二者又密切相关。理想的设计与现实的实践，更能看到一位儒者的坚守与努力。本文拟就朱熹的社会治理思想及其政治实践两个方面加以探讨，以就教于方家。

一、内圣转出外王：朱熹的社会治理思想

朱熹在朝日短，但从其历年的上奏陈疏中，仍可以窥见其社会治理思想。朱熹的社会治理思想，针对当时社会之弊而发，遵循着儒家由内圣走向外王的社会治理模式，希冀重建"三代"的理想秩序。

内圣外王是儒家的最高理想，由孔子奠定，至思孟学派而臻于完善。《论语·宪问》云："子路问君子。子曰：'修己以敬。'曰：'如斯而已乎?'曰：'修己以安人。'曰：'如斯而已乎?'曰：'修己以安百姓。修己以安百姓，尧舜其犹病诸。'""修己"为内圣工夫；"安人""安百姓"为外王事业，且"安人""安百姓"是在"修己"的基础上完成，这体现出儒家内圣外王之道的基本面貌。《礼记·大学》在继承孔子思想的基础上，对儒家内圣外王之道有了完整清晰的表达。在《大学》篇中，"明明德"是内圣工夫，"亲民"是外王事业，"止于至善"是内圣外王之道的实现。同孔子"安百姓"以"修身"为本一样，《大学》篇也以"修身"为实现内圣外王之本，《大学》云："自天子以至于庶人，壹是皆以修身为本，其本乱而末治者否矣。"虽然"格物""致知""正心""诚意"都是为了达到"修身"，但"修身"本身不是最终的目的。"修身"的最终目的在"止于至善"，即"明明德于天下"，也即实现儒家的"内圣外王"之道。"明明德于天下"，对内而言，个人达到了修身之最高目的，实现了成圣的目标；对外而言，完成了

① 陈来：《朱子哲学研究》，华东师范大学出版社 2000 年版，第 1 页。
② （明）李默：《紫阳文公先生年谱》，《朱子全书》（第二十七册），上海古籍出版社、安徽教育出版社 2002 年版，第 163 页。
③ 束景南：《朱子大传："性"的救赎之路》（增订版），复旦大学出版社 2017 年版。
④ 贾玉英、赵文东：《略论朱熹的荒政思想与实践》，《河南大学学报》2001 年第 5 期。张品瑞：《朱熹社仓法的基本内容及其社会保障作用》，《中国社会科学院研究生院学报》2009 年第 3 期。
⑤ ［日］吾妻重二：《朱熹的政治实践及其思想》，《朱子学的新研究——近世士大夫思想的展开》，商务印书馆 2017 年版，第 299~321 页。

外王事业，"家齐""国治""天下平"，社会的治理达到最好的效果。儒家内圣外王之道是一个紧密联系的整体，其中"修身"为实现儒家内圣外王之道的根本，且在修身的过程中特别注重向内探求。由内圣走向外王，进而达到至善的境界，思孟学派做了详尽的理论阐释。①

宋代是儒学一次全面复兴的时代，张岱年先生谓："真正贯穿宋明理学的中心思想仍然是孔子孟子学说。它的基本性质就是以孔孟学说为蓝本，给以自然观上的根据，从而在这个基础上发展了孔孟的学说。"② 孔孟学说中内圣外王的贯通，深深地影响了宋代的儒者，且外王的实现要建立在内圣基础之上，得到宋代大多数儒者的认同。宋代的学术中，理学逐渐占据主流，但其由内圣贯通外王的目标始终没有变，朱熹的社会治理思想亦是在这一学术思潮背景中形成的。

在古代人治社会中，君主的作用处于极为重要的位置，是以《中庸》曰："为政在人，取人以身"，这也是传统儒家不断强调在上位者应重视修身，起到表率作用的原因所在。朱熹认为社会得以治理，君主责任重大，而君主自身的修养又是重中之重，其在《庚子应诏封事》中道："臣昨蒙赐对，面奉玉音，治天下当以正心诚意为本，常窃仰叹圣学高前、深达治本如此，天下安得不治？比年以来，乃闻道路之言，妄谓陛下恶闻正心诚意之说，臣下当进对者，至相告诫，以为讳忌。"③ 即使是别人告诉朱熹，皇帝不喜欢听正心诚意之说，劝诫他不要再谈，以免忤逆圣意，但朱熹仍然每有机会便强调正心诚意的重要性。《壬午应诏封事》载：

> 然窃闻之道路，陛下毓德之初，亲御简策，衡石之程，不过讽诵文辞、吟咏情性而已。比年以来，圣心独诣，欲求大道之要，又颇留意于老子、释氏之书。疏远传闻，未知信否？然私独以为若果如此，则非所以奉承天锡神圣之资而跻之尧舜之盛者也。盖记诵华藻，非所以探渊源而出治道；虚无寂灭，非所以贯本末而立大中。是以古者圣帝明王之学，必将格物致知以极夫事物之变，使事物之过乎前者，义理所存，纤微毕照，了然乎心目之间，不容毫发之隐，则自然意诚心正，而所以应天下之务者，若数一二、辨黑白矣。④

朱熹认为进德之路，在于读书，但并非所有的书都指向大道。皇帝所读讽诵文辞之书，探究不出治世之道；所读释老之书，更不能立大中而贯本末，皆非修德进道之学。圣帝明王之学，应以正心诚意为主，要多读孔孟六经之书。朱熹在《壬午应诏封事》言："至于孔子，集厥大成，然进而不得其位以施之天下，故退而笔之以为《六经》，以示后世之为天下国家者。于其间语其本末终始先后之序尤详且明者，则今见于戴氏之记，所谓《大学》

---

① 谢耀亭：《从出土简帛看思孟学派的内圣外王思想》，科学出版社 2011 年版。

② 张岱年：《先秦儒学与宋明理学》，《中州学刊》1983 年第 4 期。

③ （宋）朱熹：《晦庵先生朱文公文集》，《朱子全书》（第二十册），上海古籍出版社、安徽教育出版社 2002 年版，第 588 页。

④ （宋）朱熹：《晦庵先生朱文公文集》，《朱子全书》（第二十册），上海古籍出版社、安徽教育出版社 2002 年版，第 572 页。

篇者是也。"① 朱熹特意讲到圣帝明王之学的精义及其本末先后顺序,都在《大学》篇中,且在《经筵讲义》讲《大学》篇时,详细指出:

> 臣窃谓明德、新民,两物而内外相对,故曰本末;知止、能得,一事而首尾相因,故曰终始。诚知先其本而后其末,先其始而后其终也,则其进为有序而至于道也不远矣。盖欲治人者不可不先于治己,欲体道者不可不先于知道。此则天下国家之达道通义,而为人君者尤不可以不审。②

《大学》所述的修德事功的途径,才是圣帝明王之学。一个国家的治理,君主的"内圣"至为重要,朱熹几乎在每次有机会上奏时都会提及,如《戊申封事》言:"盖虽以一人之尊,深居九重之邃,而懔然常若立乎宗庙之中,朝廷之上,此先王之治所以由内及外,自微至著,精粹纯白,无少瑕翳,而其遗风余烈犹可以为后世法程也。"③《辛丑延和奏札一》言:"伏愿陛下听断之余,虚心静虑,试以前数条者反之于身、验之于事而深自省焉,则渊默之中,无微不照,而凡此得失之端,孰有孰无,孰存孰改,皆无所遁其情矣。"④《辛丑延和奏札二》言:"臣闻人主所以制天下之事者,本乎一心,而心之所主,又有天理、人欲之异。二者一分,而公私邪正之途判矣。"⑤ 每上奏,朱熹屡屡对皇帝言"内圣"之修养,可见在朱熹的社会治理思想中,内圣是外王的根据,外王的实现,需由内圣转出。君主自身的修养,便成为整个社会治理中的关键所在。

朱熹屡言"内圣"之事,是因为他认为,君主之心,是天下之本,他在《论治道》中言:"天下事有大根本,有小根本,正君心是大本。"⑥ 君主"内圣"的修养,才是国家"外王"事业治理的源头。朱熹在《戊申封事》中言:"然天下之事,所当言者不胜其众,顾其序有未及者,臣不暇言,而独以天下之大本与今日之急务深为陛下言之。盖天下之大本者,陛下之心也。今日之急务,则辅翼太子、选任大臣、振举纲维、变化风俗、爱养民力、修明军政六者是也。"⑦ 此可以看作朱熹社会治理思想的总纲,体现了朱熹"内圣外王"的社会治理模式。因人主之心的邪正,关系到天下大事能否出于"正"。人主之心不能窥探到,但可以验之于外者——家人及其左右。后妃有德,后宫有序,无

① (宋)朱熹:《晦庵先生朱文公文集》,《朱子全书》(第二十册),上海古籍出版社、安徽教育出版社 2002 年版,第 572 页。

② (宋)朱熹:《晦庵先生朱文公文集》,《朱子全书》(第二十册),上海古籍出版社、安徽教育出版社 2002 年版,第 696 页。

③ (宋)朱熹:《晦庵先生朱文公文集》,《朱子全书》(第二十册),上海古籍出版社、安徽教育出版社 2002 年版,第 591~592 页。

④ (宋)朱熹:《晦庵先生朱文公文集》,《朱子全书》(第二十册),上海古籍出版社、安徽教育出版社 2002 年版,第 638 页。

⑤ (宋)朱熹:《晦庵先生朱文公文集》,《朱子全书》(第二十册),上海古籍出版社、安徽教育出版社 2002 年版,第 639 页。

⑥ (宋)黎靖德:《朱子语类》,《朱子全书》(第十七册),上海古籍出版社、安徽教育出版社 2002 年版,第 3511 页。

⑦ (宋)朱熹:《晦庵先生朱文公文集》,《朱子全书》(第二十册),上海古籍出版社、安徽教育出版社 2002 年版,第 590 页。

人敢乱常典，无人敢行贿，便是"家之正"。贵戚近臣，各恭其职，无人敢私通内外，招权窃威，以乱朝政，是"左右之正"。发号施令，群听不疑，进贤退奸，皆可心服，纲纪得振，边境无患，政事可修，这是朝廷百官，六军万民没有敢不出于"正"，而达到天下治道。为了防止细微差错的出现，又设师保之官来开明，谏诤之官来规劝，设有司之法来防范。外部的和谐，治道的呈现，其根本在于人主之心正，因此人主之心为天下大本。

君主心正，则朝廷可正，朝廷正，则各级官员系统、监察系统皆可正，如此则天下可治，百姓安居。朱熹在《壬午应诏封事》中言："至于四海之利病，臣则以为系于斯民之戚休。斯民之戚休，臣则以为系乎守令之贤否。然而监司者，守令之纲也；朝廷者，监司之本也。欲斯民之皆得其所，本原之地，亦在乎朝廷而已。"① 朱熹以为"正朝廷"是当时首务，因各人材异，故所任之职也异。才能大者，可以使其治理国家；有具体某一方面的才能，使其居于具体职务，各种事务得以治理；有外事才能的，使其统率军队，保国安宁。而这些官员又各自推举自己了解的有才能的人，使其担任与才能相匹配的职务，共图天下大事。使那些真正有才能的贤人，虽远不漏；亲而无能之辈，虽近必弃。进退取舍，惟依公论而定，如此这般，朝廷正，而内外远近莫不正。"正朝廷"的具体措施便在于"任贤"。朱熹在《壬午应诏封事》中言："监司得其人，而后列郡之得失可得而知；郡守得其人，而后属县之治可得而察。重其任以责其成，举其善而惩其恶。夫如是，则事之所谓利，民之所谓休，将无所不举；事之所谓病，民之所谓戚，将无所不除，又何足以劳圣虑哉？"② 国家的良好治理和运转，并非是帝王今日降一诏，明日行一事便可实现，而是需要一套良好的官员任免制度和一个良性的监察系统，而"任贤"是其核心问题。各级官员应任贤举能，依其才能大小、特长而担任各级官员，贤者得其位，充分发挥其才能。贤人担任监察官员，使各级地方的治理得失可知可察，达到举善惩恶的目的，从而使整个社会的治理良性地运转。"铨择之法，只好京官付之监司，选人付之郡守，各令他随材拟职；州申监司，监司申吏部，长贰审察闻奏，下授其职。却令宰相择监司，吏部择郡守。如此，则朝廷亦可无事，又何患其不得人！"③ 社会治理是个整体的运行机制，并非一个人便可做好，所以朱熹清醒地言道："盖天下之事，决非一人之聪明才力所能独运，是以古之君子虽然德业智谋足以有为，而未尝不博求人才，以自裨益。"④ 这也正是他提出社会"正朝廷"的原因所在。

太子是天下之本，因此辅翼太子之事需当谨慎，应置师傅、宾客。故朱熹谓："夫立

---

① （宋）朱熹：《晦庵先生朱文公文集》，《朱子全书》（第二十册），上海古籍出版社、安徽教育出版社 2002 年版，第 577 页。

② （宋）朱熹：《晦庵先生朱文公文集》，《朱子全书》（第二十册），上海古籍出版社、安徽教育出版社 2002 年版，第 577~578 页。

③ （宋）黎靖德：《朱子语类》，《朱子全书》（第十八册），上海古籍出版社、安徽教育出版社 2002 年版，第 3580 页。

④ （宋）朱熹：《晦庵先生朱文公文集·与赵尚书书》，《朱子全书》（第二十一册），上海古籍出版社、安徽教育出版社 2002 年版，第 1258 页。

太子而不置师傅、宾客，则无以发其隆师亲友、尊德乐义之心。"① 师傅、宾客与太子朝夕游处，启迪训导。选任大臣关键在于任贤。朱熹曰："盖不求其可喜而求其可畏，不求其能适吾意而求其能辅吾德，不尤其自任之不重而常恐吾所以任之者未重，不为燕私近习一时之计而为宗社生灵万世无穷之计，陛下诚以此取之，以此任之，而犹曰不得其人，则臣不信也。"②以此心去求天下之贤材而任命，是选任大臣的正道。振肃纪纲、变化风俗关键在彰明于朝廷。"何谓纲纪？辨贤否以定上下之分，核功罪以公赏罚之施也。何谓风俗？使人皆知善之可慕而必为焉，皆知不善之可羞而必去也。"③ 只有明于朝廷之内，才可以整齐于朝廷之外，正所谓"纲纪不振于上，是以风俗颓弊于下"④。至于"爱养民力、修明军政"之事，朱熹谓："民力之未裕，生于私心之未竟，而宰相台谏失职也；军政之未修，生于私心之未竟，而近习得以谋帅也。"民力未裕最主要的原因，朱熹认为是曾怀废除了"破分"的祖宗之法，导致政烦赋重，百姓流亡。军政未修最主要的原因在于将帅选用不当，不仅使士卒受其弊，而且殃及于民。

这六项事情，朱熹认为是当时国家需要急切重视之事，也是朱熹社会治理思想总纲的呈现。朱熹谓："凡此六事，皆不可缓。而其本在于陛下之一心。一心正则六事无不正，一有人心私欲以介乎其间，则虽欲备精劳力以求正夫六事者，亦将徒为文具，而天下之事愈至于不可为矣。故所谓天下之大本者，又急务之最急而尤不可以少缓者，惟陛下深留圣意而亟图之。"⑤ 由此可见，朱熹社会治理思想，实践的是儒家"内圣外王"之道，而且其具体途径是由"内圣"走向"外王"。这样的思想在其奏章中不断提及，如《庚子应诏封事》："臣尝谓天下国家大务莫大于恤民，而恤民之实在省赋，省赋之实在治军。若夫治军省赋以为恤民之本，则又在夫人君正其心术以立纪纲而已矣。"⑥ 一再向皇帝表述"外王"要由"内圣"开启，这也正是朱熹在绍熙五年（1194）除焕章阁待制兼侍讲，八月任命，九月便于行宫便殿奏事。第一札要宋宁宗正心诚意，第二札要宋宁宗读经穷理，十月又奉诏进讲《大学》，反复强调"格物、致知、诚意、正心、修身、齐家、治国、平天下"的原因所在。这也是朱熹在陈述其社会治理思想时，屡屡提及"天下之大本者，陛下之心"，且辅翼太子、选任大臣、振举纲维、变化风俗、爱养民力、修明军政诸事的彻底根治和解决，无不与人主之心有关。此正是儒家由内圣走向外王，最后实现内圣外王

———————

① （宋）朱熹：《晦庵先生朱文公文集》，《朱子全书》（第二十册），上海古籍出版社、安徽教育出版社 2002 年版，第 598 页。
② （宋）朱熹：《晦庵先生朱文公文集》，《朱子全书》（第二十册），上海古籍出版社、安徽教育出版社 2002 年版，第 600 页。
③ （宋）朱熹：《晦庵先生朱文公文集》，《朱子全书》（第二十册），上海古籍出版社、安徽教育出版社 2002 年版，第 624~625 页。
④ （宋）朱熹：《晦庵先生朱文公文集》，《朱子全书》（第二十册），上海古籍出版社、安徽教育出版社 2002 年版，第 603 页。
⑤ （宋）朱熹：《晦庵先生朱文公文集》，《朱子全书》（第二十册），上海古籍出版社、安徽教育出版社 2002 年版，第 609 页。
⑥ （宋）朱熹：《晦庵先生朱文公文集》，《朱子全书》（第二十册），上海古籍出版社、安徽教育出版社 2002 年版，第 581 页。

之道的治理模式。

二、躬身践道：朱熹的地方政治实践

朱熹的社会治理思想不可谓不宏大周密，秉承着孔孟儒学的传统，针对时弊而发，提出了具体的社会治理方案，但朱熹在朝日短，又未能跻身执政重臣之位，因此其所论述，皆成为理想方案，并未真正全面实践。朱熹由于在"国是"的问题上，主张恢复中原，反对讲和，而当时执政之臣，定"国是"为和议，因此朱熹遭到反对、排斥。虽然朱熹颇为不满当时的权臣，也无法跻身权力中心，但他仍然实践了作为一个真儒者的使命，杜维明曾说："宋明儒学又和现实的政治文化有一些内在的冲突。文化精英与政治势力有交叉，经过科举考试而进入政权的知识分子就是儒官，但杰出的儒者的影响是在文化而不是在政治。权势非常大的人不一定是知识分子，而在知识文化界影响极大的人也未必投身政权。"① 这是学术与时代的矛盾，这也是朱熹屡屡辞官，而又时有赴任的原因所在。儒学并非纯粹的知识，而是带有强烈的实践性，具体主张的实现，须由躬身践行来完成。

朱熹的地方政治实践，继承了孔孟的治民思想，以养民、富民、教民为理政之要。《论语·子路》载："子适卫，冉有仆。子曰：'庶矣哉！'冉有曰：'既庶矣。又何加焉？'曰：'富之。'曰：'既富矣，又何加焉？'曰：'教之。'"冉有就治民的问题请教孔子，孔子认为在民得以存活后，首要解决的问题是让民富有，既富之后，最紧要问题是进行教育，这一思想贯穿于儒家的治民思想之中。治民之要，首在养民，即让百姓存活下来，这是儒家一再强调的理政之本。老百姓存活之后，要让百姓富有，这是治民理政努力的方向。教民是儒家治民理政的应有内容，《孟子·告子下》："不教民而用之，谓之殃民。"《孟子·滕文公上》："后稷教民稼穑。树艺五谷，五谷熟而民人育。人之有道也，饱食、暖衣、逸居而无教，则近于禽兽。圣人有忧之，使契为司徒，教以人伦：父子有亲，君臣有义，夫妇有别，长幼有序，朋友有信。"饱食、暖衣、逸居，解决了基本的生存问题，且在一定程度上达到了"富"的状态，此时如果没有进行"教"，则民与禽兽相差无几，教的内容是明人伦，人伦本于孝悌，正如《孟子·梁惠王上》所说，"谨庠序之教，申之以孝悌之义"。孔孟的治民理政思想，是朱熹地方政治实践的指导思想，朱熹在《劝农文》中言："窃惟民生之本在食，足食之本在农，此自然之理也。"② 重视民生问题，实即养民、富民；广推教化，实即教民。朱熹的地方政治实践，是孔孟儒学治民理政思想的具体贯彻与落实。

朱熹地方政治实践的内容，大致可以概括为革弊恤民、敦厚风俗、兴学育材三项内容。淳熙六年（1179）三月，朱熹赴南康军任职，适逢当地大旱，灾情严重。朱熹到任后，首布榜牒，下教三条："一，以郡土瘠民贫，役烦税得，求所以宽恤之方，俾士人父老僧道民人，有能知利病之源者，悉具以陈。二，俾士人乡人父老，岁时集会，教戒子弟，使修其孝弟忠信，入以事其父兄，出以事其长上，笃厚亲族，和睦乡邻，有无相通，

——————————

① 杜维明：《宋明儒学的中心课题》，《天府新论》1996 年第 2 期。

② （宋）朱熹：《晦庵先生朱文公文集》，《朱子全书》（第二十五册），上海古籍出版社、安徽教育出版社 2002 年版，第 4588 页。

患难相恤，以成风俗之美。三，俾乡党父老各推择其子弟之有志于学者，遣诣学宫，以暇时与教官同共讲说经旨，以诱掖之，庶长材秀民为时而出。"① 上述三条，基本涵盖了朱熹在各地施政的主要内容，分别侧重于革弊恤民、敦厚风俗、兴学育材，体现了朱熹治理地方时关注的重点问题。

（一）革弊恤民

朱熹广泛访求造成民贫的弊政所在，针对弊政提出具体的革新方案。南康军赋税繁重，尤其是治下的星子县，因官吏不断增加税额，数目浩瀚，当地百姓已无力承担。朱熹分别于到任当年及第二年，上书请求减免星子县税钱。到任第二年，又申请减少属县森炭钱，减少百姓负担。此外，针对当地沿江的情况，修筑江堤。针对旱情，开场济粜。皆是针对当时存在的问题，进行有效的救治，以达到恤民的目的。弟子黄榦在其《朝奉大夫华文阁八待制赠宝谟阁直学士通议大夫谥文朱先生行状》中言："属邑星子，土瘠税重，乞从蠲减，章凡五六上。岁值不雨，讲求荒政，名请于朝，言无不尽。官物之检放、倚重、蠲减、除豁、带纳，如秋苗夏税、木炭月桩、经总制钱之属，各视其色目为之条奏，或至三四，不得请不已。并奏请截留纲运，乞转运、常平两司拨钱米充军粮，备赈济……先生视民如伤。至奸豪侵扰细民、扰法害政者，惩之不少贷。由是豪强敛戢，里闾安靖。"② 此可见朱熹在赴任之后，恤民修政，勤勤恳恳，尽职尽责。后赴任漳州，目睹当时田税不均现状，朱熹提出"正经界"的方案，其在《晓示经界差甲头榜》中言："豪家大姓有力之家，包并民田而不受产，则其产虚椿在无业之家；冒占官地而纽租，则其租俵寄于不佃之户。奸胥猾吏寅缘作弊，走弄出入，不可稽考。贫民下户枉被追呼，监系箠楚，无所告诉。至于官司财计因此失陷，则又巧为名色，以取于民……务使田税均平，贫富得实，免致贫民下户困于兼并豪猾之手。"③ 豪家大姓、有力之家"包并民田"的结果是贫民下户丧失了土地，却因经界并未及时更定，仍需交纳无产之税，使贫者愈贫，及至无法维持生计，进而导致社会矛盾加深，动摇社会的稳定。"正经界"方案的提出，正是针对此而言。"正经界"的目的，是使贫者能够维持生计，即是儒家治民理政中第一个需要达到的目的，民有所养。

朱熹革弊恤民的政治实践中，常为后世称道者是荒政。朱熹在地方任官生涯中，目睹了灾荒对百姓造成的伤害，进而影响到一地的社会治理，形成了较为系统的荒政思想。

恤民省赋是荒政之本。《庚子应诏封事》："臣尝谓天下国家大务莫大于恤民，而恤民之实在省赋，省赋之实在治军。"④ 民为邦本，荒政关乎国家稳定，"元气日耗，根本日

① （清）王懋竑：《朱子年谱考异》，《朱子全书》（第二十七册），上海古籍出版社、安徽教育出版社 2002 年版，第 250 页。

② （宋）黄榦：《勉斋集·朝奉大夫华文阁八待制赠宝谟阁直学士通议大夫谥文朱先生行状》，《朱子全书》（第二十七册），上海古籍出版社、安徽教育出版社 2002 年版，第 538 页。

③ （宋）朱熹：《晦庵先生朱文公文集》，《朱子全书》（第二十五册），上海古籍出版社、安徽教育出版社 2002 年版，第 4622～4623 页。

④ （宋）朱熹：《晦庵先生朱文公文集》，《朱子全书》（第二十册），上海古籍出版社、安徽教育出版社 2002 年版，第 581 页。

伤，一旦不幸而有方数千里之水旱，则其横溃四出，将有不可如何者"①。因此，国家一定要重视荒政，恤民才是国家大务。自然灾害虽不可避免，但当天灾出现时，人祸导致灾难更加肆虐，恤民省赋会使百姓面对天灾也可应付存活，不致流离失所、家破人亡。朱熹认为导致当时不能省赋的原因就在于军费冗繁，民力无法负担，一旦遇到天灾，百姓无法自愈，遂成灾难。朱熹知南康军时，看到当地荒凉破败，人烟稀少，上奏请求减免税钱时言其原因称："日前兵乱流移，民方复业，而官吏节次增起税额，及和买折帛数目浩瀚，人户尽力供输，有所不给，则复转徙流亡，无复顾恋乡井之意。其幸存者，亦皆苟且偷安，不为子孙长久之虑。一旦小有水旱，则复顾而之他。观其气象，如腐草浮苴，无有根蒂，愁叹亡聊，深可怜悯。"②朱熹道出了恤民省赋为荒政之本，不仅可使百姓安土重迁，更可避免小的灾情造成大的灾难。

蠲除赈贷是荒政之始。朱熹在南康军任满交割时，奏陈《缴纳南康军任满合奏禀事件状》，其中结合任职时的具体情况，言及荒政时道："然臣窃以为救荒之政，蠲除赈贷固当汲汲于其始，而抚存休养尤在谨之于其终。"③朱熹在重申恤民省赋是荒政之本的同时，提出了蠲除赈贷是荒政之始的主张。恤民省赋是灾情没有出现时或者灾情过后，国家应时时考虑和执行的，以此来预防灾害或抵挡灾害。当灾情已然成为事实时，国家便要蠲除赈贷，积极救荒，这是面对灾害时的首要之务。

检放是救荒诸事务中的关键。淳熙九年（1182），朱熹五十二岁，当时浙东出现饥情，宰相王淮推荐朱熹出任提举两浙东路常平茶盐公事。朱熹在此前的任命中屡屡请辞，但此时因灾情严重，为急朝廷之所急，遂拜命不辞，即日单车上道赴任，开始赈灾救荒，取得颇为不错的效果。其后朱熹在《延和奏札三》中言："救荒之务，检放为先。行之及早，则民知有所恃赖，未便逃移；放之稍宽，则民间留得禾米，未便阙乏。"④检官能否具实验灾放赈，事关救荒能否真正落实，关系重大，应广行询究，从实蠲减，才会达到真正的救荒效果。

推赏献助人是荒政的助推剂。荒政所需之钱粮，大部分由朝廷调拨，同时为了鼓励富人参与救荒，朝廷对捐纳钱粮的人进行奖赏，甚至补授官职。如高宗元年（1131）颁布诏令："诏出粟济粜者赏各有差。粜及三千石以上，与守阙进义校尉；一万五千石以上，与进义校尉；二万石以上，取旨优赏；已有官荫不愿补授者，比类旅行。"⑤孝宗乾道七年（1171）"湖南、江西旱，立赏格以劝积粟之家"⑥。富人参与救荒，可使灾情更加及时得到救治，推进救荒工作的进程。当朝廷救荒力有不足时，富人参与救荒，可使灾民得

---

① （宋）朱熹：《晦庵先生朱文公文集》，《朱子全书》（第二十册），上海古籍出版社、安徽教育出版社2002年版，第582页。

② （宋）朱熹：《晦庵先生朱文公文集》，《朱子全书》（第二十册），上海古籍出版社、安徽教育出版社2002年版，第736页。

③ （宋）朱熹：《晦庵先生朱文公文集》，《朱子全书》（第二十册），上海古籍出版社、安徽教育出版社2002年版，第755页。

④ （宋）朱熹：《晦庵先生朱文公文集》，《朱子全书》（第二十册），上海古籍出版社、安徽教育出版社2002年版，第643页。

⑤ （元）脱脱等：《宋史·食货志》，中华书局1977年版，第4340页。

⑥ （元）脱脱等：《宋史·食货志》，中华书局1977年版，第4341页。

以安置，灾情得以救助。朱熹大力提倡推赏献助之人，以此调动献助者的积极性，使"富者乐施，贫者得食，实为两便"①，更奏请"浙东一路献助米斛人户并与减半推赏"②。推赏献助人，有利于调动献助者的积极性，也使筹集救灾钱粮的途径更加多元，灾区饥民得到更多实惠，灾情能够更加及时得到救助。

朱熹的荒政实践，在当时颇有成效，不仅施惠于受灾之百姓，也得到执政官员的认可，因此当灾情严重时，宰相才会举荐他出任救荒重任。朱熹等人在救荒实践中首创的"社仓法"，更是常为后世称道。

社仓，隋唐时已出现，但作为救荒制度，却首创于朱熹等人。宋孝宗乾道四年（1168），建宁府崇安县因遭遇水灾，乡民面临无粮可食的困境。朱熹同崇安县开耀乡的左朝奉郎刘如愚，受知县诸葛廷瑞的委托，劝豪民发放藏粟。朱熹、刘知愚奉书从事，乡人得免饥饿之灾。没有多久，距开耀乡不足二十里的浦城饥民爆发了盗乱，开耀乡大为震动，且彼时乡里储粮将尽。朱熹等人对此颇为忧虑，后向建宁府请粟六百斛，乡民得以渡过难关。是年冬天，乡民以粟偿还官府，刚继任的建宁知府王淮看到后，言："岁有凶穰，不可前料。后或艰食，得无复有前日之劳，其留里中而上其籍于府。"③ 朱熹等人奉教行事。王淮去任，沈度继任，朱熹又上书谓："粟分贮民家，于守视出纳不便，请放古法，为社仓以贮之。不过出捐一岁之息，宜可办。"沈度同意了朱熹的请求，"且命以钱六万助其役"④。朱熹得黄氏废地，修建社仓。社仓法推行十四年后，不仅将元米六百石偿还官府，且其息米已达三千一百石。此后每年赈贷，不收息米，每石只收耗米三升。社仓法的实施，抑制了豪强借灾情牟利，导致乡民破产流亡的情状，使乡民在遭遇灾情时，不致抛家流亡，远走他乡，也使得政府治理社会更加稳妥有效。

淳熙八年（1181），朱熹任两浙东路常平茶盐公事，同年奏事延和殿，向宋孝宗陈述了社仓创建的起因、经过、内容及其作用，并请求推广，得到孝宗的同意，"诏行社仓法于诸郡"⑤，社仓法成为南宋荒政的重要制度。宋代以前的赈灾粮仓基本上都设于州县，而社仓设在农村，取之于民，用之于民，官府居中调节、监督，惠及乡野之民，促进了荒政的进一步发展，这在中国荒政史中无疑是一件具有里程碑意义的大事。

（二）敦厚风俗

修明父子人伦，敦睦亲族乡邻，形成良好的风俗。朱熹曾引荀悦之语："教化之行，

---

① （宋）朱熹：《晦庵先生朱文公文集》，《朱子全书》（第二十册），上海古籍出版社、安徽教育出版社2002年版，第643页。

② （宋）朱熹：《晦庵先生朱文公文集》，《朱子全书》（第二十册），上海古籍出版社、安徽教育出版社2002年版，第802页。

③ （宋）朱熹：《晦庵先生朱文公文集》，《朱子全书》（第二十四册），上海古籍出版社、安徽教育出版社2002年版，第3720页。

④ （宋）朱熹：《晦庵先生朱文公文集》，《朱子全书》（第二十四册），上海古籍出版社、安徽教育出版社2002年版，第3721页。

⑤ （清）王懋竑：《朱子年谱考异》，《朱子全书》（第二十七册），上海古籍出版社、安徽教育出版社2002年版，第278页。

挽中人而进于君子之域；教化之废，推中人而堕于小人之涂"① 来说明教化在治世中的作用。朱熹刚赴任南康军，便下令严禁别籍异财。合家宜笃人伦，家庭伦理又可推及族人乡邻，从而形成敦厚民风。绍熙元年（1190），朱熹到漳州赴任，此时年已六十一岁。"朱子治漳，仅及一期，以崇教化、正风俗为先务。南陬僻陋，骤闻正大之论，如而慕，中而疑，越半岁乃肃然以定。……四境狗偷之民，亦望风奔遁，改复生业。化成而去，漳民久思之。"② 为官一任，朱熹必想方设法化成一地，以期形成良好的风俗。朱熹常常通过纪念前贤，激励后人，淳化风俗。朱熹在《代同安县学职事乞立苏丞相祠堂状》言："而后生晚学不复讲闻前贤风节、学问源流，是致士风日就凋弊……不惟增修故事，永前烈之风声，庶以激励将来，俾后生之竦饬。"③ 这些物化的祠堂、陵墓、庙宇，是风俗教化非常好的素材，于是朱熹在任职地方时，必访求当时先贤，建庙奉祀，以达淳化风俗的目的。敦厚风俗，是儒家"德治"的重要手段与体现。

（三）兴学育材

推选有志于学的弟子进入学宫，加以培养。朱熹治南康军时，每四五天去一次学宫，为诸生讲学。复建白鹿洞书院，亲定学规，讲学于书院，培养人才，砥砺士志。朱熹治漳时，"时诣学校训诱诸生如南康时，其至郡斋请业问难者，接之不倦。又择士之有行义知廉耻者，使列学职，为诸生倡"④。虽政务繁忙，但仍时时不忘训诱子弟，且乐此不倦。六十五岁时，赴长沙职，改建岳麓书院，"朱子常穷日之力治郡事，夜则与诸生讲论问答，略无倦色。每训以切己务实之学，恳恻至到，闻者感动"⑤。由此可见朱熹良苦用心，此时朱熹已年迈，虽郡事繁复，仍传道不倦，不仅让时者感动，也让后人读之动容。朱熹为了便于民间更容易地接受儒家教化，有意识地作些儒家经典通俗化的努力，也常利用发布劝喻来宣讲儒家教化。

三、结　　语

朱熹的社会治理思想体现了儒家"内圣外王"的理想境界，且遵循的是由"内圣"转出"外王"，希冀建设良好的社会秩序，这是先秦儒家思孟学派思想在现实中的一次实践。在当时的政治体制下，社会的治理，君主贤明与否，关系重大。朱熹认为天下治理之本、之根，便在于朝廷，在于皇帝，而理想的朝廷，是由深明儒家精义的君主，以公心建

① （宋）黎靖德：《朱子语类》，《朱子全书》（第十七册），上海古籍出版社、安徽教育出版社2002年版，第3519页。

② （明）戴铣：《朱子实纪年谱》，《朱子全书》（第二十七册），上海古籍出版社、安徽教育出版社2002年版，第80页。

③ （宋）朱熹：《晦庵先生朱文公文集》，《朱子全书》（第二十册），上海古籍出版社、安徽教育出版社2002年版，第896页。

④ （明）李默：《紫阳文公先生年谱》，《朱子全书》（第二十七册），上海古籍出版社、安徽教育出版社2002年版，第140页。

⑤ （明）李默：《紫阳文公先生年谱》，《朱子全书》（第二十七册），上海古籍出版社、安徽教育出版社2002年版，第144页。

立的朝廷，这是社会治理的本原所在。针对当时的社会弊病，朱熹提出了具体的社会治理措施，形成一套较为系统的社会治理思想。但朱熹在朝日短，社会治理思想并未全部得以实施，此又与所居之"位"有关。作为一个真儒者，朱熹虽屡屡辞命，但毕竟儒家的学说向非空论，自当躬身践行，而践行又需要一定的平台，即入仕为官，这也是朱熹在当时的社会政治环境下，内心纠结之所在。从朱熹所任、所辞来看，朱熹的行为体现出儒者关切社会的赤诚之心。朱熹的地方政治实践，是儒家治民理政思想的贯彻与落实。革弊恤民，针对各地的弊政，制订了具体的治民理政方案，目的是让社会贫贱者得以维持生计，解决的是民之所养、民之能富的问题。敦厚风俗、兴学育才，是"教民"的问题，使百姓不仅生而能养，养而能富，更要笃化人伦，和睦乡亲，培养人才，推行教化，达成善治。

朱熹的一生，勤勤恳恳，兢兢业业，不仅为学如此，从政亦复如是，其一生体现出一个真儒者的孜孜不倦的追求，其弟子黄榦曾评价道："先生平居悓悓，无一念不在于国。闻时政之阙失，则戚然有不豫之色；语及国势之未振，则感慨以至泣下。然谨难进之礼，则一官之拜，必抗章而力辞；厉易退之节，则一理不合，必奉身而亟去。其事君也，不贬道以求售；其爱民也，不徇俗以苟安。故其与世动辄龃龉，自筮仕以至属纩，五十年间，历事四朝，仕于外者，仅九考，立于朝者，四十日，道之难行也如此。然绍道统，立人极，为万世宗师，则不以用舍为加损也。"① 黄榦的评价较为允当，不妨以此作结。

（作者单位：山西师范大学历史学院）

---

① （宋）黄榦：《勉斋集·朝奉大夫华文阁八待制赠宝谟阁直学士通议大夫谥文朱先生行状》，《朱子全书》（第二十七册），上海古籍出版社、安徽教育出版社 2002 年版，第 534 页。

"宗教" 译词的确立与 "中国宗教" 研究基本范式的形成*

□ 姚彬彬

　　清末民初之际，中国文化呈现出 "古今中西" 交汇而在整体上重铸的 "三千年未有之变局"。由于西方学术与观念的传入越发全面，国人越发深刻感受自身至少在当前已经 "百事不如人"，但出于民族自尊和自信的动机，一直以来以老大帝国自居的文化先进之信念，只能寄托于古昔之荣光。于是常会发生像鲁迅总结的 "古今中外派" 的观点，认为 "外国的东西，中国都已有过；某种科学，即某子所说的云云"①。对此，日本学者岛田虔次曾做过一个颇为形象有趣的描述："打破了二千年来儒教独尊的诸子学、佛教乃至其他东西一齐出现在了历史舞台上。这正是以堂皇的阵容和传统自负的中国之 '学'，在攻进来的欧洲学术、思想面前不愿屈服，动员和集结了所有能够动员的 '学术' 部队，试图进行的彻底抵抗和最后决战，实乃一个壮观而豪华场面。"② 实则，这不仅是一种文化抵抗，更是希图发掘本土固有之学问，以接引和容纳西学，促成文明对话的一种文化努力。现代意义上的 "中国宗教" 研究肇始于清末民初，也是在这一宏大的文化背景下发生，其面临的问题，首先是 "宗教" 这个新概念的确立，以及要解决哪些中国传统学说可纳入其范畴；其次是继承了中国古典学术方法的合理成分，构成了其研究的基本范式。

一、从 "宗教" 作为 religion 译名的确立到 "中国宗教" 之正名

　　现代汉语中所谓之 "宗教"，是近人对英文 religion 的翻译。虽然，"宗教" 这个词语，在古汉语中早已存在，"宗教" 一词首先广泛出现于佛教的各种文献之中，最初，佛教以佛说之理为 "教"，佛弟子所说则为 "宗"，"宗" 为教之分派；后禅宗诞生后，以

　　* 本文为教育部哲学社会科学研究重大课题攻关项目 "中国现代宗教学术史"（项目编号：14JZD034）、国家社会科学基金后期资助项目 " '章门弟子' 缪篆哲学思想研究"（项目编号：17FZX012）阶段性成果。

　　① 鲁迅：《热风·随感录三十八》，《鲁迅全集》（第 1 卷），人民文学出版社 2005 年版，第 328 页。

　　② ［日］岛田虔次：《中国思想史研究》，邓红译，上海古籍出版社 2009 年版，第 373 页。

本门之"以心传心"之法为"宗",其他重视教理研究的派别为"教"。由六朝时期以至唐宋,"宗教"一词在佛教文献中俯拾即是,明治时期的日本学者,借助这一原产中国的汉语古典概念,引申了其含义,成为 religion 的汉字载体。

英文 religion 一词,本源于拉丁语 religio,religio 在拉丁文中则有两个来源:一是罗马哲学家西塞罗(前 106—前 43)的著作;一是罗马修辞学家拉克汤提乌斯(约 250—317)和著名哲学家奥古斯丁的著作。西塞罗在其著作《论神之本性》中曾用 relegere 和 religere 来表述今之所谓"宗教"。其中 relegere 意指在敬仰神灵上的(重新)"集中"和"注意";而 religere 的词义则是"重视""小心翼翼"和"仔细考虑"。拉克汤提乌斯在其著作《神圣制度》中,奥古斯丁在其著作《论灵魂的数量》中都用 religere 来表述"宗教",意为"结合""合并"和"固定"。① 要之,Religion 基本意涵是:人们通过虔敬的信仰,与超越的、无限的、绝对的主宰结合一体,达于美好境地,获得永恒幸福。

早在 17 世纪,日本人已经用"教法"一词来翻译拉丁语的 religio,后来亦有以"法教""教门""宗法""神教""信向""信仰"等词对译者,这些词汇基本都来源于汉传佛教的文献中。② 日本学界多将对应西文"religion"概念的"宗教"一词,溯源至明治二年(1869)日本与"独逸国"(德意志)北部联邦以日、德、英三种语文所签署的修好通商航海条约。该条约中第四条明文保障在日本"独逸国人民"有自由奉行其本国"宗教"的权利,正相对于德文本条约里的"Religionsübung",以及英文版中的"exercise of religion"。③ 另据陈熙远查证,1869 年的日德条约中出现"宗教"一词并非孤例,在邨田枢文夫同年刊行的《西洋闻见录》里,也明确以"宗教"为题论列西洋诸国奉行的各种教派。④ 就中国的情况而言,最迟挪用"宗教"这一"和制汉语"之译词,"论者向以黄遵宪(1848—1905)完稿于 1887 年但迟至 1895 年方出版问世的《日本国志》为定论。检核《日本国志》全书,黄遵宪的确多次使用'宗教'一词,例如:'余考日本之僧其倡为宗教者尤多俊杰',在论及日本'关于宗教'的'社会'时,黄遵宪罗列出'佛教会'、'神道会'、'耶稣会'以及'天主会'"⑤ 至于"宗教"一词在中国学界的盛行,有人认为应是在 1897 年康有为编印《日本书目志》之后,"另外,在五四运动前后,以康有为为首的知识分子接受了西方传教士'宗教救国'的观点,提出了'宗教救国论',试图利用宗教作为变革社会的精神力量并寄予厚望。梁启超认为:'泰西之所以有今日之文明者,由于宗教革命,古今欲振兴东方,不可不发明孔子之真教旨。'章太炎则认为要'用宗教发起信心,增进国民的道德',并大力推崇佛教"⑥。因此,大体上可以认为,现代意义上的中国的宗教研究,几乎应与将"宗教"一词对译英文 religion 同时开始。

不过,对于中国传统意义上的"儒释道三教",他们是否可完全等同于西方的 religion,也就是现代意义的"宗教",在当时,甚至一直到现在,是存在不同看法的。究

---

① 参见段德智:《宗教概论》,人民出版社 2005 年版,第 234 页。

② 聂长顺:《"宗教学"厘定初探》,《语义的文化变迁》,武汉大学出版社 2007 年版,第 535 页。

③ 参见〔日〕加藤玄智:《宗教学精要》,锦正社 1960 年版,第 30~45 页。

④ 陈熙远:《"宗教"——一个中国近代文化史上的关键词》,《新史学》2002 年第 13 卷第 4 期。

⑤ 陈熙远:《"宗教"——一个中国近代文化史上的关键词》,《新史学》2002 年第 13 卷第 4 期。

⑥ 周圣来:《谈"宗教"一词的来源及衍变》,《上海师范大学学报》(哲学社会科学版)2011 年第 5 期。

其原因，religion 的拉丁文词根意为 "联系"，其中重要的一层意思，是指人与神的沟通及因此形成的人与人之间的关系，也就是说 religion 与 "神" 的信仰是密不可分的。所以有学者认为，按汉语直译，或谓 "神教" 更为准确。① 早年时，北京大学的史学兼文学系主任，章太炎门下弟子朱希祖早已注意到此问题，其谓：

> 鄙意以为 religion 之译为宗教，不如译为 "神教"。征之于古义，则《易》有 "圣人以神道设教" 之语；征之于事实，则有 "一神教"、"多神教" 之言；合之于 religion 之字源，则教字已涵有信仰之意义；稽之于 religion 之界说，则神字已具有超然之权力。如此，则译义既较密合，亦且明了。②

值得注意的是，章太炎先生本人也倾向以 religion 译为 "神教"，其在 1904 年前后结集的《訄书（重订本）》中之《清儒》篇，有 "以宗教蔽六艺"③ 一语，采用的是日译 "宗教" 一词；但到了 1914 年前后重新结集的《检论》中的《清儒》篇，此语则改作 "以神教蔽六艺"④，朱希祖的文章发表于 1919 年，从时间先后上看，其说或本于乃师之意。

要之，英文 religion 的含义之形成，当有西方早期的希腊、罗马之多神宗教，乃至后来基督教等一神宗教的文化背景。对于 "神" 之崇敬，于西方人可能视为理所当然。但对于中国的儒释道三教而言，儒家主张 "不语怪力乱神"；佛家虽不否认神明（或 "天人"）的存在，却仅将之视为 "众生" 的一类，并不比人优越，所以一直以来都有人认为佛教是一种 "无神论"；至于道教，虽其民间形态确有多神信仰，但其最高的理论则崇奉老庄，《老子》以 "以道莅天下，其鬼不神"，也并不认为神灵如何高明。正如梁漱溟指出的，中国人之社会生活，在孔教的影响下，凡事偏重自省，于宇宙人生，侧重道理之阐发，更倾向于道德伦理之追求，故 "缺乏宗教兴味"。⑤ 鲁迅先生更从地理文化论的维度指出中国先民于神话宗教兴趣薄弱之因，谓 "华土之民，先居黄河流域，颇乏天惠，其生也勤，故重实际而黜玄想"⑥。要之，就中国文化传统，特别是就中国 "精英" 文化传统而言，并不认为信仰 "神"，是社会生活不可缺的部分，而恰恰相反，儒释道三教从来都不缺乏对民众盲信神灵现象的省思和批判。

兼之，晚清以来的中国，一直面临西方殖民主义的侵略与冲击，在士大夫和民众当中，"华夷之辨" 的心态，一直若隐若现。因此，伴随西方侵略而同时大举传播的基督宗教，在相当多的知识分子和民众中，并未留下很好的印象。精英人士往往以其盲目信奉神灵，与近现代以来盛行的文化启蒙、开启民智之宗旨相背离；而一般民众之中，又一直存在 "教民" 和传统乡绅社会的文化冲突。因此，对基督宗教的反感思潮，也逐渐演变成

---

① 曾传辉：《宗教概念之迻译与格义》，《世界宗教研究》2015 年第 5 期。
② 朱希祖：《论 religion 之译名》，《北京大学月刊》1919 年第 1 卷第 2 号。
③ 章太炎：《章太炎全集》（三），上海人民出版社 1984 年版，159 页。
④ 章太炎：《章太炎全集》（三），上海人民出版社 1984 年版，第 476 页。
⑤ 参见梁漱溟：《中国文化要义》，上海世纪出版集团 2005 年版，第 12、90~98 页。
⑥ 鲁迅：《中国小说史略》，《鲁迅全集》第 9 卷，人民文学出版社 1981 年版，第 23~24 页。

对其所自居的 religion 之反感心态。民国时期"反宗教"的高潮，应为 1922 年"反宗教大同盟"的成立。

1922 年，世界基督教学生同盟（World Student Christian Federation）拟定于 4 月 4 日借用北京清华学校召开第十一届年会。3 月 9 日，上海学生成立"非基督教学生同盟"组织，通电反对这个年会在中国召开，呼吁支持。3 月 11 日，北京学生响应上海的呼吁，成立"反宗教大同盟"，蔡元培等人均予支持。3 月 21 日，由陈独秀、李大钊、朱执信、蔡元培、戴季陶、吴稚晖等 77 位学者名流以该同盟的名义联署发表宣言通电全国，提出："我们自誓要为人类社会扫除宗教的毒害。我们深恶痛绝宗教之流毒于人类社会，十倍百倍于洪水猛兽。有宗教可无人类，有人类应无宗教。宗教与人类，不能两立。"

4 月 4 日至 8 日，世界基督教学生同盟第十一届年会在北京清华学校如期召开，受到大批军警保护。4 月 4 日，李大钊、邓中夏、萧子升等 12 人在《晨报》上发表《非宗教者宣言》。陈独秀、李大钊、罗章龙、萧子升分别发表文章，批判宗教。4 月 8 日，年会闭幕的当天，北京大学举行非宗教演讲大会，有三千多人参加。会上宣读蔡元培的演说词，要求教会学校的教育与宗教分离。5 月 10 日，北京非宗教同盟在北大第三院正式成立。6 月，非宗教同盟编辑出版罗章龙编辑的《非宗教论》一书，该书收集了蔡元培、陈独秀、李大钊、吴虞、萧子升、周太玄、朱执信、罗章龙等人写的 31 篇批判宗教，当然主要是批判基督教的文章。

早在 1906 年，王国维在中国首倡美育，已提出在中国要以美育取代宗教的缺位，所谓"美术者，上流社会之宗教也"①。1915 年，蔡元培回应其说，提出"以文学美术之涵养，代旧教之祈祷"②，后来他更提出"以美育代宗教"。将"宗教"与"盲从"或"迷信"视为不可分割的一体，五四以来至今，其实一直存在。在当时的这种情形下，中国传统的儒释道学说，自然都不愿意被等同于代表盲信的"宗教"（religion）。在"非宗教同盟"兴起的 1922 年，佛学大师欧阳竟无在南京做了"佛法非宗教非哲学"的讲座报告，应该正是为了澄清佛教与基督教并非同类，强调佛法以"依法不依人；依义不依语；依了义经不依不了义经；依智不依识"之四依四不依为根本原则，而与世间以有神论为特征的一切宗教绝非同流，他指出：

> 一者崇卑而不平，一者平等无二致；一者思想极其锢陋，一者理性极其自由；一者拘苦而昧原，一者宏阔而真证；一者屈己以从人，一者勇往以从己。二者之辨，皎若白黑，而乌可以区区之宗教与佛法相提并论哉！③

与欧阳竟无同时代的太虚法师常将佛教与现代科学和哲学相比附，章太炎、梁启超等学者则多以佛学与康德、柏格森等西方哲学思想相比较，这些维护佛教的学问僧和知识分子，未尝没有与欧阳竟无类似的心态。

现代道教宗师陈撄宁，也正是在这一时期开始提倡所谓"仙学"。1922 年至 1932 年，

① 王国维：《去毒篇》，《王国维文集》（第三卷），中国文史出版社 1997 年版，25 页。
② 蔡元培：《哲学大纲》，《蔡元培全集》（第二卷），浙江教育出版社 1997 年版，第 339 页。
③ 欧阳竟无：《佛法非宗教非哲学》，《欧阳竟无佛学文选》，武汉大学出版社 2009 年版，第 3 页。

陈撄宁与同志数人在家中进行了数百次外丹试验，1933 年，张竹铭医师在沪创办《扬善半月刊》，特辟"答读者问专栏"，请陈撄宁主笔。陈撄宁利用这个阵地，明确阐发道教非宗教非迷信的说法，其精华则为"仙学"，其谓"顿观全世界所有各种宗教，已成强弩之末，倘不改头换面，适应环境，必终归消灭"。所以仙学应当独立，"否则宗教迷信有朝一日被科学打倒之后，而仙学亦随之而倒，被人一律嗤为迷信"。所以他"今日不得已，将仙学从三教中单提出来，扶助其自由独立，摆脱三教教义之束缚"①。其中显然亦有撇清自己并非"宗教家"而欲呼应现代文化之微妙心态。

至于近代儒家，除了康有为等极少数人之外，更极其不愿将儒教视为宗教。民国初年，康有为等成立孔教会，掀起了尊孔思潮。章太炎写下了《驳建立孔教议》《反对以孔教为国教篇示国学会诸生》等文章，认为若建立孔教会，必引起"谶纬蜂起，怪说布彰""巫道乱发，鬼事干政"②。后来以马一浮、熊十力、梁漱溟为精神领袖的"现代新儒家"群体兴起，强调儒教中的"心性哲学"，以"心性之学乃中国文化之神髓所在"③，这一价值立场则为几代新儒家的全体性共识。对于近现代儒家的多数人而言，与其被视为"宗教"，倒是更愿意被视为"哲学"。

儒释道之学，是否为"宗教"？其实在西方人那里，本来不是问题的，18 世纪的伏尔泰早已把儒家视为一种"自然宗教"，至于明代以来的来华传教士们，多数亦皆把儒释道皆视为宗教（对于他们当然是"异教"）。就晚近的研究而言，我们更可以从汤用彤先生在 1938 年出版的《汉魏两晋南北朝佛教史》的跋语上，得到比较中肯的说法：

> 佛法，亦宗教，亦哲学。宗教情绪，深存人心，往往以莫须有之史实为象征，发挥神妙之作用。故如仅凭陈迹之搜讨，而无同情之默应，必不能得其真。哲学精微，悟入实相。古哲慧发天真，慎思明辨，往往言约旨远，取譬虽近，而见道弘深。故如徒于文字考证上寻求，而乏心性之体会，则所获者其糟粕而已。④

汤先生以佛教同时具有宗教和哲学的二重性质，就其"宗教性"而言，"往往以莫须有之史实为象征，发挥神妙之作用"，同时兼具"慧发天真，慎思明辨"的哲学思考，这一论断，不仅适合佛教，视之儒、道二家，亦合若符契。

实则，我们若比较宽泛地理解宗教概念中所涉及的"神"的观念，将之视为一种超越性的存在者或法则，则不仅佛教、道教自然都是宗教，即使是儒家，在现代的研究者中，也不乏将之视为宗教者。中华人民共和国成立后，中国本土的佛教、道教皆为合法的"五大宗教"之一，纵观 20 世纪的有关学术成果，其主流仍是将它们视为"中国宗教"来进行研究的。

① 陈撄宁：《答江西如皋知省庐》，《陈撄宁仙学精要》，宗教文化出版社 2008 年版，第 717~718 页。
② 章太炎：《驳建立孔教议》，《章太炎全集》（四），上海人民出版社 1984 年版，第 195~198 页。
③ 牟宗三、徐复观、张君劢、唐君毅：《中国文化与世界》，唐君毅：《文化意识宇宙的探索——唐君毅新儒学论著辑要》，中国广播电视出版社 1992 年版，第 346 页。
④ 汤用彤：《汉魏两晋南北朝佛教史》，武汉大学出版社 2008 年版，第 604 页。

到了 20 世纪 80 年代以后，"宗教"这一概念也逐渐与"迷信"区别开来，即使是那些草根性的"民间宗教"，学界也逐渐重视起它们在历史上的某些积极作用。在中国近现代以来，尤其是 20 世纪后半叶从"宗教鸦片论"到"宗教文化论"的转变，从比较明显的"批判型研究"而转向尽可能的"价值中立"，显然，"宗教"这一概念的"正名"，亦与宗教的研究立场乃至范式密切相关。

二、现代中国宗教研究基本范式的形成

清末民初对于"中国宗教"的研究热潮，最初当为对佛教思想义理的研究，正如梁启超在《清代学术概论》中所说："晚清思想有一伏流曰佛学……晚清所谓新学家者，殆无一不与佛学有关。"① 就清末民初主导"佛学复兴"的知识群体而言，他们无论作为"新学家"绍介西学，还是作为"佛学家"深入经藏而抉择佛理，其思维方法显然都不是从零开始的无条件纳入，他们在学术思想事业的早期均受到过系统的儒家经师之方法训练。在研求西学和佛学之前，他们几乎无一例外的身分皆为名重一时的传统经学家。曾经沉潜和出入于不同学派之经学所塑成的学术视野与方法取向，构成了他们后来理解佛学的前提范式。

概括而言，有清一代的儒家经学要之可判分为三系②。其一，居于正统的一派为古文经学派，他们视孔子为史家，尊为"先师"，以六经为孔子整理古代史料之书，所以偏重于"名物训诂"之学，其特色为文献考据的开展，吾人所谓之"清代朴学"，事实上便主要是建立在古文经学所建构的方法论上，显然，古文经学派在其治学价值取向上颇近于现代历史学之径路。其二则为今文经学派，他们以孔子为政治家，尊为克里斯马般的"素王"，以五经③为孔子"致治之术"，所以偏重于"微言大义"，其特色为希图直接致用于现实政治的功利主义，清代今文经学发轫于清中期常州学派的出现，其代表人物有庄存与、刘逢禄、宋翔凤等，他们虽以《春秋公羊传》为主要研究对象，但实际上是一种"六经注我"的路数，也就是立足于当下社会政治状况，借用经书中的文句，天马行空般地自由解释而对之表达"致用"的诉求，显然，这用现在的学科分野来讲，应是一种颇为典型的"政治哲学"之径路了。其三则为经学中的宋学派，他们以孔子为哲人，以四书五经为儒家载道之具，偏重于理气心性之辨，其特色是"玄想"的，清代宋学虽不振，但仍保持主宰科举制度的官方学说地位，直到清代后期尊宋学的名臣曾国藩的崛起才为斯学的发展带来了一股活力，宋学的径路，无疑应属一种"道德哲学"。在晚清民初之际，梁启超所谓的"无一不与佛学有关系"的"新学家"中，"正统派之殿军"章太炎为古文大师；康有为、谭嗣同等则归属于今文经学派。稍后的"第一代新儒家"马一浮、熊十力们则属宋学派。

古文经学与今文经学、宋学之于原始儒学之本义而言，古文家欲图源源本本地还原绍

① 梁启超：《清代学术概论》，《梁启超论清学史二种》，复旦大学出版社 1985 年版，第 81 页。
② 参见汤志钧：《近代经学与政治》，中华书局 2000 年版，第 19～20 页。
③ 儒家六经，谓《诗》《书》《礼》《易》《乐》《春秋》，然今文学派认为古无《乐经》，《乐》包含于《诗》《礼》中，故他们只承认五经。

述，是以"求真"为务的"我注六经"；今文家和宋学派，则是将之作为寄托自己思想理念的容器，是以"致用"为务的"六经注我"。作为古文经学之"殿军"的章太炎，对佛学的抉取，是思维严谨细密的唯识学，其谓"仆所以独尊法相者，则自有说。盖近代学术，渐趋实事求是之途，自汉学诸公分条析理，远非明儒所能企及。逮科学萌芽，而用心益复缜密矣。是故法相之学，于明代则不宜，于近代则甚适，由学术所趋然也"①。显然，章太炎看重的是其中于近代可谓应时契机的理性主义成分，亦与其所习之经学有所相通："此一术也，以分析名相始，以排遣名相终。从入之途，与平生朴学相似，易于契机。"② 而倾向"六经注我"之解释风格的今文经学家康有为，及可称"新宋学"的现代新儒家，则更倾向于本来就是对印度佛教进行"创造性诠释"的华严宗、禅宗等学说。

用现在的学术话语来讲，古文经学所代表的方法和立场，实为以文本意义具有客观性的"古典诠释学"；而今文经学和宋学，实立足于以文本意义有相对性，每个时代均可进行"不同理解"（Andersverstehen）的所谓"哲学诠释学"。晚清时期的经学诠释模式，决定了"近代佛学复兴"潮流中"新学家"们对于佛学的抉择和解读模式，20世纪以降乃至于今，对中国宗教的研究，总体上亦在这两种范式的基础上发展。

就晚近以来的中国研究而言，一类方法立场是立足于"局外"视野，视之为历史文化之产物，所遵循的方法，总体上还是以还原史实为宗旨的文献考据研究为基础，这种方法可对应于古典学术的"我注六经"。后来任继愈先生所总结的宗教研究基本原则，要求研究者关注历史发展的前因后果和因果之间的联系，努力避免前人研究中有可能存在的"站在古人的立场来重述古人的话头，所谓以经解经"，他说，"这种转手贩运的办法，看起来没有走样，却并不能真正把古人的精神表达出来，使今人看不懂"。以及"任意发挥，或者把古人所没有的思想说成古已有之，也有人用现代西洋哲学某一学派来比附"。这样做的话，"看起来条理清晰，可是由于发挥过多，把不属于古人的思想说成古人的思想，缺少科学性"③。任先生的看法，可称之这种研究立场的代表性论述。20世纪前半叶的主流研究中国宗教的学者，若章太炎、梁启超、胡适、汤用彤、陈寅恪、江绍原、钱穆、蒙文通、陈垣、许地山、陈国符等，乃至于有一定信仰情怀的支那内学院学者欧阳竟无、吕澂，人间佛教的倡导者印顺法师乃至后来圣严法师的佛学研究，均以这种研究立场为主。至于20世纪80年代以后，中国大陆研究佛教、道教、儒教的多数学者，仍以主张"以历史研究宗教"之客观研究态度为主流。

另一类方法立场是立足于宗教的神学体系内部，也就是传统经学中所说"六经注我"。他们多立足于某种价值观的信仰，对宗教文本进行"创造性的诠释"，他们一般认为，宗教圣典本身是毋庸置疑的，要之在如何理解其中的"微言大义"，如何进行合理或"方便善巧"的诠释。若19世纪末以来章太炎与康有为关于儒教问题的争论，胡适与铃木大拙关于禅宗问题的争论，支那内学院与武昌佛学院关于《大乘起信论》真伪的争论，太虚与印顺关于印度大乘佛教分期问题的争论，均可视为"我注六经"与"六经注我"

① 章太炎：《答铁铮》，《章太炎全集》第4卷，上海人民出版社1985年版，第370页。
② 章太炎：《自述学术次第》，《章太炎生平与学术自述》，江苏人民出版社1999年版，第166~167页。
③ 任继愈：《佛教与中国思想文化》，《中国佛学论文集》，陕西人民出版社1984年版，第14页。

两种方法立场的争鸣与分野。总体而言，以太虚、陈撄宁为代表的佛、道二教的多数教内学者，乃至新儒家对于佛学的诠释，以及当代儒学的"回归康有为"学派，仍可视为旨在"六经注我"的哲学诠释学。

三、结　语

严格意义上的"宗教研究"，抑或作为一个学科的"宗教学"之研究，系以理性客观基本的方法立场，以宗教为对象进行的学术研究。故有论者认为，中国的宗教学研究的产生应在 20 世纪开始之后，"理性的、客观的科学之产生，必须以现代的科学态度为条件。因为只有以这种态度去研究宗教，才能脱离信仰的或主观的，传教的或反教的立场，使宗教研究走向'宗教科学'。而在中国，这种现代的科学态度在知识分子和学术研究中的传播广泛，大约是在 20 世纪之初，即从戊戌变法到辛亥革命前后的动荡时期"[1]。这一看法应该说是比较恰如其分的，但就历史的客观情况而言，亦不妨放宽条件，因为 20 世纪各宗教的许多信仰者，也能在一定程度上接受基本学术规范，具有一定"科学态度"，并与其"信仰的或主观的"立场相互调适，显然不能将之排除在外。要之，百年以来的中国宗教之研究，在"信仰"与"理性"之间，在"神圣"与"世俗"之间，在"祛魅"与"复魅"之间，或分或合，或同或异，成果丰硕而百家争鸣，可谓"如行山阴道上，令人应接不暇"。

（作者单位：武汉大学中国传统文化研究中心）

---

[1] 何光沪：《中国宗教学百年》，《学术界》2003 年第 3 期。

论民间宗教的社会教化功能[*]

□ 沈　庭

在当代中国多元的宗教生态系统中，民间宗教和民间信仰无疑是不可或缺的重要组成部分，在民间社会具有深厚的群众基础。民间宗教文化属于草根文化的一种形态，具有异常顽强的生命力，不仅在古代历史上，即便在当代仍然以多种形式蓬勃兴旺，未来也将长期存在，这是宗教发生、发展的客观规律所决定的。儒释道等正统宗教和精英宗教所主张的仁义道德、慈悲喜舍抑或自然无为等道德哲学毕竟曲高和寡，不符合斗升小民的知识水平和现实需要，而且其终极关怀太高，所追求的理想境界离现实世界太远，修行方式过于严格、复杂，故而无法促成社会中下层民众的行善动机。相比之下，民间宗教和民间信仰则能弥补精英宗教的不足，迎合和满足社会中下层民众的信仰需求，以通俗易懂的方式实现劝善教化。正如有学者所说，当代民间宗教和民间信仰的一个重要特点便是"信而不仰"，也即民间宗教一些教派信徒只是崇信该教派所宣扬的伦理道德，但对该教派所崇拜的各路神灵却不仰视膜拜。① 所以民间宗教和民间信仰对普通民众具有强大的劝善教化功能，存在着与社会主义精神文明相适应，发挥正面的社会功能的可能性，其在进行社会教化等方面有着儒释道等精英宗教无法取代的地位。

本文所说的"民间宗教"主要指寻常百姓所信仰和遵循的宗教，包括三一教、弘阳教等，也包括佛教、道教等正统宗教的民间形式，又由于民间宗教常有"信仰而不归属"的特点，也即某些信众只是信仰民间宗教一些教派所宣扬的教义思想，但并不加入该教派组织，② 所以我们把"民间信仰"也纳入讨论，不对民间宗教和民间信仰作严格区分。正如陈荣捷先生指出："与其将中国人的宗教生活分为儒释道三部分，还不如将它分为两个层次来得正确。这两个层次一个是寻常百姓的层次，一个是知识已开者的层次。"③ 关

＊ 本文为教育部哲学社会科学研究重大课题攻关项目"中国传统道德文化的现代阐释和实践路径研究"（项目编号：14JZD040）阶段性成果，武汉大学自主科研项目（人文社会科学）研究成果，得到"中央高校基本科研业务费专项资金"资助。

① 濮文起：《当代中国民间宗教活动的某些特点：以河北、天津民间宗教现实活动为例》，《理论与现代化》2009 年第 2 期，第 75~80 页。

② 濮文起：《当代中国民间宗教活动的某些特点：以河北、天津民间宗教现实活动为例》，《理论与现代化》2009 年第 2 期，第 75~80 页。

③ 陈荣捷：《现代中国的宗教趋势》，台湾文殊出版社 1987 年版，第 137 页。

于"民间宗教"和"民间信仰"的定义问题是学术界讨论的热点问题，为了避免陷入问题的海洋，本文主要采取陈荣捷先生的区分，所说的民间宗教和民间信仰主要指宗教生活中"寻常百姓的层次"。值得指出的是民间宗教与正统宗教之间并不是绝对隔绝的两个宗教形态，这样的区分本身便包含着浓厚的政治色彩。马西沙先生曾指出："就宗教意义而言，民间宗教与正统宗教之间没有隔着不可逾越的鸿沟……民间宗教与正统宗教虽然存在质的不同，但差异更多地表现在政治范畴，而不是宗教本身。"① 甩掉民间宗教和信仰头上"封建迷信"的帽子是对普通老百姓信仰选择的一种尊重，也是落实宗教信仰自由政策的一部分，这有利于我们更清楚地探讨民间宗教在普通民众中所起的劝善教化的积极作用。

一、民间宗教社会教化主要内容

民间宗教和民间信仰在处理社会伦理规范时的一个基本趋势是主动吸收和迎合社会主流价值观，因而其伦理思想往往表现出强烈的时代性和杂糅性。在古代，民间劝善书等宗教文献的核心内容便是强调遵守伦理道德的重要性，著名的《太上感应篇》提倡"宜悯人之凶，乐人之善。济人之急，救人之危。见人之得，如己之得。见人之失，如己之失。不彰人短，不炫己长。遏恶扬善，推多取少。受辱不怨，受宠若惊。施恩不求报，与人不追悔"。作一个"善人"则"人皆敬之，天道佑之，福禄随之，众邪远之，神灵卫之，所作必成，神仙可冀"（《太上感应篇》）。《文昌帝君阴骘文》也说："忠主孝亲，敬兄信友。""济急如济涸辙之鱼，救危如救密罗之雀。""矜孤恤寡，敬老怜贫。措衣食周道路之饥寒，施棺椁免尸骸之暴露。""家富提携亲戚，岁饥赈济邻朋。""舍药材以拯疾苦，施茶水以解渴烦。""勿谋人之财产，勿妒人之技能。勿淫人之妻女，勿唆人之争讼。勿坏人之名利，勿破人之婚姻。勿因私仇，使人兄弟不和。勿因小利，使人父子不睦。勿倚权势而辱善良，勿恃富豪而欺穷困。""善人则亲近之，助德行于身心。恶人则远避之，杜灾殃于眉睫。常须隐恶扬善，不可口是心非。""作事须循天理，出言要顺人心。""诸恶莫作，众善奉行。"《劝世归真》宣扬："人生在世，莫忘忠孝二字。为臣尽忠，为子尽孝，乃万古不易之理也。吾劝世人，或为忠臣，或为孝子，则不愧为人矣。"② 又针对医生说，"藉医术以网世财，贪得无厌。只顾目下肥己，那知头上有天。古之所谓名医，今之所谓民贼也。戒之，戒之"③。《太上感应篇集注》也提倡"立善多端，莫先忠孝，即成仙证佛，亦何不根基于此"④。可见民间宗教所宣扬的伦理规范不仅包括了"忠孝"等传统文化最为推崇的品德，而且还涵盖了仗义疏财、诚实守信、勤劳俭朴、谦虚谨慎、保护生态等诸多美德，甚至还包括职业道德。

中华人民共和国成立后，特别是改革开放以来，民间宗教也深刻体会到社会主义制度的优越性，多数民间宗教都能遵守国家法律法规，并要求信徒积极与社会主义社会相适

---

① 马西沙：《中国民间宗教史》，上海人民出版社 1999 年版，第 5 页。
② 《藏外道书》第 28 册，巴蜀书社 1992 年版，第 27 页。
③ 《藏外道书》第 28 册，巴蜀书社 1992 年版，第 34 页。
④ 《藏外道书》第 12 册，巴蜀书社 1992 年版，第 121 页。

应。例如，据林国平教授的调查研究，福建莆田三一教东山祖祠于 1989 年 6 月 26 日发布了《夏教规章戒律》，第一条就是"夏教门人必须服从党和政府领导，遵守国家的政策法令，开展正常的宗教活动"。1998 年 5 月 22 日成立的莆田市涵江区三一教协会，要求 105 座会员祠堂和信徒"必须服从党的领导，必须为无产阶级政治服务，为无产阶级经济服务，坚持宗教信仰要和社会主义社会相适应的方针，发扬龙江精神，爱国爱民，多做社会公益事业，赈民救灾"。2006 年成立的莆田市三一教协会提出该协会的宗旨是："遵守宪法、法律、法规和国家政策，遵守社会道德风尚。目的是根据《宗教事务条例》保障公民宗教信仰自由，维护宗教和睦与社会和谐"，"引导三一教门人和信教群众积极为社会主义两个文明建设服务，支持、参与社会公益事业，造福社会，利益人群"。① 可见民间宗教有着主动融入主流社会的努力，在伦理观上，积极吸纳主流价值观，在不同时代表现出不同的时代特点，另一方面，正是由于主动吸纳主流价值观，故在古代则融合了儒释道等多家的伦理思想，在现代又积极吸纳了社会主义精神文明的丰硕成果，从而表现出杂糅性的特点。但是在这些杂糅的、多元的伦理规范和道德思想之中，仍然有着一个基本的总原则，也即"诸恶莫作，众善奉行"。宣扬为善去恶是民间宗教和民间信仰的一个基本特点，它们与精英宗教一样，在民间社会发挥着文化认同、道德教化、心理调适和社会整合等多方面的功能。

二、民间宗教伦理思想的基本特点

民间宗教的主要信仰对象是中下层普通民众，其劝善教化是基于普通民众的心理特征、文化水平和信仰需求而进行的，因而表现出与精英宗教不同的特点。

1. 现世性

虽然民间宗教和民间信仰也相信彼岸世界、佛国净土，但信徒们大多不了解正统宗教精致、高深的哲学思想和终极追求，故而往往更倾向于关心现世的福祉。他们通常见庙就进，见神就拜，所求的往往是升官发财、事业发达、家人健康平安、升学顺利、祛病消灾等现实利益。而民间宗教和民间信仰对现世神秘福报的许诺无疑为那些生活于苦难之中的社会底层民众提供了良好的心理慰藉，有利于帮助他们鼓起勇气去面对生活中的不确定性和实际困难。

而且民间宗教所信仰的神灵存在也是积极干预现世世界的，因而表现出强大的道德约束力。例如《太上感应篇》说："祸福无门，惟人自召；善恶之报，如影随形。是以天地有司过之神，依人所犯轻重，以夺人算。""又有三台北斗神君，在人头上，录人罪恶，夺其纪算。又有三尸神，在人身中，每到庚申日，辄上诣天曹，言人罪过。月晦之日，灶神亦然。凡人有过，大则夺纪，小则夺算。其过大小，有数百事，欲求长生者，先须避之。"正如俗话所说的"抬头三尺有神灵"，民间宗教和民间信仰往往顺应普通民众敬畏鬼神的心理，对其进行普泛的道德约束。

---

① 参见林国平：《民间宗教的复兴与当代中国社会：以福建为研究中心》，《世界宗教研究》2009 年第 4 期，第 81~90 页。

2. 功利性

与现世性相关，功利性也是民间宗教的一大特点，诚如西方学者罗斯所说："普通的中国人在宗教方面如同其他方面一样，追求实用，认为菩萨是世界上获取利益的源泉。他们从菩萨那里，寻求恢复健康、好收成、科举考试成功、经商获利和仕途顺利。如果一种宗教未向他们提供要求的这些方面，而只是以诸如忍耐、鼓励和战胜引诱等方面的精神祝福来回答他们，他们是非常惊异的。他们首先进行嘲笑，然后认为此种宗教是奇谈。"① 这可谓抓住了中国民众信仰的基本特点。按民间宗教的逻辑，道德规范是神的意志，行善即是执行神的意志，将会得到赐福；违背神的意志而作恶，则会受到神的相应惩罚。"所以按照神的旨意行事也暗含着伦理利己主义，即我们做的是对我们自己有利的事情。"② 做有利于他人的事情，最终获福报的还是自己，可见，民间宗教往往顺应民众功利主义的心理，将自利与利他结合起来，从而推进民风改善。

3. 可操作性

民间宗教往往对传统正统宗教的思想系统作大量的简化处理，仅仅保留神灵感应和因果报应学说的基本神学框架，放弃许多复杂的神学成分。不仅在宗教实践上，而且在道德说教上都作了简化处理，故其在普通民众中具有更大的适应性。例如著名的功过格就具有极强的可操作性。功过格将神学伦理和生活规范作了十分详细的罗列，"它是信仰者生活中的自我行为价值记录和评估标准，每日每刻的个人行为都在信仰者的修道过程中得到明确标识，从而在信徒生活中起到强烈的自我激励和自我儆惧的双重作用，并同劝善书一样对中国社会生活产生了广泛影响"③。人们通过善恶行为的记录不仅能自我激烈和自我警惧，而且能把握和改变命运。如《太微格》说："功过相比，或以过除功，或以功折过，折除之外者，明见功过之数。当书总记讫，再书后月，至一年则大比，自知罪福，不必问乎休咎。"④ 这种将道德行为进行量化处理的方式，便于人们每天检查自己做过哪些善事，做过哪些恶事，一目了然，简单易行，故在民间社会曾经较为流行，至今仍有一定影响。所以在民间宗教中，伦理道德不单单是抽象的哲学原则，更为常见和流行的是具体的、可操作的行为规范。

4. 大众性

首先，民间宗教和民间信仰宣教的对象虽然涉及各个阶层，但大多是社会中下层民众，具有草根文化的特征；其次，其宣扬的道德思想都通俗易懂，例如"善有善报，恶有恶报"；再次，其提倡的践行方式也简便而易行，例如"诸恶莫作，众善奉行"；最后，在教化手段方面，民间宗教往往运用"寓教于乐"的方式来传递道德文化信息，主导道德舆论，实行劝善教化，民间宗教的道德教化往往与具有大众娱乐性质的宗教活动相配

---

① E. A. 罗斯：《变化中的中国人》，李上译，时事出版社 1998 年版，第 229 页。
② 陈霞：《道教劝善书研究》，巴蜀书社 1999 年版，第 128 页。
③ 姜生、郭武：《明清道教伦理及其历史流变》，四川人民出版社 1999 年版，第 245 页。
④ 《道藏》第 3 册，文物出版社 1988 年版，第 449 页。

合，使得信众在欣赏或参与大众娱乐时接受道德价值的引导。例如古代民间宗教往往通过赠送劝善书籍、吟唱劝善诗词、评唱宣讲、表演戏剧等工具和手段大规模免费向民众劝善教化。

三、民间宗教劝善教化主要形式及实践

（一）民间宗教劝善教化主要形式

1. 说唱艺术

比较典型的是中国俗文化中的唱道情，它是传播道教思想、度化济人的一种教化方式。范祖述《杭俗遗风》说："道情以渔鼓短板为用，所唱多劝世文。大家小户多不兴，惟街书有之。"① 道情所唱的主要内容便是各种劝善的故事和道德说教，基本都是以通俗易懂、形象生动的艺术手法来劝说世人行善积德，例如清代的《劝孝歌》就较为流行："五伦中，孝最先。两个爹娘，又是残年。便百顺千依，也容易周旋。为甚不好好的随他愿？譬如汝诈人的财物，到来生也要做猪变犬。汝想身从何来？即使捐生报答，也只当欠债还钱。哪里有动不动将他变面！你道他作事糊涂，说话欹偏，要晓得老年人的性情，倒像个婴年，定然是颠颠倒倒，倒倒颠颠。想当初你也将哭作笑，将笑作哭，做娘爹的为甚不把你轻抛轻贱，也只为爱极生怜。到今朝，挨汝个千埋百怨！想到其间，便铁石肝肠，怕汝不心回意转！"② 此用的词语、所讲的道理即使不识字的人也能明白通晓，劝导人们不应嫌弃年老的父母，而应将心比心地孝敬他们。除了道情，某些善书也是以歌曲的形式流行，例如《自在歌》："自在自在真自在，自在二字谁不爱？士农工商本分人，各宜辛勤莫懈怠。若是游手只好闲，自然饥寒家业败。量留工夫享自在，这等自在才不碍。不巴高，不学坏，不欠官粮不欠债。他人驴马我不骑，他人妻女我不爱。他人骄傲我不较，他人奢华我不赛。贪痴嫉妒尽消除，落得心中常自在。你怪我，我不怪；你辱我，我忍耐。且来唱我快活歌，这个自在真自在。"③ 诸如此类的说唱艺术浅显易懂，朗朗上口，在文化水平不高的底层民众中有较好的传播效果。

2. 免费赠送劝善书

"劝善书"，简称"善书"，又称为"劝世文"或"因果书"，是一种宣传伦理道德、劝化民众为善去恶的通俗教化类书籍。劝善书的种类非常多，既有宗教性的劝化书籍，如杂糅佛、道的《太上感应篇》《自知录》；也有非宗教性的训俗小册子，如袁黄所著的《了凡四训》《迪吉录》；还包括政府为百姓制定的规章，如"圣谕"之类，如明太祖的《修身大诰》、清康熙的《圣谕十六条》、雍正的《圣谕广训》；甚至包括民间讲唱所用的

---

① （清）王锡祺辑：《小方壶斋舆地丛钞》第六帙，上海著易堂排印本 1891 年版，第 153 页。

② 《道情劝孝歌》，向燕南、张越编注：《劝孝——仁者的回报 俗约——教化的基础》，中央民族大学出版社 1996 年版，第 131 页。

③ （清）石成金：《自在歌》，袁啸波编：《民间劝善书》，上海古籍出版社 1995 年版，第 113 页。

曲艺唱本。"总的来看，劝善书属于通俗道德教材，易晓、易懂、易行，传播的范围十分广泛，通都大邑、穷乡僻壤都有它的影子。它宣扬'善恶到头终有报'，且宣扬的力度很大、方法颇众、范围很广。社会各阶层制作的劝善书籍一般都放置在宫观寺庙、科场之外免费赠送或在集散贸易之地、街头巷尾、庭院坝子免费为人讲唱。由于参与善书制作、流通、宣讲的人数如此之多，继善书之后相继出现了善人、善士、善坛、善会。"① 此外，如上文所提到过的功过格也是非常流行的一种劝善工具。

3. 与民俗相结合的仪式

民间佛教就渗透到了民间各种丧礼、祭礼等礼仪习俗、岁时民俗之中。

丧礼：丧礼多不依制，崇尚佛事，虽贫不废。初丧之时，举家哭于城隍庙；村堡中则哭于龙王庙。至含殓之礼，不可行。

祭礼：士大夫家有家庙、祠堂者，祭于庙堂，无庙堂者，家中设一龛奉神主，逢节祭拜，朔望焚祝告，四时供鲜。生子、娶妇诸事必祭之。

岁时民俗：十二月初八，相传为释迦如来成道之日。五谷，各色米、豆，并枣、栗、胡桃及一切诸果作粥食之。僧家前期沿门募米，至时日，作粥施事穷人，与他处同。

佛教在民间流传的原因在于菩萨以慈悲为念"能除一切之苦"，"有求必应，福国佑民"。② 通过这些民俗仪式，佛教主要的伦理理念无疑不断得到强化，潜移默化地起到了劝善的作用。

4. 小说和灵验故事等文学作品

周作人先生曾言："影响中国社会的力量最大的，不是孔子和老子，不是纯粹的文学，而是道教和通俗文学。"③ 许多明清小说都有道教、佛教以及民间信仰等元素，这些小说大多以扬善惩恶作为基本的价值取向，以跌宕起伏的情节和天马行空的想象力，大肆渲染鬼神精怪的奇闻异事中存在着"善有善报恶有恶报"的"道德铁律"。这类小说阅读面广，影响较大，无疑起到了劝善戒恶的教化意义。与小说类似的是民间流传的各种灵验故事，例如《阴骘文》有"救蚁中状元之选"一句，讲的是宋代一个人因为拯救了一窝蚂蚁而改变了自己的科举名次，此类故事虽多种多样，不一而足，但大多宣扬的是因果报应、积善成德的朴素道理。总之，无论是宗教元素浓厚的小说，还是口头或书面流行的灵验故事等基本都贯穿着因果报应的原则，大多宣扬扬善抑恶的主题。此外，还有一些民间宗教文献，例如各种宝卷等也起到过一定的劝善功能。

传统的这些劝善方式有的仍然在延续，例如许多寺庙、宫观等宗教场所的流通处仍然有免费的劝善书或经书赠送，有些农村地区的丧葬仪式、祭祖活动、节气活动等仍保留有一定宗教色彩的作法事、道场的习俗等；有的则基本被抛弃，例如唱道情等艺术随着现代生活方式和艺术审美取向的改变而失去了市场；有的则被改造成现代的方式，例如神魔小

① 陈霞：《道教劝善书研究》，巴蜀书社1999年版，第2~3页。
② 详见王有英：《清前期社会教化研究》，上海人民出版社2009年版，第228页。
③ 周作人：《中国新文学的源流》，岳麓书社1932年版，第15页。

说等，基本已摆脱了传统小说的风貌，完全是以现代人的阅读兴趣和习惯为导向。但总的来说，民间宗教的道德说教非常通俗易懂，经常以百姓身边发生的故事甚至以传说故事的形式出现，教育着一代又一代信仰者，对百姓起着潜移默化的教化作用，至今犹然。①

（二）民间宗教劝善教化实践

如何在当代社会发挥民间宗教和民间信仰在劝善教化方面的积极功能呢？这可能是一个需要不断在实践中探索的话题。但我们认为，依据民间宗教在劝善教化方面的基本特点，至少可以从以下五个方面开展：

1. 与福寿文化相结合

根据民间宗教伦理思想具有现世性和功利性等特点，营造"善有善报，恶有恶报"的福寿文化。福寿，主要指幸福和长寿。《尚书·洪范》曾提到"五福"："一曰寿，二曰富，三曰康宁，四曰攸好德，五曰考终命。"可见寿也可以归纳到福的范畴。实际上，民众对福寿的理解是非常宽泛的，富贵、吉祥、健康、长寿、好运、安宁、圆满等都可以说是福寿文化的范畴。福寿文化是中华民族传统的民俗文化，在国人生活习惯和民族心理中具有重要地位，其背后实际反映了中国人对"阴阳和谐""天人合一"和"欢喜圆融"等哲学理念的朴素追求。

对普通民众来说，他们的宗教需求往往不是涅槃寂静、羽化归仙或内圣外王等超越的境界或人格，他们更多地抱着"临时抱佛脚"的心态，希望通过宗教来解决现实生活中具体的社会冲突和不确定性，以此消除、缓解在各种冲突面前的紧张和焦虑。在面临意义危机或者境遇中的不确定时，人们才会想起以宗教来进行意义整合和生命安顿。正如马克思那句名言"宗教是人民的鸦片"，这指出了宗教具有减少焦虑的社会功能。所以将民间宗教的劝善教化与福寿文化心理相结合，为道德动机和行为提供了良好的激励机制，能够激发人们从善的动机，强化人们"善恶到头终有报"的道德心理，也能使人们愿意在更长久的时间段后享受善良所带来的福报，最终加强人们去恶从善的自我控制能力，实现道德教化。在老龄化加快的当代中国，对福气和长寿的关注和心理需求会越来越突出，那么将民间宗教的劝善理念和实践与福寿文化的倡导相配合，无疑更能发挥其劝善教化功能。

2. 与佛学、道学文化相结合

正如前文所说，民间宗教与正统宗教或精英宗教之间没有绝对的界线，正统宗教如佛教、道教等都有民间形态和民间化的趋势，另一方面，民间宗教也是多元的，它们也有正统化的因素和需求。对一般民众来说，也有希望通过民间宗教和民间信仰来进入、了解正统宗教的人生观、价值观和世界观，从而达到更高的精神境界和人生状态。所以将民间宗教与佛学、道学文化相结合，有利于引导民间宗教的发展方向，提升民间宗教的整体水平；有利于激发民众追求更高的宗教文化和人格品质，从而营造积极向上的宗教生态系统。

---

① 林国平：《民间宗教的复兴与当代中国社会：以福建为研究中心》，《世界宗教研究》2009 年第 4 期，第 81~90 页。

3. 与民俗活动相结合

自古以来，许多民俗活动都渗透了民间宗教的因素，例如祭祀、丧葬、升学、结婚、节气民俗等，在这些活动中往往会强调为善去恶的重要性，潜移默化地形成提倡美德的道德文化氛围。此外，佛教、道教和各种民间宗教的一些法事活动也能吸引大量民众参与，例如"放生仪式""消灾祈福法会"等，从而宣扬某些美德，激发从善动机。

4. 与慈善事业相结合

民间宗教与正统宗教一样，有着强烈的投入慈善事业的动力。以莆田三一教为例，仙游县枫亭镇有 62 座三一教祠堂，2005—2006 年参与各种社会慈善公益事业的三一教祠堂多达 27 座，占该镇三一教祠堂总数的 43.5%。参与社会慈善公益事业内容更加多样化，包括建桥、铺路、助学、扶贫济困、支援灾区、义务工、老人会、抚养孤儿、支持少数民族、资助出版经书、收埋无主骸骨等。受益区域从原来的局限在本村本庙扩大到外村、外乡镇、外县市，甚至外省。投入社会慈善公益事业的资金也逐年增长，甚至建立了专门从事慈善事业的领导机构。① 这只是一个典型例子，很多民间宗教都在社会基层默默从事着慈善公益事业，不被外人所知而已。

5. 与海外华人和台胞相联系

宗教，包括民间宗教是联结海外华人同胞和港澳台同胞的一条重要的文化纽带，尤其在推进"一带一路"建议的今天，某些民间宗教和民间信仰无疑能够加强"一带一路"沿线国家和地区民众的信仰认同，属于"民心相通"的范围。倡导民间宗教为善去恶的伦理文化，无疑有利于在民间社会促进中外宗教对话和文明融合。

四、民间宗教劝善教化面临的主要问题

民间宗教是活跃于社会基层的宗教和信仰，它既有着传统文化的延续下来的"历史包袱"，又是面临着迎合现代性的需要。因此，它在发挥劝善教化的积极的社会功能时，也面临着来自内部和外部的诸多挑战。其面临的主要问题大致有如下几种：

1. 落后的伦理道德观念

民间宗教大多属于传统文化的一部分，是古代宗教的延续，它们产生于封建社会，其经济基础是小农经济，思想来源则夹杂着儒释道三教的教义，其伦理道德学说有不少内容是落后于当代社会主义先进文化的，例如至今仍然提倡"二十四孝"等愚孝，妇女应"三从四德"等。在生产力和生产方式日新月异的今天，如何对传统的道德学说作批判性的继承和现代诠释是民间宗教实行劝善教化必须面对和解决的问题。

———————————————

① 林国平：《民间宗教的复兴与当代中国社会：以福建为研究中心》，《世界宗教研究》2009 年第 4 期，第 81~90 页。

2. 信众的整体文化素质不高

由于民间信仰的信众主要是农民等社会中下层民众，老人和妇女占了重要比重，① 故而信众的整体文化水平有待提升。信徒的文化素质不高会导致一系列相关问题，例如缺乏有能力的领导人、缺乏清晰合理的教义、没有常规高效的管理机制和活动机制等。

3. 容易滋生邪教

如上文所说，民间宗教存在着道德观念落后、信徒素质不高、制度不健全等一系列问题，故而容易为别有用心的人利用，滋生具有社会破坏性的邪教，甚至可能引起社会动乱。明清时期，各种从民间宗教中滋生出来的邪教煽惑人心、起会结党、作奸犯科，甚至聚众谋反的案例不在少数，统治者也采取了多种手段防止和镇压邪教。即便在现当代，也不乏假借各种宗教名头，在民众中骗财骗色、扰乱社会秩序、从事迷信活动、反科学、反社会、反人类的邪教的存在，故而应当加强对基层民间宗教的监管和引导，积极引导民间宗教与社会主义相适应，用正确的宗教知识、伦理观念、科学、理性来引导老百姓，树立正确的宗教观和信仰观。

总之，民间宗教和民间信仰在当代宗教生态系统中具有重要的地位，它们主动吸收和迎合社会主流价值观，杂糅了儒释道三教、传统与现代的各种伦理理念，正如马克斯·韦伯所指出的："宗教越是具有伦理性质，对生活方式的影响也就越强烈。"② 民间宗教富含的伦理道德理念和践行方式无疑迎合了普通民众的信仰需求，对民间社会产生着劝善教化的积极作用。依据民间宗教进行社会教化具有现世性、功利性、可操作性以及大众性等特点，我们应该批判地继承其传统的教化方式，同时不断地探索与福寿文化、佛道文化、民俗文化、慈善事业以及宗教对话、交流等相结合的新型教化方式，防治其可能产生的弊端，更好地发挥其积极的社会功能。

（作者单位：武汉大学国学院）

---

① 林国平：《民间宗教的复兴与当代中国社会：以福建为研究中心》，《世界宗教研究》2009 年第4 期，第 81~90 页。

② 马克斯·韦伯：《经济与社会》上卷，林荣远译，商务印书馆 1997 年版，第 523 页。

明清经济与社会

略论明清移民史上的"麻城孝感乡"*

□ 刘　峰

　　学界大体认可麻城孝感乡是"湖广填四川"移民潮的源点。按照现今的行政区划，麻城孝感乡位于湖北省麻城市西南，面积约 1200 平方公里，地域包括龙池桥街道办事处、铁门岗乡、鼓楼街道办事处、白果镇、中馆驿镇、宋埠镇、歧亭镇、顺河镇等。

　　关于麻城，史称："麻城介楚豫之交，幅员周六百里，东北多山陵。其民，男务耕牧，女习蚕织。西南平畴弥望，农隙赢金服贾，动致素封。曩自荆襄，溯江汉以达川陕，视犹外府。"① 明代，孝感乡是麻城下辖四乡之一，"初分四乡，曰太平，曰仙居，曰亭川，曰孝感，统一百三十里，里各有图"。明成化八年（1472），"以户口消耗，并为九十四里，复并孝感一乡入仙居，为三乡"。嘉靖四十二年（1563），"建置黄安县，复析太平、仙居二乡二十里入黄安，止七十四里……国朝因之"②。这表明，明代成化之后，直到清末，已无"孝感乡"。清光绪二年（1876）刊本《麻城县志》卷 3《方舆志·坊乡》等清代文献，明确记载仅有 3 乡，即太平乡、仙居乡、亭川乡。虽然如此，"麻城孝感乡"始终是迁移川蜀之民心目中的一方圣地。时至今日，它被称为"中国古代八大移民发源地之一"，与其余 7 处（山西洪洞大槐树、江苏阊门、江西瓦屑坝、山东枣林庄、广东珠玑巷、福建石壁、河北小兴州）一起，谱写了中国移民史的宏大史诗。这一历史定位，使"麻城孝感乡"不仅成为中国移民史的鲜明符号之一，而且成为荆楚文化的金字招牌之一。

　　关于麻城孝感乡的民众入川落户，在四川文献中有清晰记载——

　　　　南溪经明季丧乱，土虚无人。康雍之际，粤、闽、湘、赣之民纷来占插，而以湖广麻城县孝感乡为最伙。土著人摈斥之，力弱不胜也。于是，官为设客民之长，以约束之，号曰客长。历时既久，习俗同化，渐通婚姻（其始，各省侨民自为婚姻，不

　　＊ 本文系教育部人文社会科学重点研究基地（武汉大学中国传统文化研究中心）重大项目"明清社会结构与社会变迁"（项目编号：16JJD770036）阶段性成果。

　　① 民国《麻城县志前编》卷首《郑重〈序〉》。
　　② 康熙《麻城县志》卷首《封域志·乡区》。

杂他族）。其时，承平百年，赋轻谷贱，人民以市田园，长子孙为永久计。然此仆彼兴，竞争自若。其不幸荡产者，则困窘流离、殄其胤嗣。幸而存者，皆役佃，食租自养，以蓄其息。咸同以来，人满而地不加辟，间有徙家滇黔以谋生者，人数不多。光绪中，群以工商业旅食于叙州者，达数万人。至民国，而益盛。然田野细民，合族聚居，犹循古代村庄之制。①

从中可以发现，麻城孝感乡的移民人数最多，在与四川当地人争夺田地的过程中占有优势。为了稳定社会秩序，官府设置"客长"（由鄂人担任），加强移民的自我管理。经历劳作奋斗、繁衍生息，移民逐渐融入川蜀文化之中，并与当地人通婚。不是所有的移民都生活幸福，有些遭遇不幸，跌入灾难的深渊；有些发家致富，过上了"役佃""食租"的地主生活。当人口增多、人地矛盾日益激化时，有些人家又离开川蜀之地，往云南、贵州迁移，去寻求新的生活天地。因此，麻城孝感乡的移民亦分散于云贵地区。另如四川云阳县，也是孝感乡移民的迁入地之一，"邑分南北两岸，南岸民皆明洪武时由湖广麻城孝感奉敕徙来者，北岸民则皆康熙、雍正间外来寄籍者，亦维湖南北人较多。而风俗，则南岸俭、北岸奢，迥然不侔矣"②。

在"湖广填四川"的茫茫人海中，有些姓氏经过不懈努力，在异域他乡成功地站稳了脚跟。例如，南溪县四区的张氏便是这样的范例。南溪四区"以李庄为总枢，而李庄以张氏为豪族。张氏祖庆，明中叶自楚迁蜀，居县北观音铺，后迁李庄。婴（因）明季之乱，翘翔兄弟六子十九孙遂分为十九支，今李庄诸张皆其后也"③。有意思的是，张庆并非湖北人，原籍安徽桐城，明万历时离开湖北、迁移入川。据此推测，他此前已离开皖界，来到湖北谋生。据民国年间调查，其在南溪一地的后裔多达千余人，可谓枝繁叶茂矣。该县同样来自湖广、迁入时间为明末清初的始迁祖，有姓名可查者概有：马家场的李可政、周鸿儒，李庄场的邹懋凤、廖汝玉，绥庆场的刘启宾、陈泰仁、李大道、涂鹤林，毗卢场的张相声、涂有根，牟坪场的曾可权、陈大炳、杨登荣、周妙头、熊文兰、张友禄、谭如义，李庄场的王龙山，大坪的陈世台、李春泰，新添铺的唐绍珍，刘家场的曾尚元、沈伦三、向楼、寇宣、周应芳、陈文，仙临场的邓应銮、戴时济，长兴场的周兴虎，留宾场的叶芳、陈岐山等。这些始迁祖的原籍，大多冠以"湖广"，当有湖南籍人士，但并不影响对"湖广填四川"运动的评判。至于那些确系麻城孝感乡移民之始祖者，详如表1所示。

表1　　　　　　　　　　四川南溪县麻城孝感乡移民概况

场名	始迁祖	迁居时间	后裔	居住地
留宾	李仕贵	清康熙初	1000 余人	高山楼房头、黄葛湾及江安县雀儿山田坝头
	王永德	明末	400 余人	松林湾、积善桥、长田坎、铜鼓山、天堂湾及富顺县地

① 民国《南溪县志》卷 4《礼俗篇第八下·风俗·氏族》。
② 咸丰《云阳县志》卷 2《风俗志》。
③ 民国《南溪县志》卷 4《礼俗篇第八下·风俗·氏族》。

续表

场名	始迁祖	迁居时间	后裔	居住地
留宾	严纪仁	清康熙初	200 余人	场中正街、庙儿湾、巷子头
	谭义鳌	清康熙初	1000 余人	大庙正家沟及富顺赵化镇
	刘仲威	清顺治初	1000 余人	小土坝、余家坝及石鼓滩场、土桥子
	刘汉纯	清康熙初	700 余人	大湾头、金钩湾外东观音堂、佛耳岩及江安大屋基
	刘允□	清康熙初	3000 余人	黄泥冲、四合头、刘家湾及小层基、迎祥湾塘坎上
	唐重职	清康熙初	500 余人	场中正街、长兴场、教场坝及宜宾县与贵州
	李大绣	清康熙初	200 余人	新屋基、万家嘴、墩子山、瓢儿田
	余可通	清顺治九年	1000 余人	三官庙及长兴场、湾头田□、富顺隆昌、江安余家桥
	龚维禄	清康熙十九年	100 余人	漏洞子、横梁子
	陈朝亨	清顺治初	400 余人	七家沟
	陈文献	清康熙初	500 余人	土地嘴楼房头、檀木冲
	彭光贵	明末	200 余人	半边山及城中、富顺飞龙观
长兴	徐登恒	清康熙六十年	4000 余人	大地坰及城中、仙临场、留宾场等地
	黄启朝	清顺治初	1000 余人	本场附近
	王刚	清顺治初	600 余人	梭子湾里堡何
仙临	顾天智	明末	2000 余人	本场附近及长兴场、刘家场、富顺彭湾、飞龙观

资料来源：民国《南溪县志》卷 4《礼俗篇第八下·风俗·氏族》。

　　表 1 显示，在明末清初的时段内，明末迁入四川者较少，大多在清初之际离开湖北，迈上迁徙之途。其中，顺治时较少，康熙时较多。这一现象，恐怕与前者试探、后者踵至的移民规律有关。与元末明初的移民潮相比，"湖广填四川"的高峰似乎在明末清初。比对麻城 133 个姓氏、155 部谱牒，可以发现：在迁移入川的 2385 人中，元末明初为 84 人，明末清初为 2301 人。[①] 这种连续不断、持续数世纪（元末至清）的移民运动，为八大移民发源地之最，世所罕见。在此过程中，麻城孝感乡的地位相当突出。据四川大学图书馆刘宁对四川 193 个家族的分析结果，来自湖广者 147 个，其中来自麻城孝感乡者多达 111 个。[②] 这一统计不排除有冒籍的可能，但亦表明"麻城孝感乡"影响力之巨大！

　　与其他七大移民发源地相比，麻城孝感乡的军事移民色彩浓厚。一则，"江西填湖广"在某种程度上与朱元璋惩罚宿敌陈友谅有关——江西鄱阳湖大战，朱元璋险而死于流矢——明初迁移到湖北麻城者大多系鄱阳湖一带的百姓；再则，元末明初湖北人明玉珍

---

　　① 钟世武主编：《中国八大移民集散地比较研究》，湖北省麻城市地方志办公室刊印（内部出版），出版年不详，第 8 页。

　　② 钟世武主编：《中国八大移民集散地比较研究》，湖北省麻城市地方志办公室刊印（内部出版），出版年不详，第 35 页。

在川蜀建立政权，吸引数十万鄂民跟随，以及明末张献忠在麻城招募数万兵士入川（别立"新营"），[1] 均推动了以孝感乡为中心舞台的移民运动。至今，在四川汉源等地，仍然流传着"麻城七姓子弟兵"的故事。据不完全统计（麻城谱牒），自清初开始的百余年间，有姓名可查的麻城入川者 2000 余人，其中许多成为迁川始祖。[2] 除了军事移民，麻城孝感乡的移民原因还有逃避赋役、天灾驱迫、土客矛盾、官府动员，以及贸迁有无、投亲访友、走马上任等，不一而足。

在移民路线上，麻城孝感乡的民众水陆并用，但以水路为主。因为，孝感乡位于长江北岸，有举水流经境内。这条河流与长江贯通，逆流而上可达重庆、泸州、宜宾等地，是入川之通途。详言之——

水路：麻城到武昌 240 里，武昌夏口驿至荆州荆南驿 960 里，荆南驿到夔州永宁驿 860 里，永宁驿到重庆巴县朝天驿 1360 里，朝天驿到成都锦官驿 2235 里，全程 5660 里。麻城高岸河古码头、歧亭镇古镇，为水路始发地。

陆路：麻城到黄陂 180 里，黄陂到襄阳 680 里，襄阳到巴东 930 里，巴东到巫山 120 里，巫山到成都府城 1620 里，全程 3530 里。[3]

当然，这些里数不尽准确，具体行进路线也有变化，但大体能够反映麻城孝感乡的移民迁徙入川的路程概况。

相关研究表明，有 93 部麻城谱牒记载了迁川事迹。迁川 10 人以上者 51 部，50 人以上者 12 部，100 人以上者 7 部，尤以朱氏、刘氏、罗氏、梅氏、董氏、金氏、周氏最为著名。详言之，截至目前，迁川人数最多的是麻溪河大文堂《朱氏族谱》所载 195 人，均有姓名可查。其次，是铁门梓树畈《刘氏宗族》所载 192 人，白果柏林堂《罗氏族谱》所载 153 人，青龙区百岁堂《梅氏族谱》所载 138 人，白果横河道原堂《董氏族谱》所载 111 人，中馆驿济美堂《金氏宗谱》所载 111 人，新店、蕨淡山《周氏宗谱》所载 106 人。超过百人的迁移行为称得上"举家搬迁"，虽然只有七姓，但其影响不容小觑。相比之下，超过五十但未过百的迁移，也算是规模较大的移民现象。属于这一层次的概有五姓，即亭川乡望花山《蔡氏宗谱》所载入川人数 95 人，麻西北五希堂《邹氏族谱》所载 58 人，宋埠屈家巷基厚堂《屈家宗谱》所载 56 人，麻西独山晒书堂《郝氏宗谱》所载 51 人，松鹤李家坝《李氏宗谱》所载 50 人。

在入川的人员上，有些是父子同行，如明末，麻中南白氏第 4 世（白憬志）携三子迁移四川仁寿；清康熙时，铁门梓树畈刘氏第 13 世（刘文尧）携子刘洪明迁移成都，后定居新都县；清代入川的白果横河董氏第 16 世（董维禹），为两子取名启蜀、启川，以志入川之壮行。有些是兄弟同行，如元末明初，麻东黄市汪氏第 7 世两兄弟（汪维章、汪维美）；明成化时，麻城百岁堂梅氏第 10 世三兄弟（梅玉润、梅觅狗、梅中元）；明

① 钟世武、李朝仁主编：《麻城祖籍寻根姓氏地名录》，湖北省麻城市地方志办公室刊印（内部出版），出版年不详，第 29 页。

② 钟世武主编：《中国八大移民集散地比较研究》，湖北省麻城市地方志办公室刊印（内部出版），出版年不详，第 7 页。

③ 钟世武主编：《中国八大移民集散地比较研究》，湖北省麻城市地方志办公室刊印（内部出版），出版年不详，第 33~34 页。

末，宋埠项氏第 10 世三兄弟（项启、项言、项可）；明末，宋埠七家庙区段氏第 16 世三兄弟（段启明、段启圣、段启烈）；清康乾之际，吉庆堂熊氏第 16 世四兄弟（熊学文、熊学礼、熊启贤、熊启明）；清代后期，中馆驿迎河集吴氏第 22 世两兄弟（吴振文、吴振武）；清代，中馆驿余家湖余氏第 13 世三兄弟（余在天、余在朝、余在国）等，父子情深、兄弟手足，同甘共苦，此情此景令人动容！

入川的麻城人大多扎根川蜀，开花结果，子嗣繁盛。例如，松鹤李家坝的李氏，其迁麻始祖的第 2 世（李玄中）在元末入川，后裔遍布重庆府长寿县等地，如今已有 3000 余户。

当然，各家各族的迁移入川不是一次性完成的，主要是从迁麻始祖后的第 11 世开始、延续到第 23 世前后，且集中于第 13~17 世，大约与"康乾盛世"相吻合。例如，麻溪河朱氏第 13~16 世的迁川人数为 163 人，约占家族迁川总人数 84%；铁门梓树畈刘氏第 15~18 世的迁川人数为 150 人，约占家族迁川总人数 78%；白果罗氏第 13~17 世的迁川人数为 135 人，约占家族迁川总人数 88%；青龙区梅氏第 16~19 世的迁川人数为 91 人，约占家族迁川总人数 66%；白果横河董氏第 13~17 世的迁川人数为 63 人，约占家族迁川总人数 57%；中馆驿金氏第 13~17 世的迁川人数为 74 人，约占家族迁川总人数 67%；新店、蕨淡山周氏第 13~17 世的迁川人数为 88 人，约占家族迁川总人数 83%。① 这些麻城的先人们在离开故土的那一刻，可能没有想到这一走竟是永诀！也没有想到，他们的出走被后人记入家族史书——谱牒之中，成为依稀可辨的如烟往事。至于千山万水之跋涉、风雨寒暑之侵袭、饥饿病痛之磨折，则不为人知，也无处诉说，早已湮灭于滚滚红尘。

虽然被迫离开故土，但思乡之情绵延不绝。明清时期，远隔千山万水的入川之民，总要委托可以依赖之人，携带书信、物品给湖北的乡亲父老。其人被称为"麻乡约"，"麻"指麻城，"乡约"是宋明时期形成的基层社会管理组织或制度，亦泛指管理民事但无薪酬的职务，与甲长、保长等相似。从实际功能看，"麻乡约"与寄送信件、物品的民信局相当。殆至清咸丰年间，出现了组织化的"麻乡约大帮信轿行"，从事客运及货运业务。创立者陈洪义（又叫陈鸿仁，外号陈麻乡、陈跑通），是四川綦江县（今属重庆）人，出身贫寒，本为抬轿之人，出卖苦力为生，但为人仗义，吃苦耐劳，素有孝行。相传其面有麻点，亦有谐音之义。一位唐姓官员出面，支持他在昆明设立轿行，这便是"麻乡约大帮信轿行"的由来。其民信局设于重庆。"麻乡约"注重诚信，其业务网遍及川、滇、黔三省，甚至远涉滇缅、滇越一线。大凡委托办理的信函、物件，纵使穷乡僻壤，也能安全送达，以故声誉卓著。其内部分工严密，包括麻乡约轿行（客运）、麻乡约货运行（货运）、麻乡约民信局（邮递信件），既承接官府业务，也兼顾百姓需求。"麻乡约"业务网络之广、线路之长、运量之大，为彼时同类行业之最。直到民国年间，麻乡约依然活跃于西南地区。在某种意义上，"麻乡约"的出现及发展是"麻城孝感乡"移民文化孕育而生的一大成果。

从移民分布看，现有资料显示：麻城孝感乡的移民分布于重庆、四川、陕西、河南、云南、贵州等 400 余县市（区），分布密度最高的地方是重庆、四川，孝感乡移民后裔

① 钟世武主编：《麻城祖籍寻根：谱牒序言与始祖研究》，湖北人民出版社 2015 年版，第 14~15 页。

8000 余万人，约占现有人口七成，"是八大移民集散地中移民后裔最大群体"①。由于麻城孝感乡入川人数众多，且持续不断，以故在迁徙进川的移民中，难免有冒称来自孝感乡者，以便得到大家庭般的护佑。除此之外，也不排除淡化异乡异族之身分，竭力融入当地社会之需求，恰如史家所论"人类杂处，在初有目不识丁者，或数典而忘其祖。即具有常识者，亦以异类为嫌，讳所自出。故百余年来，虽有他族，合同而化"。可见，身分认同在适应新环境、获取生存空间方面，往往比"原籍""本族"等文化标签更具现实意义。

由于史料厥失，要想统计历次移民人数已不可能。即使估算"江西填湖广""湖广填四川"的移民总数，也面临风险。这是中国移民史无法克服的难题，也是麻城孝感乡移民史的一大缺憾。在某种程度上，惟其缺失，方才真实。那种力图还原历史人口数据的做法，一旦没有坚实的史料支撑，其结果只会是偏离史学宗旨的臆断，是无法证实、也无法证伪的猜想。

必须指出，在以农为本、重本抑末的传统时代，安土重迁是"黎民之性"（《汉书》），是儒家文化所倡导的"骨肉相附"的田园生活，是"父母在、不远游"的伦常规范。与之相对，"轻去其乡"则不足以赞赏，甚至被视为人性浮躁、不重亲情之行径。在明清时期，人们之所以背井离乡，往往是迫不得已（或天灾或人祸），并不是什么光彩的事情。这就不难理解，为什么在明清乃至民国的麻城方志中，几乎找不到关于"麻城孝感乡"的移民记载。后世的人们只能从民间编纂的家谱族谱中，去寻找那些关于移民的历史陈迹。可以想象，在离家远行、前途未卜的那一刻，一定是泪水沾襟、撕心裂肺的场景，绝无欢天喜地、活脱蹦跳的身影。

经过岁月的轮回和沉淀，麻城的移民史仍在继续，迁出和迁入的脚步声从未停歇。据2000 年第五次全国人口普查，麻城姓氏多达 544 个，排名前十的是李姓、刘姓、王姓、张姓、周姓、陈姓、胡姓、夏姓、黄姓、丁姓；这十大姓氏的人口超过 40 万人，约占麻城总人口 37%。② 值得注意的是，排名第一的李姓也是全国百家姓中第一大姓，其余的刘、王、张、周、陈、黄姓，也都是全国百家姓的前十名，说明麻城人口中大姓的比重较高，这是历史变迁的结果。确切地说，是元末明初以降历次移民的结果。

（作者单位：武汉大学历史学院）

---

① 钟世武主编：《中国八大移民集散地比较研究》，湖北省麻城市地方志办公室刊印（内部出版），出版年不详，第 12~13、26 页。

② 孙晓芬主编：《麻城祖籍寻根谱牒姓氏研究》，四川大学出版社 2008 年版，第 40 页。

圩田、沙田与垸田：水域围垦史的几种研究理路

□ 徐　斌

一、引　言

华夏传统向来重视土地，在为王朝国家提供绝大部分财赋收入的同时，土地更是人类生存最为基本的资源之一。然而，与以华夏正统自居的北方相比，中国南方地区的自然地理环境中山林川泽所占的比例甚大，平地数量有限，因此，在传统论断中南方地区得以开发的主要表现，正在于对山林川泽的垦殖，其中，将水域围垦成田以增加可耕土地的数量，历来是判断广大南方地区经济发展程度的一项重要指标。

内陆地区的大型水域，以长江流域尤其是中下游地区的湖泊群最为集中。历史时期的人们围垦湖泊、沼泽、湿地，创造出了众多新的田土形式，如江南等地的"圩田"、江汉—洞庭地区的"垸田"等，促进了当地农业生产的发展，使得传统中国的农耕文明得以不断延展其内涵与外延。对于这些有别于固定熟田的新型土地，学界很早就展开了鞭辟入里的研究，并且由于各自的问题取向不同，形成了多种不同的，但同样具有范式意义的研究理路。在这些熠熠生辉的研究理路中，较具代表性者有日本学者从水利史的角度围绕着江南圩田的开发，形成了理解传统中国社会性质的"水利共同体"理论；在对江汉—洞庭地区垸田的研究中，学者们注意到由湖沼湿地围垦而成的垸田阻碍了长江及其支流季节性暴发的洪水的宣泄，导致了水灾的频发，从而为环境史的研究提供了一个具有典型意义的范本。

水域的围垦当然不只是限于内陆湖沼地区，浙江、福建、广东等地将沿海的滩涂开发成土地同样是一项重要的内容，亦引起了学者们的广泛关注，其中，刘志伟的研究揭示出珠江三角洲地区存在着"民田"（较早成陆的土地）与"沙田"（主要是明清时期围垦近海水域所形成的土地）的二元结构，"民田"与"沙田"的对应不仅仅是田土形式的区别，更是当地社会结构二元分化的反映。在对这一结构形成与变化（"结构过程"）的讨论中，刘志伟更进一步在认识论意义上提出了"以人为本"的史学思想，从社会组成的最基本单元——"人"的立场出发，借此理解单个的"人"是如何构成"社会"的，进

而认识到作用于每个人身上的文化、制度、国家形态与内涵及其演变过程等全息性图景。

无疑，这些研究都不止停留于对水域围垦史专题的精细剖析层面，而是将其关怀投射至对整个中国历史走向的观察之上，在这些研究中，诸如中国历史上的南方与北方、陆地与海洋、人与自然等话题均得到一一展现，从而在深度与广度上拓展了学界对中国历史发展与演化进程的认知。因而，只有对以上诸种研究理路进行回顾与总结，才有可能在其基础上探索出水域围垦史的新研究路径。

二、圩田：“世界史中的中国”的研究理路

《新唐书》卷53《食货志》曰：“唐都长安，而关中号称沃野，然其土地狭，所出不足给京师，备水旱，故常转漕东南之粟。”① 根据此类记载，学者们普遍认为，至迟到中唐以后，全国的经济重心已经从北方黄河流域转移至长江流域，尤其是下游地区。② 经济重心的南移，江南逐渐成长为中国最富庶的核心区域，圩田的开发则为其提供了赖以成立之土地基础。所谓“圩田”者，据南宋杨万里的记录，即为：“江东水乡，堤河两岸而田其中，谓之‘圩’。农家云：圩者，围也，内以围田，外以围水，盖河高而田反在水下，沿堤通斗门，每门疏港以溉田，故有丰年而无水患”③，显然，圩田乃是围垦江南的湖泊、湿地而形成的一种田土形式。

滨岛敦俊总结了江南三角洲湿地之开发过程，他以处于江南地区核心地位的太湖流域为例，将其大致分为三个阶段：第一阶段，从隋朝开掘、整理江南运河开始，以开凿元和塘、盐铁塘等水路（塘浦），又以塘浦旁边或交叉点上造成耕地、基址为其主要工作，这等水路并不用在灌溉或排水，倒在于交通、运输；第二阶段，唐末萌芽，在五代吴越政权之下开始，塘浦的主要机能，除了交通运输之外，主要在于排泄三角洲低湿地、湖泊所积之水，并进而修成人工堤防围绕的耕地——圩田，江南三角洲之低湿地逐渐变成肥沃的耕地，以修建圩围为主之开垦造田运动，宋、元两代继续进行，直到明朝；第三阶段，自明宣德年间开始，陆续将数千亩的大规模圩田分作数量不等的小圩，这种分圩是“以高度利用土地为目标之‘水路密度’的细密化，由此排涝、灌溉机能发达，圩围内心之湿地、池溇变为耕地”，实际上是三角洲湿地由向外延推进之开发转向向内之更为精细化的开发，到17世纪前半为止，经过两世纪之开发，基本上形成了现在之江南水乡的景观。④由此可见，这一围垦活动不仅支撑起江南地区的发展，与此同时，本身也反映出江南的具体开发历程。

基于以上认知，有关江南地区的研究一直在中国史研究界中占据着极其重要的地位，以圩田为中心的江南三角洲湿地的开发则又成为研究的重中之重，因而也引起了众多怀有

———————————

① 《新唐书》卷53《食货志》，中华书局1975年版，第1365页。

② 冀朝鼎较早提出了这一看法，参见冀朝鼎：《中国历史上的基本经济区与水利事业的发展》，朱诗鳌译，中国社会科学出版社1981年版，第79~92页。

③ （宋）杨万里：《诚斋集》卷32《圩丁词十解》，《景印文渊阁四库全书》集部第1160册，台湾“商务印书馆”1986年版，第345页。

④ ［日］滨岛敦俊：《土地开发与客商活动——明代中期江南地主之投资活动》，钞晓鸿主编：《海外中国水利史研究：日本学者论集》，人民出版社2014年版，第403~410页。

不同研究旨趣的学者之关注。他们从农业史、社会史、经济史、水利史等方面展开深入而细致的研究，其中，日本学界从水利史角度提出的"水利共同体"阐释体系尤为令人瞩目。与同时期的中国学界主要关注圩田兴修与使用过程中所运用的水利技术等方面相比，① 20 世纪 50 年代的日本学者"以治水、灌溉、城市水利、海塘等为对象，将负有社会及生产功能的水利运行、管理作为主要研究视点"②，换言之，他们更加侧重于借由这些水利工程的兴修与维护所引发的社会构造等层面的命题，在此基础上提出的"水利共同体"理论，正是一个分析中国传统社会结构及其特性的理论体系。

众所周知，"水利共同体"有着两大理论的背景，即日本学界首倡的"唐宋变革论"与魏特夫的"治水社会"。根据"水利共同体"理论主要代表人物之一好并隆司的表述，唐代由于"均田法实行土地还授"，因而"只要土地和水保持着不可分离的关系，就很难认为渠人集团（即水利工程的管理人员）是民间团体……强大的国家限制力在末端组织也发挥着作用"，"与国家限制较强的唐代相比，宋代将重点放在了水利设施之管理方面上，除此之外的限制则变弱"。③ 这一论述直观地显示出，这一研究理路受到了内藤湖南于 19 世纪末 20 世纪初所提出的中国历史分期法中有关"中古"与"近世"分期之"唐宋变革论"的深刻影响。

对于"水利共同体"阐释体系，鲁西奇概括了它的两个基本论点：其一，在中国近世（大致相当于宋元明清时期），国家不再试图按照中古时代将自耕农编组为"编户齐民"的方式以控制农民，而是以村落共同体或一个水系的水利组织来进行把握，"在水利方面，堰山、陂塘等不仅成为经济上不可或缺的保证物品，并且官方的约束也涉及于此，而它们两者之间可能有相互倚靠之关系"。换言之，水利共同体这种立基于水利工程与水利协作的社会组织，实际上成为王朝国家借以控制乡村社会的工具之一，而这一共同体之成立，也有赖于王朝国家权力的适当介入。其二，水利共同体以共同获得和维护某种性质的"水利"为前提，共同体之成立与维系的根本基础在于"共同的水利利益"。在水利共同体下，水利设施"为共同体所共有"，修浚所需力夫、经费按受益田亩由受益者共同承担，而水利共同体"本身虽具有作为水利组织之独立自主的特性，但在营运上却完全倚靠其为基层组织的村落之功能。另一方面，村落也完全经由水利组织的协助，完成作为村落本身之部分生产功能"。在这个意义上，水利共同体具有村落联合的特性。据此，他认为水利共同体"这一论点的理论背景，乃是所谓'唐宋变革论'，其出发点也是王朝国家对地方社会特别是自耕农民的控制"④。

可以说，这一概括准确地道出了"唐宋变革论"之于"水利共同体"理论的影响，由此也揭示出前述"水利共同体"作为一个分析"中国传统社会结构及其特性的理论体

① 参见宁可：《宋代的圩田》，《史学月刊》1958 年第 12 期，第 21~25 页；缪启愉：《吴越钱氏在太湖地区的圩田制度和水利系统》，《农史研究集刊》第二册，科学出版社 1960 年版，第 139~158 页等。

② 钞晓鸿：《导言》，钞晓鸿主编：《海外中国水利史研究：日本学者论集》，人民出版社 2014 年版，第 3 页。

③ ［日］好并隆司：《中国水利史研究论考》，钞晓鸿主编：《海外中国水利史研究：日本学者论集》，人民出版社 2014 年版，第 22~35 页。

④ 鲁西奇、林昌丈：《汉中三堰：明清时期汉中地区的堰渠水利与社会变迁》，中华书局 2011 年版，第 183~185 页。

系”，此处的中国传统“社会”，乃是一个在世界史框架中的东方与西方、中国与日本相对应的整体“社会”，而非今日学界“国家与社会”研究框架中所指称的与“国家”相对应之“社会”。“水利共同体”理论从水利事业的角度解释了传统中国对于自耕农的控制在不同历史时期的变化，藉此以把握整个中国传统社会与西方或日本的核心不同之处，这一阐释体系力图在世界史的范围中对传统中国进行定位，因而，姑且可称之为“世界史中的中国”的研究理路。关于这一点，在“水利共同体”的另一个理论背景，亦即魏特夫的“治水社会”中，得到了更为明白的展示。

“二战”后的日本史学界长期受到马克思主义的影响，即使“唐宋变革论”本身，在经由宫崎市定的完善之后，就已经融入了相当多的马克思主义的成分，更不必说马克思本人有关“亚细亚生产方式”的经典论断。水利史研究群浸淫其中，受其影响尤巨。丰岛静英便指出了“水利共同体”的问题意识之一，即“马克思曾经在亚洲的土地所有和灌溉事业中找出了‘了解东方天国的一把真正的钥匙’——共同体在亚洲的形态，之后虽然对于这把钥匙的作用进行了诸多说明，但特别是在中国，如何具体地使用这把钥匙来解明中国社会的本质现象所做的努力还不够”①。很显然，马克思将“土地所有”和“灌溉事业”与“共同体”联系在一起的做法，正与“水利共同体”的阐释路径相契合，不难看出前者对于后者的影响。至于将马克思这一论点加以发展的魏特夫学说，日本学者则更是给予了高度之重视。

在《东方专制主义》一书中，魏特夫借用了上述马克思论点中的两大核心要素，即土地私有制的缺乏与国家治水，以此建构其东方专制主义的理论，这就是著名的治水国家说。他指出，在南亚与东亚三角洲平原地区，在农业与人口发展的基础——水利设施的建设与管理中，国家机器起着至关重要的作用，因而，在大多数亚洲国家，国家与社会都可以理所当然地被描述为“水利的”。在东方的“治水社会”里，为保障国家力量永久地大于社会力量，避免在社会上形成一种与王权抗衡的政治力量，统治者在军事、行政、经济乃至宗教信仰方面采取一系列的措施，巩固自己的专制统治。② 由此可见，“水利共同体”与“治水社会”有着一个共同的认知前提，即传统中国是一个农耕社会，保障农耕顺利进行的水利事业则居于整个社会的核心地位，因而，藉由水利事业中的国家、水利组织、村落之间的关系能够对传统中国加以认识。

与对“唐宋变革论”的拥抱与接受不同，“水利共同体”研究者对于魏特夫的治水学说更多的则是持批评的态度。松田吉郎在20世纪80年代总结道：“为了打破战前基于卡尔·魏特夫（Karl August Wittfogel）‘水理论’的停滞论，战后进行过几个相关的研究和争论”③，简单来说，在承认水利事业是理解中国传统社会之钥匙的基础上，日本学界批判的焦点不仅仅停留在水利工程（尤其是农田水利）中，国家力量是否永久地大于社会

---

① ［日］丰岛静英：《关于中国西北部的水利共同体》，钞晓鸿主编：《海外中国水利史研究：日本学者论集》，人民出版社2014年版，第1~2页。

② ［美］卡尔·A. 魏特夫：《东方专制主义：对于极权力量的比较研究》，徐式谷等译，中国社会科学出版社1989年版；对于魏特夫治水学说的评述，可参见张俊峰：《明清中国水利社会史研究的理论视野》，《史学理论研究》2012年第2期，第97~107页。

③ ［日］松田吉郎：《明清时代浙江鄞县的水利事业》，钞晓鸿主编：《海外中国水利史研究：日本学者论集》，人民出版社2014年版，第417页。

力量这一具体结论方面，更是直指魏特夫学说的核心实际上是描绘出了一个"停滞"的东方社会，破除这种"停滞观"则正是当时中国史研究界的主要议题之一。① 这一研究旨归之下，"水利共同体"演绎出的所谓"世界史中的中国"之研究理路便昭然若揭。这或许是由于研究者受到马克思主义等社会理论的影响，以至于"在实践中，受到这些理论影响的多数说明都把政体（polity）或国家（state）作为它们的'社会'（society），作为它们用于分析的整体单元"②。

在反思了魏特夫的治水学说后，日本学界提出"关于国家、水利组织、村落三者之间的关系在各个时代的位置以及地域之间的差别，今后应该更加深入地研究"③，也就是说，如欲消除中国社会的"停滞观"，考察的对象是"国家""水利组织""村落"三者之间的关系，以及这种关系在时间与空间中的定位。正是在这种考察对象与角度的指引下，随着研究的不断深入，"水利共同体"的讨论很自然地开始向"国家与社会"视野下的水利社会史转变，并且，其间还受到了当时日本学界兴起的"地域社会论"的强烈影响。众所周知，20世纪80年代初森正夫基于对江南地区的研究，提出了"地域社会论"这一明清史研究的理论，他主张"作为人们生产和生活的基础单位的地域社会"，"除了纵向关系的阶级、身分间的秩序外，还有横向关系的共同体"，以此旨在超越以往单纯的阶级分析方法。④ 可以说，迄今为止，日本学界有关水利共同体及其相关理论的讨论，主要是围绕北方地区的灌溉水利和江南地区的圩田水利而展开的。其中，向水利社会史的转向以及对地域社会论的迎合，主要是以森田明为主的明清江南圩田水利史的研究者。

在1974年出版的《清代水利史研究》一书中，森田明认为，在水利组织的管理方面，以明末为转机，其实权从国家的手中转移到了乡绅阶层。⑤ 在1996年版《清代水利社会史研究》中，他进一步地认为，"水利灌溉、治水等事业无法单独实施，它们必须与历史的自然环境、社会经济方面的各种问题密切配合，方能进行。透过中国水利史之个别研究，方才有可能将各时代的政治、社会、经济等各层面或中国社会之历史的特质加以阐明"⑥。显示出清晰的转变轨迹。事实上，自20世纪80年代以来，有关明清时期江南地区的研究，汇聚了除森正夫、森田明之外的滨岛敦俊、川胜守、岸本美绪等一大批日本学界的著名学者，他们亦都或多或少地从社会经济史等角度展开对

① ［日］森田明：《明清时代の水利团体——その共同体的性格について》，《历史教育》第13卷第9号，1965年，第32~37页；［日］好并隆司：《中国水利史研究の問題点——宋代以降の诸研究をめぐつて一》，《史学研究》第99号，1967年，第53~60页。

② ［英］迈克尔·曼：《社会权力的来源（第一卷）》，刘北成、李少军译，上海人民出版社2007年版，第2页。

③ ［日］好并隆司：《中国水利史研究の問題点——宋代以降の诸研究をめぐつて一》，《史学研究》第99号，1967年，第53~60页。

④ 有关地域社会论的评述，参见常建华：《日本八十年代以来的明清地域社会研究述评》，《中国社会经济史研究》1998年第2期，第72~83页。

⑤ 此论点贯穿于该书的各章之中，参见［日］森田明：《清代水利史研究》，亚纪书房1974年版。

⑥ ［日］森田明：《清代水利社会史研究·序》，郑梁生译，"国立"编译馆1996年版，第5~6页；张俊峰对这一转变亦有精到的总结，参见张俊峰：《明清中国水利社会史研究的理论视野》，《史学理论研究》2012年第2期，第97~107页。

圩田水利的研究。如滨岛敦俊注意到：首先，劳动力负担原则与国家赋役制度方面，在明朝里甲制阶段的水利事业，其原则是所谓的"田头制"，伴随着明末里甲制度的失败，则变为"照田派役制"；其次，圩田开发与商业化之间的关系，"由于三角洲开发进化，有的地方未垦之地逐渐减少，地价逐渐上升，投资土地，经营农业较前困难，此或许为商业化之动因"，"由此我们可以说：明代中期不少乡居经营地主走向客商活动之时期，正是江南三角洲低地开发趋向结束之时期，两者可能有密切之关连"。① 可见，这些研究从更为细致而深刻的角度揭示出圩田水利所涉及的赋役制度变迁、土地开发、商业化等方方面面的内容。

于是，"水利共同体"与社会经济史两种阐释体系在江南交汇与融合，对于江南圩田的研究，逐渐在基于区域研究的"国家与社会"视野下得到了进一步的深化。

三、沙田："区域史"的研究理路

有感于中国地域辽阔，各区域自然资源、经济、社会与文化等发展状况千差万别，传统"宏大叙事"的历史叙述方式不能提供清晰的历史认知，因而，对各区域进行细致讨论成为研究的重要一步。20 世纪 80 年代的史学界，特别是社会经济史领域内已经频繁地使用"区域性研究"之类的词汇，② 就具体地域而言，除了已有厚重基础之江南地区以外，其他区域的研究亦陆续跟进，并且随着研究的不断推进，作为方法论的区域史研究更是成为学界的共识，从而在根本上颠覆了传统中国史的书写。在这些区域史研究中，以对珠江三角洲地区研究为出发地的"华南学派"表现尤为突出，"沙田研究是珠江三角洲地域开发研究的重要课题"③，可以说，关于珠江三角洲沙田的研究历程正体现了中国区域史研究的这一探索前行过程。

对于珠三角的沙田，学者们普遍接受的定义是，"沙田即指由河海冲积土发展并开垦而成的田土"④。根据地理学家的研究，"由于成陆时间的先后，珠江三角洲被大体区分为老三角洲和新三角洲，其大体界限是从新会圭峰山经荷塘、均安、了哥山、顺德沙湾、市桥到黄埔港，这一线以北大体被称为民田区，以南被称为沙田区"，并且由于"明代以前的珠江三角洲历史基本上是一个'传说'时代，所以无法深究"⑤，故而，当今珠三角沙田的研究者多为明清史方面的专家。

---

① ［日］滨岛敦俊：《明代江南农村社会の研究》，东京大学出版会 1982 年版，第 1～206 页；《土地开发与客商活动——明代中期江南地主之投资活动》，钞晓鸿主编：《海外中国水利史研究：日本学者论集》，人民出版社 2014 年版，第 393～416 页。

② 唐仕春：《心系整体史——中国区域社会史研究的学术定位及其反思》，《史学理论研究》2016 年第 4 期，第 56～66 页。

③ 王传武：《珠江三角洲沙田研究述评》，《中国社会经济史研究》2014 年第 1 期，第 105～109 页。

④ 黄永豪：《土地开发与地方社会——晚清珠江三角洲沙田研究》，香港文化创造出版社 2005 年版，第 1～2 页。

⑤ 王传武：《珠江三角洲沙田研究述评》，《中国社会经济史研究》2014 年第 1 期，第 105～109 页。

作为先行者，20 世纪三四十年代关注现实的社会学者们便对沙田展开了一系列的社会调查，出版了一批关于沙田的文献，① 由此开启了研究的序章。其中，能与当代研究形成对话的是陈翰笙先生等人，他较早注意到了珠三角的沙田与宗族的联系，认为沙田的粗放耕种方法促进了族田的增加，并进一步讨论了沙区的租佃制度以及作为潜在田的海水的产权。②

进入 80 年代以后，随着社会经济史领域中区域性研究的勃兴，沙田作为珠江三角洲地区研究中无法绕开的课题，论作颇丰，谭棣华《清代珠江三角洲的沙田》一书则是其时较具代表的一项全面系统的研究。该书从开发史的角度讨论了沙田的形成与开发、沙田契证、沙田的占有与租佃、沙田区世仆制、沙田田赋、沙田的经营管理及其与商品经济的关系，以及沙田开发的历史意义。在这些讨论当中，作者亦已注意到了沙田与当地宗族及地方社会的联系，指出族田是沙田占有的基本形态，沙田的开发缓解了珠三角地区的人口压力，促进了商品经济的繁荣与市镇化，强化了当地宗族势力（主要是提供经济基础）与地主经济，乡族地主建立护沙组织以加强对沙田区的控制，进而建立的地域性乡族集团组织成为与清朝地方政府抗衡的一种重要势力，而对沙田的争夺也加剧了宗族械斗，对社会经济发展产生恶劣影响。③

明清珠三角沙田的开发与宗族间有着不可割裂的联系，这一点同样得到了其他同时代学者的关注。叶显恩与林燊禄讨论了两者间的关系，指出"农业耕作系统，需要有与之相适应的社会结构。以宗族组织为核心，建立乡族士绅对地方的控制力的社会结构，因沙田耕作系统的需要而形成。宗族组织也因而伴随着沙田的开发而得到长足的发展"，而且"宗族组织一旦确立，又为农业系统的稳定性发挥作用"，解决了后者所需的资本与劳动力投入问题，同时宗族的聚居分布使民田区、围田区与沙田区之间形成了一种主从关系的格局。④ 在这里，叶显恩先生等人已经注意到民田区与沙田区之间存在着支配与被支配的关系，开始逐渐从单纯地考察沙田本身，转而将沙田置于当地的社会结构中，对以宗族组织为核心的地方社会结构加以考察。

透过以上学者们的讨论，可以看到有关沙田的研究逐渐从区域性的社会经济史方面转向区域社会史的探讨路径之轨迹，至于将沙田的研究进一步推向深入的学者，则是以刘志伟等为代表的"华南学派"。早在学生时代，刘志伟就注意到广东的沙田问题，并对沙田的所有权归属问题进行了考察，不过其时的讨论仍是在当时的学术语境下，回应中国经济史研究中有关土地所有制等话题，⑤ 在此之后的研究中，其学术思想逐渐走向成熟，作为方法论的区域史研究路径逐渐开始成型并得以彰显。

---

① 参见王传武：《珠江三角洲沙田研究述评》，《中国社会经济史研究》2014 年第 1 期，第 105~109 页。

② 陈翰笙：《解放前的地主与农民——华南农村危机》，冯峰译，中国社会科学出版社 1984 年版，第 32~33、51~58 页。

③ 谭棣华：《清代珠江三角洲的沙田》，广东人民出版社 1993 年版，第 70、221~269 页。

④ 叶显恩、林燊禄：《明清珠江三角洲沙田开发与宗族制》，《中国经济史研究》1998 年第 4 期，第 53~65 页。

⑤ 刘志伟：《简论明清时期广东沙田的所有权》，《中山大学研究生学报》1982 年第 1 期，第 40~45 页。

在《宗族与沙田开发——番禺沙湾何族的个案研究》一文中，刘志伟以广东番禺县沙湾镇何氏宗族为中心继续了珠三角地区宗族发展与沙田开发的关系这一话题，所不同的是，其阐释路径开始呈现出与以往学者大相径庭的面貌。他指出"明代以后珠江三角洲宗族的成长，可以被解释为一个由国家正统意识形态规范起来的关于祖先和继嗣的观念，被利用来适应政治经济环境变化的历史文化过程。而沙田的大规模开发，也为珠江三角洲的宗族势力的发展创造了相当有利的独特的经济条件。这个互动的过程，对明清时期珠江三角洲的社会变迁产生了极为重要的影响"①。在这里，刘志伟藉沙田以观察在区域的历史过程中生态、政治、经济和社会文化等诸因素在空间中的展开，以及人对于这些因素的能动性利用，从而突破了以往沙田研究的"地方史"局限。

刘志伟所指的"明清时期珠江三角洲的社会变迁"应当就是沙田与民田格局的形成，在另外两篇文章中，他着重讨论了这种沙田—民田格局，认为这一格局实际上是在地方社会历史的过程中形成的一种经济关系、一种地方政治格局、一种身分的区分，甚至是一种"族群"认同的标记，二者之间还存在着一种独特的控制与被控制的关系。这种控制权基于一种文化上的霸权，所以，沙田—民田格局实际上体现的是一种国家认同情境之下的文化权力结构。透过沙湾社区的社会历史，可见其用于维持在地域社会中优势地位和中心地位的经济、政治、文化资源是通过掌握和利用国家语言而获得的，这种国家语言包括作为社会权利标志的宗族、祖先合法定居、祠堂，以及作为正统性象征的神明崇拜的北帝祭祀，因而，沙湾社区的沙田与民田格局实际就是在地方历史过程中形成的，这个过程既是社区的历史，又是地域社会发展的历史，同时也是王朝的历史，而传统乡村社会研究也就需要把社区、地域社会和国家体制的动态过程结合起来考察。② 对于这一格局，刘志伟还曾以图的形式表现出来（如图1）。

这幅民田—沙田示意图显示，刘志伟对珠三角沙田的研究涉及从自然到社会、从生计到生活、从物质世界到精神领域等诸多方面，呈现出一幅对该地区整体性阐释的画卷。基于上述刘志伟的讨论以及其他华南研究者的研究，赵世瑜正式提炼出作为方法论的区域史研究理念。③ 戴一峰指出，大陆学术界存在着两种不同的区域史观：一种是方法论取向的，即将区域史研究视为一种新的研究方法、研究范式或研究取向；另一种是范畴论取向的，即将区域史研究视为一个新的研究领域、新兴学科或学科分支。范畴论者大多从地理学、区域学或区域经济学汲取理论养分，方法论者则大多汲取历史人类学养分。④ 可以

① 刘志伟：《宗族与沙田开发——番禺沙湾何族的个案研究》，《中国农史》1992 年第 4 期，第 34~41 页。

② 刘志伟：《地域空间中的国家秩序：珠江三角洲沙田—民田格局的形成》，《清史研究》1999 年第 2 期，第 14~24 页；《边缘的中心——"沙田—民田"格局下的沙湾社区》，黄宗智主编：《中国乡村研究》（第一辑），商务印书馆 2003 年版，第 32~63 页。

③ 赵世瑜：《作为方法论的区域社会史——兼及 12 世纪以来的华北社会史研究》，《史学月刊》2004 年第 8 期，第 5~8 页。

④ 戴一峰：《区域史研究的困惑：方法论与范畴论》，《天津社会科学》2010 年第 1 期，第 128~135 页。

地理空间 ➡

村落形态 ➡

生业 ➡

市场 ➡

土地经营 ➡

宗族 ➡

信仰仪式 ➡

社会等级 ➡

族群分类 ➡

明初：军事征服／土豪控制／垛集军户／屯田

明正统年间：黄萧养之乱／秩序重建／户籍整理／信仰正统化

明代中叶：士大夫化／礼仪改革／宗族／商业化

清代：迁海与复界／粮户归宗／户籍制度改变／土地分类登记

➡

开边/埋边

（里面/外面）

块状村落/无定居（条状村落）

桑基鱼塘/稻田

城市市镇/稻米市场

地主/大耕家与耕夫

大族/水流柴

神庙/无庙

编户齐民/无籍

民（汉）/蛋

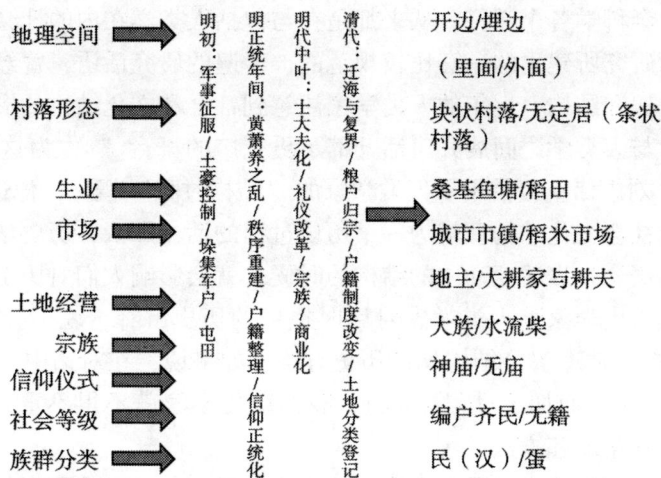

图1　明清时期珠江三角洲民田—沙田格局示意图
资料出处：http：//mp. weixin. qq. com/s/evCS_e2p90DhjLM2Ymel0Q.

说，两种区域史观中，方法论取向的区域史研究正越来越得到学界更为普遍的认同与接受。① 那么，作为方法论的区域史研究到底有何意涵呢？按刘志伟在一次演讲中的原话表述，即为"所谓'华南研究'，已经不是局限于在某个区域来做研究，而是追求以地方社会做试验场，结合田野考察和文献资料，建立有关中国历史与社会文化的新的研究范畴和视角"②。

恰如戴一峰所言，刘志伟对于沙田研究的推动，得益于历史学与以人类学为主的其他社会科学之对话与交融。在《地域社会与文化的结构过程——珠江三角洲研究的历史学与人类学对话》一文中，他直接以"历史学与人类学对话"为题，道明了自己不同于以往从土地开垦和地区开发的角度对沙田所进行之讨论的出发点：

> 对于这样一个历史过程，社会经济史学家长期以来关注的重点，是土地垦殖过程和开发方式，以及开发过程形成的土地占有形态和生产方式，也讨论土地开发的历史地位和社会影响等等。这种研究框架与传统史学不同，其出发点和分析工具，是一套基于古典经济学传统的概念体系，由资源的开发到资源的控制，在逻辑上不言而喻是形成社会经济结构的基础，一系列描述经济关系和社会结构的概念，被凝固化之后，成为不证自明的研究起点，活生生的历史活动成为这些概念的逻辑展开过程。

那么，应当如何去破除这种"不证自明的研究起点"以及还原"活生生的历史活动"呢？在讨论过沙田以及宗族、户籍、神明崇拜与族群等五个议题之后，在该文的结论部

———————————

① 参见孙杰、孙竞昊：《作为方法论的区域史研究》，《浙江大学学报》（人文社会科学版）2015年第6期，第34~39页等。

② http：//mp. weixin. qq. com/s/evCS_ e2p90DhjLM2Ymel0Q.

分，他在分析框架的高度上进行了总结："中国的社会经济史研究采用的分析概念和方法，本来就来自社会科学各个学科，从来都是在与包括人类学在内的社会科学对话中发展的。早期的人类学研究所建立的一套比较规范的、普遍的研究话语，曾经为历史学提供了审视社会现象的框架和结构，近年的人类学家注意到社会和文化结构的形成本身是一个历史过程，为历史学与人类学之间展开对话开辟了更宽广的舞台。"作为这一对话"更宽广的舞台"的产物，刘志伟直接借用了人类学家的"结构过程"概念，他进一步说："如果说人类学家已经把社会文化结构理解为一个历史过程的话，那么，历史学家应该清楚，一旦用一些固定化的概念去表述变动中的结构的时候，就会影响人们对历史事实的了解和历史的陈述。今天的历史学家与人类学家对话时提供的历史解释，就不会仅仅是一种'历史背景'，而应该是一种理解'结构'的历史方法。如果说，在对话中，人类学已经在结构（structure）这个字后面加了过程（ing），我们历史学家就不得不重新反省对'过程'的结构做历史阐释的角度和方法。"

而且，刘志伟并不满足于只是单向度地从人类学汲取养分，他更为关心的是，如何从历史学的本位出发，通过历史研究对当今的社会科学理论体系作出史学家自身的贡献。[1] 至于如何作出这一贡献，以及贡献何在，在 2016 年出版的《在历史中寻找中国：关于区域史研究认识论的对话》一书中，通过与思想史家孙歌的对话，刘志伟给出了自己的回答。

可以说，该书甫一问世，便在国内学界引起了极大的反响，所引发的冲击与讨论亦才刚刚开始。书中，刘志伟与孙歌的对话在"从国家的历史到人的历史""形而下之理与普遍性想象""从人的行为出发的制度史研究""'中心'与'边缘'""局部与整体""区域研究中的'国家'"，以及"寻找中国原理"等七个方面展开。[2] 依笔者的理解，刘志伟颠覆了以往"国家的历史"叙述方式，在认识论意义上提出了"以人为本"的史学思想，从社会组成的最基本单元——"人"的立场出发，藉此理解单个的"人"是如何构成"社会"的，进而认识到作用于每个人身上的文化、制度、国家形态与内涵及其演变过程等全息性图景。由此可见，这一诠释路径与众多的社会理论家们有着相似的追求，社会理论家希望从人类的生存、需求等动机出发，"试图把社会结构理论置于各种人类动机运作的'重要性'的基础上"[3]，从而实现对人类社会的认知。以英国历史社会学家迈克尔·曼的研究为例，即可看出两者的异曲同工之处：

在《社会权力的来源》第一卷中，迈克尔·曼认为"社会是由多重交叠和交错的社会空间的权力网络构成的"，国家、文化和经济则都是包含于其中的"重要的结构性网络"，人类出于"无休止的、有目的地并且是由理性地为增进他们对生活中美好事物的享用而斗争，为此，他们有能力选择和追求适当手段，或者，至少他们这样做足以提供体现人类生活特征的活力，并赋予它其他类别所缺少的历史"，为此，人群需要集结组织起

① 刘志伟：《地域社会与文化的结构过程——珠江三角洲研究的历史学与人类学对话》，《历史研究》2003 年第 1 期，第 54~64 页。

② 刘志伟、孙歌：《在历史中寻找中国：关于区域史研究认识论的对话》，东方出版中心 2016 年版，目录页。

③ ［英］迈克尔·曼：《社会权力的来源（第一卷）》，刘北成、李少军译，上海人民出版社 2007 年版，第 6 页。

来，通过"组织、控制、后勤、沟通——组织和控制人、物及领土的能力，以及这一能力贯穿历史的发展"，去达成这一目的。于是，社会权力的四种来源，即意识形态的、经济的、军事的和政治的，"都提供了社会控制的可选择的手段。在各个不同的时期和地方，每一来源都提供了得到增强的组织能力，这种能力使它的组织形式能暂时支配整个社会形式。我的权力史取决于估量社会空间的组织能力和解释它的发展"①。

姑且不论刘志伟的思考到底对于社会理论的贡献如何，仅就历史学本身的研究而言，他及其所属之研究群体的努力带来了许多革命性的改变，甚至可以说颠覆了以往的研究思维路径，依笔者管见，除了史学认识论上的革新以外，他在方法论的意义上的贡献至少有以下两点：

其一，对区域史本身的认知。学界在从事区域史研究时，通常都会强调"整体史"的视野，② 刘志伟亦是如此，在对沙田—民田二元结构的分析中，他的研究便展现了一幅整体史的画面。不过，若是片面地追求整体史，较易陷入将区域视为一个先验性存在之整体的困境当中。在刘志伟的研究中，这一困境则得以有效地避免。透过对珠江三角洲这一区域的"结构化"的历时性讨论，他展示了这一结构是如何形成的，意即区域逐渐形成为一个整体，曾经历了一个长期的历史过程，对这一历史过程及产生的结果进行剖析，便凸显了区域的无界与流动。③

其二，突破了"中国史"的研究限制。历史演进至明清时期，中国已经不再是独处世界之一隅的孤立个体，而是日益融入到世界之中，成为世界史的有机组成部分。对于这一点，学界历来颇为重视，诸如中外交流史、海洋史等相关的讨论，成果斐然。与之相对，区域史通常被冠以"鸡零狗碎"之称，但恰恰是在以刘志伟为代表的华南学者研究中，在具体的区域当中，可以看到来自于外部的因素如何具体地在中国大地上产生作用，及其运行的内涵与机理究竟为何。正如程美宝所云：

> 中国地方史的叙述，长期被置于一个以抽象的中国为中心的框架内，也是导致许多具有本土性的知识点点滴滴地流失，或至少被忽略或曲解的原因。18 世纪以来广州的历史叙述，最好用来说明这一点。当历史学家以广东为例正面地讨论"中西交流"的时候，不会忘记容闳，不会忘记康梁，不会忘记郑观应，更不会忘记孙中山，但他们往往会忘记大批为欧洲人提供服务的普通人，许多中西文化、生活、艺术和技术的交流，是通过这些人物特别是商人和工匠实现的……要了解广东这类"边缘"地区近代地方文化的发展，只有跨越地方、跨越国界，跨越以抽象的中国文化为中心的视角，才不致对焦错误。④

---

① ［英］迈克尔·曼：《社会权力的来源（第一卷）》，刘北成、李少军译，上海人民出版社 2007 年版，第 2~6 页。

② 参见唐仕春：《心系整体史——中国区域社会史研究的学术定位及其反思》，《史学理论研究》 2016 年第 4 期，第 56~66 页等。

③ 戴一峰：《区域史研究的困惑：方法论与范畴论》，《天津社会科学》2010 年第 1 期，第 128~ 135 页。

④ 程美宝：《地方史、地方性地方性知识——走出梁启超的新史学片想》，杨念群、黄兴涛、毛丹 主编：《新史学：多学科对话的图景》，中国人民大学出版社 2003 年版，第 678~688 页。

可以说，落到实处的区域史，既是中国史，更是世界史。

四、垸田："环境史"的研究理路

明清时期的珠江三角洲之所以能够形成民田—沙田二元分化的格局，得益于这些围垦水域而成的土地，在自然地貌形态上处于一种相对固定的状态。然而，对于地处长江中游的江汉—洞庭地区而言，水域与土地之间的频繁转换与变动才是常态。事实上，这一湖区地貌形态的变动，使人常有"沧海桑田"之叹，通常是各类自然环境变迁中较为剧烈的一种，明清两代正是本区湖泊发生急剧变动的时期，这既有自然环境方面的原因，更多的则是来自于人类活动的影响，这种人类活动的主要形式，便是围垦湖区水域。

光绪《湘阴县图志》记载："历代皆有陂湖蓄水。祥符、庆历间，民始盗湖为田。乞尽括东南废湖为田者，复以为湖。然则侵占湖地为田，盖亦自宋始矣。"① 根据这些记录，学者们指出江汉—洞庭地区围垦湖地的历史，在宋代已见端倪，明清两代，围垦湖地的活动则以兴修垸田的形式蓬勃发展。②

垸田，即"民间于田亩周围筑堤以防水患，其名曰'垸'。每垸周围二三十里、十余里、三四里不等"③。历史地理学者很早就注意到垸田与长江下游的圩田属于同类水利田，石泉指出"垸＝圩＝堤"，垸田与圩田属同一类型，只是兴起较晚，其兴起需要具备地理、技术和投资等条件，并且垸田的开发使江汉平原的地理面貌发生了巨变。④ 张国雄对垸田给出的定义是"垸田是江汉平原河湖交错的水乡地区一种四周以堤防环绕、具备排灌工程设施的高产水利田"，他也认为垸田与圩田基本上是同类水利田，区别只在于各自依赖的地理环境。⑤ 鲁西奇更是直接点明长江中游地区的"垸"就是下游地区的"圩"，都是环绕成一圈的堤防，意在防御洪水，所包围的田地就是垸田（也就是说，垸田就是筑围堤、防御洪涝的水利田），而与太湖平原的"圩"相比，区别在于江汉平原"垸"的规模较大。⑥

的确，未开发前的江汉湖区和江南三角洲在地理环境上非常相似，都属于低平的冲积

---

① 光绪《湘阴县图志》卷二十二《水利志》，《中国地方志集成·湖南府县志辑》第 10 册，江苏古籍出版社 2002 年影印本，第 341 页。

② 石泉、张国雄：《江汉平原的垸田兴起于何时》，《中国历史地理论丛》1988 年第 1 期，第 131~140 页；石泉：《古代荆楚地理新探·续集》，武汉大学出版社 2004 年版，第 342~347 页；石泉：《石泉文集》，武汉大学出版社 2006 年版，第 515~522 页。

③ （清）汪志伊：《湖北水利篇》，道光《楚北水利堤防纪要》卷首，湖北人民出版社 1999 年版，第 14 页。

④ 石泉：《古代荆楚地理新探·续集》，武汉大学出版社 2004 年版，第 342~343 页。

⑤ 张国雄：《江汉平原垸田的特征及其在明清时期的发展演变》，《农业考古》1989 年第 1 期，第 230 页。

⑥ 鲁西奇：《区域历史地理研究：对象与方法——汉水流域的个案考察》，广西人民出版社 1999 年版，第 438 页；鲁西奇：《明清时期江汉平原的围垸：从"水利工程"到"水利共同体"》，张建民、鲁西奇主编：《历史时期长江中游地区人类活动与环境变迁专题研究》，武汉大学出版社 2011 年版，第 352~354 页。

平原，所以，筑堤防洪成为开垦的必要条件。不过，虽然垸田与圩田同为筑堤围垦湖区水域而成，但由于具体使用的水利技术手段有所不同，使得二者对当地的自然环境产生了迥异的后果。自然环境科学工作者指出，江汉平原采用了筑堤围垸的开垦方式，使地表起伏增大，荆江、汉水河床淤高，沿岸河漫滩、穴口、水系与湖泊受到淤积，使泄洪和调节经流能力降低，破坏了地理环境，造成了严重的洪、涝、旱等灾害；与之相对，江南三角洲采取了塘浦圩田的开垦方式，不改变地表起伏，水系、湖泊都能得以长期保存，对某些不利的地理环境加以合理改造，历史上洪、涝、旱等灾害显著减少。①

可以说在 20 世纪 80 年代之前，关于垸田的研究主要是由自然科学工作者完成的，且属稀见。如出版于 1939 年的郑肇经所著《中国水利史》一书，在讨论湖北、湖南水利问题时涉及垸田，并且还注意到了洞庭湖地区元明之际堤垸的兴起，造成了洞庭湖湖面缩小、湖身淤高，是"水患之胚胎"，至清代堤垸围筑更加普遍，有与水争地之势，造成了后来水患频仍的状况。②

20 世纪 80 年代以后，垸田问题逐渐开始受到历史学界的关注。张建民是较早关注这一议题的学者，自 80 年代初起，他陆续发表一系列文章，先后讨论了明清江汉平原与洞庭湖平原湖区堤垸的发展（包括明代垸田开发造成的江湖关系演变、洪涝灾害及其反作用、清代兴筑、人口运动的影响等方面）、堤垸水利的修防经营（涉及修防制度与组织，即"官府督导之下对堤垸修防的实际责任承担者是民间管理系统"，以及修防资金、水利关系冲突与协调、官民关系与绅衿地位、协济修防、修防弊端等问题）、堤垸效益（如两湖粮食生产与运销，即土地面积扩大、科征少、生产能力高等，以及河湖盲目围垦导致了河湖湮淤与洪涝灾害等后果），最后指出"作为一种土地利用形式的堤垸，在湖区的开发利用过程中有着举足轻重的地位"，既取得了经济效益，也影响了生态平衡，反过来导致经济效益的降低，人口变动在湖区堤垸发展中具有重要意义。③ 可见，这些研究已经开始在官与民的框架中进行考察，与水利社会史的研究理路颇相呼应。并且，在考察整个流域的农田水利时，张建民更注意到与华北地区因水资源稀缺而盛行灌溉水利相比，长江流域水资源丰富，农田水利的重点在于排水及防范水灾，因而，"水利"与"水害"一体两面的状况成为其讨论的重点之一。④

垸田与水旱灾害的密切联系亦引起了历史地理学界的关注。张国雄主要探讨了明清江汉平原水旱灾害与垸田的关系，以及江汉平原垸田的特征及其在明清时期的发展演变。他指出，由于年降水量分配不均、围湖造田导致河湖调蓄能力下降与堤防修护不力，造成江汉平原水旱灾害频发，明代水灾是对垸田经济破坏最大的自然灾害，嘉靖以后的水灾更是

———————————

① 林承坤：《古代长江中下游平原筑堤围垸与塘浦圩田对地理环境的影响》，《环境科学学报》1984 年第 2 期，第 101~110 页。

② 郑肇经：《中国水利史》，上海书店 1984 年版，第 253~258 页。

③ 张建民：《清代湖北洪涝灾害论略》，《江汉论坛》1984 年第 10 期，第 64~70 页；《围湖造田的历史考察》，《农业考古》1987 年第 1 期，第 187~197 页；《清代江汉—洞庭湖平原堤垸农业研究》，《中国农史》1987 年第 2 期，第 72~88 页；《清代两湖堤垸经营研究》，《中国经济史研究》1990 年第 4 期，第 68~84 页等，这些成果构成了彭雨新、张建民：《明清长江流域农业水利研究》（武汉大学出版社 1993 年版，第 184~268 页）一书的基本论点。

④ 彭雨新、张建民：《明清长江流域农业水利研究》，武汉大学出版社 1993 年版，第 184~268 页。

造成明后期垸田经济发展停滞, 江汉平原出现了自南宋兴起垸田以来的第一次经济危机, 清代乾隆末年出现的溃灾为明代所无, 并对清后期垸田生产危害极大, 江汉平原垸田生产在清代早中期基本保持了高产和稳产, 至清后期垸田高产但不稳产的特点日益突出, 江汉平原垸田经济进入停滞状态。因而, 一部垸田史就是江汉平原全面开发的历史, 垸田的发展既奠定了江汉平原商品粮基地的地位, 又造成了江汉平原灾害频发的状况。①

研究者大多并不只限于关注垸田本身, 而是以垸田为中心, 深入讨论了江汉—洞庭地区的历史地理、农业史、经济史等诸多领域的课题, 内容涉及 "水灾及其影响" " '湖广熟, 天下足' 与湖广米粮的输出" "农业生产" "商人、市镇与贸易" 等方面。② 如梅莉在讨论洞庭湖平原的垸田经济时, 考察了洞庭平原垸田兴起与发展的历史过程, 并对湖区地理空间分布的变化与泥沙淤积、湖泊水面消长之间的关系加以分析, 指出, 垸田的出现标志着洞庭平原经济发展史上一个新时期的到来, 垸田使湖区粮食生产量和输出量大大超过湖南其他各区, 提高了湖区在全国粮食输出中的地位, 是改变湖区乃至湖南经济地位的关键因素之一。③ 此外, 鲁西奇探讨了汉水下游平原垸田农业区中垸田的发展、分布、粮食种植、经济作物种植等问题。④ 杨果与陈曦在《经济开发与环境变迁研究——宋元明清时期的江汉平原》一书中, 分区域考察了江汉平原江陵、监利、石首、枝江、松滋、公安、华容各县的垸田兴起与发展情况。⑤

可以说, 与同为围水而成的圩田及沙田相比, 江汉—洞庭地区的垸田最为明显特征之一, 便是垸田的开发导致了水旱等自然灾害的频发。无论是自然科学工作者, 还是历史学者, 都充分意识到围垸造田、与水争利是形成本地区水旱等自然灾害频发局面最为主要原因之一, 因而, 无论是研究垸田本身, 还是关心它所牵涉到的其他方面, 都无法回避垸田与自然环境之间的关系, 很自然地, 有关垸田的研究便开始聚焦于探讨人与自然互动的环境史研究理路之上。

对环境史的共同关怀, 促使了历史地理与社会经济史学者间的交流与合作, 张建民与鲁西奇的合作即为其中典范。他们首先从人地关系的角度总结了历史时期长江中游地区的历史演变及其特点, 指出: 人口一直是人地关系系统中最为活跃的因素, 人口的增长是引发本区开发高潮的重要契机, 也是本区人地关系演变的根本性因素; 资源利用方式 (特

---

① 张国雄:《明代江汉平原水旱灾害的变化与垸田经济的关系》,《中国农史》1987 年第 4 期, 第 28~34 页;《江汉平原垸田的特征及其在明清时期的发展演变》,《农业考古》1989 年第 1 期, 第 227~233 页;《江汉平原垸田的特征及其在明清时期的发展演变 (续)》,《农业考古》1989 年第 2 期, 第 238~248 页;《清代江汉平原水旱灾害的变化与垸田生产的关系》,《中国农史》1990 年 3 期, 第 85~91 页。

② 参见张家炎:《十年来两湖地区暨江汉平原明清经济史研究综述》,《中国史研究动态》1997 年第 1 期, 第 2~10 页。

③ 梅莉:《洞庭平原垸田经济的历史地理分析》,《湖北大学学报》(哲学社会科学版) 1990 年第 2 期, 第 62~67 页;《洞庭湖区垸田的兴盛与湖南粮食的输出》,《中国农史》1991 年第 2 期, 第 85~91 页。

④ 鲁西奇:《区域历史地理研究: 对象与方法——汉水流域的个案考察》, 广西人民出版社 1999 年版, 第 438~446 页。

⑤ 杨果、陈曦:《经济开发与环境变迁研究——宋元明清时期的江汉平原》, 武汉大学出版社 2008 年版, 第 145~190 页。

别是土地利用方式）则是人地关系的集中体现，也是人地关系演变的中心环节；而河湖演变与植被变迁则是自然环境中最为活跃的因素，又受到人类活动的深刻影响，是自然演化与人类活动共同作用的结果，又给人类的生存与发展带来很大的影响；旱涝灾害的频繁与加剧则是人地关系恶化的具体表现。因此，人口变动、资源利用方式的演进、河湖与植被变化、自然灾害加剧是本区人地关系及其演变过程中最重要的四方面因素。①

进而，针对过往环境史的研究，存在着"科学实证主义对科学规律的诉求"这一倾向，因而"特别注重在'复原'历史环境的基础上，对各时段的人地关系状况作出评判，并进而探索人地关系演变的规律"等现象，于是，他们借用了陈寅恪先生的"了解之同情"理念，在认识论的高度上对之进行了反思：

> 在这里，我们无意于否定或贬低对历史时期人地关系状况的判断与人地关系规律探讨的学术价值与科学意义，恰恰相反，正是为了使这种探讨进一步深化，因而有必要指出：欲真正公正客观地进行科学的评判，"理解"——以"了解之同情"的态度看待古人所处、所感知的生存环境及其对人地关系的认识——也许是一个必不可少的前提条件，建立在"理解"基础上的评判才可能是尽可能接近历史真实的评判。②

与以上国内学者相比，国际学界的关注点则呈现出相对多元化的面貌，其中，有从"国家与社会"视阈中考察者，如魏丕信以中华帝国晚期的湖北为例讨论了水利基础设施管理中的国家干预，其中涉及了垸的问题，他将之视为湖北堤防的双重体系之一，并发现这一水利设施的发展更多地应归功于私人领域，国家干预既摇摆不定，又模糊不清，经历了大规模干预、作为仲裁者与屈服于本地困难三个阶段。③ 濮德培则意识到当地环境问题的重要性，并将"国家与社会"体系与环境史理路二者结合了起来。在对洞庭湖地区考察时，他指出在垸田开发过程中，官方基于防范水灾等水利安全的考虑，与民间对利益的追求存在着不断增长的矛盾，18 世纪，因为人口增长及商业兴盛等外部力量的促进，民间的诉求实际上获得了满足。④

旅美学者张家炎仍旧延续了其在国内期间对环境史的关注，⑤ 留美任教后，他以博士

---

① 张建民、鲁西奇：《长江中游地区人地关系的历史演变及其特点》，《光明日报》，2004 年 9 月 21 日理论版；《历史时期长江中游地区人地关系的演变及其特点》，陕西师范大学西北历史环境与经济社会发展研究中心编：《人类社会经济行为对环境的影响和作用》，三秦出版社 2007 年版，第 83～109 页。

② 张建民、鲁西奇：《"了解之同情"与人地关系研究》，《史学理论研究》2002 年第 4 期，第 15～25 页。

③ ［法］魏丕信：《水利基础设施管理中的国家干预——以中华帝国晚期的湖北省为例》，魏幼红译，鲁西奇校，陈锋主编：《明以来长江流域社会发展史论》，武汉大学出版社 2006 年版，第 614～647 页。

④ Peter C. Perdue：*Official Goal and Local Interests：Water Control in the Dongting Lake Region during the Ming and Qing Periods*，the Journal of Asian Studies，1982（41），pp. 747-765.

⑤ 张家炎：《清代江汉平原垸田农业经济特性分析》，《中国史研究》2001 年第 1 期，第 133～142 页。

论文为基础，出版了《克服灾难：华中地区的环境变迁与农民反应，1736—1949》一书。书中，他主张从农民的观点或农业生产的角度出发，检视环境与社会经济变化之间的联系，贯穿该书的主旨是：在清代及民国时期堤防是江汉平原必需且重要的防止农田遭受年度洪水淹没的方式；由于几个世纪的人口增长，越来越多的湖边荒地被开垦成田，修筑的堤防也越来越多；堤防修筑赶不上对更多土地的不断需求，结果是水灾变得愈加频繁、当地环境变化愈加剧烈；堤防修筑本身造成了对环境的侵害，环境变迁反过来又影响农民的行为，迫使他们调整种植作物、在渔农之间进行身分转换等，以适应变化了的环境，从而在当地经济与社会的形成与转化中起到决定性的作用。可以说，这一环境史取向的作品另辟蹊径，在"人与自然"互动中"人"的方面，丰富了环境史的研究。正如其言，"该方法不仅考虑环境变迁与人口增长，也考虑国家政策、社区行动、市场力量以及农民行为；考虑环境与人类活动之间的关系，不仅考虑人与环境之间的同时互动，也考虑人与环境之间的历时互动，指出长时间的动态变化"，"特别注重农民行为，不是说农民要对所有的环境变化负责，而是强调他们的行为如何引起了环境变化，他们如何应对变化了及变化中的环境，以及最后这些变化如何回过来影响他们的行为"。[1]

综上可见，垸田为环境史研究提供了一个具有典型意义的试验对象，有关江汉—洞庭地区的讨论，亦在对垸田的研究方面激起了学界持续的更多的关注。

五、余论：从"水"的角度出发

以上诸说，各成轨式，为学界提供了进行学术对话的平台。无疑，历史的面貌本就复杂异常，对之的解释当然会由于问题取向与观察视角的不同，各有侧重，从这个意义上来讲，以上有关水域围垦史的研究理路，既是学习与模仿之楷模，同时，更应当是新研究之出发点。基于此，寻求新的解释路径，理所当然地成为当下研究者的追求目标。

众所周知，长江流域是中华文明的起源地之一，在中国历史演进中扮演着重要的角色。中下游地区河网密布，连接着数量众多的大小湖泊，这些河湖水域不仅是沟通各地区的主要通道，而且本身也是流域历史的主要组成部分，成为理解长江流域乃至于整个中国历史发展的重要线索。自然界中，水域是与土地相提并论的自然地貌，自成一套生态系统，不仅如此，俗语云"靠山吃山，靠水吃水"，历史时期，这些水面上并非一片空白，只是人们任意垦殖作画的对象，恰恰相反，水面上生活着众多从事捕捞的渔民、运输的船户，甚至包括江湖盗等边缘人群，因其迥异于岸上居民的日常生计手段，他们有着自己的人际交往模式、社会网络、群体组织形式、权力关系等，从而呈现出一种区别于土地上的社会文化形态。因而，如果我们对圩田、沙田与垸田等土地都是由水域围垦而成的这一史实有着足够的意识，那么，从"水"以及水上活动人群的角度，而不是土地的立场来观察它，则有可能探索出新的研究路径。对此，笔者将另文讨论。

（作者单位：武汉大学历史学院）

---

① 张家炎：《克服灾难：华中地区的环境变迁与农民反应，1736—1949》，法律出版社 2016 年版，第 4~5 页。

明清时期运河重镇苏州城的地域商帮[*]

□ 范金民

  苏州是大运河沿线的重镇，也是鸦片战争前全国最为重要的工商城市，商品生产发达，商业贸易繁盛，商品流量宏大，全国各地地域商帮云集其地，商业竞争极为激烈。

  明中期，苏州名士唐寅即写有脍炙人口的《阊门即事》诗，中云："世间乐土是吴中，中有阊门又擅雄。翠袖三千楼上下，黄金百万水西东。五更市贾何曾绝，四远方言总不同"①，意谓各地商人长袖善舞，商品流量巨大。嘉靖后期，人称"凡四方难得之货，靡所不有……天下财货莫不盛于苏州"②。隆庆初年，徽商黄汴"侨居吴会，与二京十三省暨边方商贾贸易"③。明末，城中月城市，为"两京各省商贾所集之处"；上塘、南濠则"为市尤繁盛"，当地人称阊门"错绣连云，肩摩毂击，枫江之舳舻衔尾，南濠之货物如山"④。入清后，"若枫桥之米豆，南濠之鱼盐、药材，东西汇之木簰，云委山积"⑤。阊胥之间、南濠山塘一路，市肆更加繁盛。康熙时人沈寓说："东南财赋，姑苏最重；东南水利，姑苏最要；东南人士，姑苏最盛。"又说苏州，"山海所产之珍奇，外国所通之货贝，四方往来，千万里之商贾，骈肩辐辏"⑥。同时人刘献廷更称苏州是负有盛名的天

---

  * 本文为国家社科基金重大招标项目"江南地域文化的历史演进"（项目编号 10&ZD069）南京大学文科"双一流"建设科研项目"中国与世界：海上丝绸之路的历史演进"阶段性成果。

  ① 唐寅：《唐伯虎先生外编续刻》卷七《阊门即事》，《续修四库全书》第 1335 册，上海古籍出版社 2003 年版，第 27 页。
  ② 郑若曾：《枫桥险要说》，康熙《吴县志》卷二六《兵防》。
  ③ 黄汴：《水陆路程序》，《北京图书馆古籍珍本丛刊》第 82 册，书目文献出版社 2000 年版，第 821 页。
  ④ 崇祯《吴县志》王心一序。
  ⑤ 康熙《苏州府志》卷二一《风俗》。
  ⑥ 沈寓：《治苏》，《清经世文编》卷二三《吏政九》，中华书局 1992 年版，第 604 页。

下"四聚"之一。① "四聚"之中，清人又一致认为市肆繁华以苏州为最。② 其时，人称"吴阊至枫桥，列市二十里"③。康熙末年，翰林院检讨孙嘉淦称颂道："阊门内外，居货山积，行人水流，列肆招牌，灿若云锦，语其繁华，都门不逮。"④ 乾隆时，当地人自诩："四方万里，海外异域珍奇怪伟、希世难得之宝，罔不毕集，诚宇宙间一大都会也。"⑤ 乾隆二十七年（1762），也即徐扬的《盛世繁华图》面世后三年，外地人赞叹："苏州为东南一大都会，商贾辐辏，百货骈阗。上自帝京，远连交广，以及海外诸洋，梯航毕至。"⑥ 纳兰常安更对南濠的商品之多感叹道："南廒在苏城阊门外，为水陆冲要之区，凡南北舟车，外洋商贩，莫不毕集于此。"⑦ 嘉庆时，有人说："繁而不华汉川口，华而不繁广陵阜，人间都会最繁华，除是京师吴下有。"⑧ 猎微居士更直截了当，赞叹道："士之事贤友仁者必于苏，商贾之籴贱贩贵者必于苏，百工杂技之流其售奇鬻异者必于苏。"⑨ 道光时，到过苏州的宿迁人王相，眼见阊门内外的市场繁盛，"无一日不然，无一时不然，晴亦然，雨亦然"⑩。

如此，苏州既是商品生产中心，又是全国商品特别是江南各地商品的集中地，全国各地地域商帮在苏州城市的商业竞争，构成大运河沿线城镇工商经济和人文活动不可或缺的内容。特胪陈如次。

一、安徽徽州、宁国商帮

安徽徽州、宁国商帮在苏州极为活跃。同治三年（1864），安徽人筹建安徽会馆，到六年建成，有屋200多间，作为"以敦睦其乡党"的场所。会馆成立后，因安徽八府五州"在苏贸易，城乡辽阔，行业颇多，所有各商业既各别，情自难通"，乃仿照浙江的安徽会馆章程，于同治光绪之际专门成立经商公所，以为各商集议公事之所。经商公所成立后，"由各商每业公举正直一人以为经商公所董事，每年轮派董事二人以为司年，所有祭祀等事均由司年知会各商，届期齐集行礼"⑪。会馆成立时，有50家商号或行业捐款，其中茶号25家，银509元；木商捐银500两；烟业银200元；漆店1家，银100元；瓷店1

---

① 刘献廷《广阳杂记》卷四（汪北平、夏志和点校，中华书局1985年版，第193页）谓："天下有四聚，北则京师，南则佛山，东则苏州，西则汉口。"

② 如刘大观认为，"杭州以湖山胜，苏州以市肆胜，扬州以园亭胜"。文见李斗《扬州画舫录》卷六《城北录》（江苏广陵书籍刻社1984年版，第144页）所引。

③ 康熙《苏州府志》卷五四《遗事下》。

④ 孙嘉淦：《南游记》，《清经世文编》卷六《学术六》，中华书局1992年版，第173页。

⑤ 乾隆《吴县志》卷二三《物产》。

⑥ 苏州历史博物馆等编：《明清苏州工商业碑刻集》，江苏人民出版社1981年版，第331页。

⑦ 纳兰常安：《宦游笔记》卷一八《江南三·匠役之巧》，台北广文书局1971年版，第8页，总第950页。

⑧ 《韵鹤轩杂著·戏馆赋》。

⑨ 《韵鹤轩杂著》序。

⑩ 惜庵偶笔：《乡程日记》庚子年，《历代日记汇钞》第46册，学苑出版社2006年版，第336页。

⑪ 《苏垣安徽会馆录》卷下《安徽会馆添设经商公所条款》，光绪七年刻本。

家，银 60 元；墨店 1 家，银 44 元；酱园 4 家（含徽帮酱园 1 家），银 43 元；未标行业者 15 家。① 可见清后期苏州的安徽商人，主要是茶商和从事木业、烟业、酱业的商人，与前有异。光绪初年，安徽商人又在北濠城根建有安徽码头，自二摆渡杨王庙北首墙边起至四摆渡止，为安徽往来船只停泊码头。② 由上述安徽会馆捐款的行铺，以及安徽会馆的昭忠祠经费房租收入外由徽宁人在苏铺业分派，可以推定在苏州的安徽商人基本就是徽州商帮和宁国商帮。

（一）徽州商帮

嘉靖时昆山人归有光说，天下都会所在，连屋列肆，乘坚策肥；被绮縠，拥赵女，鸣琴跕屣者，大多是新安商。③ 乾隆二十三年，直隶大兴人曹旗在苏州诓骗银两，徽商受骗的达 50 余家，徽商之多可见一斑。嘉庆、道光时的大学者泾县人朱琦说："新安六邑，多懋迁他省，吴门尤夥。"④ 按照明清时人的说法，苏州是徽州商帮活动极为活跃的城市。

1. 布商

苏松地区盛产棉布，棉布织成后，需要经过染色、踹光等整理，才能作为商品进入市场。从事棉布收购、委托染踹加工和大宗批销布匹的较大规模的商业资本即是棉布字号。明后期，棉布字号分散在苏州、松江各地棉布市镇。清前期，这种字号集中在苏州阊门外上下塘，"漂布、染布、看布、行布各有其人，一字号常数十家赖以举火"⑤。这种棉布字号，由碑文可知，康熙九年（1670）有 21 家，康熙三十二年有 76 家，牌记 81 家，康熙四十年有 69 家，康熙五十九年有 43 家，乾隆四年有 45 家，道光十二年（1832）有 28 家，光绪三十三年（1907）年仍有 44 家。乾隆元年，松江府的布商呈请官府禁止苏州府的布商冒立字号，列名的字号布商 6 家，领衔的吴舆璠自称，"切璠原籍新安，投治西外开张富有字号"。其余 5 家中的朱左宜店、朱汝高店、李元士店分别以"紫阳辅记""紫阳甫记""紫阳□记"为招牌。列入碑文的字号主，多属汪、程、朱、金、吴等徽州八大姓。碑文"饬谕徽商布店、踹布工匠人等知悉"，并均说明"发新安会馆竖立"，直接将字号与徽商布店视为一体。道光十二年和十四年的两块禁止踹坊垄断把持碑，显然是应新安商人请求而立。字号与籍隶新安的商人等同为一，字号商人的地域性不言而喻。可知其时的松江字号，大部分已由徽商所开。乾隆十三年，苏州城重建横跨运河的渡僧桥，捐款建桥的 8 个布商，6 个是徽州休宁人，董理建材工业桥工料的 2 人也是休宁人，捐款者中的金双隆字号，在康熙五十四年的碑文中就曾出现过。凡此种种，说明清初江南的棉布字号，徽州开设者已不少，但其他地域商人如洞庭商人等也较为活跃，而进入康熙年间，徽州布商已居于主导地位，乾隆

① 《苏垣安徽会馆录》卷下《蒯手收捐款》，光绪七年刻本。

② 《吴县为禁止各船户在安徽码头楼下砌墙摆摊并添竖柱阻碍船户上下之路碑》，江苏省博物馆编：《江苏省明清以来碑刻资料选集》，三联书店 1959 年版，第 252 页。

③ 归有光：《震川先生集》卷一三《白庵程翁八十寿序》，周本淳校点，上海古籍出版社 2007 年版，第 319 页。

④ 朱琦：《小万卷斋文稿》卷一八《徽郡新立吴中诚善局碑记》，光绪十一年刻本。

⑤ 乾隆《长洲县志》卷一〇《风俗》。

时以苏州为中心的江南经营棉布字号者，绝大部分是徽州商人，甚至主要是休宁商人。徽商在苏州开设棉布字号，也有实例可证。万历末年，休宁金姓商人，其父兄起家于吴阊，"自阊以外列肆者皆榜公名于户，以召致诸商，虽不尽公家，公家大端居半"。此翁在苏州阊门开设诸多字号，由其"以盛德奇节名闻西北，西北诸商悦而归之"来看①，显然经营的是棉布字号。康熙三十八年，休宁人陈士策在苏州上津桥开设万孚布店字号，后发展成万孚、京祥、惇裕、万森、广孚5号，字号无形资产"计值万金"。陈万孚字号，在康熙五十四年和五十九年的两块碑石中均曾出现过，直到乾隆二十一年仍然开设，至少存在了五十年。许仲元《三异笔谈》所载的著名的"益美字号"，在康熙三十二年、四十年和五十九年的碑文中，以"程益美"字样出现，在道光十二年的碑文中又以"汪益美"字样出现。② 碑文印证了笔记内容，可见作者所言确有依据，也可见徽州布商声名之大。

明中期到清中期，徽州布商经销江南棉布，长江流域以芜湖为转输地，运河沿线以山东临清为转输地。临清是全国物资转输中心，江南棉布经由运河销向华北最大的转输中心。至迟成化年间始，徽商即以群体的形式进入临清。徽州布商与洞庭等地布商分别建有"会"，三会合而为行，布行在隆、万时生意达到鼎盛。③ 徽商还集资在临清的卫河两岸购地30亩，设为东义冢和西义冢，作为客死其地的徽商或苏州商寄椁或埋葬之地。"世习临清布业"的歙县人王道济，就于万历四十五年捐资建造了临清舍利宝塔的第六层塔身。④ 徽商汪保，捐资建桥，官府命名为通济善桥，工部郎中张大器撰记。⑤ 由万历时谢肇淛所谓"山东临清，十九皆徽商占籍"⑥来看，明后期徽商在临清是人数最多的地域商人，而最突出的活动就是销售由苏州运达的江南棉布。

2. 丝绸商

苏州城及其所属吴江盛泽、黄溪等市镇盛产丝绸，而大多经由苏州进行整理，染踹加工后再行广销各地。徽商也大力经营该业。冯梦龙《石点头》第八回有徽州王姓富商在苏杭买了几千两银子的绫罗绸缎前往四川发卖的记载。《龙图公案》卷三则有徽商收买苏州缎绢到南京发卖的事例。祁门张元涣则贩运苏州丝绸到江西。盛泽镇上更麇集安徽丝绸商。据说"凡江浙两省之以蚕织为业者，俱萃于是……皖省徽州、宁国二郡之人服贾于外者，所在多有，而盛镇尤汇集之处也"⑦。因此，早在康熙三十八年，徽商即创设了新安义学，后经乾隆三年重建，到嘉庆十四年与宁国府旌德商人一起扩充为徽宁会馆。道光十二年两府七县商人共有55人为会馆捐款，其中主要当是丝绸商。在明后期对海外各国

---

① 金声：《金忠节公文集》卷八《题伯翁仰山公像》，光绪十四年刻本。

② 以上参见范金民：《清代江南棉布字号探析》，《历史研究》2002年第1期。

③ 乾隆《直隶州志》卷一一《市廛志》载：布"店在白布巷，自明成化三年，苏州、南翔、信义三会合而为行，隆、万间寝盛"。

④ 王道济：《舍利宝塔第六层修造记》。此碑文由聊城大学王云教授抄录，并由其示知。

⑤ 张大器：《通济善桥记》，康熙《临清州志》卷四《艺文》。

⑥ 谢肇淛：《五杂组》卷一四《事部二》，上海书店出版社2001年版，第289页。

⑦ 《徽宁会馆碑记》，苏州历史博物馆等编：《明清苏州工商业碑刻集》，江苏人民出版社1981年版，第356~357页。

的走私贸易和清前期的对外贸易中，所需丝绸绝大部分由苏州、杭州提供，而每多徽州商人的身影。

3. 米商

明后期，江南开始缺粮，需要从长江上中游和华北多地输入米粮，苏州是米粮转输中心。徽商则是经营米粮的主力，他们与洞庭米商、江西米商、浙江米商以及后起的湖广米商展开竞争。万历年间，江浙大饥，前往江西运米者，"徽人尤众"。万历四十八年（1620），因遘籴米价昂贵，"一二饥民强借徽商之米"，官府镇压，酿成万人屯聚府门毁牌殴役的骚乱。崇祯十三年（1640），监生姚天倪以低价售米予徽商，被邻人侦知，一抢而光。说明苏州城中的米商主要是徽商。入清以后，徽州米商势力更大，他们与浙江米商共建了仓王阁，以供奉香火，光绪三年更扩建成米业公所，每月捐资"济帮伙中失业贫乏孤独无依一切丧葬之费"①。

4. 木商

明后期，经营木材业的商帮，最突出的是徽州和江西木商。清前期，苏州的木商同南京、镇江等地一样，都是徽商，而当地人一般充当木牙。康熙二十二年，苏州府制定采买官方用木办法，列名碑文者有木商 38 人，木牙 11 人。二十七年，为禁革行头官用等名色，列名碑文的木商有 132 人，木牙 9 人。乾隆三年，长洲县规定漕船停泊地点，列名碑文的木商有 94 人，木牙 5 人。鸦片战争前，木商即在娄门外建有大兴会馆，中经兵燹毁坏，同治四年重建，捐款者有同仁会和 50 余人。②

5. 典商

直到乾隆时期，淮河以南的典当业，基本上由徽州商人所开，盛称"徽典"，其掌柜概名为"徽州朝奉"。典当在苏州也是面广量大的行业。明代苏州当铺，盛称徽州当，可见徽典之多，名气之大。清代苏州典铺也多属徽商。据说 3000 两银只能开个小典，至少万两银子才能像个样子。苏州属县也遍布徽典，常熟最多，顺治时有典铺 18 家，多系徽人所开；康熙二十年徽典至少有 37 家。徽典厅庑宏丽。雍正时，昆山的徽典汪正泰铺失火，烧去贮包当楼 18 间，尚有旁楼 12 间无恙。③

6. 其他行业商人

乾隆三十五年徽商涝油、蜜枣、皮纸三帮各捐货厘，开始在吴县阊五图建立徽郡会

---

① 《五丰公受碑记》，江苏省博物馆编：《江苏省明清以来碑刻资料选集》，三联书店 1959 年版，第 192 页。

② 《苏州府规定采买架木桩木皇木地区办法碑》《苏州府禁革行头官用等名色以除商害碑》《长吴二县规定各商运到桅杉木植听其投牙各行各卖不得恃强搀夺碑》《长洲县规定漕船到苏受兑停泊地点毋许越界滋扰商民碑》，以上碑文见江苏省博物馆编：《江苏省明清以来碑刻资料选集》，三联书店 1959 年版，第 90~102 页。

③ 《雍正硃批谕旨·江南总督赵弘恩奏》，雍正十三年四月十八日，上海点石斋影印本，光绪十三年。

馆，三年后完工。主持其事者有首事、捐首、董事23人，捐款者除了三帮商人外，还有徽商家乡之人以及全国各地的徽商70余人。道光八年，徽商又费银1300余两购地创设诚善局，为乡人棺木返乡提供资助。徽州商帮也多经营颜料店业者。颜料铺户碑文称，"徽民附居店业营趁异觅"，可见此业多徽商。乾隆时，汪永丰等33家颜料铺向官府呈请禁革颜料铺户承值。① 其他如书籍业、墨业、瓷业、漆业、烟业、油业、南北货业、纸业、颜料业、茶业、酒业，盐业等，皆有徽商经营。

（二）宁国商帮

清前期，宁国府的泾县人，在苏州"通有无，权子母者，多或持数千金，少则数百金远客于外，既非若富商巨贾挟重资以游吴者"，是个实力中等的商帮。到康熙三十六年，"缘乡人既多，不可无会馆以为汇集之所"，宁国商人即以泾县商人为主体在阊门外南城一都建立了宛陵会馆，"而旌德、太平之好义者复醵金若干，广置义冢"②。乾隆初年扩充成宣州会馆，嘉庆间，泾县、旌德、太平各县商人各设公所附属其下。苏州各镇市从事烟业者，在胥门外十一都建有烟业公所太平庵，同治克复后，宁国人"各行复业较多，公同议捐，首先倡捐，契买阊门内吴殿直巷陶姓坐北朝南房屋一所，为宣州会馆"。当时"在苏、松、太城乡各处新开烟铺，所雇伙匠，多系泾、太人氏"，而苏帮烟业以公所名义向徽帮烟业勒派钱文。③ 这些事例都说明，宁国商人在苏州以经营烟业为主，并与当地烟业苏帮竞争，似乎有着明显优势。

二、山陕商帮

明后期，苏州已多陕商，温纯的文集即多传记。嘉靖时三原人张某，人称良贾，"不二价，不欺人……张居士之名满邑里及姑苏"④。长年在苏州经营，颇有声誉。由三原迁往泾阳的嘉、万时人师从政，"人以君椎也，争赍子钱贾吴越，往来无宁日，其息倍已。又出捐子钱贷人，其息亦倍"⑤。同时期人宗室朱惟烿，"祖计然猗顿之术，以子钱择人及戚属贫者，使贾吴越燕晋……贾夥至数十百人，家大起，子钱钜万，而因有施予声"⑥。可见其时陕商在江南人数众多。因为经商人多，陕西"商贾衣饰大率袭吴越、广陵"⑦。

---

① 《督抚部院禁革颜料碑记》，江苏省博物馆编：《江苏省明清以来碑刻资料选集》，三联书店1959年版，第272~273页。

② 叶长扬：《宛陵会馆壮缪关公庙记》，乾隆《吴县志》卷一〇六《艺文》。

③ 《江苏善后局禁止土匪地棍向宣州会馆滋索阻扰碑》，江苏省博物馆编：《江苏省明清以来碑刻资料选集》，三联书店1959年版，第383页。

④ 温纯：《温恭毅集》卷一〇《寿张居士六十序》，《景印文渊阁四库全书》第1288册，台湾"商务印书馆"1986年版，第588、589页。

⑤ 温纯：《温恭毅集》卷一一《明寿官师君墓志铭》，《景印文渊阁四库全书》第1288册，台湾"商务印书馆"1986年版，第646页。

⑥ 温纯：《温恭毅集》卷一一《明永寿府辅国中尉友槐公墓志铭》，《景印文渊阁四库全书》第1288册，台湾"商务印书馆"1986年版，第636~637页。

⑦ 温纯：《雅约序》，乾隆《三原县志》卷一六《艺文》。

温纯之子温自知也说，里人"晚近牵车服贾，贸易江淮，靓服艳装，稍染吴越之习"①。既已深染上吴越习尚，经商年代当已较久，人数也众。清代这种影响更明显。康熙初年屈大均观看了泾阳东岳庙会后说，"陕地繁华，以三原、泾阳为第一。其人多服贾吴中，故奢丽相慕效"；"妇女结束若三吴"。②康熙二十三年，康熙帝首次南巡，驾幸江南后，发现苏杭城中晋商特别多，说"朕行历吴越州郡，察其市肆贸迁，多系晋省之人，而土著者益寡"③。按照康熙帝的说法，江南似乎成了晋商的天下。康熙六十年，在苏州的山西商人即筹议建立会馆，但几经周折，直到乾隆三十年才进入实施阶段，乾隆四十二年会馆建成于阊门外桐桥。山西商帮与陕西、河南商帮运货至苏，一向取道浦口，"故熙来攘往，于吴会为独盛"，因而在苏州阊门外南濠街姚家弄口建有秦晋豫运货码头。与晋商几乎相同时，陕西商人也议立会馆，到乾隆二十年开始在山塘街建立会馆，二十六年落成。会馆建成后，又建善堂，举办善后事业。乾隆二十七年，陕西人史茂在苏州《新修陕西会馆记》中说："苏州为东南一大都会，商贾辐辏，百货骈阗，上自帝京，远连交广，以及海外诸洋，梯航毕至。吾乡之往来于斯者，或数年，或数十年，甚者成家室、长子孙，往往而有。此会馆之所宜亟也。"④急于建立会馆，说明其地经商者确实已多。同治八年，官府出示令三省商人运货改道淮关报税，商人几乎停货不运，经三省商人客长出面陈情，获准照旧。联名陈请者，山西有彩霞蔚等25家，陕西有恒顺牲等14家，河南有祥顺公等43家。⑤可见三省商人在苏州之众。晋商在苏州活动，主要经营如下行业。

1. 丝绸棉布业

明清江南是全国最大的棉布业和丝绸业生产基地，明后期，"虽秦晋燕周大贾，不远数千里而求罗绮缯币者，必走浙之东也"⑥；棉布中最出名的标布，"俱走秦晋京边之路"，在华北地区有着广大范围的销路，大力经营绸布业者，江苏洞庭商人、徽州商人之外，就是山西、陕西商人。

明后期，人称陕西"三原俗相矜市布"⑦。三原人温纯的文集中，就有诸多其乡人在苏松经营棉布的事例。前述由三原迁往泾阳的嘉、万时人师从政，其乡人"争赍子钱贾吴越"，而他本人"自舞象之年操钱千市布崛起。……久之，用盐筴贾淮扬三十年，累数

①　温自知：《海印楼文集》卷三《重修三原土王庙碑记》。

②　屈大均：《翁山文外》卷一《宗周游记》，《续修四库全书》第1412册，上海古籍出版社2003年版，第18页。

③　《清圣祖实录》卷一三九，康熙二十八年二月乙卯，中华书局1986年版，第23页。

④　《新修陕西会馆记》，江苏省博物馆编：《江苏省明清以来碑刻资料选集》，三联书店1959年版，第375页。

⑤　《山西陕西河南苏运货南濠北货马头碑记》，江苏省博物馆编：《江苏省明清以来碑刻资料选集》，三联书店1959年版，第246~247页。

⑥　张瀚：《松窗梦语》卷四《商贾纪》，上海古籍出版社1986年版，第75页。

⑦　温纯：《温恭毅集》卷一一《明寿官师君墓志铭》，《景印文渊阁四库全书》第1288册，台湾"商务印书馆"1986年版，第646页。

万金"①。同时期三原人员维新，"稍长，小贾邑市。已，贾吴鬻布。……家日起。已，贾淮扬治盐筴。……铢累寸积，不数载资起万"②。同时期三原人王一鹤，与其诸弟，最初出贾，以其名"贷子钱市布邑及吴越无间言，资日起，犹共贾共居。久之，用盐筴淮扬，亦无间言，资益大起"③。王一鹤同父异母弟王一鸿，"早年家徒四壁立，意气轩轩若缠十万缗，常佐长君化居吴越间为布贾。已稍赢，则又转而鬻贩江淮间为盐贾，家遂大起"④。这四例都是在吴地经营布业的，而且均以布业起家，然后转向扬州从事盐业经营，布业成为陕商积累资本从事大规模商业经营的起始行业。布业可赚稳利，但利润不丰，因此当资本积累到一定程度后，秦商又多转营盐等厚利行业。从明中后期韩邦奇、温纯等人的描述来看，陕西盐商大多从经营布业开始，资本积累到一定程度，才转而从事盐业，这可以说是明代陕商经营上的一个特点。其时，在嘉定、上海等产布区，"自来镖行自临清以达北都，边商自蔚朔以及宣大，无不贸易此中。其上海一邑，每岁布货镖商流通者不下百万金，即染青匠役亦有万人"⑤。清初上海人叶梦珠说："前朝标布盛行，富商巨贾，操重资而来市者，白银动以数万计，多或数十万两，少亦以万计，以故牙行奉布商如王侯，而争布商如对垒。"⑥ 这些操重资而来的外地商人，按照清前期上海人褚华的说法，明末时其家从六世祖精于陶猗之术，"秦晋布商皆主于家，门下客常数十人，为之设肆收买"⑦。从已掌握的材料来看，明代中后期从事江南丝绸棉布销向华北广大地区的商人，山陕商人是主力。无论是到江南购买丝绸，还是操重资贩运苏松标布的商人，秦晋大贾令人瞩目。可以说，山西商人和陕西商人始终是明清时期贩运江南棉布和清中后期贩运湖北棉布的主力。

自后直至 19 世纪早期，山西与陕西商人一起，一直大力经营江南棉布，贩往华北、北部边疆以至远东俄罗斯。苏州府元和县周庄镇，所出小布细密匀洁，"凡西客必于镇是求"⑧。大约乾隆年间中期成书的《布经》，是专门介绍经营江南棉布的专书，作者就是晋人范铜。此也说明江南棉布是晋商经营的重要商品。恰克图贸易时期，棉布和丝绸是俄国从中国输入的两大手工制品。棉布包含南京小土布和大布两种。最有名的是"南京小土布"，实际就是苏松标布。1727 年，俄国进口的棉布量超过了丝绸，价值占总进口额的39%，高达 49000 卢布。从 18 世纪 40 年代起，棉布成为从中国开口的主要商品。1751

---

① 温纯：《温恭毅集》卷一一《明寿官师君墓志铭》，《景印文渊阁四库全书》第 1288 册，台湾"商务印书馆"1986 年版，第 646 页。

② 温纯：《温恭毅集》卷一一《明员伯子墓志铭》，《景印文渊阁四库全书》第 1288 册，台湾"商务印书馆"1986 年版，第 643 页。

③ 温纯：《温恭毅集》卷一〇《明寿官王君暨配墓志铭》，《景印文渊阁四库全书》第 1288 册，台湾"商务印书馆"1986 年版，第 635 页。

④ 温纯：《温恭毅集》卷一一《明寿官峨东王君墓志铭》，《景印文渊阁四库全书》第 1288 册，台湾"商务印书馆"1986 年版，第 644 页。

⑤ 祁彪佳：《祁彪佳文稿》督抚疏稿《题为请折官布以苏民生以裕国用以通商贾事》，书目文献出版社 1991 年版，第 843 页。

⑥ 叶梦珠：《阅世编》卷七《食货五》，上海古籍出版社 1981 年版，第 158 页。

⑦ 褚华：《木棉谱》，《丛书集成初编》第 1469 册，上海商务印书馆 1937 年版，第 10 页。

⑧ 嘉庆《增辑贞丰拟乘》卷上《土产》。

年，棉布占恰克图总交易量的 59.5%，达 257000 卢布；1759—1761 年则占 60.4%，达 509000 卢布；1760 年至 18 世纪末又增加了两倍多，增加到了 1601000 卢布，总比重增加到 66%；到 1804 年，虽然所占比例下降到了 50%，但价值量增加到了 1689000 卢布。① 其中，1780—1785 年前后，南京小土布超过了 30 万件，大布为 20 万~38 万件。一件为 10 匹，则南京小土布多达 300 万匹，成为进口量中最大的商品。以至 19 世纪后期的俄国人阿·科尔萨克描述称，"南京小土布已经成为易货贸易当中的唯一价值尺度，根据它来评估所有其他商品的价值，类似于像现在人们用茶来评估所有商品价值一样。……当换某一种商品讲价钱需要用多少南京小土布时，人们通常会讲，这件商品大约值多少分或多少块"②。直到在贸易中具有的重要性已丧失殆尽的时代，1815 年，俄国进口的南京小土布仍有 103293 件，在诺夫格罗德的集市上每年能够卖出的南京小土布和大布价值在 300 万~400 万卢布。③ 嘉庆、道光时人松善所称挟资千亿，奔驰于南北各地的"冀北巨商"④，即活跃在张家口一带的山西商人。毋庸赘言，数量如此庞大的棉布尤其是号称"南京小土布"的苏松棉布，是由山陕商帮经营的。

2. 丝绸业

山陕商帮在苏州经营的另一大类商品是丝绸。康熙后期，在杭州，"四方商客来买绸绫纱绢者，西标为最"。所谓"西标"，就是山西丝绸标商。康熙五十年，仅列名碑石的西标与店户，就有庞长春等 34 家，康熙五十五年更有梁日升等 48 家。他们每年于四五月间新丝初出之时，在杭州寻觅丝绸牙人，面同机户讲定价值，开定货色品种，将货银预先交托牙人转发机户，由机户为其织造绸缎。⑤ 山西商帮在杭州的这种经销方式，在苏州当也相同。乾隆初年，山西布政使严瑞龙奏称，西北各省"凡富商大贾前赴东南置买绸缎布匹等项，俱囊挟重资，动至数万金，骑驮数十头，合队行走"⑥，专门雇请保镖护送。可见直到清前期，江南丝绸一直是山西商帮贩运的重要商品。

在清代，丝绸是俄罗斯从中国进口的重要商品，按照 19 世纪后期俄国人特鲁谢维奇的说法，丝绸是进入西伯利亚的第一种中国商品，在 1651—1653 年俄国的进口商品中也经常能发现中国的锦缎，最初俄国的私人和官方商队从北京输出的商品多半就是锦缎和各色丝绸，大约占到进口商品的 90%。⑦ 所以苏联历史学家米·约·斯拉德科夫斯基认为，

① 特鲁谢维奇：《十九世纪前的俄中外交及贸易关系》（原著 1882 年版），徐东辉、谭平译，岳麓书社 2010 年版，第 152~153 页。

② 阿·科尔萨克：《俄中商贸关系史述》（原著 1857 年版），米镇波译，社会科学文献出版社 2010 年版，第 57~58 页。

③ 阿·科尔萨克：《俄中商贸关系史述》（原著 1857 年版），米镇波译，社会科学文献出版社 2010 年版，第 94 页。

④ 钦善：《松问》，《清经世文编》卷二八《户政三》，中华书局 1992 年版，第 694 页。

⑤ 《杭州府仁和县告示商牙机户并禁地棍扰害碑》《杭州府告示商牙机户店家人碑》，转引自陈学文《中国封建晚期是商品经济》所附碑文（湖南人民出版社 1989 年版，第 119~123 页）。

⑥ 《山西布政使为请严禁保镖胡作非为事奏折》，《历史档案》2001 年第 4 期，第 24 页。

⑦ 特鲁谢维奇：《十九世纪前的俄中外交及贸易关系》（原著 1882 年版），徐东辉、谭萍译，岳麓书社 2010 年版，第 149 页。

"在 17 世纪 50 年代俄国的进口商品中，中国丝织几乎是独一无二的货物。再如，1728 年商队运达俄国的丝织品为 61799 卢布，占这个商队输入的中国货物总值的 49%"①。在 1780—1785 年间，每年进口绸料总计为 600~4000 块（即匹——引者）；果里绸达到 102 万块，纺绸蜡布为 1700 块，生丝每年换进 200~400 普特，丝线也为 200~400 普特。其中果里绸的价格相当于 3 块南京小土布（每块 7 钱）。1826—1830 年每年换进丝绸的价值为 131161 卢布。② 如此，则早年俄国从中国输入的商品几乎全是丝织品，恰克图贸易开始时，则价值在 7 万两之谱，18 世纪后期达到每年 20 万两白银的规模，19 世纪二三十年代，每年为白银十三四万两。对照上述材料，则山西商人经营江南丝绸，华北地区并非是其终点，真正的终点，恰克图贸易时代是在中俄边境。

3. 钱庄、票号与账局印子钱等金融业

盛清时期的金融中心苏州，钱庄主要由山西商人所开。自乾隆三十一年至四十一年，至少有日章号等 30 家商号捐款。在乾隆四十二年的《全晋会馆众商捐厘碑》上，捐款者有联义会众商和兴隆祥记等 53 家商号。在同一年代的《山西会馆钱行众商捐款人姓名碑》上，乾隆四十二年向会馆捐款的钱庄，在定阳公利钱行众商外名义下，有李日升等 74 家，碑文附录的乾隆二十三年厘外捐输钱庄有公裕栈等 7 家。③ 可知其时在苏州的山西钱庄至少有 80 家，说明在苏州的山西商帮是以经营钱业为主的。此外，《桐桥倚棹录》载："翼城会馆，在小武当山西，翼城县商人建，有关帝殿，俗呼'老山西会馆'。"④ 这是平阳府翼城一县商人所建会馆。当地人既将其呼为"老山西会馆"，则其成立当在乾隆中期山西会馆建立之前。

票号兴起后，苏州成为南方城市票号最为集中的地方，山西商帮控制了苏州的票号钱庄业务。光绪五年春，苏州荣泰钱庄突然倒闭，传闻亏空 6 万余两，"其中被累者惟山西客帮为数最巨云"，以致引起"各西帮纷纷上控"⑤。光绪二十八年，据日人调查，苏州有志诚信、协同庆等票号 9 家。光绪末年，据日本驻苏州领事报告，苏州有蔚泰厚等山西帮票号 10 家，以山西会馆为集议场所。

账局印子钱，是山西商帮的经营行业特色，在清中期的苏州，也盛行此业。袁景澜《吴郡岁华纪丽》称："西客放债，利息五分，逐日抽价，小印戳记，名印子钱。"并有讽喻诗谓："一母钱偿十数子，放债钱行闹如市。汾州人作巧生涯，盘剥贫民利息奢。收钱小印记无算，料理将清券重换，到手刚留券之半。衣裳典质久已空，卖儿鬻女难弥缝，老

---

① 米·约·斯拉德科夫斯基：《俄国各民族与中国贸易经济关系史》（1917 年以前）（原著 1974 年版），宿丰林译，社会科学文献出版社 2008 年版，第 157 页。

② 阿·科尔萨克：《俄中商贸关系史述》（原著 1857 年版），米镇波译，社会科学文献出版社 2010 年版，第 95 页。译本中的"块"，当作"匹"。

③ 《山西会馆钱行众商捐款人姓名碑》，江苏省博物馆编：《江苏省明清以来碑刻资料选集》，三联书店 1959 年版，第 372~374 页；《全晋会馆应垫捐输碑记》《金晋会馆众商捐厘碑》，以上碑文见苏州历史博物馆等编：《明清苏州工商业碑刻集》，江苏人民出版社 1981 年版，第 333~337 页。

④ 顾禄：《桐桥倚棹录》卷六《会馆》，上海古籍出版社 1980 年版，第 89 页。

⑤ 《倒店类记》，《申报》，1879 年 1 月 3 日；《倒店续闻》，《申报》，1879 年 2 月 12 日。

拳毒手交相攻。西人则富南人穷，黄标紫标堆青铜，利薮怨府存其中。"① 山西账局所放印子钱，以利息奇高出名，此诗描摹也极形象。

三、福建商帮

万历时泉州人何乔远说："吾郡安平镇之俗，大类徽州，其地少而人稠，则衣食四方者，十家而七。故今两京、临清、苏杭间，多徽州、安平之人。是皆背离其室家，或十余年未返者，返则儿子长育，至不相识。"② 雍正元年（1723），署理江苏巡抚何天培论到苏州治安时说："福建客商出疆贸易者，各省马头皆有，而苏州南濠一带，客商聚集尤多，历来如是。查系俱有行业之商。"③ 苏州织造胡凤翚也惊奇地发现，"阊门南濠一带，客商辐辏大半，福建人民，几及万有余人"④。雍正初年，蓝鼎元说："闽广人稠地狭，田园不足于耕，望海谋生，十居五六。"⑤ 乾隆后期，吏部尚书漳浦人蔡新说："故凡里人之客于外，若楚之武昌，吴之姑苏，蜀之成都，靡不鸠工庀材，建祠立像，以答保护之德，兼藉以联桑梓之欢。"⑥ 从闽商在苏州的经营情况看，这些论断是符合实际的。

早在明中叶，据说福建商人已在天平山东北和支硎山南之间建立藕花庵义冢，有地50亩，有屋数十间，设有殡室以供待而未葬者。有如此规模的义冢，说明其时漳州商人在苏州已较多。万历年间，福建各地商人就在苏州、南京等地建立会馆，显见人数之众。入清后，"漳之梯山航海以来者，仕商毕集"于苏州。

（一）福建主要商帮

1. 福州商帮

万历四十一年，以福州商人为主体的闽商就在苏州胥江西岸夏驾桥南兴建了三山会馆。⑦ 会馆经康熙间重修，"中有陂池亭馆之美，岩洞花木之奇，为吴中名胜"⑧。后经道光时再修，规模不断扩充。道光十年，捐款者多达110余号人，其中洋帮32号，干果帮

---

① 袁景澜：《吴郡岁华纪丽·吴俗讽喻诗》，江苏古籍出版社1998年版，第386页。

② 何乔远：《镜山全集》卷四《入寿颜母序》，日本内阁文库景印本。

③ 镇海将军署理江苏巡抚何天培奏，雍正元年五月二十四日，《雍正硃批谕旨》第8册，北京图书馆出版社2008年版，第2页。

④ 苏州织造胡凤翚奏，雍正元年四月初五日，《雍正硃批谕旨》第8册，北京图书馆出版社2008年版，第101页。

⑤ 蓝鼎元：《鹿洲公集》卷三《论南洋事宜书》，《景印文渊阁四库全书》第1327册，台湾"商务印书馆"1986年版，第599页。

⑥ 蔡新：《闽省重建会馆碑记》，《为争回宁波福建会馆敬告同乡书》，1928年，厦门大学图书馆藏。

⑦ 关于苏州三山会馆的建立时间，一般仅谓万历时，民国《吴县志》卷三三《坛庙》载万历四十一年，今从其说。

⑧ 余正健：《三山会馆天后宫记》，乾隆《吴县志》卷一〇六《艺文》。

14 号，青果帮 16 号，丝帮 29 号，花帮 20 号，紫竹帮 3 号。① 区区一府，就有这么多人经营闽省特产，说明福州商帮是以经营洋货南货、花木业为主的商帮。乾隆年间，花商就在山塘街下塘建有花商公所，道光十二年捐款者为首的即是三山花帮，助洋 50 元，第三位是长乐花帮，助洋 22 元。直到光绪时重修公所捐款，仍有闽省福新兴号。凡此皆说明，花木是福州商帮的经营重点。道光十三年，在苏州的福建商人李开广，办货不出本钱，向船户王朝宗借银洋 92 元，却诬控王朝宗盗卖花木，官府审出实情，被责处押追。②

2. 汀州商帮

清前期，据说汀州一府"贸迁有无遨游斯地者不下数千百人"，该帮于康熙五十六年在阊门外上津桥始建汀州会馆，即天后宫，落成于雍正七年，共耗银 3 万余两。③ 这一会馆，"其实为上杭纸业之一部分也"④，一向也由六串纸帮主持馆政。一县中的部分纸商就可独立建造会馆，福建纸商实力非同一般。咸丰十年（1860）兵燹馆毁。同治克复之初，上杭商业不振，纸商罕至苏州。光绪十三年，上杭纸商联合正拟建造龙冈会馆的同府永定县（永定原为上杭县之一部分）的皮丝烟帮，耗银 3000 余两重建了会馆，由上杭纸帮和永定烟帮分担。馆中维持开销，也由两帮分任。光绪三十年，会馆大修，经费先从皮丝烟捐抽拨 2200 元，永定纸、烟帮各抽 1300 元，再到杭州、南京、镇江、扬州、上海等处募捐，共得捐款银 10246 元。其中苏州一地除了皮丝烟帮、上杭纸帮、永定烟帮外，另有 48 号人捐款，外地则永定、杭州、南京、镇江、扬州、上海捐款较多，苏州附近江阴、常熟、平湖、嘉兴、奔牛以及九江也有零星捐款。⑤ 说明直到清末，在以苏州为中心的江南，汀州商帮仍然相当活跃。

3. 漳州商帮

漳州会馆在城外小日晖桥，始创于康熙三十六年，增建于乾隆二十二年，共费银万余两。落成之日，蔡世远欣喜地说："吾漳人懋迁有无者，往往奔趋寄寓其中，衣冠济盛，不下数十百人。"⑥

4. 其他商帮

（1）泉州商帮。康熙年间在阊门外南濠建立了泉州商人的温陵会馆。
（2）兴化商帮。兴化府商人因"金阊为舟楫之往来，士商所辐辏，莆、仙两邑宦游

---

① 《重修三山会馆捐款人姓名碑》，江苏省博物馆编：《江苏省明清以来碑刻资料选集》，三联书店 1959 年版，第 355～359 页。

② 桂超万：《宦游笔记》卷一，同治三年刻本。

③ 黎致远：《汀州会馆天后宫记》，乾隆《吴县志》卷一〇六《艺文》。

④ 《汀州会馆碑记》，江苏省博物馆编：《江苏省明清以来碑刻资料选集》，三联书店 1959 年版，第 358 页。

⑤ 《汀州会馆重修捐助与工程征信录碑》，王国平、唐力行主编：《明清以来苏州社会史碑刻集》，苏州大学出版社 1998 年版，第 382～386 页。

⑥ 蔡世远：《漳州天后宫记》，乾隆《吴县志》卷一〇六《艺文》。

贾运者多"，康熙间在南濠姚家弄内兴筑了天后宫，称兴安会馆。①

（3）邵武商帮。康熙五十年在小日晖桥之北建立了邵武会馆，"亭轩树石，映带左右。虽地势稍隘，未若三山各馆之闳敞，而结构精严，规模壮丽"②。

（4）延建商帮。延建指延平、建宁两府。两府之人集资购地于吴县十一都曹家巷，自雍正十一年开始建立会馆，乾隆九年落成，"宫殿崇宏，垣庑周卫，金碧绚烂"。又"别置市廛数十椽"收息，以作会馆常备资金。③

（二）福建商帮经营主要货品

1. 福建纸

福建盛产纸张，而江南有着独步海内的刻书印书业、笺纸加工业，却纸张匮乏，福建于是向江南各地源源输入各色纸张。三藩之一耿藩作乱时，江南纸价骤长，平定后纸价渐平，④说明明清之际福建纸一直供应江南。康熙五十七年，在苏州经营纸业的上杭商人建立了汀州会馆，"其实为上杭纸业之一部分也"，反映了闽纸向江南输出的规模。汀州会馆毁于太平天国战火，一度福建纸商罕至，光绪十三年上杭纸商联合同府永定县（永定原为上杭一部分）的皮丝烟帮，耗银3000余两重建了会馆。建宁、汀州二府商人嘉庆年间在上海建有建汀会馆。由建宁府纸、棕业一直要交货捐来看，建汀商帮特别是建宁商人以纸、棕二业为最大宗行业。据今人调查，地跨长汀、连城、清流和宁化四县的闽西四堡，从明中叶起便以造纸刻书并负贩于天下而闻名于长江以南各地。这些书商到江南大致往北下闽江，入江西，到九江，沿江而下抵南京、无锡、湖州、苏州和杭州等场，如邹氏和马氏宗族的不少人曾将家乡的书籍纸张贩运到江南。⑤

2. 蔗糖

福建盛产蔗糖，江南人习尚食甜，以糖为佐料，又制作各种甜食、果饯等，甚至染丝上色也需糖，用糖量巨大，糖由榨取甘蔗汁而成，但江南基本不产蔗，糖就需要从产糖之地福建、广东、江西输入。闽粤所产糖有乌糖、砂（又作沙）糖和白糖三种，白糖又称糖霜。福建糖主要产自泉州、漳州、台湾、福州等府。明后期，福建糖贩卖四方，与其他商品一起，"下吴越如流水"。乾隆《福州府志·物产志》载：糖有黑白两种，当地商人"泛海鬻吴越间"。按照乾隆《台湾府志》所载统计，仅台湾一地即年产蔗糖上亿斤。康熙五十八年，清廷特别规定，福建糖船往浙江、江南各省贸易，在厦门停泊者免输其税。在嘉兴乍浦口，福建糖商"多系水客，陆续贩来，投过糖行家发卖"⑥。乾隆朝广东糖约占三分之二，后来广糖多至上海入口，其收口乍浦者，反比闽糖为少。闽广糖仅在江南的

---

① 廖必琦：《兴安会馆天后宫记》，乾隆《吴县志》卷一〇六《艺文》。
② 谢钟龄：《邵武会馆天后宫记》，乾隆《吴县志》卷一〇六《艺文》。
③ 林鸿：《延建会馆天后宫记》，乾隆《吴县志》卷一〇六《艺文》。
④ 叶梦珠：《阅世编》卷七《食货六》，上海古籍出版社1981年版，第160页。
⑤ 陈支平、郑振满：《清代闽西四堡族商研究》，《中国经济史研究》1988年第2期。
⑥ 道光《乍浦备志》卷六《关梁》。

销路，清中期就每年多达上亿斤。前述清代前期福建船只源源开往天津，装载的主要是蔗糖。

3. 棉花布匹

福建有一定的棉布生产能力，但所需原料棉花全部来自江南。吴伟业说，在太仓州，"隆、万中，闽商大至，州赖以饶"。所谓"福州青袜乌言贾，腰下千金过百滩。看花人到花满屋，船板平铺装载足"①，就是闽商大量收购太仓棉的形象写照。清初一度福建棉商不至，苏松棉区农民生活无着，"门里妻孥相向啼"，康熙五年闽中棉商又挟重资到太仓，"举州叹为祥瑞"②。自后因为太仓鹤王市所产棉花特佳，"闽广人贩归其乡，必题鹤王市棉花。每岁航海来市，毋虑数十万金"③。清中期上海人褚华也说："闽粤人于二三月载糖霜来卖，秋则不买布而止买花衣以归，楼船千百，皆装布囊累累也。每晨至午，小东门外为市，乡农负担求售者，肩相磨，袂相接焉。"④ 形成福建蔗糖北上而江南棉花南销的对流局面。棉花输向闽广地区，始终是当地农家重要的经济来源，直到清后期，盛况依旧。据说仅 1845—1846 年，就有值价 134911 美元的上海棉花被福州帆船装运回境。福建、广东虽能织布，但并非如褚华所说在江南只买花而不买布，而是大量输入棉花的同时也输入棉布。万历年间，江苏洞庭商人席端樊、端攀兄弟将江南棉布南贩闽广，闽商大量收棉，当也经营棉布。乾隆时，福州知府李拔则声称，当地"棉花绝少出产，购自江浙，价常加倍……寸丝尺布皆须外市"⑤。清前期，昭文县支塘镇，"居民善织作，闽贾至江南贩布，以赤沙所出为第一，远近牙行兢以布面钤'赤沙'字样焉"⑥。这种赤沙布，"纫而密"，因而为闽商所抢购。太仓州的沙头镇，出产沙头布，"闽人到镇收买，寒暑无间……牙行获利者恒累数万"⑦。上海县法华镇，出产紫花布，"专行闽、广，本者省，各省行之"⑧。而且后来江南棉布随着华北市场的逐渐收缩，似乎更依赖福建，人称"今则齐豫皆捆载而南，货多用寡，日贱其值，只恃闽广之贸布，少资织作"⑨。直到道光之季，嘉定黄渡镇，"里中所产土布，衣被七闽者，皆由闽商在上海收买"，当地布商为打破闽商垄断，自收自运由海道销布福建。⑩ 光绪后期，常熟梅李镇所出小布，厚重耐久，"消路闽、浙最广"⑪。道光《乍浦备志》卷六《关梁》专门提到"置办出口之装载布匹者闽广船"，说明广东、福建一直依赖江南输入棉布，并且几

---

① 吴伟业：《吴梅村全集》卷一〇《木棉吟》，李学颖标校，上海古籍出版社 1990 年版，第 279、280 页。

② 王时敏：《西庐家书》丙午七，丙子丛编本。

③ 乾隆《镇洋县志》卷一《风俗》。

④ 褚华：《木棉谱》，《丛书集成初编》第 1469 册，上海商务印书馆 1935—1937 年版，第 11 页。

⑤ 李拔：《种棉说》，《清经世文编》卷三七《户政十二》，中华书局 1992 年版，第 917 页。

⑥ 乾隆《支溪小志》卷一《地理志》。

⑦ 乾隆《沙头里志》卷二《物产》。

⑧ 嘉庆《法华镇志》卷三《土产·布》。

⑨ 黄与坚：《忍庵集》文稿一《太仓田赋议》，日本内阁文库景印本，第 31 页。

⑩ 宣统《黄渡续志》卷五《人物》。

⑪ 黄鉴人：《新续梅李小志》，光绪二十七年抄本。

乎全是由闽商、粤商经营的。据《北关葛夏布商人报税成案碑》，康熙后期，福建商人还与江西商人一起，收买土产葛夏布匹，前往杭州北新关报税入城，报牙发卖，北新关给发小票，明确税率，商人称便。①

4. 丝绸

明清两代将生丝丝绸输向华南以至出口的，闽粤商人一直是主力。明末人周玄暐称："闽广奸商，惯习通番，每一舶推豪富者为主，中载重货，余各以己资市物往，牟利恒百余倍。"② 所谓重货，大多是江浙丝绸。明中后期从事日本通番贸易的，最初主要是福建商人，后来与徽商、江浙商人一起，构成民间走私商的主体。嘉靖后期人郑若曾认为，日本自有丝绸花样，但依赖中国生丝为原料"若番舶不通，则无丝可织"③。万历时姚士麟曾援引嘉靖时中国商人童华的话说："大抵日本所须，皆产自中国。……他如饶之磁器，湖之丝绵，漳之纱绢，松之绵布，尤为彼国所重。"④ 崇祯时大学士徐光启总结道："彼中百货取资于我，最多者无若丝，次则磁；最急者无如药，通国所用，展转灌输，即南北并通，不厌多也。"⑤ 时人一致认为，中国输向日本数量最多的是生丝和丝绸，因此对日走私贸易基本就是生丝丝绸贸易。隆庆年间开海禁前，对日走私只能直接偷渡，开禁后，至日本仍属非法，但可以堂而皇之地到西洋贸易，于是商人出航时，先向西洋南行，到远离官府巡缉范围，就折而向东行驶，对日贸易较前事实上便利得多。这也就是隆庆以后中国对日丝绸贸易甚于往日的一个重要原因。前述万历三十八年至四十二年的七起通番案件，所需商品绝大多数是在杭州等地采购的，或者主要是由江南生产的大宗商品，其中很大部分是生丝丝绸。在严翠梧、方子定案中，李茂亭先期到杭州收货，严翠梧、朱三阳在杭城购买异货，方子定让杨二往苏、杭置买湖丝，并诱引郑桥、林禄买得毡毯。在林清、王厚案中，林清、王厚合造大船，招徕各贩，满载登舟，有买纱、罗、绸、绢、布匹者，有买白糖、瓷器、果品者，有买香、扇、篦、毡、袜、针、纸等货者；福建人揭才甫与杭州人张玉宇，都是贩买绸绢等货者。⑥ 顺治初年，浙江巡抚秦世祯说江南人民贪射微利，蹈险私通，贩运绸布等物，所在多有。⑦ 如商人曾定老等前后数次领了郑成功的十几万两银子在苏杭等地置买绸湖丝，或者将货交给郑成功，或者直接赴日贸易，获利后归还本

---

① 彭泽益选编：《清代工商行业碑文集粹》，中州古籍出版社 1997 年版，第 196～197 页。此碑文由选编者所作《序言》，知原由陈学文搜集。

② 周玄暐：《泾林续记》，《丛书集成初编》第 2954 册，上海商务印书馆 1937 年版，第 27 页。

③ 郑若曾：《郑开阳杂著》卷四《倭好》，《景印文渊阁四库全书》第 584 册，台湾"商务印书馆"1986 年版，第 542 页。

④ 姚士麟：《见只编》卷上，《丛书集成初编》第 3964 册，上海商务印书馆 1937 年版，第 50～51 页。

⑤ 徐光启：《海防迂说》，《明经世文编》卷四九一，中华书局 1962 年版，第 5442～5443 页。

⑥ 王在晋：《越镌》卷二一《通番》，明万历三十九年刻本；刘一煜：《抚浙疏草》卷二《题覆越贩沈文等招疏》，日本内阁文库景照明刻本；参见范金民：《贩番贩到死方休——明代后期（1567—1644年）的通番案》，《东吴历史学报》2008 年第 18 期。

⑦ 秦世祯：《抚浙檄草·申严通海》，《清史资料》第 2 辑，中华书局 1981 年版，第 172 页。

息。这些商人因有反清复明的国姓爷郑成功作后台，丝绸生意做得特别大。顺治十八年，浙江缉获走私船 1 艘，船上商人 30 余人于前一年置备货物到福建海澄下海赴日贸易。其中广州人卢措在苏州买绉纱 150 匹。①

5. 蓝靛

江南丝绸棉布生产发达，需用大量蓝靛、苏木等作染料，所需之靛，主要从外地输入，福靛是重要来源，建汀帮中之汀州府长汀县、上杭县商人，在江南和江西等地，均以经营靛青为主。

6. 烟叶

江南人口庞大，烟叶烟丝耗费可观，主要靠从福建输入。福建建宁府浦城县，盛产烟叶，浦城烟在江南颇负盛名。乾隆中期徐扬绘录的《盛世滋生图》中，烟草业市招有 7 家，有 3 家标为"浦城"字样。记录乾隆二十二年第二次南巡时苏州店铺的《江南省苏州府街道开店总目》，共有 25 家店铺，其中第 14 店为"自制浙闽名烟"的启泰号。直到民国初年，苏州有 11 家建烟铺号，其中 10 家由福建商人经营。前述光绪年间苏州重建的汀州会馆，就是由永定烟帮和上杭纸帮共建的，可以推定，汀州商帮在苏州乃至江南主要是上杭帮和永定帮，主要经营纸张书籍、烟业等。馆中维持开销，也由两帮分任。后来会馆大修，烟帮出资甚至多于纸商。

四、广东商帮

光绪初年广州人许应鑅说："苏阊为江左一大都会，自岭海以南，仕商辐辏。咸、同而后，海航益利捷，吾乡人比至日益伙。"② 光绪五年，开始筹建两广会馆，三年后落成。光绪年间苏州重修花商公所，捐款者中有东粤高荷天和陈乐轩，可见广东商帮也从事花木业。

（一）广东主要商邦

1. 广州商帮

广州商人早在万历年间就在苏州阊门外山塘建立了岭南会馆。康熙年间又大事修葺，扩而新之。雍正七年更大事兴筑，捐款者除了两个官员，多达 226 号、人。③ 该府的东莞商人又于天启五年在山塘街半塘兴建了东莞会馆，康熙十六年又改建于岭南会馆之东，改

① 《刑部等衙门尚书觉罗雅布兰等残题本》，《明清史料》丁编第三本，1951 年铅印本，第 258～259 页。
② 《苏州新建两广会馆记》，江苏省博物馆编：《江苏省明清以来碑刻资料选集》，三联书店 1959 年版，第 345～346 页。
③ 《建广业堂碑记》，江苏省博物馆编：《江苏省明清以来碑刻资料选集》，三联书店 1959 年版，第 337～340 页。

名宝安会馆。新会商人则于康熙十七年在宝安会馆东建立了冈州会馆。区区一府商人差不多在同时建立三所会馆，这在苏州是独一无二的。广州商人还曾联合同省潮州、嘉应共三府商帮在苏州城外莲花兜专门建有"海珠山馆"，作为贮货上下河岸之用。①

2. 潮州商帮

于明代在南京建立了会馆，清初迁到苏州北濠，因"潮人之仕宦商贾往来吴阊者踵相接"②，康熙四十七年开始在阊门外山塘五图义慈巷西兴建新馆，五十六年建成。雍正十一年在天后阁前后增建关帝祠、观音阁，乾隆八年在观音阁后建成昌黎祠，总名为潮州会馆。自后，如潮商所说，"凡我潮之懋迁于吴下者，日新月盛"。会馆也经修葺，规制焕然一新。自康熙四十七年到乾隆四十一年，会馆先后购置房产18处，费银30665两，其中一处在北京。③ 这么多房产，在苏州的外地商帮中是少见的，显示出清前期潮州商帮在苏州的兴盛程度。

3. 嘉应商帮

嘉应府商人在苏州也有一定人数，嘉庆时，其自称"吾嘉一郡五属，来此数千里而遥，坐贾行商，日新月盛"。嘉庆十七年在胥门外枣市街建立了嘉应会馆。道光二十年，共有81个商人向会馆捐款，道光二十六年会馆又修葺一新。④ 同时会馆又在吴县十三都置买坊地5所。凡此，显示出该帮不小的实力。嘉应州属的大浦县商人，在光绪初年前在吴县境内建有嘉大会馆，光绪七年为义冢被盗卖向官府呈控，苏州府为此委员清丈，更立界石，予以保护。⑤

（二）广东商帮经营主要商品

1. 蔗糖

广东商帮在江南从事的行业较为广泛，但在清代输入江南的广货可能以糖为最，而这些糖就是由潮州商帮经营的。褚华所言"闽粤人于二三月载糖霜来卖"，盖即指此。三藩之乱时，因江西道梗，江南"糖价骤贵"；清廷平定三藩后，"广糖大至"，价格回落。⑥福建、广东糖的输入，直接影响到江南人的生活。康熙开海后，"闽粤人于二三月载糖霜来卖"。乾隆一朝，广东糖占由乍浦入口糖的三分之二。道光时，有人指出，江南乃至以

---

① 《禁民粪船在粤籍海珠山馆河面停泊》碑抄件，道光二十二年五月十五日，南京大学历史系藏。

② 杨缵绪：《潮州会馆天后宫记》，乾隆《吴县志》卷一〇六《艺文》。

③ 《潮州会馆记》《潮州会馆祭业》，以上碑文见江苏省博物馆编：《江苏省明清以来碑刻资料选集》，三联书店1959年版，第340~344页。

④ 《姑苏鼎建嘉应会馆引》《修建嘉应会馆地基房屋契碑》，以上碑文见江苏省博物馆编：《江苏省明清以来碑刻资料选集》，三联书店1959年版，第351~355页。

⑤ 《苏州府为嘉大会馆义冢勘定界址禁止盗卖侵占碑》，王国平、唐力行主编：《明清以来苏州社会史碑刻集》，苏州大学出版社1998年版，第328页。

⑥ 叶梦珠：《阅世编》卷七《食货六》，上海古籍出版社1981年版，第167页。

北数省所需食糖，都是由闽广洋船运到上海后转卖的。① 广东蔗糖主要产自潮州府，尤以该府的揭阳、海阳、潮阳、澄海县为最。潮州府之外，僻处海中的琼州府，糖销江南的也不少。澄海县地方文献称，当地巨商"候三四月好南风，租舶艚船装所货糖包，由海道上苏州、天津"②。清前期，潮阳所产的黄糖、白糖，"商船装往嘉、松、苏州易布及棉花"。其数量，乾隆中期县令李文藻说："到冬装向苏州卖，定有冰糖一百船。"③ 揭阳所产白糖特佳，"棉湖所出者白而香，江苏人重之"，或称"江南染丝必需"。光绪时，"每年运出之糖包多至数十万，遂为出口货物一大宗"④。与产地相应的，广东糖商大多是潮州人，所谓乍浦的糖商，"皆潮州人，终年坐庄乍浦，糖船进口之时，各照包头斤两，经过塘行家报关输税"⑤，同福建糖商一起，陆续贩运，投过塘行家发卖。他们在闸口之北建有潮圣庙。黄蟾桂《晏海澌论》记，嘉庆十四年六月，"澄海县界客船陆拾余号，各装糖包，满载或三千包，或四千包，连船身计之，一船值银数万，将往苏州、上海等处"。仅此一行，价值即达百万两。嘉、道年间，潮州糖商前往江南途中遇风出事者就有好几例。⑥

2. 棉布

广东基本不产棉布，所需布匹主要来自江南。屈大均说，粤中所产棉布，不足以供全省十府之用，"冬布多至自吴、楚。松江之梭布，咸宁之大布，估人络绎而来，与棉花皆为正货"⑦。前述褚华所言闽粤商人春天载糖到江南，秋天装棉花返乡，实际就是这些商人既营糖又营棉。宝山县江湾镇出产刷线布，雍正间销路畅达，"粤商争购，务求细密，不计阔长，需棉少而布价昂"⑧。道光《乍浦备志》卷六《关梁》专门提到"置办出口之装载布匹者闽广船"，说明广东布商与福建布商同样活跃在江南。江南棉布输入广东后，后来随着英法等国在广州从事商品贸易，江南棉布更进一步转输出口。江南棉布因产地是明代的南直隶，故被英国人称为"南京布"。南京布最初似乎只是作为装运丝绸的包裹物，后来可能才发现了它适合穿着的特别，于是没有几年，英国东印度公司就指令所属商船，"特别努力去搜购南京布，就是要真正在南京纺织的产品"。据说"广州织的洗后会脱色，而真正的南京布则肯定不会"⑨。1736年，"里奇蒙号"就购得南京布10374匹。这也是西洋国家购买南京布的最早记录。接下来的将近30年中，大体上维持在数千匹范

---

① 裕谦：《吴淞口未便阻塞各港口毋庸封闭折》，道光二十一年闰三月初三日，《筹办夷务始末》（道光朝）二，卷二七，中华书局1964年版，第988页。

② 乾隆《澄海县志》卷一九《生业》。

③ 光绪《潮阳县志》卷二二《艺文》。

④ 光绪《揭阳县续志》卷四《物产》。

⑤ 道光《乍浦备志》卷六《关梁》。

⑥ 参见松浦章：《清代潮澄商船的沿海活动》，《松村润先生古稀纪念》，《清代史论丛》1994年第3期。

⑦ 屈大均：《广东新语》卷一五《货语·葛布》，中华书局1985年版，第426页。

⑧ 民国《江湾里志》卷四《礼俗志·风俗》。

⑨ 马士著，区宗华译：《东印度公司对华贸易编年史》（1635—1834年）第1卷，中山大学出版社1991年版，第251~252页。

围。1764 年，各国商船共购买南京布 6 万余匹。18 世纪 80 年代，英国东印度"公司每年按例运返英伦的南京布为 20000 匹，每匹成本 0.400 两，6 码长，13.5 英寸宽"①。1786 年，各国购买南京布 37 万余匹，1790 年超过 50 万匹，1794 年接近 60 万匹。1795 年即超过 100 万匹。1798 年超过 200 万匹。1819 年最高，超过 300 万匹，为 3359000 匹。其他年份多在数十万匹至 200 万匹以内。按收购价每匹银 4 钱计算，南京布的输出价值额每年平均当为四五十万两白银。广州市场上输向欧美各国的商品，都是洋商向广州行商预订购买的，而行商又向产地商人预订，苏松棉布的输出，显然是经广东商人和江苏商人之手完成其出口过程的。

3. 生丝、丝绸

广州市场用于出口的优质生丝，清代前期均来自江南。17 世纪末年，英国东印度公司主要前往厦门购买生丝和丝织品，并从日本东京市场上转手获得中国生丝。据英国东印度公司历年记录，18 世纪前半叶在广州市场上购买的生丝在 1000 担上下浮动，多则一千数百担，少则数十担。康熙二十三年清廷开海设立四海关直到乾隆二十二年收缩为广州一口对西洋各国通商，出口的丝绸其实一直采办于苏州和杭州等地。康熙五十五年，广州共到洋船 11 只，货物之外，"共载银约有一百余万两。广东货物不能买足，系各行铺户代往江浙置货"②。乾隆二十年，福建巡抚钟音奏报："吕宋夷商供称广州货难采买，所带番银十五万圆要在内地置买绸缎等物，已择殷实铺户林广和、郑得林二人先领银五万圆带往苏杭采办货物。"③ 乾隆二十四年，两广总督李侍尧奏报："外洋各国夷船到粤，贩运出口货物，均以丝货为重。每年贩买湖丝并绸缎等货，自二十万斤至三十二三万斤不等。其货均系江、浙等省商民贩运来粤，卖与各行商，转售外夷。"④ 在江南丝绸销往西洋各国的经营活动中，广东商帮起了极大作用。乾隆二十二年起，丝绸出口总趋势数量有所上升。1764 年仅 326 担，1775 年为 3724 担，1779 年为 4264 担。在 1783 年前后，为了获得交货迅速和价钱最为有利之机，公司预付购买生丝的定金多至十分之九，而同时茶叶的定金只要成本的一半。⑤ 以后到 1800 年，一直在 1000～3000 担之间起伏。1801 年降为 1000 担，1805 年降为 582 担，为最少的年份。1806 年起超过 1000 担，1813 年超过 2000 担，1814 年超过 3000 担，1819 年超过 4000 担，1821 年超过 6000 担，1830 年超过 7000 担，1831 年超过 8000 担，1833 年最多，达 9920 担。至于丝织品，1694 年，东印度公司指令前往厦门的"多萝西号"购买丝织品 3 万匹，称"在每磅不超过 6 先令的价钱内，尽量

① 马士著，区宗华译：《东印度公司对华贸易编年史》（1635—1834 年）第 2 卷，中山大学出版社 1991 年版，第 385 页。

② 广东巡抚杨琳奏折，康熙五十五年八月初十日，《明清宫藏中西商贸档案》第 1 册，中国档案出版社 2010 年版，第 157 页。

③ 福建巡抚钟音奏，乾隆二十年十一月十五日，《史料旬刊》第 12 期《乾隆朝外洋通商案》，故宫博物院文献馆铅印本，1930 年，第 427 页。

④ 两广总督李侍尧《奏请将本年洋商已买丝货准其出口折》，乾隆二十四年九月初四日，《史料旬刊》第 5 期《乾隆二十四年英吉利通商案》，故宫博物院文献馆铅印本，1930 年，第 158 页。

⑤ 马士著，区宗华译：《东印度公司对华贸易编年史》（1635—1834 年）第 2 卷，中山大学出版社 1991 年版，第 411 页。

买入将你的船装满"①。1697 年，指令前往厦门的"纳索号"购买丝织品 108000 匹；指令"特林鲍尔号"购买丝织品 41000 匹及丝绒 150 匹。1698 年，指令前往厦门的"舰队号"购买丝织品 65000 匹，丝绒 1300 匹。可见，其时，东印度公司大量收购江南丝绸。1750—1751 年，各国从广州运出丝织品 18229 匹。1757—1758 年，西班牙船大批收购南京布、丝织品和生丝。1764 年，各国在广州出口丝织品 11304 匹。1768 年，公司的船只购买计划均包括大量的生丝和丝织品，分别向各个行商订约购入 29600 匹，"每匹价格从 7.5 两~18 两不等"②。1784 年公司 9 艘船的回航货物，有丝织品 3462 匹；1784 年，第一艘驶到中国的美国商船"中国皇后号"回程时载有丝织品 490 匹。1813 年，各国船只运出丝织品 463 担，若以每担 100 匹计，当为 46300 匹；1820 年将近 40 万匹。1824 年超过 60 万匹，为最高，达 612052 匹。以后十年中，每年保持在 20 万匹~40 万匹。其价值，如《乾隆上谕条例》第 108 册所载："闽省客商赴浙江湖州一带买丝，用银三四十万至四五十万两不等。至于广商买丝银两，动至百万，少亦不下八九十万两。此外，苏、杭二处走广商人贩入广省尚不知凡几。"与苏松棉布的输出相类似，粤商是将江南丝绸输向广东乃至海外主力。

4. 鸦片

清中期起，以广东商帮中的潮州商帮为主体，粤、闽商帮大力从事鸦片贩运，所谓"上海贩售烟土之华商皆潮州帮"，道光时出口洋商初至上海从事鸦片贸易的就是潮州郭姓，其开栈名"鸿泰号"，不久"其亲族同乡音均治土业，于是贩土之人日夥"③。鸦片输入内地，主要分沿海南北两大人口。北口是天津，南口是上海。上海向为闽粤商贾贸易之所，海舶鳞集，鸦片经由此地输入江南各地。道光十九年九月，狄德又奏报，上海县，实为东南数省贩烟之口岸，"向有闽粤奸商雇驾洋船，就广东口外夷船贩买呢羽杂货并鸦片烟土，由海路运至上海县入口，转贩苏州省城或太仓、通州各路，而大分则归苏州，由苏州分销全省及邻境之安徽、山东、浙江等处地方"④。十月，江苏查获在苏州贩卖、窝顿鸦片者两起 17 人，均是广东人；在上海拿获贩卖、窝顿者则是福建人，两地共查获鸦片"盈千累万"。以至松江知府文廉与提督陈阶平等专门于上海海关左右设立官厂两所，传集闽广商人，晓以利害，两日之间，"闽广各洋船及沿滩行栈纷纷携带烟土到官呈缴"，其数达 41000 余两。⑤

广州新会盛产蒲葵，制而为扇，精者远销他地，"故大江以南尤尚"⑥。清中期，顾禄《桐桥倚棹录》卷十称苏州山塘街数十家扇肆的芭蕉扇叶，"多贩于粤东之客"，将扇叶贩运到苏州的正是新会商人，所以冈州会馆又称为扇子会馆。

---

① 马士著，区宗华译：《东印度公司对华贸易编年史》（1635—1834 年）第 1 卷，中山大学出版社 1991 年版，第 84~85 页。

② 马士著，区宗华译：《东印度公司对华贸易编年史》（1635—1834 年）第 5 卷，中山大学出版社 1991 年版，第 557 页。

③ 徐珂：《清稗类钞》农商类"上海土业"条，中华书局 1984 年版，第 2318 页。

④ 蒋廷黻编：《筹办夷务始末补遗》道光朝第 2 册，中华书局 2008 年版，第 634 页。

⑤ 蒋廷黻编：《筹办夷务始末补遗》道光朝第 2 册，中华书局 2008 年版，第 637~641 页。

⑥ 屈大均：《广东新语》卷一六《器语·蒲葵扇》，中华书局 1985 年版，第 454 页。

五、江苏商帮

江苏本省各地商帮，在苏州展开商业活动者也较突出。

1. 洞庭东山商帮与棉布业

明代江南棉布销往全国各地，主要有两大通道，一条经运河，过江涉淮而北走齐鲁大地，供应京师，达于边塞九镇，以山东临清为转输中心；一条出长江，经湖广、四川而沿途分销于闽、粤、秦、晋、滇、黔广大地域，以安徽芜湖为绾毂之地。① 洞庭东山商人先后兴起过王氏、翁氏、席氏、叶氏、严氏、万氏、郑氏、葛氏、许氏等经商家族，其中最有名的翁氏和席氏家族，他们以老家苏州和山东临清为大本营经销江南布匹。15 世纪中叶以后，随着交通日益繁忙，临清人口逐渐增加，商业繁荣日盛一日。临清商业最为繁盛的中州，举凡南方的丝织品、米粮，西北的毛皮，华北平原的麦豆，长芦的盐，都集中在那里。一条长街贯穿南北，长达三里有余，长街以西有白布巷，店铺以布店为主，绸缎店则集中在与其相交的果子巷。隆、万年间临清极盛时，布店一时多达 73 家，缎店多达 32 家。因系交通要道、南北货物转输中心，布商聚集，舟车负载，日夜驰骛。洞庭东山商人以此为活动中心，正是由临清的这种重要地位决定的。严氏作为经营要地的棠邑，与临清同属东昌府，靠近运河，"棠邑故当齐鲁梁楚之冲，方天下全盛，自京师雍晋走吴会为孔道，四方百物辐凑"②。棠邑成为东山布商活动的又一重要据点。在存留下来的有关临清的志书文献中，有关徽州商人、山陕商人的描述较多，却看不到洞庭商人的明显踪迹，只有徽、苏商人合置的二所义阡，可能与洞庭商人有关。现有的研究只有徽商、陕商和晋商在临清活动的描述，而似乎从未提过在临清等地的洞庭商人。上引材料明确告诉我们，原来洞庭商人鸦片战争前的主要活动区域就是盛极一时的山东临清。更值得引人注意的是，临清商业开始兴盛时，也就是洞庭商人开始在临清崭露头角之时，临清商业最为兴盛时的嘉、万时期，也就是洞庭东山商人在临清、在北方市场大显身手臻于极盛之时，洞庭东山布商与临清商业同盛共衰。可以说，东山布商与徽州布商、山陕布商一起，平分了明清时期北方地区的广大布匹销售场所，也同时造就了临清商业的辉煌。由清初人归昌世所言，"经商大者，以西北之巨镪易东南之绢布，洞庭两山之人为多"③，可能洞庭布商的势力在嘉靖、万历时期还在其他地域布商之上。至于东山商人的蓝靛等经营，则显然是为布匹、丝绸的附属行业染业服务的。

2. 洞庭西山商人与米粮绸布业

前述西山商人在荆湘地区的活动大多没有标明经营内容，但从其活动区域和洞庭商人

① 陈继儒：《陈眉公全集》卷五九《布税议》，明刻本。
② 归昌世：《明处士鹿门严公暨配陆孺人合葬墓志铭》，民国《六修江苏洞庭安仁里严氏族谱》卷八。
③ 归昌世：《明处士鹿门严公暨配陆孺人合葬墓志铭》，民国《六修江苏洞庭安仁里严氏族谱》卷八。

"吾吴以楚食为天"和"山人经商绸布，大半作客湖广"等说法，① 可知他们以老家苏州和湖南长沙等地为基地，在长江沿岸大力从事的是米粮绸布贸易。康熙后期王维德的《林屋民风》称："楚之长沙、汉口，四方百货之凑，大都会也，地势饶食，饭稻羹鱼，苏数郡米不给，则资以食；无绫罗绸缎文采布帛之属，山之人以此相贸易，襁至而辐辏，与时逐，往来车毂无算……故枫桥米艘日以百数，皆洞庭人也。"而且更明确地说："上水则绸缎布匹，下水惟米而已。"② 可见洞庭西山商人自己就认为在长江流域从事米粮和苏布对流贸易是其最突出的活动区域及行业。

中国第一历史档案馆收藏了一张镇江船户承载洞庭西山商人致大号米粮的官契，契约载，丹徒县船户杨义山、王国才、杨文仪，以自有之船三只，在镇江河下承揽到金庭商人致大宝号名下米，"前往苏州枫镇客便处交卸，三面言定水脚"。"其货上船，不致上漏下湿，倘少原发数目，照依卖价赔偿。盘滩驻浅，过关纳钞，系照旧规出办。立此船契存照。再奉宪饬行，不得横风使篷，冒险夜行，停泊旷野。实装镇斛米，杨义山装壹佰玖拾五担捌斗，米包贰拾贰个，王国才装陆佰柒拾柒担贰斗五升，米包肆拾壹个，外又米壹担，杨国仪装叁佰零叁担五斗，米包拾贰个。言定浒墅关钞，客自报纳。乾隆五十一年十二月二十五日立。船户杨义山（押）、王国才（押）、杨文仪（押）、京口杨尊周行（押）、代行顾万隆（押）。"③ 契约载明了洞庭商号的名称，船户的姓名，载运米粮的数量、运价、船户和客户各自的责任，显示揽载还需有运输行或粮行画押担保。这是份付诸实施的运粮契约，比诸收录在各类日用类书中的空白契约说明了更多事项。契约一定程度上反映了洞庭西山商人贩运粮食的细节，非常珍贵。

苏州西南郊的枫桥市，米行林立，米牙丛集，明末有人用"云委山积"来形容其地米豆之多。由于米牙弄奸作巧，往往籴者贱而粜者贵，贩运者和消费者深受中间抑勒之苦。康熙年间，洞庭西山商人蔡鹤峰、王荣初等倡议在枫桥设立了公店，即会馆。选择心计强干者轮流主持其事，米价随时高下，洞庭米船不投外行，而直接开往公店散售，外行和洞庭人均到公店购米，每石仅支付手续费1分2厘，6厘给外行，6厘留店公用。④ 这样的直销，摆脱了米牙的中间盘剥，减低了交易成本，从而也增强了洞庭米商的实力。东山商帮在苏州则有三善堂，光绪二十八年在南洞子门外阊一图购地筑立码头，经官府备案，专泊东山货船，客船停泊，并建立房屋堆放商货。⑤

对洞庭商人来说，荆湘之地既是江南丝绸布匹的销售终点，又是湖广米粮的集散起点，反过来，苏州等江南城镇既是湖广米粮的销售终点或中转站，又是江南米帛上溯上江的起点。正因为如此，西山商人将其活动重心放在汉口。汉口市场上的粮食，来自湖广乃至四川，销往长江下游的江南缺粮区，绸缎布匹来自江南，经由芜湖或汉口销向华中、华南广大地区。同东山商人之将苏松绸布销往长江以北的运河沿线乃至西北东北一样，西山

---

① 范广宪：《吴门竹枝词汇编·西山竹枝词》，苏州古旧书店，1986年。

② 王维德：《林屋民风》卷七《民风四》，康熙五十二年刻本。

③ 吕树芝：《丹徒县船户揽运米商货物官契》，《历史教学》1986年第9期。原文引文有多处错讹，今据该文所附原契更正。

④ 王维德：《林屋民风》卷七《民风·公店》。

⑤ 《吴县为东山三善堂在南洞子门外阊一图建筑码头禁止客船硬泊滋扰碑》，江苏省博馆物编：《江苏省明清以来碑刻资料选集》，三联书店1959年版，第253页。

商人是苏松绸布销往长江上中游乃至纵深腹地的主力。在长江这一条商品运输线上，从事粮食和绸布经营的，可能只有徽州商人才与洞庭商人不相上下，而从"枫桥米艘日以百数皆洞庭人"的说法来看，可能从事米粮贩运者洞庭商人更在徽州商人之上。

3. 南京商帮

南京商帮主要指府城附郭上元、江宁两县商人和属县句容县的商人。明天启七年（1627），在苏州贩卖海蜇鱼鳖等货的商人呼吁官府禁止牙户截抢商货，倡首者即是南京商人，① 说明其时在苏州经营海货的商人南京人有相当实力。光绪时，南京人自称："苏郡为吴之冠，商业云蒸，而金陵人士贸易于兹者，尤指不胜屈焉。"② 说明入清后在苏州的南京商人实力有所增加。清前期，南京人在吴县中街路高师巷口建有元宁会馆。会馆在咸丰兵燹中毁坏，同治十三年重建，民国初改名为江宁会馆。③

南京商帮在苏州从事的行业，主要是丝绸业、硝皮业和钟表业。（1）丝绸业：清代苏州"花素缎机生业，向分京、苏两帮，各有成规，不相搀越"④。在吴江县盛泽镇，清初即经营丝绸业。苏州的绸缎销售，看来一直主要是由苏州和南京商人一起经营的。玉器制造业：苏州的玉业原来主要由苏州人经营，清中期后南京玉工也很活跃，称京帮，建有玉业公所，光绪三十三年又筹建了多圣堂。从此，京帮与苏帮相颉颃。后人追溯，苏州玉业兴盛时，"业此者三数百，商而工则三千余人"⑤。早在乾隆时期，从新疆贩运到苏州的玉料，"大约均系苏州玉客贩往浙江卖者居多"⑥。同治十一年，苏帮在老北门内设有珠玉业公所。因两帮矛盾，光绪三十四年各设公所。江宁府属下的句容县，在上津桥建有丹霞义园，即红花公所，并建有殡舍，凡同业客苏病故者得以寄枢。⑦ （2）硝皮业：牛皮为制造军装、马鞍、皮鼓、皮箱、雨靴等用。南京人从事该业，清初即已兴起。嘉庆二十二年（1817），在苏州西北隅隆兴桥购地建立永宁公所，咸丰十年公所遭战火毁损严重，光绪六年用银 2400 元重建，捐款者多达 110 人。⑧ 光绪七年，南京硝皮业者与同乡业铜锡者集资创建了宁吴谊园，办理同业善举，经费由同业照贸易额捐助。（3）钟表业：

————————————

① 《苏州府永禁南濠牙户截抢商民客货碑记》，江苏省博物馆编：《江苏省明清以来碑刻资料选集》，三联书店 1959 年版，第 186~187 页。

② 《玉业公所从圣堂碑记》，江苏省博物馆编：《江苏省明清以来碑刻资料选集》，三联书店 1959 年版，第 148 页。

③ 《长元吴三县为陆有发前经垫洋买造元宁会馆准予立案碑》《吴县为元宁会馆基地经该馆董事收回改为江宁会馆无论何人不得阻扰准予立案碑》，以上碑文见江苏省博物馆编：《江苏省明清以来碑刻资料选集》，三联书店 1959 年版，第 404~406 页。

④ 《元长吴三县为花素缎机四业各归主顾不得任意搀夺碑》，苏州历史博物馆等编：《明清苏州工商业碑刻集》，江苏人民出版社 1981 年版，第 46 页。

⑤ 《玉料商人代表杨吟梅呈苏州总商会》，民国八年三月二日，苏州档案馆藏。

⑥ 《史料旬刊》第 20 期《高朴私鬻玉石案》，故宫博物院文献馆铅印本，1931 年。

⑦ 民国《吴县志》卷三〇《公署三》。

⑧ 《重建永宁公所碑记》《重修允金公所记》，以上碑文见江苏省博物馆编：《江苏省明清以来碑刻资料选集》，三联书店 1959 年版，第 171~175 页。

嘉庆二十一年，他们在元和县二十三都北四图购地 3 亩，创设同业义冢。①

4. 镇江商帮

乾隆时，镇江商人在苏州山塘街小武当山大士庵建有镇江公所，崇奉普门大士。②

5. 无锡商帮

无锡商帮较为后起，明后期开始形成，主要从事食盐、猪肉、粮食贩运以及粮食加工业和饮食业等。明代活跃在江南的盐业中，清代主要在苏州和上海等大城市，从事猪业、面食和米粮等贸易。清代在苏州经营的无锡商人，主要集中在两个行业。一是开设猪行，从事生猪交易。光绪三年的碑文载，"凡有各属猪客来苏投行销售，按来货之多寡，视销路之滞速，评定行市，代客买卖，公平交易。每猪一只，向取行用钱一百四十文，转给船户洗舱钱二十文，所有店欠客钱，由行垫付，每钱一千文，扣提串力钱二十文，即系代客收账辛力之费。店户来行买猪，不取行用，每猪仅出行伙捉力钱一百四十文。前经公允成章，历久遵循"。这些开设猪行的商人声称，"窃职等原籍常郡，均在元治山塘九都五图，遵例领帖纳税，开设猪行，安分营生。同业向建毗陵会馆，为猪业公所，举董经理应办事宜"③。民国十年（1921）吴县知事公署布告称："案据毗陵猪业会馆代表陈恒德、徐坤泉呈称，窃商等猪行一业，曾创建毗陵猪业会馆，为同业集议之所，前清盛时，共有三十余家，曾订规章，互资信守，尚无舛乱攘夺纷争情事。"④ 毗陵会馆原名"毗陵公墅"（又名公所），坐落在阊门外山塘莲花兜，据乾隆二十七年的碑文，是由"无锡等县猪客刘允生等"与猪行张瑞宇等商议所造公房，"内立财神，供奉香火"，旁边还有"讨账公所"，供猪商歇宿，自炊索账，而同行议定，"如不在行生业，及为别项生理者，虽系同土，概不借歇"，是专门供猪业商人歇宿和清账之所在。由碑文列名者，可知当时猪行和猪客至少有 23 家。⑤ 由上述数块碑文，可知毗陵会馆是由来自无锡等县的开设猪行和贩运生猪的商家共同建立的营业场所，苏州市场上所需的生猪是由无锡猪商贩运而至的，自清前期直到进入民国，将生猪贩运到苏州和在苏州开张猪行的商家，基本就是无锡商人，乾隆中期，开张猪行和贩运生猪的商家至少有 20 家，而仅开张猪行的商家，清代兴盛时期就有 30 多家。

另一个行业是面馆业。乾隆二十二年，苏州的面馆业许大坤等就在长洲县元一图宫巷花费银 740 两，从邹姓手上购地，建造了面业公所房屋，"专为同业议事之所，并以办理

---

① 《钟表义冢碑记》，江苏省博物馆编：《江苏省明清以来碑刻资料选集》，三联书店 1959 年版，第 417 页。

② 顾禄：《桐桥倚棹录》卷六《会馆》，上海古籍出版社 1980 年版，第 89 页。

③ 《苏州府为毗陵会馆猪业公所规定猪业进出一律归九折方足卡钱不准攙和小钱挪用洋照时价碑》，江苏省博物馆编：《江苏省明清以来碑刻资料选集》，三联书店 1959 年版，第 206 页。

④ 《吴县猪业公所公议同业规条碑》，江苏省博物馆编：《江苏省明清以来碑刻资料选集》，三联书店 1959 年版，第 207 页。

⑤ 《苏州府为猪业设立证账公所以资栖歇及猪价交易概定为七三折足钱勒石永遵碑》，江苏省博物馆编：《江苏省明清以来碑刻资料选集》，三联书店 1959 年版，第 203~204 页。

赒恤等项善举"①。光绪二十四年，面业因公所之内一条备弄被隔壁茶业盗卖，禀文长洲县衙，要求给示立碑。② 这些开张面馆的商人的原籍，据光绪二十五年，面业公所薛锦兴等向长洲县衙呈文声称："切身等籍隶常、锡，来苏有年，向业面馆交易。缘有公所房屋一所，坐落长邑元一图宫巷，坐东朝西，计二十一间三披，备弄一条，尚系乾隆二十二年许大坤邀请同业择地建造。地系买自邹姓，计价银七百四十两。"③ 光绪二十八年，面馆业赵福昌等在向苏州府衙要求禁止地匪游勇作践滋扰的碑文中称："窃身等籍隶无锡、常州，在苏开设松鹤楼、邓正元、许正元、赵义兴、观正兴等面馆生理。向有公所在长邑境内宫巷中，曾于光绪初年禀蒙前宪给示在案。"④ 光绪三十年，面馆业议定捐钱立碑时自称："□□□毗陵，或□□□溪，非求生于近邑，必谋食于他乡。卜云其吉，吴郡为□，何所适从，面馆是赖。纷纷托足，历有年矣。乃自庚申，骤遭兵燹，每口过□□之，聚散无常。……后幸苏城克复，重享太平。吾乡同业陆续来苏，欲复旧观。"⑤ 碑文反映出，当时无锡人"非求生于近邑，必谋食于他乡"，在外地从事经营活动是较为普遍的。由此数件碑文可知，在苏州工商经济兴盛的乾隆早期，来自无锡、常州的商人，就在那里开设面馆，置立公所，作为同业议事和办理善举的场所。咸丰十年（1860）太平军占领苏州，面馆业同人聚散无常，营业受到影响。数年后清廷克复苏城，面馆同业陆续回到苏州，重整旧业。光绪二十四年，面馆业重建公所，修理大殿，同业公议由陆阿东劝友公助，捐款的伙友多达 260 人，捐款额每人八角、五角、三角不等。光绪三十年，面馆业翻造公所头门戏台一座，南首平屋门面二间，后楼披厢一间，共需工钱等 630 元，公所议定，"所有各项善举，仍守旧章，计每千钱捐钱一文"。倡首捐款者有赵福昌等 24 人，另有观正兴、松鹤楼等面馆酒楼 88 家和史恒兴等 6 家按月捐款，捐款额自 45 文至 60 文不等，其中□德兴在震泽，洪鑫馆捐洋银 4 元。这些史实说明，从苏州商业兴盛的乾隆早期，直到苏州商业不太景气的清末乃至民国初年，苏州的面馆业是由无锡、常州商人经营的，其兴盛时，开设的面馆业当在百家左右，从业人数多达二三百人。清末无锡人经营面馆业，拥有极为有利的条件。1902 年 3 月，荣宗敬、荣德生兄弟的保兴面粉厂建成投产，发展到民国初年，荣家在上海和无锡建立起面粉巨业，清末苏州面馆业所需面粉有了直接的供应渠道。结合上述猪业经营状况，可以推定，在清代苏州的客籍商人中，无锡商人在猪肉、面业等饮食行业中占有重要地位，在造就苏州名闻天下的饮食业中作出了重要贡献，数百年老店松鹤楼等，追根溯源，就是无锡商人开设的。

————————

　① 《吴县布告保护面业公所碑》，王国平、唐力行主编：《明清以来苏州社会史碑刻集》，苏州大学出版社 1998 年版，第 292 页。

　② 《面业公所捐款碑》，王国平、唐力行主编：《明清以来苏州社会史碑刻集》，苏州大学出版社 1998 年版，第 284~286 页。

　③ 《长洲县禁盗卖僭占面业公所公产碑》，苏州历史博物馆编：《明清苏州工商业碑刻集》，江苏人民出版社 1981 年版，第 261~262 页。

　④ 《苏州府示谕保护面业公所善举碑》，王国平、唐力行主编：《明清以来苏州社会史碑刻集》，苏州大学出版社 1998 年版，第 286 页。

　⑤ 《苏州面馆业议定各店捐输碑》，王国平、唐力行主编：《明清以来苏州社会史碑刻集》，苏州大学出版社 1998 年版，第 288 页。

6. 苏北等地商帮

康熙后期，江苏海州帮众商联合附近扬州、淮安商人及安徽泗州商人在阊门外潭子里建立高宝会馆。竖立在高宝会馆内的碑文载，乾隆七年经营腌腊等货的众商共有 256 号人向会馆捐款。嘉庆二十二年，会馆"油漆焕然一新"。其中扬州的高邮一县商人，早在康熙十七年于附近建有大王宝阁，为该县"客商置货停船之所"，屡经修葺，到嘉庆二十一年又有苏州城中的 12 家和郊区及外地的 22 家商号捐款。① 淮、徐、扬三府的腌腊商人还与苏州府及山东兖州府的腌腊商人在胥门外十一都捐资合建了江鲁公所。公所章程规定："当因公所并无恒产，公议凡属贩运腌腊鱼、蛋、咸货等货，花生、北货等货，到苏投行销售，按章提厘，由行扣存，作为公所供奉香火并岁修一切公用。"② 根据这些碑文，可以推断苏北等地商帮在苏州主要是经营腌腊海货业的。淮安、海州、扬州等地苏北商人主要从事海货业和运输业。

六、浙江商帮

浙江之于江苏为邻省，各地商帮较为活跃。

1. 杭州商帮

乾隆中期，杭州人杭世骏说："吾杭饶蚕绩之利，织纴工巧，转而之燕、之齐、之秦晋、之楚蜀滇黔闽粤，衣被几遍天下，而尤以吴阊为绣市。"③ 说明杭州商帮主要经营丝绸，而以邻近的另一丝绸产地苏州为销售中心。乾隆二十三年起，杭州绸商开始按销售额集资，"不十年而盈巨万"；三十七年，绸业从他业中独立出来，在桃花坞成立钱江会馆。乾隆二十三年至四十一年有开泰升等 26 家商号为会馆捐资，捐银 11020 两，其中有源发等 3 家字号捐款均超过一千两。④ 在苏州，杭州绸商原与锡箔业一起，附于杭线业下，寄顿在杭线会馆内。乾隆二十七年，建成钱江会馆，实力大增。自乾隆二十三年到四十一年，26 家丝绸店号共捐银达 11000 余两。

杭州经营丝线者，乾隆初年即在宝林寺前成立有武林杭线会馆，称为集益堂，最初绸缎和锡箔两业也附在其中。当时"生意之盛，甲于天下"，会馆也规模宏大，建造精工。后来绸、箔两业先后独立出去，实力稍减。又受道光三十年黄河水决和咸丰十年太平天国

---

① 《长洲县规定腌腊商货物交易价目革除浮费并禁止出店牙人等不得私偷客货》《海州帮众商修建高宝会馆碑记》，以上碑文见江苏省博物馆编：《江苏省明清以来碑刻资料选集》，三联书店 1959 年版，第 406~411 页。

② 《吴县为江鲁公所遵照旧章按货提厘给示遵守碑》，苏州历史博物馆等编：《明清苏州工商业碑刻集》，江苏人民出版社 1981 年版，第 289 页。

③ 《吴阊钱江会馆碑记》，江苏省博物馆编：《江苏省明清以来碑刻资料选集》，三联书店 1959 年版，第 24 页。

④ 《钱江会馆各庄捐输厘费碑》，江苏省博物馆编：《江苏省明清以来碑刻资料选集》，三联书店 1959 年版，第 26~27 页。

占领苏州影响，线业开庄者寥寥。同治九年重修时，一度会同苏州线帮各号加入会馆襄同赞助。后来为了长久维持，仍然改用照货抽厘。光绪二十三年重修大殿等，捐款者有祥泰号等 42 家商号，捐银 1606 元。①

2. 湖州商帮

该帮商人在苏州也以经营丝绸为主，在苏州建有吴兴会馆，湖绉贸易基本上由其垄断。清代前期，湖州丝商就在生丝出口到西洋的过程中崭露头角。五口通商后，南浔辑里湖丝畅销西洋，湖州商人拥有地理之便，将辑里丝通过复杂的收购销程序从上海出口，为整个江南的生丝出口起到了不可或缺的作用。道光二十三年，湖州商人胡寿康倡议设立七襄公局，资助同人，开展善后事业。② 民国八年苏州的 5 家湖绉铺，就全由湖州人经营。清后期，在苏州西南郊的木渎镇上，湖州商帮还经营麻布业。据碑文记载，同治七年湖州商人陈熙鼎等"因同业伙友无力者居多，或由年老失业，贫病难堪，设遇死丧，棺殓无着，或故后孤寡无依，衣食难周"，发起创设经义布业公所。他们不但开张布店，而且自染布匹，在日益不景气的情形下，仍能创立公所，扶持同行。仅仅从客货染价内每百元扣除 2 角和从店伙薪俸内每千钱每月扣 20 文，便能在短短几年内置买镇上市房 4 所，建造房屋 2 间和旱屋 1 所，以及添设水龙等设施，并且通过捐助钱文以轮派司总司月等形式进行管理。提供同业救助赈恤，没有一定的经济实力是难以做到的。光绪六年同业又续议规条两则，推广同业及染坊伙友善举。自后因"布业歇闭数店，帮伙手业者愈多，以致经费所进不敷所出"③，只得减低善举力度。这个事例表明，湖州商人除了以往人们所熟知的丝绸、书籍等业外，还以商帮的形式，从事麻布等业的经营。

杭州商帮、湖州商帮和浙东商人同时兼营书籍纸业。杭州府余杭、钱塘、富阳等县产纸，经营者多是杭州商人。康熙十年，浙江书商在苏州城建崇德公所，"为同业订正书籍讨论删原之所"④。道光二十五年复立行规以约束同行。清中期书商又以湖州人居多。道光时蒋光煦说："三吴间贩书者，皆苕人。"而且经营之术甚为高明，"辗转贸易，所获倍蓰"⑤。专门经营粗纸箬叶一业的浙南商人在苏州南濠建成浙南公所，"为同帮议公宴会之区"⑥，咸丰时毁于兵燹，同治十一年重建时仍有商号 44 家。湖州商人还开张布店，而

---

① 《修理武林杭线会馆碑记》，江苏省博物馆编：《江苏省明清以来碑刻资料选集》，三联书店 1959 年版，第 166~167 页；光绪二十三年捐款数见《重修杭线会馆集益堂碑记》，王国平、唐力行主编：《明清以来苏州社会史碑刻集》，苏州大学出版社 1998 年版，第 541 页。

② 《苏州府为胡寿康等设局捐济绸缎业善举永禁地匪滋扰各绸庄照议扣捐毋得以多交少碑记》，江苏省博物馆编：《江苏省明清以来碑刻资料选集》，三联书店 1959 年版，第 28~29 页。

③ 光绪六年和八年两块《吴县出示禁谕碑》，碑在吴中区木渎高级中学校园内，笔者于 1994 年在实地抄录。

④ 《吴县为重建书业公所兴工禁止地匪借端阻挠碑》，江苏省博物馆编：《江苏省明清以来碑刻资料选集》，三联书店 1959 年版，第 74 页。

⑤ 蒋光煦：《拜经楼藏书题跋记跋》，吴寿旸：《拜经楼藏书题跋记》，《续修四库全书》第 930 册，上海古籍出版社 2003 年版，第 461 页。

⑥ 《重建浙南公所碑记》，苏州历史博物馆等编：《明清苏州工商业碑刻集》，江苏人民出版社 1981 年版，第 362 页。

且自染布匹，在日益不景气的情形下，仍能在苏州创立公所，扶持同行。仅仅从客货染价内每百元扣除二角和从店伙薪俸内每千钱每月扣 20 文，短短几年，便能置购镇上市房四所，建造房屋二间和旱船一所，以及添设水龙等设施，并且通过捐助钱文以轮派司总、司月等形式进行管理。提供同业救助赈恤，没有雄厚的经济实力是难以做到的，清代湖州商人在江南麻布业的贩运活动中相当活跃。①

3. 宁波商帮

宁波人蒋拭之说，因为地近苏州，"宁人往来势固甚便，故商贾云集于南濠"，形容了清前期宁波商帮在苏州之众。为了使一乡之人有事商权得所，宁波商帮至迟于乾隆初年在南濠王家巷内建立了浙宁会馆。② 有的商人还颇具实力。乾隆年间，镇海商人胡引之，"以贾起家，身居吴门而贸迁，列肆半天下"③。慈溪商人董杏芳，积累资金至几十万④。宁波商人经营民信业，仅苏州一地，自光绪十八年至光绪二十七年间，就有 35 家。宁波民信局最著名的是镇海商人郑景丰开设的全盛信局。太平天国后，他重返曾经经营过的吴江盛泽镇，开设全盛信局，专门递送苏州、嘉兴往来信件。不久，全盛信局总号迁往上海，专邮杭、嘉、湖区域书信，业务进展迅速，"由是而姑苏，而宁绍，由是而长江，由是而京都、天津、闽广，天下之人，无不知全盛，天下之人无不信全盛，全盛之名震天下"⑤，其业务范围迅速覆盖华中华北大地。考察宁波民信业，可以说，在大清邮局产生前，基本上垄断了全国的民间通信业务。

4. 绍兴商帮

绍兴商帮于乾隆四十六年在苏州白莲桥浜公建了培德堂义冢，同治时有田 107 亩。绍兴商帮有在苏州专门经营哂布业者，同治九年在阊门外山塘莲花兜建立公所，每匹布提取银 2 分，用作救助同业，举办业内善举。⑥ 绍兴商帮绍兴商人除了与宁波商人一起从事钱庄经营外，还以经营金银器加工、蜡烛、煤炭、木业建筑等行业为重点。苏州的烛业几乎全由绍兴人经营。道光初年，绍兴人"在长、元、吴三邑各处开张浇造烛铺，城乡共计一百余家"⑦，道光二年在吴县十一都三十四图建立了东越会馆。道光八年仍有烛业 49 家。绍兴商帮还与宁波商帮联合，垄断了苏州的煤炭业。该业商人自

---

① 光绪六年和八年两块《经义布业公所规条碑》，参见范金民：《吴县木渎公所两块〈经义布业公所规条碑〉——兼论木渎麻布业的兴衰》，《华南研究资料中心通讯》2004 年第 34 期。

② 蒋拭之：《浙宁会馆壮缪关公祠记》，乾隆《吴县志》卷一〇六《艺文》。

③ 民国《镇海县志》卷七《胡引之谱传》。

④ 《慈溪董氏宗谱》卷二〇《董君心泉传》。

⑤ 《镇北龙山郑氏宗谱》卷首《景丰八七十寿序》，转引自张守广：《超越传统——宁波帮的近代化历程》，西南师范大学出版社 2000 年版，第 101 页。

⑥ 《苏州哂布染司同业章程碑》，江苏省博物馆编：《江苏省明清以来碑刻资料选集》，三联书店 1959 年版，第 62~64 页。

⑦ 《烛业东越会馆议定各店捐输碑》，苏州历史博物馆等编：《明清苏州工商业碑刻集》，江苏人民出版社 1981 年版，第 267 页。

称，"惟吾业煤炭，皆籍隶宁绍，在苏开张者多"，为了规范同业行为，宣统元年（1909）24 家同业商号发起成立了坤震公所，制定行规 16 条，作出维持商务及举办同业善举的具体规定。①

5. 浙南商帮

浙南商帮在苏州有经营厚薄粗纸筹业者，鸦片战争前即在南濠谈家巷南首建有浙南公所，毁于咸丰十年战火，同治克复后数年，随着货罗商集，同业捐资重即公所，45 家商号向公所捐款。②

6. 金华商帮

金华人说："金华号小邹鲁，处浙东偏，地瘠人稠，远服贾者居三之一。每岁樯帆所至，络绎不绝。其间通四方珍异以相资者，惟苏为最，故吾乡贸迁亦于苏为多。"又说该府人"或从懋迁之术，或挟仕进之思，莫不往来于吴会"③。毫无疑问，苏州是金华商帮的重要活动场所。该府的兰溪县志就说县人到苏杭或两京服贾者比比而是。乾隆四年，金华商帮在南濠大街谋建会馆，到乾隆十五年落成，前后历时十余年，说明实力有限。道光十六年会馆得到重修。同年，金华人戴曦说："金华号'小邹鲁'，处浙东偏，地瘠人稀，远服贾者居三之一。每岁帆樯所之，络绎不绝……故吾乡贸迁亦于苏为多。"④ 由清人的描述，可知鸦片战争以前，金华人的经营活动地域较为广阔，行业也不少，但重点主要是在苏州，后来又向上海发展。义乌人朱一新说，金华逐什一之利者，原来懋迁于都会者，"盖北达苏杭而止，沪上无有也"，咸丰末年起，"婺人达于沪者，盖不啻昔之苏杭矣"。⑤

7. 衢州府龙游商帮

衢州府龙游商帮以经营珠宝和书籍闻名。归有光说："越中人多往来吾吴中，以鬻书为业。"⑥ 他提到的童子鸣，即世为龙游人。童佩之父也是书商，在吴地经营，娶了当地

———————————

① 《江苏农工商务总局为煤炭业设立坤震公所并议立规则准予备案碑》，江苏省博物馆编：《江苏省明清以来碑刻资料选集》，三联书店 1959 年版，第 213 页；参见苏州市档案馆所藏档案，案卷号第 32。

② 《捐资重建浙南公所碑记》，江苏省博物馆编：《江苏省明清以来碑刻资料选集》，三联书店 1959 年版，第 74~75 页。

③ 《重修金华会馆记》，江苏省博物馆编：《江苏省明清以来碑刻资料选集》，三联书店 1959 年版，第 367 页。

④ 《金华会馆记》，江苏省博物馆编：《江苏省明清以来碑刻资料选集》，三联书店 1959 年版，第 366 页。

⑤ 朱一新：《佩弦斋文存》卷下《东山府君家传》，《续修四库全书》第 1565 册，上海古籍出版社 2013 年版，第 256 页。

⑥ 归有光：《震川先生集》卷九《送童子鸣序》，周本淳校点，上海古籍出版社 2007 年版，第 208 页。

人，童佩"从其父为贾人"①。看来龙游人不但以书商为主，而且童姓特别突出。

七、其他商帮

（一）江西商帮

康熙二十二年，江西商帮即在苏州营建会馆，"规模亦颇宏敞深密"。到康熙四十六年，因"岁远渐倾，艰于修葺，几有风雨莫蔽之叹"②。会馆年久失修，意味着此时江西商人很不景气。但自康熙后期起，江西商帮似乎势力大增。据其自称，当时"挟资来游此地，各货云集"。雍正十二年修建万寿宫，光白麻一业按每担抽资 4 分，"一岁之内即可集资八百两有余"，则当时江西商人白麻一业的年交易额就有 20 万担，人数不众是无法开展这样大批量交易的。江西商帮的行业极为广泛。嘉庆元年苏州的江西会馆重建，捐款的有麻货众商，捐银 1200 两；枫桥镇饼行众商，捐银 700 两；南昌府纸货众商，捐银 700 两；炭货众商，捐银 650 两；丰城县漆器众商，捐银 460 两；山塘花笺纸众商，捐银 300 两；瓷器众商，捐银 150 两；德兴县纸货众商，捐银 105 两；桐城县纸商，捐银 80 两；永福众烟商，捐钱 85 千文；管城帮众商，捐钱 64 千文；镯桐山布商，捐钱 50 千文；漆货众商，捐银 32 两，共 12 个商帮 11 种行业。此外，还有不知商帮名称和经营行业的 101 号人。其中光丰县熊立兴号就捐输了 100 两银，比桐城一县纸商捐银还多。③ 由此两批捐款，可知江西商人在江南以经营苎麻、菜豆饼、纸张、木炭、漆器、瓷器、烟叶、布匹等商品为主。

如纸张书籍。江西广信府是造纸业中心，玉山、永丰、铅山和上饶等县造纸槽房在明后期多达五六百座，造纸所需构皮出自湖广，竹丝产于福建，帘产于徽州、浙江，均由吉府商人和徽州商人"装运本府地方货卖"④。上述苏州的江西会馆重修捐款，南昌府纸货众商、山塘花笺纸众商、德兴县纸货众商和桐城县纸商，捐银与最多的麻货众商相近，可见其实力。如烟叶。江西兴国种烟盛广，以县北五里亭所产为最，每当秋时，吉安府"商贩踵至"，当地收益较种稻为厚。⑤ 玉山王氏兄弟，开有宏盛烟作，往苏州等地销售烟草，"累资巨万"⑥。江西烟商还与福建烟商一起，于乾隆年间在阊门外建造会馆，开设烟号，"专运福建、江西烟箱，到苏销售"，并在三码头建有公和烟帮码头，禁止外行

---

① 王穉登：《王百谷集·金昌集》卷四《童君传》，《四库禁毁书丛刊》集 175 册，北京出版社 1997—1999 年版，第 185 页。

② 《倡修江西会馆碑记》，苏州历史博物馆等编：《明清苏州工商业碑刻集》，江苏人民出版社 1981 年版，第 325 页。

③ 《江西会馆万寿宫记》《重修江西会馆记》，以上碑文见江苏省博物馆编：《江苏省明清以来碑刻资料选集》，三联书店 1959 年版，第 359~366 页。

④ 嘉靖《江西省大志》卷八《楮书》。

⑤ 同治《兴国县志》卷一二《土产》。

⑥ 同治《玉山县志》卷八《人物·善士》。

船停泊。①

（二）山东商帮

山东商帮在苏州活动的主要是东齐帮和东昌帮。东齐帮即登、莱、青州三府商人，因其集中于山东半岛，所以又称为胶东帮。顺治间，他们在苏州山塘建造了东齐会馆，而且"经营精致，殿陛宏壮"。乾隆四十二年重修会馆，捐资的登州、青州、潍县、诸城、胶州众商多达 290 人。② 这是我们所知当时在苏州人数最多的一个商帮。东昌帮即东昌府商人。乾隆年间，东昌帮与河南及苏州当地的枣商在阊门外鸭蛋桥共建了枣业会馆，盛极一时。但枣子通常由粮船运苏，存储胥门外枣市，商人就近活动，会馆逐渐荒废。嘉庆初年火灾后，只剩大殿头门，基地渐被侵占。太平天国后，东昌枣帮贩枣改由轮船从海道运抵上海，转运苏州。宣统元年，东昌枣帮在苏州仍有德恒毓等 14 家。③ 显然，东昌帮经营以山东枣子为中心的南北货业务。

清前期苏州近郊的唯亭镇，盛产布匹，"各处客贩及阊门字号皆坐庄买收，漂染俱精"。坐庄收买者就有山东布商，所谓"山东归客尽腰缠，浜布收来架上悬"④。观其购销形式，大约秋天运来山东茧绸，运回江南棉布，来年春天收回茧绸款项。乾隆十三年苏州重建渡僧桥捐款的 8 个布商，就有 1 人，赵信义，是山东章丘人。

（三）河南武安商帮

河南武安商帮是由籍贯为彰德府武安县商人结成的商人集团。据其自称，"武安一帮，向在苏城置买绸缎运汴销售，由店号众多，未能划一"，于是购买吴县北正三图地，于光绪十二年创建了武安会馆。他们以苏州和开封为贩运的两端，专门经营绸缎。自称"吾豫武安之业锦绮纨縠者，置邸大梁，贾贸塙蠠于苏"⑤。说明武安商人在清后期将苏州丝绸贸易贩向中原地区起了重要作用。同治八年，有关山西、陕西与河南三省在苏州设立的北货码头事务的碑文中，列名的商号也以河南为最多，可见以武安商帮为主的河南商帮的实力。河南商人将家乡所产棉花、煤炭、椒柿和北方的皮毛输向苏州，而输回江南的丝绸。

（四）湖广商帮

清前期，湖广商人是江南粮食市场上的重要地域商帮。据楚商自称，"向或自船自

———————————————

　　① 《长洲县禁止外来船只向烟帮起货码头硬泊占踞滋扰碑》，江苏省博物馆编：《江苏省明清以来碑刻资料选集》，三联书店 1959 年版，第 248 页。

　　② 《东齐会馆碑记》《重修东齐会馆碑记》，以上碑文见江苏省博物馆编：《江苏省明清以来碑刻资料选集》，三联书店 1959 年版，第 368~372 页。

　　③ 章开沅主编：《苏州商会档案丛编》第 1 辑（1905 年—1911 年），华中师范大学出版社 1991 年版，第 596~608 页。

　　④ 道光《唯亭志》卷三《物产》；道光《唯亭志》卷一《都图》。

　　⑤ 《苏州新建武安会馆碑记》，江苏省博物馆编：《江苏省明清以来碑刻资料选集》，三联书店 1959 年版，第 389 页。

本，贩米苏买。或揽写客载运货来苏。是米济民食，货利国用。苏省之流通，全赖楚船之转运"①。嘉庆十五年，在苏州的外地粮食商人向苏州附郭三县呈文要求禁止地痞索诈，带头的就是楚商。

八、结　语

苏州的商业行业或商品加工业，虽然不少是由一支或两支地域商帮垄断或主业的，如木业由徽商，钱业由晋商，麻业由江西商帮，猪业和面馆业由无锡商帮，烛业由绍兴商帮，煤炭是宁波、绍兴商帮主业，洋货南货业主要由闽粤商帮经营，然而大多数行业特别是大宗商品，是由多支地域商帮共同或竞争经营的。如米业，经营者有两湖商帮、江西商帮、洞庭商帮和徽州商帮等；丝绸由徽州商帮、洞庭商帮、杭州商帮、湖州商帮、山陕商帮、广东商帮、福建商帮、河南武安商帮等经营；棉布业是由徽州商帮、洞庭商帮、福建商帮、山西商帮等经营；书籍纸张由江西商帮、浙南商帮、湖州商帮与苏州当地商人共同经营；烟业经营者主要是江西商帮、福建商帮、安徽宁国商帮；酱坊业在清后期由徽州、苏州、宁波、绍兴四帮 86 家共同经营，同治十二年成立酱业公所，救助同业，捐款者有潘万成等商号 26 家；② 油麻业清中后期，主要由江苏溧水和浙江绍兴等地商人经营，道光二十五年（1845），同业在吴县境内朱家庄设立公所，名聚善堂，并置办义冢，咸丰兵燹公所被毁，直到同治十三年才改建于吴县北元二图护龙街；③ 腌货和梨枣等商品，由山东、河南和江淮等地众多商帮竞争经营。

全国各地地域商帮以工商重镇苏州为活动场所，将以苏州为中心的大宗商品如生丝、丝绸、棉花、棉布、书籍、服饰、器物及各种工艺品销向全国乃至外洋，而将江南生产生活所需的大宗商品如米粮、杂粮，原材料如木材、纸张、苎麻、染料、毛皮，各种特产品源源输入苏州，才使苏州成为东南乃至全国最大的商品中心城市和商品转输中心，苏州保持着与全国乃至世界各地的商品流通。

消费影响生产，流通规模推动生产能力。全国各地地域商帮在苏州的商业活动，也极大地影响和推动着以苏州为中心的江南的商品生产。苏州属地盛泽镇的织绸业，"镇之丰歉，固视乎田之荒熟，尤视乎商客之盛衰。盖机户仰食于绸行，绸行仰食于商客，而开张店肆者即胥仰食于此焉。倘或商客稀少，机户利薄，则怨咨者多矣"④；苏州周围的棉布小生产者，"思得金之如攫，媚贾师以如父"⑤；苏州、松江等地的棉布加工业，"牙行奉

① 《元长吴三县永禁诈索商船碑》，苏州历史博物馆等编：《明清苏州工商业碑刻集》，江苏人民出版社 1918 年版，第 389 页。

② 《酱坊业建立公所捐款数目碑》《苏州府规定官酱店铺不准借牌私造铺户亦不得借官营私碑》，以上碑文见江苏省博物馆编：《江苏省明清以来碑刻资料选集》，三联书店 1959 年版，第 193~195 页。

③ 《吴长元三县示谕保护麻油业聚善堂善举碑》，王国平、唐力行主编：《明清以来苏州社会史碑刻集》，苏州大学出版社 1998 年版，第 294~296 页。

④ 顺治仲沈洙纂，康熙仲枢增纂，乾隆仲同需再增纂：《盛湖志》卷下《风俗》。

⑤ 徐献忠：《布赋》，崇祯《松江府志》卷六《物产》引。

布商如王侯，而争布商如对垒"①，在在显示了商业资本的巨大力量和小商品生产者从属于资本主的现状。苏州发达的丝、棉织业等产业，也提供了大量的生产就业机会，苏州手工业商品生产加工业的发达，也是商帮活动推动的。清后期社会上盛传的"无徽不成镇"谚语，更透示了各地地域商人在苏州周围江南市镇成长和市场发育中的重要作用。

（作者单位：南京大学历史学院）

---

① 叶梦珠：《阅世编》卷七《食货五》，上海古籍出版社1981年版，第157~158页。

苏裱：明清苏州书画装裱业的发达

□ 黄 泳

    苏州书画装裱业一向发达，北宋末年已有"吴匠""苏州背匠"之名，到明后期苏裱或称"吴装"，形成自成一家的风格，工艺技术和质量声誉在全国取得了领先地位。余既作《明清苏州装裱师系谱》一文①，今再进一步考察明清苏州装裱师与书画家的交往，探讨苏州装裱业发达的社会经济影响，以从较多层面展呈苏州装裱业的发达，深化明清匠作技艺的研究。

一、裱画匠与文人书画家文物鉴赏家的互动

    苏州裱褙师大放光彩的时代，正是以苏州为中心的江南社会经济和文化繁荣臻于极盛的明后期至清前期，因此探讨其原因，显然与裱画匠与广大文人书画鉴赏家的良性互动密不可分。

    江南文人群体最为浩大，文化产品量多质优，驰名海内外，书画收藏、文物鉴定更是大家云集，蔚为壮观，藏书楼、博古斋林立各地，为装裱业的繁荣奠定了特别坚实的基础。单说书画收藏，明中期，苏州吴宽祖孙、王鏊父子，即以收藏名迹量多出名。相传王鏊家就藏有张择端《清明上河图》真迹，王鏊之子延喆家聚三代铜器多达万件。自后，江南各地收藏鉴赏家更为繁夥，苏州文氏家族、汪氏家族、张丑父子、华亭双鹤张氏、董氏、文石朱氏、研山顾氏、柘林何良俊，上海潘允端，太仓王忬及世贞兄弟，嘉兴项元汴家族、李日华家族，无锡华氏、安氏、邹氏、秦氏家族，溧阳史氏，延陵嵇氏，常熟钱氏，不但收藏多，而且擅长鉴定。收藏家很多也是鉴赏家，鉴定书画眼光精准。明代江南的赏鉴家，如徐有贞、李应桢、沈周、吴宽、都穆、祝允明、陆完、史鉴、黄琳、王鏊、王延喆、马愈、陈鉴、朱存理、陆深、文徵明、文彭、文嘉、徐祯卿、王宠、陈淳、顾定芳、王延陵、黄姬水、王世贞、王世懋、项元汴、汪砢玉、陆会一等，均是荦荦大家，著

———————
① 《史林》2018 年第 4 期。

称于时。① 其中仅南京一地，金润、王徽、黄琳、罗凤、严宾、胡汝嘉、顾源、姚淛、司马泰、朱衣、盛时泰、姚汝循、何淳之等，"或赏鉴，或好事，皆负隽声"②。

对于其时兴起的收藏鉴定之风，嘉兴人沈德符评论说："如吴中吴文恪之孙，溧阳史尚宝之子，皆世藏珍秘，不假外索。延陵则嵇太史应科、云间则朱太史大韶、吾郡项太学、锡山安太学、华户部辈，不吝重资收购，名播江南。南都则姚太守汝循、胡太史汝嘉，亦称好事。……吾郡项氏，以高价钩之，间及王弇州兄弟，而吴越间浮慕者，皆起而称大赏鉴矣。近年董太史其昌最后起，名亦最重，人以法眼归之，箧笥之藏，为时所艳。"③ 在明后期，苏州文人醉心于书画扇面，如文震亨所描写："姑苏最重书画扇，其骨以白竹、棕竹、乌木、紫白檀、湘妃、眉绿等为之，间有用牙及玳瑁者；有员头、直根、绦环、结子、板板花诸式，素白金面，购求名笔图写，佳者价绝高。其匠作则有李昭、李赞、马勋、蒋二、柳玉台、沈小楼诸人，皆高手也。纸敝墨渝，不堪怀袖，别装卷册以供玩，相沿既久，习以成风，至称为'姑苏人事'。"④ 文人与博古，似乎须臾不可相离。明嘉、隆时华亭人何良俊说："近来各学及士夫，承奉有司，每遇庆贺，必用上等泥金册页手卷，遍索诗画，装缀锦套玉轴，极其琛重。即黄、米真迹，称最得意者，亦不曾享得世间此等供奉。"⑤ 鉴藏家离不开装裱师。万历年间成书的日用类书《三台万用正宗》反映出，收藏书籍和鉴赏文物是士大夫日常生活的重要内容。书画文玩市场的红火，书画文玩收藏家、赏鉴家群体的强大，催生着装裱师的应时而生。

入清以后，收藏鉴赏之风未艾。康、乾时期，江南人士仕途更加辉煌，席丰履厚，物力鼎盛，多将资财投掷于古玩市场，苏州潘家、彭家以及后起的吴家、顾家，太仓、常熟王家，常熟钱家、庞家、翁家，昆山徐家，钱塘高士奇，海宁陈阁老，无锡嵇家、秦家，宜兴吴家，丹徒张家，金坛于家，昆山徐大棻，秀水张以铭，湖州高铨，江宁马士图，平湖朱鉴等，收藏鉴赏家人数更多，"玩骨董"成为清前期江南士大夫的"三好"之一。很明显，苏州的装裱业持续兴旺，就是在这样的社会习尚及文人爱好的大背景下形成的。

书画必须装潢，书画收藏与装裱密不可分。鉴赏家李日华形容："近日俗喜妆缀，尺缣至费螺子黛四五铢，或丑怪逼塞，略无似眼处。"⑥ 装裱就大有讲究。如周二学所说，"书画不装潢，既乾损绢素，装潢不精好更剥蚀古香"⑦。真正的书画收藏家、鉴赏家，均懂得书画装裱的相应知识技巧。书画名品，要传之后世，有赖高手装裱。著名藏家和赏鉴家中，只有资财而少学养的附庸风雅的"好事家"固然不少，但大多是雅有艺术学养

---

① 张应文：《清秘藏》卷下"叙赏鉴家"条，《美术丛书》初集第八辑，江苏古籍出版社1997年版，第491页。

② 顾起元：《客座赘语》卷八"赏鉴"条，中华书局1987年版，第251页。

③ 沈德符：《万历野获编》卷二六《玩具》"好事家"条，中华书局1959年版，第654页。

④ 文震亨：《长物志》卷七《器具·扇、扇坠》，《生活与博物丛书·饮食起居编》，上海古籍出版社1993年版，第428页。

⑤ 范濂：《云间据目钞》卷二《记风俗》，《笔记小说大观》第13册，江苏广陵古籍刻印社1983年版，第7页。

⑥ 李日华：《恬致堂集》卷三七"题黄子久小幅山水卷"条，赵杏根整理，上海古籍出版社2012年版，第1360页。

⑦ 周二学：《赏延素心录》，《美术丛书》初集第九辑，江苏古籍出版社1997年版，第546页。

的饱学之士，对书画装裱的专业技能均有一定程度的了解，有些人的水平还相当高超。如苏州人文震亨就认为："收藏而未能识鉴，识鉴而不善阅玩，阅玩而不能装裱，装裱不能铨次，皆非能真蓄书画者。"① 在文震亨看来，收藏、赏鉴、阅玩、装潢，是书画收藏赏鉴互有关联的几个专业，很难兼通，但真正的收藏家，是应该懂得装潢之基本方法技巧的。因为名品只有交由高手装潢，才能不受损伤，或者能够更显精神，但如果名品落在庸人劣匠之手，对书画作品大加戕伐割裂，后果就不堪设想。前述乾隆时太仓人陆时化也认为："书画不遇名手装池，虽破烂不堪，宁包好藏之匣中。不可压以他物，不可性急而付拙工。性急而付拙工，是灭其迹也。拙工，谓之杀画高刽子。今吴中张玉瑞之治破纸本，沈迎文之治破绢本，实超前绝后之技，为名贤之功臣。"② 无锡人邹一桂更说："装潢非笔墨家事，而俗手每败坏笔墨，不可不慎。画就即裱，恐颜色脱晕，必须时久，而帛法重轻，调糊厚薄，视纸绢之新旧为程度，小幅挖嵌为佳。书斗必须浅色，所镶绫绢非本色亦浅色。轴则花梨、紫檀、黄杨、漆角者为宜。玉石则太沉重。式尚古朴，勿事雕饰。绢画则绫裱，纸画或绢裱，即用纸裱，亦必绫边。上下尺寸俱有一定，长短不得。古画重装，宜仍托底。珍赏之家，必延良工于室为之，恐一落铺中，易去底纸，摹作赝本，则失却元神也。装后题签必善书者，篆隶更妙。赏鉴图书，亦不可少。"③ 讲究的文人深懂，名手是书画名贤名品传世的功臣，而拙工就像戕杀人命的刽子手，是否装裱，交付何人装裱，装裱时应该注意哪些事宜，自然十分慎重。

在明代，那些著名收藏鉴赏家，对于书画装潢的时间、方法、用料、款式等，均精通娴熟，自有主张。屠隆指出："古有樗蒲锦，又名阇婆锦，有楼阁锦、紫驼花鸾章锦、朱雀锦、凤凰锦、斑文锦、走龙锦、翻鸿锦（皆御府中物），有海马锦、龟纹锦、粟地锦、皮球锦（皆宣和绫）。今苏州有落花流水锦，皆用作表首。"④ 而文震亨也论道："古有樗蒲锦、楼阁锦、紫驼花锦、鸾鹊锦、朱雀锦、凤凰锦、走龙锦、翻鸿锦，皆御府中物；有海马锦、龟纹锦、粟地锦、皮球绫，皆宣和绫，及宋绣花鸟、山水为装池卷首，最古。今所尚落花流水锦，亦可用，惟不可用宋缎及纻绢等外。带用锦带，亦有宋织者。"⑤ 文震亨所言与屠隆所言如出一辙。

自宋以来，收藏家就主张古画不脱落不装裱。米芾主张："古画若得之不脱，不须装裱。若不佳，换裱一次，背一次，坏屡更矣，深可惜。盖人物精神发彩、花之秾艳蜂蝶只在约略浓淡之间，一经背多或失之也。"⑥ 米芾的主张，被后世藏家所承袭。元人王思善说："古画不脱，不须裱褙。盖人物精神发彩、花之秾艳蜂蝶只在约略浓淡之间，一经裱

① 文震亨：《长物志》卷五《书画》，《生活与博物丛书·饮食起居编》，上海古籍出版社1993年版，第421~413页。

② 陆时化：《书画说铃·书画说二十三》，《吴越所见书画录》，上海古籍出版社2015年版，第12页。

③ 邹一桂：《小山画谱》卷下"裱画"条，《美术丛书》初集第九辑，江苏古籍出版社1997年版，第532页。

④ 屠隆：《考槃余事》卷二《画笺·裱锦》，金城出版社2012年版，第150页。

⑤ 文震亨：《长物志》卷五《书画·裱锦》，《生活与博物丛书·饮食起居编》，上海古籍出版社1993年版，第464页。

⑥ 米芾：《画史》，《美术丛书》二集第九辑，江苏古籍出版社1997年版，第1198页。

裱多损精神，墨迹法帖亦然。故绍兴装裱古画不许重洗，亦不许剪裁过多，裱古厚纸不得揭薄，若纸去其半，则书画精神一如摹本矣。"① 元人的这种主张，后来被明中期的苏州人唐寅全部沿用。屠隆也主张："画不脱落，不宜数裱。一装摺则一损精神，墨迹亦然。"如张应文，本身是著名收藏家，对装裱亦有一套看法："凡书画法帖，不脱落，不宜数装背，一装背则一损精神，此决然无疑者。……装背书画不须用绢……纸上书画，尤不可绢裱，虽熟绢新终硬，致古纸墨一时苏磨落在背绢上，且文缕磨书画面上成绢纹，盖取为骨，久之纸毛是绢所磨也。其去尘垢……不用贴补，古人勒成行道，使字在筒瓦中，乃所以惜字，不可剪去破碎边条，当细细补足，勿倒衬帖背，古纸随隐便破，只用薄纸与帖齐头相柱，见其占损断尤佳。又古纸厚者，必不可揭薄。古纸去其半方褙，损书画精神，一如临摹书画矣。"② 明末文震亨的看法也完全相同，谓："凡书画法帖，不脱落，不宜数裱背，一装背则一损精神。古纸厚者，必不可揭薄。"③ 可见明人对于古代书画何种情形才需装潢达成了共识，就是尽量不予重装，以免损伤原件精神品貌。

深通书画装潢门道的文人，对如何装潢定有标准，掌握尺寸。如文震亨对书画要否装潢、裱糊方法、装潢式样、使用材料、裱轴样式等均提出了要求。在"装裱定式"中，文震亨称："上下天地须用皂绫龙凤云鹤等样，不可用团花，及葱白、月白二色。二垂带用白绫，阔一寸许，乌丝粗界画二条，玉池白绫亦用前花样。书画小者须挖嵌，用淡月白画绢，上嵌金黄绫条，阔半寸许，盖宣和裱法，用以题识。旁用沉香皮条，边大者四面用白绫，或单用皮条边亦可。参书有旧人题跋，不宜剪削；无题跋，则断不可用。画卷有高头者，不须嵌，不则亦以细画绢挖嵌。引首须用宋经笺、白宋笺及宋元金花笺，或高丽茧纸，日本画纸俱可。大幅上引首五寸，下引首四寸，小全幅上引首四寸，下引首三寸。上裱除抴竹外净二尺，下裱除轴净一尺五寸，横卷长二尺者，引首阔五寸，前裱阔一尺，余俱以是为率。"在"裱轴"中称："古人镂沉檀为轴身，以裹金、鎏金、白玉、水晶、琥珀、玛瑙、杂宝为饰，贵重可观。盖白檀香洁去虫，取以为式，最有深意。今既不能如旧制，只以杉木为身，用犀象角三种雕如旧式，不可用紫檀、花梨、法蓝诸俗制。画卷须出轴，形制既小，不妨以宝玉为之，断不可用平轴。签以犀玉为之。曾见宋玉签半嵌锦带内者，最奇。"④ 这种装潢规格，较之元人王思善所述⑤，无论大小幅，上下引首均要空敞，说明明代江南文人对书画的审美观发生了微妙变化，对书画装潢也提出了新的要求。无论如何，凡用材、尺寸、式样、托底纸色，甚至书画作品的各种情形，如何装潢，均细致罗

① 唐寅：《六如居士画谱》卷三"装裱定式"条引，《美术丛书》二集第九辑，江苏古籍出版社1997年版，第1228页。

② 张应文：《清秘藏》卷上"论装裱收藏"条，《美术丛书》初集第八辑，江苏古籍出版社1997年版，第490页。

③ 文震亨：《长物志》卷五《书画·裱锦》，《生活与博物丛书·饮食起居编》，上海古籍出版社1993年版，第464页。

④ 文震亨：《长物志》卷五，《生活与博物丛书·饮食起居编》，上海古籍出版社1993年版，第416页。

⑤ 元王思善"装裱定式"载："大整幅上引首三寸，下引首二寸；小全幅上引首二寸七分，下引首一寸九分。"唐寅：《六如居士画谱》卷三"装裱定式"条引，黄宾虹、邓实编：《美术丛书》二集第9辑，江苏古籍出版社1997年版，第1228页。

列，显见作者精于此道，对书画装潢自有严格而独特的要求。

文人对装潢的前提，如何装潢，以至用何种材料装潢等，均已形成共识，自有其标准，且有其要求。置身于收藏赏鉴领域的文人，既对书画风格的变化极为敏感，了然于胸，就将所秉持的理念和标准授意于裱褙师。清初李渔就说："十年之前，凡作围屏及书画卷轴者，止有巾条、斗方及横批三式。近年幻为合锦，使大小长短以至零星小幅，皆可配合用之，亦可谓善变者矣。然此制一出，天下争趋，所见皆然，转盼又觉陈腐，反不若巾条、斗方诸式，以多时不见为新矣，故体制更宜稍变。变用何法？曰：莫妙于冰裂碎纹，如前云所载糊房之式，最宜与屏轴相宜，施之墙壁犹觉精材粗用，未免亵视牛刀耳。法于未书未画之先，画冰裂碎纹于全幅纸上，照纹裂开，各自成幅，征诗索画既毕，然后合而成之。……此为先画纸绢，后征诗画者而言，盖立法之初，不得不为其简且易者。迨裱之既熟，随取现成书画，皆可裂作冰纹，亦犹裱合锦之法，不过变四方平正之角，为曲直纵横之角耳。此裱匠之事，我授意而使彼为之者耳。更有诗画合一之法，则其权在我，授意于作书作画之人，裱匠则行其无事者也。"①

装裱是何装法，是否合乎要求，文人鉴藏家火眼金睛，多能辨识。著名收藏鉴赏家嘉兴秀水人汪砢玉，对于装裱知识更是精熟，欣赏《载去图》第十四幅横披绢，一眼看去，即看出"若马工部之落笔飘逸，仿'吴装'法也"②。清后期苏州著名收藏家顾文彬父子，不但善于鉴赏书画名迹，而且深通装裱之法，往往要求装裱师按其提供的手法装裱。同治十二年五月，顾文彬先后交代其子，装裱王时敏、恽寿平等人的名作："王烟客轴，八十岁老人尚能如此精神团结，宜乎推为四王之冠也。惜纸色已黯，必须令好裱手泡洗干净，其破碎处亦须全得泯然无迹，定当焕然改观矣。恽南田轴，纸色尚不甚黯，似乎有霉气一层蒙盖于上，故精神不甚焕发，亦须令好裱手泡洗出来，方见庐山真面目。……顾耕石楷书小条幅甚精，我欲改为小册，用裱衣装，以便临摹。裱好寄来，裱衣缝用乌丝盖之，须泯然无迹方妙。"③ 稍后几日，顾家得到安素轩续华严经，顾文彬认为："此经是以厚纸两面写者，今将一面裱没，殊为可惜，须重装。将纸揭去，仍两面之旧，如明裱停云馆两面帖裱法，未知装潢家能裱否？"④ 又过几日，顾家要重装米芾名迹，顾文彬指令其子："米卷虽昂而必得，至于能否泡得白，须与刘文妥商。须确有把握不致损伤，方可付装，然亦须过了梅天始可动手耳。"⑤ 顾文彬不但知道那些名迹原来是如何装法，而且懂得如何重装才能恢复原作样貌，而有些装裱方法，当时的装裱师也不一定全部掌握。凡此说明，那些装裱师的作品，实际上饱含着诸多收藏鉴赏家的书画素养，某种程度上体现出收藏鉴赏家的艺术意蕴。

有些书画家，不但深懂装潢之道，而且自身可以直接操弄其艺。前述著有《赏延素

---

① 李渔：《闲情偶记·器玩部·屏轴》，《李渔随笔全集》，艾舒仁编次，巴蜀书社 1997 年版，第 169 页。

② 汪砢玉：《珊瑚网》卷四三《名画题跋十九》，《景印文渊阁四库全书》第 818 册，台湾"商务印书馆" 1986 年版，第 820 页。

③ 顾文彬：《过云楼家书》，同治十二年五月十三日后不列号，文汇出版社 2016 年版，第 246～247 页。

④ 顾文彬：《过云楼家书》，同治十二年五月二十日后不列号，文汇出版社 2016 年版，第 251 页。

⑤ 顾文彬：《过云楼家书》，同治十二年五月二十三日，文汇出版社 2016 年版，第 251 页。

心录》和《一角编》的周二学，既擅此书画，又喜收藏，精于赏鉴，还深通装裱，亲自操作。清前期吴县人俞际华，善书，兼能山水，所储画迹多小品，而且他人不重视者，"以贱值收之，装池自赏，亦资以为法，故其笔每多闲趣"①。

在这样的环境下，在客户均有极高的标准下，装潢匠人必须具备相应的技术，方克胜任。所以前述明末人钱允治《笔记》就说："嘉靖以前书画名家，多指授工人着浆运帚，卷册广狭展舒并得法。"② 装潢师周嘉胄也深有体会地说，即使如汤氏、强氏那样的"国手"，其装潢之作要成为精品，"亦必主人精审，于中参究，料用尽善，一一从心，乃得相成合美"③。著名书画收藏鉴赏家文徵明父子、王世贞、汪景纯等参与书画装裱的过程，恐怕也即有将其装潢理念传输给装裱师的意图在。嘉靖以前如此，嘉靖以后直至清末，文人参与裱褙的力度自然更大。

在书画装裱本程中，文人、藏主或鉴赏家与装潢师相互切磋探讨，深心合契。前述文徵明父子与章简父，王世贞兄弟、汪景纯与强氏、汤氏，庄希与士大夫之关系，就充分说明了这一点。前引钱泳关于盛清时因有收藏家毕沅、吴绍浣等人的提奖而装裱师秦长年、徐名扬、张子元、戴汇昌等名噪一时，便是文人士大夫与装裱师专业互动的典型事例。周嘉胄也曾现身说法，提到他的经历，称他与苏州装潢师顾元方"向荷把臂入林，相与剖析精微，彼此酣畅。元方去世后，值徐公宣为南都别驾，时与余有同心之契。公宣酬颖过人，赏鉴精确，所藏无一伪迹。时获倪高士《幽涧寒松图》，庄希叔为之重装。公宣喜不自胜，谓何以技至于此。余曰：'不待他求，而气味于人有别。'公宣深赏气味二字，曰：'非孙阳之鉴，安别追风之奇。'"④ 可见在装潢业界，一些装潢大师有着崇高的社会地位，与著名文人藏鉴家的艺术追求和审美志趣有着较多的同质性。

而有些书画名家，为了创造佳构，往往只在著名装裱师提供的作品上才愿绘画题跋。汪砢玉，其父喜集名手制扇，收集至一千数百柄。当时有善造扇面的高手何格之，所制以白面为佳，后有陈朴之，更能裱旧，而"一时名公若文氏父子须此二家便面，方肯落笔，谓其不渗墨，不缩笔意耳"⑤。名手在珍材佳构上再创造，致使成品多为杰作。

凡此种种，说明文人群体与装裱匠师的交流互动，他们一起探讨款式与实际操作流程以及设计装潢品式，这对苏裱的品格提升起了极其重要的推动作用。苏裱就在内外因素的作用下，逐渐定型化，形成了鲜明地域色彩的装裱品式。从书画界和裱褙界的运作来看，裱褙后的书画碑帖，实则程度不同地体现了收藏家、鉴赏家的理念或主张，是收藏家、鉴赏家参与其间的产物。作为今人的我们，理解欣赏历代名作，恐怕就不能单从画家角度，而是要从画家、装裱师和收藏鉴赏家多重角度，方能悟得传世名迹的真正艺术价值。

---

① 蒋宝龄：《墨林今话》卷一五，咸丰二年刻本，第 16 页。

② 崇祯《吴县志》卷五三《人物二十·工技》引。

③ 周嘉胄：《装潢志·妙技》，《生活与博物丛书·饮食起居卷》，上海古籍出版社 1993 年版，第 463 页。

④ 周嘉胄：《装潢志·纪旧》，《生活与博物丛书·饮食起居卷》，上海古籍出版社 1993 年版，第 470 页。

⑤ 汪砢玉：《珊瑚网》卷四六《名画题跋二十二》，《景印文渊阁四库全书》第 818 册，台湾"商务印书馆" 1986 年版，第 868 页。

二、苏裱发达的社会经济影响

万历时任过吏部尚书的杭州人张瀚说:"自昔吴俗习奢华、乐奇异,人情皆观赴焉。吴制服而华,以为非是弗文也;吴制器而美,以为非是弗珍也。四方重吴服而吴益工于服,四方贵吴器而吴益工于器。而四方之观赴于吴者,又安能挽而之俭也。"① 同时期浙江临海人王士性总结苏州手工诸艺领先于全国各地的原因时也说:"姑苏人聪慧好古……又善操海内上下进退之权,苏人以为雅者,则四方随而雅之,俗者,则随而俗之。其赏识品第本精,故物莫能违。又如斋头清玩、几案、床榻,近皆以紫檀、花梨为尚,尚古朴不尚雕镂,即物有雕镂,亦皆商周、秦、汉之式,海内僻远皆效尤之,此亦嘉、隆、万三朝为盛。"② 说得很清楚,最根本的是苏州人掌握了生活和时尚领域的话语权,站在了时代的制高点上,使得苏州的手工诸艺更加精益求精,做大做强。明清苏州装裱业的发达,在工艺生产和社会风尚等方面产生了较大影响。概括而言,约有三个方面。

一是推动书画业本身的发展。清初苏州地方志书称:"丹青翰墨,先哲多擅名,至今风雅不绝,赏鉴收藏寸缣尺幅,贵逾拱璧,巧者工临摹以乱真,四方慕名悬金以购。"③ 明中后期直到清中期,江南成为全国最大的书画创作、收藏、鉴赏以至流通的中心,全国以吴装、苏裱名头最响,难以计数的书画名迹得以及时修复装裱,自然反过来持续推动着以苏州为中心的江南书画业的发展。书画创作的后期既有赖装裱以臻完善,又与装裱互为影响,同趋繁荣。

二是促进丝织、纸张加工等行业的发展。书画装裱离不开各种丝织材料。明中期以来,苏州成为全国装裱业的中心重地,装裱业的发达促进了当地的大宗行业丝织业的发展。苏州本是丝绸之府,丝织生产发达,入明以后,丝绸生产进入更高境界。因为苏裱裱心以及书画的装饰挂轴,卷轴多采用织锦和绫、绢,也就进一步刺激了苏州的丝织业特别是织锦、绫绢等业的发展。为了迎合仿古作伪书画之需求,仿宋式锦又一度流行。正德《姑苏志》称,锦,"惟蜀锦名天下,今吴中所织海马、云鹤、宝相花、方胜之类,五色眩耀,工巧殊过,犹胜于古。宣德间尝织昼锦堂记,如画轴,或织词曲,联为帷幛",其中"又有紫白落花流水,充装潢卷册之用";绫,"其薄而鸾鹊纹者,充装饰书画之用";绢,"又有白生丝织成缜密如蝉翼,幅广有至四尺余者,名画绢"。④ 崇祯《吴县志》列有各种各色丝绸 32 种,其中"有紫白落花流锦,充装潢卷轴之用",还有裱绫、画绢、裱绢等,⑤ 直接表明供作书画装裱之用。周二学《赏延素心录》介绍,装潢书画,"轴首用绵薄落花流水旧锦为佳,次则半熟细密缥绢最熨贴"。可见苏州盛产紫白落花流水锦,就是因为装裱书画推动起来的。周二学还介绍,横卷引首及隔水,用宣德小云鸾绫,赗池用白宋笺、藏经笺,或宣德镜面笺,次用细密绵薄院绢作边;卷首用真宋锦及宋绣。这些

---

① 张瀚:《松窗梦语》卷四《商贾纪》,上海古籍出版社 1986 年版,第 70 页。
② 王士性:《广志绎》卷二《两都》,中华书局 1981 年版,第 33 页。
③ 康熙《康熙《苏州府志》卷二一《风俗》。
④ 正德《姑苏志》卷一四《土产·造作》。
⑤ 崇祯《吴县志》卷二九《物产·帛之属》。

丝织品及各色笺纸，都是苏州地区最负盛名最为常见的大宗产品，明清时期持续获得发展，无疑书画装裱业的发达也功劳不小。

苏州同时还是书籍出版、收藏、销售重地，纸张加工业一向发达。纸张加工自宋代以来即以彩笺闻名。在清代徐扬绘画的乾隆二十年代，苏州有染印纸张作坊34家，雇用工匠八百余人，内部分工细密，染印丹素、胭脂、红金、巨红、笺金、丹红、砂绿、山木红、蓝等各色纸张，计件结算工价。同治年间，同业为谋发展，成立两宜公所。染纸业外，另有蜡笺纸业，同治年间创建绚章公所。① 纸张加工业为装裱业提供必要的衬纸等基本材料，苏州纸张加工业的繁荣，显然受发达的裱褙业的影响，与裱褙业互为因果，相互促进。

三是导致仿古业的兴盛和伪作假冒市场的兴盛。明中后期起，随着书画创作、文玩收藏的兴盛、市场的繁荣以及装裱业在全国领先地位的获得，苏州的造假仿古业也持续兴盛日趋发达。书画仿品、伪品的广泛出现，在书画制作向商品化、市场化的方向上推波助澜，使得江南的书画市场持续红火。万历三十九年，工部署部事右侍郎刘元霖上奏，请求禁止伪造古器，说当时"江南一带，镕冶之家奢靡淫巧，饰为赝具。商、周、秦、汉钟鼎罇彝，任其所呼，无所不骗，千金满橐，几家破产，不独为铜一大蠹害，且更令风俗败坏无极乎！"② 无锡人钱泳议论道："吴中既有伪书画，又造伪法帖，谓之'充头货'。……而官场豪富之家不知真伪，竟以厚值购之，其价不一，有数十金者，有百余金者，有至三五百金者，总视装潢之华美，以分帖之高下，其实皆伪本也。……遍行海内，且有行日本、琉球者。"③ 按照明清时人的说法，唐宋以前之书画，自然易于仿冒，一般人难以辨认，即使明中期以后名人文徵明、沈周、祝允明、董其昌，以至清前期王士禛、沈德潜等人的作品，也应有尽有。可见，其时的江南，书画古玩市场如此红火，是以苏州发达的裱褙业为基础的。装裱业是仿古伪作最为习见的行业，裱褙业的发达，社会生产、大众心态在利益驱使下，极易导致仿古伪作业的泛滥，仿古业也成为新兴的热门行业。

其实有些收藏鉴赏家，利用拥有的较高书画装裱知识，本身就参与到临本伪作的过程中，成为造假售假的角色。明后期，江南苏州等地，冒作伪作，临本、摹本，泛滥成灾，致使真假难辨。《药草山房图卷》，著名鉴赏家李日华在见到徐润卿所藏真迹前，已三次见到赝本，"面目位置，非不一一都似，而神不偕来也"④。天启元年（1621），徽州著名书画古董商人王越石得赵孟頫所书《殷记》，"展至后段，觉语脉龃龉，深以为惑"，三年后"又得《三门记》于五茸何氏，阅之乃悟其首尾互装"⑤，将两幅字帖首尾对调，重新装裱，两帖均非真迹。而崇祯七年（1634），这个王越石携带《胜国十二名册》到汪砢玉府上，已是烟溪堂重装本，汪展玩不已，王却说可以拆易后分售，汪说如此则成为"风

① 苏州历史博物馆等编：《明清苏州工商业碑刻集》，江苏人民出版社1981年版，第89~98页。
② 刘元霖奏，万历三十九年七月二十九日，董其昌辑：《神庙留中奏疏汇要》工部类第三卷，严文儒、尹军主编：《董其昌全集》第7册，上海书画出版社2013年版，第961页。
③ 钱泳：《履园丛话》丛话九"伪法帖"条，中华书局1979年版，第256~257页。
④ 李日华：《恬致堂集》卷三七"题徐润卿藏药草山房图卷"，赵杏根整理，上海古籍出版社2012年版，第1365页。
⑤ 李日华：《恬致堂集》卷三六"题赵文敏书玄妙观重修三门记"，赵杏根整理，上海古籍出版社2012年版，第1330页。

雅罪人"①。古董商王越石主张直接作伪，事虽未成，可见书画通过重裱分裱作假，是极为平常之事。著名文人华亭人陈继儒就好作伪，近人吴湖帆记："董文敏笔甚健，书画皆勤敏，但不耐长卷大轴，往往零星对册，四页六页者最多，若巨制，率为捉刀。曾见杨氏藏仿巨然高头大卷，长几二丈有奇，乃王元照代作也，款亦元照所书，余所见玄照代董画共三四事，知此者，甚鲜也。玄照有时亦为烟客代作。王玄照晚作，代笔及伪本亦极多，有薛辰令宣、朱令和融、王耕烟、高澹游诸生，王高都代作，薛朱多伪本。薛画犷而无韵，朱画弱而无气，高画圆润，又失之淡薄，惟耕烟最为苍秀，然少旁薄之气，此玄照之所以不及耳。陈眉公好作伪，往往倩赵文度、沈子居画，不著款字，乃持乞香光题署，故流传董画，甚多沈、赵作而署款的真者，皆眉公狡狯也。亦有眉公自题跋之。张尔唯不甚佳，但尚雅驯耳，被梅村九友歌一誉，遂厕香光两王之列，号大家数，甚徼幸也。惟流传绝少，故近世愈觉其矜贵矣。"② 开列了一长串陈继儒作伪的事例，可见其时此风之流行。

清代前期，有人形容，苏州"城中古玩铺以百计，携而销售，俗呼之掮木梢，更不可数。殆皆不讲信实，断绝一人，复有一人踵而继。生计之易，以居于吴越；花销之易，亦以居于吴越"③。书画作伪，其实需要裱褙师的配合，伪作层出不穷，首先要靠裱褙师装池，通过裱褙师之手，很多伪作的漏洞方能遮瞒过去，甚至裱褙师本身，往往就是伪作的制造者或参与者。乾隆时人陆时化说："近有一人善作伪本，一人又出本数金，嘱造廿种，大费而装池。"④ 陆时化又记：

> 张守中《桃花山鸟》，名画也，《销夏录》载之，近归吴中一人，爱之甚，藏之深。有装池而居吴者最狡黠。同郡一宦，每过其店，辄誉是画。黠者因至藏画家，说以画本日久浆退纸绽，卷舒必为害，需加以薄浆，直而藏之，可无恙。因信其言而付之。即倩人摹成一幅，料宦者来，以真本贴于壁之高处。宦果至，曰："此物何出也？"曰："玩久生厌，将重装，照原价而售矣。"宦曰："原价吾所知也，斯画吾所欲也。"黠者曰："予可无利而空行乎？"宦者曰："必有以酬之。"归而取价。黠者易伪者贴于壁之高处，须臾宦至，交价及酬。黠者故令人唤藏画家之仆至，仆亦伪为授其价而存其酬，起画磨好，装成交宦，而事毕矣，真者仍还原所。后宦觉，而无可如何矣。⑤

此位装潢高手，开张书画店，却狡黠成性，先是以需要装潢的理由说动藏主出示所藏名画，请人临摹一幅假作，而后以假换真，将假作出售富宦，当场裱好。装潢高手瞒天过海，既瞒过了藏画之人，又瞒过了买画之富宦，凭其装潢本事，一转手间既得了画作高价，又赚取了中间介绍人费用，装裱师在书画市场特别是假货市场中的恶劣行

---

① 汪砢玉：《珊瑚网》卷四四《名画题跋二十》，《景印文渊阁四库全书》第818册，台湾"商务印书馆"1986年版，第833页。

② 吴湖帆：《梅景书屋杂记》，《艺文丛辑》第13辑，台湾艺文印书馆1976年版，第195页。

③ 陆时化：《书画说铃·书画说二十》，《吴越所见书画录》，上海古籍出版社2015年版，第11页。

④ 陆时化：《书画说铃·书画说十六》，《吴越所见书画录》，上海古籍出版社2015年版，第9页。

⑤ 陆时化：《书画说铃·书画说十五》，《吴越所见书画录》，上海古籍出版社2015年版，第8页。

径表露无遗。

书画市场的发达，书画的装裱、改装，书画商人挖空心思牟取利润，均离不开裱褙师的参与。陆时化还记："书画之大小阔狭本无定也，古人偶得名纸，即兴到笔随。今则以二尺为止，阔则八九寸焉。收无用旧书，截小去款，另书著名宋元之人，至以巨幅改作三四幅，命名必祥瑞，积至百数，往销他处。余始甚为此辈危之，越几月，见其或持银以归，或又带别处之货售于家乡，或以此银并捐小小功名。问之，云宋元名人只在数金内一轴，然计本已可得三倍矣。"① 这种偷梁换柱地以新充旧，必须通过裱画师之手重新裱作，这也是当时裱师大为吃香的重要原因。

（作者单位：苏州大学社会学院）

① 陆时化：《书画说铃·书画说二十四》，《吴越所见书画录》，上海古籍出版社 2015 年版，第 13 页。

清中叶湖北基层社会经济生活管窥*

——以嘉庆朝刑科题本为中心的考察

□ 贾 勇

  刑科题本中记载了大量清代命案原告、被告的供词及报案人的证词，详述了涉案人及其相关人员的身分、家庭成员状况、人际关系、职业等信息，是反映清代中期社会生活史的宝贵资料。已有学者对刑科题本进行了相关研究。如冯尔康教授利用其对十八十九世纪之际的中国人口流动、宗族社会状态以及乾嘉之际小业主的经济状况和社会生活展开了相关研究；周祖文、金敏对小农家庭经济的研究。① 天津古籍出版社 2008 年出版的由杜家骥主编，冯尔康、朱金甫、宋元秀副主编组织辑录的《清嘉庆朝刑科题本社会史料辑刊》（本文以下简称《辑刊》） 为学者利用嘉庆朝刑科题本进行相关社会史研究提供了极大便利，诚如学者所论，该辑刊"首先，提供了清代中期生产关系史的重要资料。其次，提供了清代社会等级史的资料。第三，提供了清代下层民众社会生活史资料。最后，提供了清代司法史的资料"②。近年来利用《辑刊》资料发表论文为数不少，如金敏、周祖文对清代中期生监群体，周蓓对以经济为诱因的自杀与社会防范，程泽时对民间"向例"及其成长逻辑，王跃生对扬州市镇经济水平和民众生活，吴才茂对贵州乡村社会蠡测，张新

---

  * 此文为教育部人文社会科学重点研究基地重大项目 "明清社会结构与社会变迁研究"（项目编号：16JJD770036） 阶段性成果。

  ① 冯尔康：《18 世纪末 19 世纪初中国的流动人口——以嘉庆朝刑科题本档案资料为范例》，《天津师范大学学报》2005 年第 2 期；《十八、十九世纪之际的宗族社会状态——以嘉庆朝刑科题本资料为范围》，《中国史研究》2005 年增刊；《乾嘉之际小业主的经济状况和社会生活——兼述嘉庆朝刑科题本档案史料的价值》，常建华主编：《中国社会历史评论》第 7 卷，天津古籍出版社 2006 年版，第 13～32 页。

  ② 王月：《〈清嘉庆朝刑科题本社会史料辑刊〉的史料价值》，《历史教学》2009 年第 16 期。

平对清代乡村社会纠纷，何秋月对鲁籍流寓民的生活实态与人际关系的研究，等等。① 常建华利用《辑刊》资料，先后发文对清代中叶山西村社生活与管理、山西借贷、典卖土地与雇佣以及山西的日常进行了深入分析。② 此外，他还考察了清中叶河南乡村社会。③ 然而，目前利用该题本资料对湖北社会经济生活的研究很少，这也为进行了该研究提供了契机。

一、人口、婚姻与家庭

《辑刊》一书共辑录 1665 件档案，其中涉及湖北的有 77 件。从命案发生的时间看，在嘉庆朝 25 年中，除七个年份没有命案记录外④，其他年份均有出现。按地域分布而论，在湖北 10 府 1 直隶州中，武昌府 7 件，汉阳府 6 件，安陆府 15 件，襄阳府 14 件，郧阳府 8 件，德安府 5 件，黄州府 3 件，荆州府 7 件，宜昌府 6 件，施南府 3 件，荆门直隶州 3 件。地域范围涵盖湖北全省，可以说这些资料基本反映了清代中期湖北乡村社会的真实情形。

为研究便利，兹将命案事主、其父母兄弟及妻子纠纷原由、报案者等整理如下：

（一）父母寿命及特征

由表 1 中可以看出，事主的父母长辈等存在很多高寿者。如 50 岁以上年龄的有：32号、48 号、50 号、60 号等 4 位事主父亲，2 号、11 号、24 号、32 号、40 号、47 号、48号等 7 位事主母亲。60 岁以上年龄的有：14 号事主父亲，1 号、14 号、18 号、21 号、23号、29 号、35 号、62 号、65 号、70 号等 10 位事主母亲；70 岁以上年龄的有：9 号、29号、54 号事主父亲，7 号、9 号、12 号、13 号、17 号、49 号、55 号、56 号、57 号、61号、64 号、68 号等 12 位事主母亲。⑤ 事主父母年龄在 80 岁以上的有 49 号事主的父亲和

① 金敏、周祖文：《国家权力视角下的生监群体——以清嘉庆刑科题本为中心》，《浙江社会科学》2009 年第 7 期；周蓓：《清代中期以经济为诱因的自杀与社会防范——以〈清嘉庆朝刑科题本社会史料辑刊〉为例》，《兰州学刊》2011 年第 1 期；程泽时：《清代刑科题本中的民间"向例"及其成长逻辑——以清嘉庆朝 7 个争水灌溉纠纷命案为中心》，《甘肃政法学院学报》2013 年第 4 期；王跃生：《清代中期扬州市镇经济水平和民众生活初探——以刑科题本档案资料为基础》，《清史研究》2011 年第 2期；吴才茂：《清代中期贵州乡村社会蠡测——以嘉庆朝〈刑科题本〉为例》，《西华师范大学学报》（哲学社会科学版）2015 年第 6 期；张新平：《秩序与冲突：清代乡村社会纠纷——以〈清嘉庆朝刑科题本社会史料辑刊〉为例》，陕西师范大学硕士学位论文，2012 年；何秋月：《清中期鲁籍流寓民的生活实态与人际关系——基于嘉庆刑科题本档案资料的考察》，《枣庄学院学报》2014 年第 3 期。
② 常建华：《清中叶山西的日常生活——以 118 件嘉庆朝刑科题本为基本资料》，《史学集刊》2016 年第 4 期；《清中叶山西的借贷、典卖土地与雇佣——以嘉庆朝刑科题本为基本资料》，《史志学刊》2015 年第 5 期；《清中叶山西村社生活与管理——以嘉庆朝刑科题本为基本资料》，《经济社会史评论》2015 年第 4 期。
③ 常建华：《档案呈现的清中叶河南乡村社会——以 59 件嘉庆朝刑科题本为例》，河南大学黄河文明与可持续发展研究中心编：《黄河文明与可持续发展》第 5 辑，河南大学出版社 2013 年版，第 46~65 页。
④ 即嘉庆元年、二年、三年、五年、十一年、十二年、二十五年。
⑤ 因题本中有些没有写明事主父母年龄，故以上若干年龄是笔者推测而来。如 17 号事主陈进明50 岁，本人行五，故推测其母杜氏的年龄至少超过 75 岁。但推测的年龄整体偏保守。

表1

《清嘉庆朝刑科题本社会史料辑刊》湖北事例情况表①

序号	时间	府州县	事主	父亲	母亲	兄弟及家居状况	妻、子状况	纠纷缘由	报案者	页数
1	嘉庆六年二月	襄阳县	王作贵 三十六岁	已故	张氏	弟兄三人	女人张氏，生有三个儿子	宅基纠纷	甲长	21
2	嘉庆八年十月	襄阳谷城	刘廷锦 三十四岁	早故	胡氏		女人胡氏，儿子尚幼	琐事	甲长	55
3	嘉庆九年二月	安陆潜江	曾中高 二十二岁	本身父母俱故			女人蔡氏，生有一子	索要打太平公醮钱	保正	65
4	嘉庆十三年二月	汉阳孝感	萧中秀 二十五岁	萧履荣	刘氏	弟兄三人	女人徐氏，没生子女	买卖基地	保正	138
5	嘉庆十四年六月	安陆京山	帅有云 六十二岁	父母俱故			并无妻子	嫁卖义媳	保甲	140
6	嘉庆十四年十一月	安陆钟祥	田玉 四十三岁	父母俱故			女人操氏，没生子女	垫付税银	保正	153
7	嘉庆十五年二月	襄阳南漳	赵相文 三十六岁	父母俱故，继母郑氏，现年七十岁		弟兄两人	女人周氏，没有生子	修田纠纷	保甲	160
8	嘉庆十六年十二月	德安随州	邓尚友						保正	223
9	嘉庆十六年（月份未知）	汉阳汉川	黄景堂	养父七十二	养母七十		并未生子			225
10	嘉庆十八年五月	武昌县	邵坤胜 四十二岁	父母俱故		弟兄三人同居	女人刘氏生有五子	拉夺木桩	保正	243

① 由于有7件命案皆发生于湖北，但事主皆为客民，非湖北人，故未列入。其依次为《湖北均州民李文有因亲欠赵兴谋杀案》，第787页；《湖北竹山县客民李隔礼因口角打死罗月明案》，第835页；《湖北监利县客民吴汝森伤吴坤误伤身死案》，第925页；《湖北江陵县客民李贵因争撅船致使丁老一洛水致死案》，第979页；《湖北汉阳县客民顾富之因泄愤杀子阴谷琳案》，第981页；《湖北大冶县在配徒犯王允发打死杨庸氏、项氏案》，第1099页；《湖北利川县客民邓文璃讨要工钱事殴伤雇工阴谷志身死案》，第1423页。

续表

序号	时间	府州县	事主	父亲	母亲	兄弟及家居状况	妻、子状况	纠纷缘由	报案者	页数
11	嘉庆十八年五月	荆州松滋	刘明杰 三十一岁	父亲早故	母亲雷氏	弟兄四人，都已分居	聚妻李氏，止生一女	找价	保甲	244
12	嘉庆十八年六月	德安随州	徐大信 三十九岁	父亲已故	母亲聂氏现年七十一岁		女人已故，生有一子	索欠	保正	245
13	嘉庆十九年一月	黄州黄冈	余正太 四十八岁	父亲已故	母亲汪氏	弟兄五人		私占坟山	保正	251
14	嘉庆十九年六月	襄阳县	朱绍碧 三十八岁	父亲朱恩湍	母亲刘氏	弟兄三人	女人杨氏，生有两子	赎典	保正	267
15	嘉庆二十年三月	施南恩施	王致顺 二十四岁	生父已故，继父王世友	母亲李氏	弟兄二人	并没娶妻		保正	287
16	嘉庆二十年六月	安陆钟祥	王大广 二十四岁	父亲王正贵	母亲聂氏	弟兄三人	女人党氏	索分钱财	保正	290
17	嘉庆二十一年三月	宜昌东湖	陈进明 五十岁	父亲已故	母亲杜氏	弟兄五人，久已分居	女人程氏	退佃	保正	304
18	嘉庆二十四年十二月	施南恩施	赵添培 四十五岁	父亲赵先善已故	母亲赵叶氏		并没妻子	退佃之争	保甲	405
19	嘉庆十年七月	荆门直隶州	罗大昌 三十五岁	父亲已故		并无弟兄	娶田尧女儿为妻			428
20	嘉庆十四年八月	襄阳南漳	张世金 五十八岁	父母俱故		并无弟兄	女人杨氏，生有一子	借钱纠纷	保正	437
21	嘉庆十五年一月	宜昌东湖	李光贵 三十岁	父亲已故	母亲宋氏，现年六十三岁	弟兄三人	女人胡氏，生有两子	借钱纠纷	保正	439
22	嘉庆十六年六月	武昌清忻	马文翰 二十九岁	父故母存		弟兄三人	入赘章万家	卖猪纠纷	保正	453
23	嘉庆十六年九月	安陆京山	张谷彩 三十五岁	父亲已故	母亲赵氏	兄弟张潮彩	女人郡氏，至少生有一女	钱物纠纷	保甲	454

续表

序号	时间	府州县	事主	父亲	母亲	兄弟及家居状况	妻、子状况	纠纷缘由	报案者	页数
24	嘉庆二十一年十月	武昌江夏	夏荣周 三十四岁	父亲已故	母亲陈氏	弟兄四人，都已分居	并无妻子	欠钱	保正	472
25	嘉庆七年四月	汉阳黄陂	汉光玉					转佃	保正	522
26	嘉庆六年十月	郧阳竹溪	洪永本 四十九岁	父母俱故			女人金氏，儿子洪得贵	转佃纠纷	乡保	530
27	嘉庆十年六月	荆州松滋	杨重华 五十二岁	父母俱故			娶妻庞氏，生有一子	修堤脚事	甲长	582
28	嘉庆十六年四月	安陆京山	孔盛扬 五十三岁	父母俱故			女人段氏	退地纠纷	保正	636
29	嘉庆十九年七月	郧阳郧县	汪先 三十七岁	父亲汪勤章 现年七十岁	母亲龚氏年六十一岁	并无弟兄	女人杨氏，止生一女	索钱纠纷	保甲	676
30	嘉庆二十年八月	郧阳房县	袁陇					瘫地纠纷	保正	691
31	嘉庆二十一年六月	襄阳县	王思哲 三十四岁	父母俱故			并无妻子	口角	牌甲	703
32	嘉庆二十三年一月	襄阳县	张小折子 三十岁	父亲张如秀	母亲王氏	弟兄两人	女人李氏	典田	保正	732
33	嘉庆二十三年三月	郧阳房县	贺世才 五十九岁	父母俱故			女人王氏，儿子贺士强、贺士猛	私种田苗	保正	735
34	嘉庆二十三年三月	荆门直隶州	王兆兰 三十岁	父母俱故		并无弟兄、妻子	女人李氏，没生子女	摊派钱文	保正	739
35	嘉庆十四年十月	安陆钟祥	黄成明 京山县人 四十岁	父故母嫁			工钱纠纷	保正	863	
36	嘉庆四年一月	武昌江夏	祝隆 二十二岁	父亲祝成章	母亲郭氏	弟兄四人	女人罗氏，生前有一子	索要中银	保正	1034

序号	时间	府州县	事主	父亲	母亲	兄弟及家居状况	妻、子状况	纠纷缘由	报案者	页数
37	嘉庆七年四月	襄阳县	胡尚友 二十三岁	父亲胡应信	母亲王氏	弟兄二人	女人黎氏没生子女	琐事口角	甲长	1043
38	嘉庆八年五月	黄州黄梅	石添相 四十八岁	父亲早故	母亲张氏现年八十一岁		尚未娶妻	欠钱	甲民	1045
39	嘉庆十五年一月	宜昌东湖	鲁昌约 江陵县人 四十岁	父母、女人俱故			儿子鲁廷贵年幼	分种土地	保正	1068
40	嘉庆二十一年十月	德安随州	姜之本 三十四岁	父亲姜信已故	母亲石氏	弟兄三人	女人秦氏	借钱纠纷		1096
41	嘉庆二十二年七月	黄州黄冈	叶象原 三十六岁	父母俱故		弟兄三人	女人金氏，没有生子	索分卖地钱	保正	1101
42	嘉庆二十四年七月	荆州宜都	钱维松 监利县人 四十岁	父母俱故			并没娶妻	泄愤	保甲	1112
43	嘉庆十三年十二月	德安应山	李么 二十八岁	父母俱故		哥子李金贵	并没妻子	索讨欠钱	保正	1141
44	嘉庆十五年三月	安陆京山	雪有 四十四岁					口角	甲长	1147
45	嘉庆十六年九月	汉阳黄陂	照安 四十二岁					图谋等产	保正	1158
46	嘉庆二十二年六月	安陆京山	僧觉名						保正	1173
47	嘉庆十九年七月	安陆京山	熊伯价 二十五岁	父亲已死	母亲王氏	哥子熊伯俊，兄弟熊伯佩	女人雷氏，止生一女	索赔	保正	1215
48	嘉庆十四年十月	襄阳谷城	郭太 三十二岁	父亲郭玉章	母亲黄氏	弟兄三人，都已分居	娶妻梁氏，没生子女	地租纠纷	保甲	1278
49	乾隆六十年六月	荆门当阳	郑光经 三十九岁	父亲郑思任，年八十岁	母亲蔡氏，年七十岁	并无弟兄		索工钱	保正	1371

续表

序号	时间	府州县	事主	父亲	母亲	兄弟及家居状况	妻、子状况	纠纷缘由	报案者	页数
50	嘉庆七年七月	安陆天门	陈映奉					索讨工钱	保正	1374
51	嘉庆十四年七月	襄阳宜城	李学贤 三十六岁	父母俱故			女人黄氏，生有一子	索要工钱	保正	1414
52	嘉庆十五年十月	襄阳县	刘应周					代讨工钱	保正	1420
53	嘉庆十六年七月	汉阳县	陈学灿 咸宁县人 四十九岁	父母俱故		弟兄四人，均已分居	并无妻室	帮工敷负	保正	1428
54	嘉庆十八年四月	宜昌兴山	黄谷生 巴东县人 四十一岁	父亲黄元，年七十五岁	母亲已故	兄弟四人	并无妻子	口角	保正	1438
55	嘉庆二十年七月	安陆钟祥	黄向义 四十岁	父亲已故	母亲李氏年七十岁	哥子黄向贤	并没妻子	工钱纠纷	保正	1455
56	嘉庆二十一年五月	郧阳竹溪	杨之春 麻城县人 二十五岁	父亲杨廷美已故	母亲戴氏，现年七十岁	弟兄三人	没有妻子	交账纠纷	保正	1461
57	嘉庆二十一年闰六月	武昌蒲圻	魏伦序 三十九岁	父亲已死	母亲石氏年七十岁	弟兄三人，都已分居	女人但氏，儿子尚幼	赎当	保正	1462
58	嘉庆四年七月	襄阳县	吴兆元					索分栗谷	甲长	1670
59	嘉庆六年十一月	荆州监利	冯志高					欠药钱	甲长	1683
60	嘉庆七年九月	郧阳房县	陈金身 枣阳县人 三十一岁	父亲陈璩	母亲已故	有两个兄弟	一个儿子	催讨布钱	保甲	1690
61	嘉庆八年七月	安陆京山	瞿克俭 四十八岁	父故母存		弟兄二人		争水	保正	1694
62	嘉庆十三年八月	德安应山	董均 四十二岁	父故母存				催欠	保正	1712
63	嘉庆十四年八月	安陆天门	金辉五 四十九岁	父母俱故		弟兄六人	女人邓氏，生有一子	还账纠纷	保正	1740

续表

序号	时间	府州县	事主	父亲	母亲	兄弟及家居状况	妻、子状况	纠纷缘由	报案者	页数
64	嘉庆十四年十一月	郧阳郧西	李老幺 襄阳县人 三十六岁	父亲早故	母亲刘氏，年七十六岁	弟兄三人	并没妻子	债务纠纷	保正	1752
65	嘉庆十六年三月	宜昌巴东	向义源 四十岁	父亲已故	母亲何氏，现年六十八岁		女人广氏，没生子女	租柴地纠纷	保正	1800
66	嘉庆十七年九月	安陆钟祥	刘得贵 二十岁	父母俱故		并无弟兄	女人李氏，没生子女	典价	保正	1835
67	嘉庆二十年五月	荆州公安	邓从志 二十七岁	父母早故			并无兄弟妻子	欠租	保正	1855
68	嘉庆二十一年九月	宜昌东湖	苏昌周 潜江县人 三十岁	父亲已故	母亲齐氏现年七十六岁	无	并没妻子	戏言	保甲	1869
69	嘉庆二十二年三月	襄阳县	王正宇 二十九岁	父亲王荣	母亲曹氏	弟兄三人	女人何氏，没生子女	地价纠纷	保正	1873
70	嘉庆二十三年四月	武昌县	胡道煌 三十六岁	父亲已故	母亲万氏	并没弟兄	妻子	图谋财物		1884

资料说明：表中"府州县"栏中前为府或直隶州或府州名，后为县名，若府县名名同，只写县名，如"襄阳府襄阳县"写作"襄阳县"。"页数"栏中序号1～24为《辑刊》第一册，序号24～42为《辑刊》第二册，序号43～70为《辑刊》第三册。

38 号事主的母亲。总体而言，事主父亲高寿者相对而言比事主母亲少很多，如事主父亲50~80 岁年龄段总共 9 人，母亲则 30 人，前者不及后者的三分之一。细分到各年龄段，差距仍然明显。如 50 岁以上只有后者的一半，60 岁以上差距更为悬殊，前者仅有 1 人，而后者高达 10 人；70 岁以上前者也只有 3 人，后者更是多达 12 人。但 80 岁以上的高寿者持平，如 49 号事主郑光经父亲郑思任 80 岁，38 号事主石添相母亲 81 岁。由表 1 知记录事主父母年龄记载有 60 件，事主母亲 60 岁以上的总人数达到 23 人，占比为 38.3%，可见清中叶湖北女性活到六七十岁是一种普遍现象。这与常建华等人的研究结论基本一致，似乎此种现象是清代中叶的常态。

关于事主母亲比父亲高寿的现象，也可以从题本中非年龄数据的记载中得到印证。在已知父母存亡情况记载的 60 件命案中，事主父母俱故的有 3 号、5 号、7 号、10 号、19 号等 22 例，父故母存的有 1 号、2 号、11 号、12 号、13 号等 25 例，二者相加可得知事主父亲亡故率高达 78.33%。而事主母亲亡故者 24 人，亡故率为 40%，仅为前者的一半略强。事主父亲健在而母亲亡故者仅有 54 号、60 号 2 例，父故母存者多至 25 例，非常悬殊，亦可佐证其时女性寿命要高于男性。

（二）婚姻与生育

1. 婚姻年龄及状况

通过详阅题本中的有关记载，可以发现一个显著的现象，即事主未婚者较多。如 5 号帅有云 62 岁，15 号王致顺 24 岁，18 号赵添培 45 岁，24 号夏荣周 34 岁，31 号王思哲 34 岁，35 号黄成明 40 岁，38 号石添相 48 岁，53 号陈学灿 49 岁，54 号黄谷生 41 岁，55 号黄向义 40 岁，56 号杨之春 25 岁，64 号李老么 36 岁，67 号邓从志 27 岁，68 号苏昌周 30 岁，70 号胡道煌 36 岁等，皆没有成婚。上述未婚者共 17 人，占总人数的 24.29%，比例不可谓不高。从年龄段来看，20~29 岁有 4 人，30~39 岁有 5 人，40~49 岁有 7 人，60~69 岁有 1 人。30 岁以上未结婚者有 13 人，足见当时男性结婚压力较大，众多大龄男青年找不到结婚对象，在婚姻市场处于不利地位。此种情况也大致可以从成婚男女年龄差中得到印证。事主父母年龄俱有明确记载的有 3 例，即 9 号事主养父 72 岁，养母 70 岁；29 号事主父亲王勤章 70 岁，母亲龚氏 61 岁；49 号事主父亲郑思任 80 岁，母亲蔡氏 70 岁。除第一例年龄差在两岁外，后两者年龄差都在 9 岁以上。说明男方要经过更多年的财富积累才能够顺利成婚。否则，就有可能面临打光棍的风险。

2. 生育年龄及生育子女数

《辑刊》所录题本中有事主父母及本人婚后生育情况的记录，大略可以反映当时湖北地方社会的生育状况。

（1）生育年龄。

由于题本中很少记录事主本人生育子女的年龄，因而采用事主与其父母的年龄差作为基础数据进行研究。12 号事主出生时其母年纪为 32 岁，21 号为 33 岁，29 号为 24 岁，38 号为 33 岁，49 为 31 岁，55 号为 30 岁，56 号为 45 岁，57 号为 31 岁，64 号为 40 岁，65 号为 28 岁，68 号为 46 岁。除 29 号、65 号外，其余都是母亲 30 岁以上所生，甚至有三人都是母亲 40 岁以后所生。以上 11 位事主出生时母亲的平均年龄为 34. 82 岁。由于事主存在独子与兄弟众多的不同情况，因此有必要区别对待，才能更加细致真实地反映当时湖北地区的生育年龄。上述中 12 号、29 号、38 号、49 号、65 号、68 号事主为独子，计算可知其出生时母亲的平均年龄为 32. 33 岁。21 号、55 号、56 号、57 号、64 号事主都有兄弟，他们平均是其母 35. 8 岁时所生。再看其父的年龄。29 号事主为独子，是其父 33 岁所生，49 号亦为独子，是其父 41 岁所生，二者出生时其父的平均年龄为 37 岁。54 号事主兄弟四人，但其为老大，出生时父亲的年龄为 34 岁。由于事例过少，故不宜过度推测。

据王跃生对 18 世纪中国婚姻家庭研究，他认为"多子类型下，儿子与父亲的平均年龄差为 28. 28 岁，与母亲平均年龄差为 24. 85 岁。独子类型下儿子与父亲的平均年龄差为 35. 23 岁，与母亲平均年龄差为 33. 59 岁"①。但反观湖北，独子情况下湖北事主与母亲平均年龄差为 32. 33 岁，与王跃生的统计比较接近，二者相差 1. 26 岁。但多子情况下，湖北事主与母亲平均年龄差为 35. 8 岁，与王跃生的统计二者相差近 10 岁，与常建华对山西的统计也相差较大②。

（2）生育子女数。

生育子女数题本的记录较多，为研究湖北家庭生育子女数提供了翔实而宝贵的资料。因为题本中记载了事主弟兄数目，亦记载有事主本人子女数的情况，故将两者合并可以做整体研究。

由表 1 知，事主婚后没有生育子女者有 11 人，分别为 4 号萧中秀，25 岁；6 号田玉，43 岁；7 号赵相文，36 岁；9 号黄景堂；34 号王兆兰，30 岁；37 号胡尚友，23 岁；41号叶象原，36 岁；48 号郭太，32 岁；65 号向义源，40 岁；66 号刘得贵，20 岁；69 号胡道煌，36 岁。20~29 岁有 3 人，30~39 岁有 5 人，40~49 岁有 2 人。考虑到上文已提到事主父母生育时年龄多在 30 岁以上，且有学者通过研究乾隆朝刑科档案发现在山西，"当事人婚后 1 年或 1 年左右的时间内有生育行为者为极少数，婚后 5 年左右或 5 年以上生育与未生育者也占一定数量"③。故 20~29 岁的 3 人可能只是暂时未育。其他事主年龄都在三四十岁以上，未生育子女可能是事主夫妇存在生理问题所致。

事主本人生育子女数极不平衡。有多达五子者，如 10 号邵坤胜女人刘氏生有五子，但也有并未生育儿子者，如 11 号、23 号、29 号、47 号事主都是有女无子。生有一子者最为普遍，有 12 人，占生有子女事主总数的一半以上。生育二子、三子的情况较少，共有 4 例。

事主父母生育子女数相对较多。如生育二子者有 8 人，三子者有 16 人，四子者有 5人。甚至有生育五六子者，如 13 号事主余正太弟兄五人，17 号事主陈进明亦弟兄五人，

① 王跃生：《十八世纪中国婚姻家庭研究》，法律出版社 2000 年版，第 220~221 页。
② 常建华表示：他对山西父母与子女平均年龄差研究结果与王跃生对全国的研究结论大致相合。参见常建华：《清中叶山西的日常生活——以 118 件嘉庆朝刑科题本为基本资料》，《史学集刊》2016 年第 4 期。
③ 常建华：《清中叶山西的日常生活——以 118 件嘉庆朝刑科题本为基本资料》，《史学集刊》2016 年第 4 期。

63 号事主金辉五弟兄六人。大体而言，三子以内的情况居多，占总数的 80.49%。

需要注意的是，上述生育子女数并非代表当时的真实情况。除 4 例明言有女无子外，其他均没有所生女孩的记录。如在介绍事主家庭成员时，仅载明弟兄几人，故而在讨论生育子女数时，应该充分考虑到所生孩子中女孩的人数，只能将文献记载中的数目看作最低数额，实际上婚生子女数应该要高于文本所述。

（三）家居、过继及其他

题本中有关于事主分居、同居的记述，从中可以管窥湖北当时家居状态的情况。如 11 号刘明杰供：父亲早故，母亲雷氏；弟兄四人，小的第四，都已分居……母亲与三哥刘明俊同住；小的娶妻李氏，止生一女。17 号陈进明 50 岁，弟兄五人，排行第五，久已分居，已死陈程氏是其女人。24 号夏荣周 34 岁，弟兄四人，都已分居，其排行第三，并无妻子财产。48 号郭太 32 岁，弟兄三人，都已分居，娶妻梁氏。53 号陈学灿供：咸宁县人，年 49 岁；父母俱故，弟兄四人，均已在籍分居；小的并无妻室。57 号魏伦序 39 岁，兄弟魏伦岩、魏伦秀都已分居，女人但氏，儿子尚幼。以上 6 例分居记录中，11 号、17 号、48 号、57 号 4 例事主均有妻子，且兄弟众多，分家居住自然在情理之中。24 号、53 号事主虽然本人没有妻室，但由于均有兄弟，人数众多，似乎分居也是必然。从 11 号事主母亲与其三哥同住的情况看，父母并非想象中的都是跟随小儿子同住，而是随情况而定。

题本中也存在一些过继、抱养、招赘等的记载。如 3 号事主曾中高原本姓吴，因曾绍远抱养为子，故改姓曾。7 号事主案件中记载：赵士榜本是赵相名的儿子，自幼立嗣赵相文同祖堂兄赵相青为子。9 号事主黄景堂自幼承继族叔黄宪名为子。22 号事主马文翰供：章洪仁的堂叔章斯万因无子嗣，止有一女，招赘小的为婿，与章洪仁同院居住。

因此略知，在无子的情况下，一般会选择抱养或者过继来继承香火。过继大多以同姓为主，且注重从本族中挑选幼子承继。无子有女的家庭，往往采取招赘的方式，以求晚年有人赡养。

二、生计与土地

题本既记载了湖北事主的家庭成员状况，又涉及了事主本人的职业、纠纷缘由，这就为考察湖北地域社会的经济生活常态提供了可行性。

（一）生计

1. 营生之道：开铺或贩卖

通阅《辑刊》，可以非常直观地感受到事主生计方式多种多样。如 7 号事主赵相文，由于右手腕自幼跌损不能运动，居住的山内常有野兽，因此买有鸟枪捕猎营生。10 号事主邵坤胜与堂兄在河下伙驾渡船为生。12 号事主徐大信的父亲与其众兄弟有祖遗木栈一所，代客买卖木料，抽分租息。24 号事主夏荣周小贸营生。38 号事主石添相平日卖鱼营生。49 号事主郑光经开饭店生理。50 号事主陈映奉的雇主罗大云开剃头铺生理。52 号命案中刘应观以爆竹店营生。53 号事主陈学灿在汉阳县开店做卖粉粑生理。56 号事主杨之春的父亲及哥子在竹溪县合伙开油坊。57 号事主魏伦序开熟食铺营生。59 号命案中的游登高开有药铺。60 号事主陈金身以领班唱戏营生。该命案中身死的周有贵的店主应该开有布铺。63 号事主金辉五则贩花布营生。64 号事主李老么供称自己贩布来到郧西县发卖。67 号事主邓从志宰猪生理。上述 16 例中，经营饮食饭店类者有 3 例，贩卖布匹者有 3 例，其余都各 1 例，似乎这两项谋生手段在清中期的湖北社会较为重要。其他的营生方式非常广泛。有的凭借手艺，如开铺剃头、炼油、唱戏等；有的则充分利用周边环境营生，如捕捉猎物、驾船渡人、打鱼贩卖；有的则专注贸易，或成为行商，或做转卖贸易抽取租息等。

2. 谋生手段：佣工或帮工

既然开设店铺者不少，那必然会出现雇佣工人帮衬经营。在当时的湖北，许多人以做佣工、帮工为谋生手段，《辑刊》中这样的记载数不胜数。如 31 号事主王思哲供称向在刘从儒家做长工。35 号事主梁郢起供称："黄成明向在小的家帮种田地。嘉庆十四年正月内，小的又雇袁大名帮工，彼此都是平等称呼。"① 42 号事主刘正明的父亲雇钱维松在家帮工。据钱维松声称，他向在宜都县佣工度日。据 47 号命案中徐老二供：他与表兄崔元葵本是河南泌阳县人，"嘉庆十八年冬间，小的同崔元葵来到钟祥县寻觅工作，崔元葵雇在彭自洪家帮种田地，小的另在人家帮工"②。49 号事主郑光经则在族兄郑光虎饭店里帮工。52 号命案中的李得林因向习花爆手艺，故在刘应观的爆竹作坊帮工。54 号事主黄谷生佣工度日。57 号命案中的李金发则在魏伦序的熟食铺帮工。70 号事主胡道煌供称说自己本武昌县人，"有堂叔胡之大，搬在陕西雒南县居住。嘉庆二十二年正月内，小的前往雒南，依住堂叔家，寻觅工作"。从不久后胡道煌因贪图同乡钱财害人性命来看，其无甚家资，他在雒南县寻觅工作应当是充作帮工或佣工等。

3. 工钱事宜：方式与多寡

《辑刊》中不仅有一些事主做佣工、帮工维持生计的记载，对他们的工资情况也有所涉及。大体而言，雇主与佣工等发放工钱的方式以按年支付、按月支付居多。以按年支付为例，据 35 号事主梁郢起供称："黄成明向在小的家帮种田地。嘉庆十四年正月内，小的又雇袁大名帮工，彼此都是平等称呼，袁大名来时曾与讲定每年工钱七千二百文。"③ 49 号事主郑光经在族兄郑光虎的饭店做帮工，每年给工钱三千二百文；54 号事主黄谷生供称："嘉庆十八年正月内，小的来到兴山寻觅雇主，有熟识的胡亨祺把小的荐到同村邓先明家做长工，论年讲定工钱，帮种地亩。"④ 按月支付的方式亦多，如 42 号事主钱维松

————————————

① 杜家骥主编，冯尔康、朱金甫、宋元秀副主编：《清嘉庆朝刑科题本社会史料辑刊》（以下简称《辑刊》）第 2 册，天津古籍出版社 2008 年版，第 853 页。以下征引该书皆只注明册数及页码，不再注明版本信息。

② 《辑刊》第 3 册，第 1216 页。

③ 《辑刊》第 2 册，第 863 页。

④ 《辑刊》第 3 册，第 1438 页。

雇在刘谷珍家帮工，每月工钱八百文；50 号事主陈映奉在罗大云的剃头铺帮工，每月工钱五百文；52 号命案中的李得林在刘应观的店里帮做爆竹，每月工钱三百文；53 号事主陈学灿开粉粑店，其雇工张必勇的工钱为每月五百文。此外，也有按季支付、按日支付的事例。如 51 号事主李学贤供称："嘉庆十四年春间李六典雇小的在他家帮了一季工，原议工钱二千四百文。"施南府利川县人阳谷治被邓文榜所雇于嘉庆十六年二月二十八日帮忙搭盖厕屋，许他工钱十六文。也有事先没有讲定工钱的事例。如 2 号命案中提及，"嘉庆八年正月内生员女婿鲁士杰要雇人帮工，是兄弟把雷扶楚荐去，没有讲定雇价的"①。工钱之外，有些雇主会给雇工一些额外的补偿，如 19 号事主罗大昌雇佣田德元在家帮工，"言明工价外，每年做给布褂一件"②。

以上诸多事例中，不难看出，这些佣工的工钱尽管不是很高，但是也存在多寡不同的现象。以按年而言，有多至 7200 文者，亦有少至 3200 文者；以按月而论，有多达 800 文者，也有仅 300 文者。两者均是后者不及前者的一半。当然，这也有可能与被雇者从事的职业不同或者劳动强度有关，如从事农业或者在店铺帮工等情形。

尽管这种现象《辑刊》中涉及湖北的只有一例，但仍值得格外留意。如据顾富之供称：江苏金匮县人，"小的来至（自）湖北，在武昌县署内帮办杂务，原议年薪俸银二百四十两"③。这无疑要比上文提到的工钱高出太多，似乎可以说在公门做事的待遇要远比给私人做佣工好很多。

《辑刊》中还有一些关于辞工的记载，对于了解湖北当时的雇佣关系有所裨益，兹简要概述。辞工原因大致分为两类：雇主辞退与佣工主动要求离开。如据 53 号事主陈学灿供："嘉庆十六年五月初三日，小的雇张必勇在店帮贸，议定每月工钱五百文。后小的见他好酒使气，二十就按日算给工价把他辞出，另雇小孩张谷奇帮工。"④ 2 号命案里的帮工雷扶楚亦是被雇主鲁士杰辞退。52 号命案中的佣工李得林嘉庆十五年八月内到刘应观爆竹店帮工，"十月十五日，小的因刘应观饭食不好，要辞工搬出"⑤。

当然，不能仅凭这些记载就以偏概全，以上决不能代表当时湖北民众日常生计的全部。毕竟这里仅仅是记载了涉及命案者，未被载入的营生方式无疑更多。不过，从这些零散的案件中，可以大致了解当时湖北地方社会经济生活的某些侧面。

（二）土地租佃与典卖

《辑刊》中有关清代中期湖北土地租佃与买卖的记载颇多。土地作为中国传统社会的恒产和最重要的生产资料，历来受到广大民众的重视。但由于诸种原因，土地在农民手中也存在来回出佃与买卖。

1. 土地租佃

土地租佃的现象非常普遍。如 17 号事主东湖县民陈进明称，"小的原佃陈廷选田

---

① 《辑刊》第 1 册，第 55 页。
② 《辑刊》第 1 册，第 429 页。
③ 《辑刊》第 2 册，第 981 页。
④ 《辑刊》第 3 册，第 1428 页。
⑤ 《辑刊》第 3 册，第 1420 页。

地"。23 号事主京山县民张谷彩供称，"从前李进成佃种小的田亩，曾出过上庄钱十三千文"。25 号命案中黄陂县民万邓氏称其儿子万应秀"佃种王纯田亩已有几年"。26 号事主竹溪县民洪务本称，"小的向佃余王氏地亩，给过上庄银十两，每年交完租谷六石二斗"。29 号事主汪先供称"黄象德用钱二千文佃种王胜加山地一分"。竹山县客民李幅礼称"罗月明佃种石银山地欠租未楚"。39 号命案中的东湖县民黄正中佃种王恒丰田地，后嫌租课太重欲要退佃。58 号命案中襄阳卫运军吴楚雄供称吴作舟等遗有地一百二十七亩，"吴兆元屡次来要武生给他佃种"。67 号事主公安县军丁邓从志供称，"从前小的同堂弟邓从汤、叔子邓在知有公共地面一段，佃与邓光明、邓为添、邓冠明耕种"①。由此可见，这种土地租佃现象的普遍性不仅可从出现频率之高，也可从发生地域之广上得到反映。

以上口供中，也揭示出当时湖北社会在土地租佃过程中，存在押租现象。如上述 23 号、26 号命案中提到"出过上庄钱十三千文""给过上庄银十两"。而且，当租佃者无法按时上交租息时，原主一般都会以上庄钱抵还欠租。由于缺乏更为详细的记录，目前还无法判断其属于"押轻租重"还是"押重租轻"的哪种类型。

2. 土地典卖

土地典卖的事例亦广泛存在。6 号事主钟祥县民田玉称，"哥子后把那田一亩四分半卖与田洪训管业"。14 号事主襄阳县民朱绍碧供称，"朱思仁凭小的做中，把地三亩典与朱台平耕种，当得典价钱八千文，原议两年期满照价回赎，约内也写明的"。18 号事主恩施县民赵添虎称，"父亲将己业田亩得价当给堂叔赵得才耕种，就同母亲带小的弟兄搬往陕西种地"。28 号事主京山县民孔盛扬供称，"普渡寺的僧容金要把地亩出典，小的用钱二十八千文承典耕种"。30 号事主严士荣供称，"魏富祚凭小的作中把山地一分当与袁文举为业，讲定价银四十三两，十年期满回赎，立有契约的"。32 号事主襄阳县民张小折子供称，"小的族叔张详周替余桃的叔祖余见富做中，把地亩典与聂文举耕种"。44 号事主京山县僧雪有供称，"僧观一将他西寺自管水田一丘、树山一片，凭中张希桥们作价钱六十千文，立契卖与僧人们东寺为业，契已投税"。48 号事主谷城县民郭太供称，"韩起潮的堂兄韩起祥将山地一分凭中袁芳梓典与小的管业，议价钱四十千文，地仍韩起祥耕种，每年议完租谷六石，立有契约"。66 号事主钟祥县民刘得贵供称，"小的将田三亩典与李成云耕种，得钱十千文，讲定三年回赎"②。以上 9 例中有 7 例均提到在土地典卖时存在"凭中"现象，即需要一个担保人出面以保证土地买卖的顺利进行。通过上述记载可知，担保人大多是土地买卖一方的族人。土地典卖后，一般都会约定回赎期限。有短至二三年者，如 14 号、66 号案例；也有十余年者，如 30 号案例；甚至有长达几十年者，如 18 号案例记载：恩施县民赵添培的父亲赵先善于乾隆五十一年将田亩典卖给赵得才耕种，后携妻儿搬往陕西种地。嘉庆十年，赵先善病故。直到嘉庆二十四年赵添培与母亲才返回原

---

① 参见《辑刊》第 1 册，第 305 页、455 页；《辑刊》第 2 册，第 522、530、676、835、1068 页；《辑刊》第 3 册，第 1670、1855 页。

② 《辑刊》第 1 册，第 153、267、406 页；《辑刊》第 2 册，第 636、691、732 页；《辑刊》第 3 册，第 1147、1278、1835 页。

籍。赵得才耕种其田亩前后历时三十三年。① 从赵先善搬往陕西的举动来看，其最初可能是准备将田亩绝卖给赵得才。

土地租佃或典卖十分频繁，但在土地"流动"的过程中出现了大量社会纠纷，后有详述。

三、社会纠纷缘由与类型

《辑刊》对嘉庆朝湖北所发生命案的涉案人员发生纠纷的过程有一定介绍。如纠纷原因、过程及报案者等。由表 1 可以看出，保正、保甲作为命案的报案者最为常见者，说明他们在基层社会管理中居于重要地位，"国家不得不更多地将保甲寓于现实的村社共同体之中，使之成为基层权力网络中的一个组成部分"②。经过对案情的整理，其缘由大致可归纳为以下三种类型：金钱类、土地类、口角类。

（一）金钱类纠纷

因金钱矛盾引起的命案比例较高。这些由金钱引起的矛盾又以借钱纠纷模式为主。如涉案人因借钱未成而恼羞成怒引起争斗，20 号事主张世金供称，"已死刘应虎是小的胞姊刘张氏的儿子。姊子同姊夫都已身故，刘应虎性好游荡，他自父母故后，就把所遗田产陆续花废，贫难度日，小的与他胞伯刘见仁屡次帮给钱米吃用。嘉庆十四年八月初一日中午，刘应虎来小的家要小的借给钱五百文，小的因值无钱回复，刘应虎不信，定要借给"③。双方发生冲突，酿出命案。21 号事主李光贵供称，他与屈俸是姻亲，"屈俸因欠有债负，向小的借几千钱使用，小的也因过年窘迫没有借。十五年正月初三日将晚时候，小的到屈俸家闲走，与他同坐堂屋。屈俸提起年内借钱的事，斥责小的没有亲情"④。李光贵反驳，两人大打出手，以至不可收拾。40 号命案中涉案人姜之美供称，他与哥子姜之本因家中贫苦，无本贸易，探知缌麻服堂嫂高氏收有田价，同往借贷，并许给利钱。但高氏以自己是寡妇要留钱自用，拒绝借钱。姜氏兄弟挟私报复，起意刨起别人新埋幼儿的尸体，诬陷是高氏私生，甚至惨无人道地将高氏勒死。⑤

借钱虽然成功，而随之而来的催欠行为也容易引起纠纷。如据 24 号事主夏荣周供称，他向陈应元借钱十千文作本贸易，立有借字，载明三分起息，一年归还。后因贸本亏折以致过期未出。陈应元曾屡向催讨吵骂，他因借钱不出，只得忍受。后陈应元催逼过急，他一时性起将陈应元夫妇杀害。⑥ 据刘泰兴供，他被李文有荐引在刘梓家帮种田地。他带有银一两一钱并五百文，被李文有借去。后屡次索讨，李文有总拖延不给，还称刘泰兴诈赖，双方渐有间隙。后刘泰兴因"李文有不还欠项，反恃强欺辱，心里忿恨，起意把他

① 《辑刊》第 1 册，第 406 页。
② 杨国安：《明清两湖地区基层组织与乡村社会研究》，武汉大学出版社 2004 年版，第 77 页。
③ 《辑刊》第 1 册，第 438 页。
④ 《辑刊》第 1 册，第 439 页。
⑤ 《辑刊》第 2 册，第 1096~1097 页。
⑥ 《辑刊》第 1 册，第 472~473 页。

杀死"①。38 号事主、63 号事主等也是因为借钱纠纷而卷入命案。

雇工向雇主索讨工钱而引起纠纷的现象也较普遍。如据 50 号命案中死者罗大云妻子罗周氏供称,其夫开剃头铺生理,雇陈映奉在店帮工。罗大云该欠陈映奉三个月工钱,陈映奉索讨,罗大云没钱恳缓,乃生纠纷。51 号事主李学贤供称,"李六典雇小的在他家帮了一季工,原议工钱二千四百文。李六典止给过钱一千五百文,下欠钱九百文屡讨不给"②。二人遂因此事彼此争闹。

因赊账、垫付而引起的纠纷亦多。如据 59 号命案中的游高氏供称,其子游登高开有药店,冯志高赊欠药钱五百八十文,屡讨不还。冯志高与游登高因此起衅,酿成血案。64 号事主李老么供称,他本襄阳县人,因贩布来到郧西县发卖,与沈之金素识无嫌。后沈之金因赊有布钱三千多文,总是拖欠不还,二者因此发生纠纷。43 号事主李么供称,他与僧悟恨向来熟识。悟恨曾托他代买油二斤,共计用钱一百四十文,是他垫付。后他向悟恨讨要,屡讨没还。二者遂生冲突。

因摊派钱财而引起的社会纠纷时有发生。如据 3 号事主曾中高供称,嘉庆九年二月内,他所在的垸内村民都患时疫,曾中成与他建议打太平公醮驱病,每家摊派钱一百文,众户皆表示同意。后村民曾中华一再拖延交钱,双方发生冲突,酿成命案。34 号事主王兆兰供称,"杨王氏与小的们田亩都在小江湖闸地方,被水渍淹。嘉庆二十三年三月内,村民王尚润们公议向同村业户派出钱文,在闸口上边开挖沟路,消泄渍水。二十二日,王尚润叫小的前往杨王氏家收取钱文,杨王氏说家内无钱,不肯出给。小的不依,两下争骂"③。

以上诸例表明,民间借贷行为大量存在。在借钱过程中,一般都会选择先向族内的熟人或者姻亲借贷。而且借钱通常都有利息,以三分为准,但也存在利息较高的现象。民间赊账的行为亦普遍存在。无论是索讨借款、赊账还是拖欠工钱,都会成为引起社会纠纷的导火索,甚至矛盾升级导致命案发生。

(二) 土地类纠纷

因与土地相关而引发的社会纠纷不胜枚举,这也反映了土地在民众日常生活中的重要地位。土地纠纷主要是指在土地租佃或典卖、庄稼地、宅基地方面发生的日常纠纷。

1. 租佃或典卖纠纷

由于土地租佃与典卖在民众生活中广泛存在,因此引起的社会纠纷也最多。如据 17 号事主陈进明供称:"小的原佃陈廷选田地。嘉庆元年,陈廷选习教被杀,田地入官召变,是邓添雄邀价承买,仍是小的接佃。二十一年二月间,邓添雄要提田自种,女人许俟秋收后退佃,邓添雄没有应允。三月二十一日,小的同女人赴田工作,邓添雄走来拦阻,不许耕种,女人不依,两下争闹。"④ 48 号事主郭太供称:"嘉庆十四年二月十五日,韩

---

① 《辑刊》第 2 册,第 787 页。
② 《辑刊》第 3 册,第 1414 页。
③ 《辑刊》第 2 册,第 739 页。
④ 《辑刊》第 1 册,第 305 页。

起潮的堂兄韩起祥将山地一分凭中袁芳梓典与小的管业，议价钱四十千文，地仍韩起祥耕种，每年议完租谷六石，立有契约。小的当付典价钱三十三千文，余钱七千，约俟缓日措给。后因设措不出，没有交清。……小的因秋收已过，韩起祥租谷没有交纳，当向索讨。韩起祥答说，等小的尾欠典价付清再完租课。"① 69 号事主刘明杰供称："嘉庆十六年十月内，二哥把分受田地、树木卖与小的为业，价钱当已交清。十八年正月间，二哥因没钱用，来要小的加找田价，小的不允，二哥就到已卖地内要把树木砍去卖钱，小的向阻，彼此争闹……"② 据笔者统计，另外还有 6 号、14 号、18 号、23 号、25 号、26 号、28 号、29 号、30 号、32 号、39 号、44 号、58 号、66 号、67 号等命案均由土地租佃或典卖引起的纠纷所致。限于篇幅，不一类举。

2. 庄稼地纠纷

因庄稼地而引起的纠纷亦为数不少。庄稼地作为农民最重要的生产资料和劳动场所，历来为广大农民所重视，易于成为农民之间发生纠纷的关键因素。如 7 号事主赵相文供称，赵士榜的田地与他的地亩毗连，中砌田埂为界。嘉庆二十五年二月间，他上山打猎，路过地边时，发现赵士榜在修理田埂，把拆下的碎石砖块不放在自己田里，都堆在他的地内，当即用言责备，终致闹出人命。15 号命案中王世河报称，"李女牧牛，践食身田内荞麦，投知保正王世才理论，未赔。二十三日中午，李女复在小的田边放牛，身同长子王致进、次子王致黄赶往牵牛，王致进与王世友父子打架"③。61 号事主瞿克俭供述尤为典型：廖家湾地方有自北至南溪河一道，民田坐落北首上游，军田坐落南首下游，中以河岸归德寺为界，寺北为民河，寺南为军河，每遇车水时军民各在界内车戽，历无争论。嘉庆八年六月天时晴干，小的们民户在寺北河边多安几架水车，水将干涸，下游无水流注。十七日上午，严海山同祝士元、吴高怀到河查见，说民户倚恃上游，把水独占，心怀不平。祝士元、严海山走到小的并王道周田里，把谷踏坏，吴高怀把沈义来水车踢碎，小的同王道周沈义来各带锄耙上前拦阻，彼此互殴。④ 37 号、47 号命案也都是与庄稼地纠纷有关，兹不赘言。

3. 宅基地纠纷

宅基地是农民已占用或预留使用的土地，也被农民格外重视。《辑刊》中记录了不少湖北地区农民因宅基地纠纷而引发的命案。如 1 号命案事主王正虔供称，他父亲与二叔、三叔祖遗田产已分析各管，但仍公屋居住。后公屋破损，见那公屋难得修复，屡向父亲说要分旧基一段，另自盖屋。父亲因仍想同住，没有依允。二月初二日，三叔又要分基，与父亲吵闹。4 号命案涉案人萧履荣公称，"小的屋旁巷外及门前屋后空隙基地，都是萧时异与萧米氏家分受管业。因小的住屋别无出路，向在萧时异们基地内行走。嘉庆十三年十二月初间，小的闻知萧米氏们凭萧时化们作中，要把坐落小的门前基地卖与萧世敖、萧世

---

① 《辑刊》第 3 册，第 1278 页。
② 《辑刊》第 3 册，第 1873 页。
③ 《辑刊》第 1 册，第 287 页。
④ 《辑刊》第 3 册，第 1694 页。

弱为业。小的怕事成后萧时敖们清管界址有碍小的家出入，想仍留做走路，邀兄弟萧履厚同向阻止。萧时异就在小的门前并屋旁巷口筑砌土墙堵塞出路，小的不依，把墙拆毁。二十七日，萧时异同萧时新们到小的家要牵赶牛只抵赔土墙"。因此激发矛盾，造成两人身亡。41 号、65 号命案也均是由于宅基地纠纷而致。

除此之外，《辑刊》中还记载有因侵占坟地、修堤等与土地有关的社会纠纷。

（三）口角类纠纷

因口角之争引发的社会纠纷也不在少数。如 31 号事主王思哲供称，"小的向在刘从儒家做长工，已死陈乃宗短雇在他家牧牛，平日和好，并无嫌隙。嘉庆二十一年六月初四日傍晚，刘从儒因农忙叫小的出去雇人帮工，走出门外遇见陈乃宗牵了牛只并背着一篓牛草回来，叫小的代他牵牛进栏。小的回说牛是短工管的，没有理他。陈乃宗说小的言语刻薄，出言辱骂，小的回骂"[①]。44 号事主僧雪有供称，"僧人与已死僧深海，素常和好，并无嫌怨。……僧连桥募化外出，僧深海闻知僧然春在先经契卖山内砍伐树株，邀僧人同往理阻，僧人就与僧深海各拿木棍前往。走至半路，僧人心想僧然春砍树，料必人多，恐阻砍不依争殴，力难与敌，当要转回。僧深海斥僧人吃饭不管闲事，僧人不服争骂"[②]。另据湖北竹山县民石银供称，"小的有山地一分、住房一所，佃与罗月明住种……罗月明仍想佃种，叫他婶母罗唐氏到家吵闹。小有听闻赶回，央同母舅龚显组把罗唐氏劝送回去，并向罗月明理论。罗月明转说小的不该收地，混向辱骂。李帼礼赶来劝阻，罗月明说是帮护小的，也一并斥骂"[③]。据《辑刊》所载，湖北以"口角"命名的案例还有 19 号、37 号、54 号等。

四、结　语

《辑刊》所载有关命案的种种记录，呈现了涉案人员的家庭状况、经济情况，为研究清代中叶湖北社会经济生活实态提供了宝贵素材。综合分析可知，人口寿命方面，当时湖北地区男女高寿者较多，六七十岁的老人较为常见，且女性高寿者的人数远超男性。就婚姻状况而论，存在大量未婚男性，且以 30 岁以上居多。即使成婚，也以男性比女性年龄大几岁为多。说明在当时的社会条件下，男性在婚姻市场上的压力较大。湖北地区的生育年龄除少数外，大多是母亲在三十多岁时所生。且独子情况下的母亲平均生育年龄要比多子情况下偏大。尤其是在多子情况下，《辑刊》所示的妇女平均生育年龄，要比有关学者研究的全国妇女平均生育年龄大 10 岁以上，偏差较大，尤应引起关注并做进一步研究。嘉庆朝刑科题本事主本人的生育子女数以一子居多，而其父母的生育子女数多在二三子之间。这可能与乾隆年间传统中国人口达到顶峰导致人地矛盾趋向紧张，农民不得不主动选择相对节育有关。湖北兄弟分居的现象也较为突出。大多是由于弟兄成婚后组建自己的小家庭，而各自过活。但也有极少数即便是兄弟几人都已结婚，但仍公共居住的事例。赡养

---

①《辑刊》第 2 册，第 703 页。

②《辑刊》第 3 册，第 1438 页。

③《辑刊》第 2 册，第 835 页。

父母大多是兄弟几人共同承担，父母多与幼子同住。湖北民间社会广泛存在过继行为，过继多在同族之间进行。有女无儿者，往往会选择招赘女婿上门得以老有所养。

清代中叶湖北民众经济活动形式多样。以生计而论，有开设店铺者，行当涉及饭店、炼油、剃头、做爆竹等；有因地制宜上山打猎、驾船渡人、打鱼贩卖者；也有长途贩卖布匹或做转卖贸易者等。此外，以做佣工或帮工讨生活的人数众多，其中以农业雇工为最。概言之，湖北民众的营生方式多种多样。佣工工钱的支付方式也各不相同，以年支付、按月支付者最多，也存在以季发放、以日发放的情况。工钱多寡不一，主要取决于他们所从事的职业或劳动强度。辞工现象也较为普遍，有雇工因事主动请辞者，也有因各种原因被雇主辞退者。清代中叶湖北土地租佃成为常态，且租佃过程中，押租现象较为常见。土地典卖事例很多，且一般都采用凭中典卖的方式。土地典卖一般都写明具体年限，以五年以内居多。

清中叶湖北社会纠纷类型多样，主要可以归结为因金钱、土地和口角引起的纠纷三种类型。以金钱类纠纷而论，借钱未成与催讨借款易于引发矛盾。索讨工钱、催要赊账等也是金钱类纠纷的主要形式。此外，因乡村公共事业需要摊派钱财时，也容易引起民众纠纷。

土地作为农民最重要的生产资料，是引起民间纠纷的另一重要因素。土地租佃与典卖过程中，催讨租欠、回收租地或卖田找价最易引起纠纷。事关农民庄稼地时，如破坏农田地界、损坏田苗及截流农田水源等，也易滋事。宅基地矛盾而引起的社会纠纷也时有发生。口角也常常引发社会纠纷，这种现象不仅在平常农民之间，僧人之间因口角引发的命案也有。

（作者单位：武汉大学历史学院）

张之洞湖北"裁厘改捐"考论[*]

□ 洪 均

一、湖北厘金的创制与积弊

太平天国起义前,清廷严加控制各省财权。以道光七年湖北地丁钱粮支解为例,应征起运额银"八十七万九千七百六十一两一分三厘",存留额银仅为"一十一万八千七百八十两六钱九分"。① 由于镇压太平天国军费激增,至咸丰三年,户部库存正项待支银仅有293798两。② 为应对危局,清廷被迫将部分财权下放地方,咸丰四年清廷下旨各地督抚"以本省之钱粮,作为本省之军需"③,并以"就近筹粮,兵丁得沾实惠"鼓励各省开辟新的饷源。

咸丰五年,署理湖北巡抚胡林翼任用在籍主事胡大任、王家璧等地方士绅,在武昌、新堤等处"设局劝捐、试办厘金"④,是为湖北厘金创制之始。厘金的出现,不但可以弥补当时常关因战事的损失,且厘金局卡有"因地制宜"设置的灵活性,有效地防止了税金的遗漏。此外,作为商业税,厘金直接伤害的是商人的利益,再由商人将损失转嫁于消费者。在以自然经济为主导的传统社会中,广大农村底层百姓仅有油盐等少数日用品须在市场购买,相对直接损害农民利益的田亩津贴等地亩附加税,厘金的推行客观上使咸丰年间官民对立的趋势有所缓解。

咸丰五年十一月,胡林翼会同湖广总督官文上奏,以户部咨抄江苏泰州、仙女庙等处

---

* 本文为国家社科基金青年项目"晚清两湖地方财政与社会变迁研究"(项目编号:13CZS074)、国家社科基金重大项目"清代财政转型与国家财政治理能力研究"(项目编号:15ZDB037)、"中国古代财政体制变革与地方治理模式演变研究"(项目编号:17ZDA175)阶段性成果。

① 杨承熺、张仲炘等修:民国《湖北通志》卷四十四《经政志二·田赋一》,民国十年湖北省长公署刻本。

② 彭泽益:《十九世纪五十至七十年代清朝财政危机和财政搜刮的加剧》,《十九世纪后半期的中国财政与经济》,人民出版社1983年版,第139页。

③ 贾桢等修纂:《清文宗实录》卷一二二,中华书局1986年版。

④ 《整顿诸军援师会剿请救川省迅筹军饷疏》,咸丰五年九月初一日,《胡林翼集》一,岳麓书社1999年版,第38页。

抽厘章程为参照，核定湖北抽厘章程，① 其要旨有四：

一是明定厘金税种。湖北厘金分为三项：落地厘、门市厘、出产厘。落地厘是对外省进入湖北销售的货物征收厘金，出产厘是对湖北本省出产销往外省的货物征收厘金，门市厘则是对日常交易商品征收厘金。② 出产厘为通过税，征于转运中的货物，抽之于行商，属于活厘；落地厘和门市厘则为交易税，在销地征收，抽之于坐商，属于板厘。

二是规置征收机构。省城武昌设立盐茶牙厘总局，总管全省厘金事务。各州县及省内交通要隘设立分局、水陆大卡，对出入境货物征收厘金。③ 门市厘则由各地"公正绅士"查实各商户的日常营业额，或半月、或十日收缴一次。④

三是用士人司榷。咸丰七年初，胡林翼决定以士人司榷，"当将各属抽厘事务，另延公正绅士实心承办，不许州县丁胥经手，以防弊端"。其动因在于，对比由吏部任命的州县官员，没有实职的士绅既易驾驭，亦可随意改委。⑤ "用士人司榷"简化了中间环节，过往钱粮征解过程中因层层递解而被挪用侵蚀的局面被遏制。⑥

四是核定厘金税率。湖北厘金创立之初，制定税率为"约计货物可售钱一千者，酌定抽厘金十二文"⑦，可见咸丰十年前湖北厘金税率约为千分之十二。

胡林翼办理湖北厘金的绩效如何？依据档案等相关史料，咸丰八年后，湖北厘金年收入稳定在一百三十万两以上，同治年间达到一百七十万两以上。⑧ 胡林翼将厘金多数用作军费，使湖北清军由二万余人扩充到六万余人，⑨ 为清王朝成功镇压太平天国提供了坚实的物质保障。

尽管收数丰厚，作为一种临时性的地方商业税，厘金从创制之始即呈现出种种弊端。虽有胡林翼的一番整顿，但进入光绪年间，湖北厘弊几呈不可挽回之势，究其根底，其弊大略有如下四端：

一为局卡过密。太平天国战争期间，为筹措军费，尽可能抽取厘金，湖北各地广设分

① 《遵旨查复沙市厘金情形疏》，咸丰七年十一月初九日，《胡林翼集》一，岳麓书社 1999 年版，第 376 页。

② 杨承禧、张仲炘等修：民国《湖北通志》卷五十《经政志八·榷税》，民国十年湖北省长公署刻本。

③ 杨承禧、张仲炘等修：民国《湖北通志》卷五十《经政志八·榷税》，民国十年湖北省长公署刻本。

④ 有些城市如沙市，抽取门面厘则是按月核算抽取。见周乐：《宦游纪实》卷下《再条陈各行厘情不同票式及票根缴局碍难遵行禀》，光绪廿三年刊本。

⑤ 皮明庥等编：《出自敌对营垒的太平天国资料——曾国藩幕僚鄂城王家璧文稿辑录》，湖北人民出版社 1986 年版，第 227 页。

⑥ 洪均：《胡林翼"用士人司榷"考论》，《华中师范大学学报》（人文社会科学版）2011 年第 4 期。

⑦ 《遵旨查复沙市厘金情形疏》，咸丰七年十一月初九日，《胡林翼集》一，岳麓书社 1999 年版，第 376 页。

⑧ 洪均：《厘金与晚清财政变革——以湖北为例》，《江汉论坛》2012 年第 9 期。

⑨ 胡林翼称："湖北兵力之多，至去秋（咸丰九年）而三倍于七、八年。"见《致司道粮台诸公》，咸丰十年，《胡林翼集》二，岳麓书社 1999 年版，第 591 页。

局、分卡，同治初年省城之外所设小卡竟达四百八十处之多。① 对此，清廷曾数度饬令湖北督抚裁撤局卡，同治六年湖北裁撤一批厘卡（局卡计五十四处），留存专局及分卡八十六处。以同治七年九月十一日为始，又遵旨裁撤分局小卡。截至光绪二十年，湖北各地仍有水陆六十二处。②

二为官吏偷漏厘金。在众多水陆局卡构成的"大网"下，普通商民自然难于偷漏，但是，一些官吏及具有官方背景的群体却依仗权势，偷漏甚至强闯关卡，视厘务人员如无物。光绪二十三年，针对湖南剥船运军运粮至汉时违章携带大宗木料，勾结本地商人采购搬运，不报局完厘的情况，鹦鹉洲竹木厘局加强了对运军的盘查。五月初一日，"粮船二帮二十号暨头帮十二号，竟喝令水、舵将卑局巡丁唐开甲拖岸群殴，受伤甚重"③，造成极为恶劣的影响。

三为局员巡丁卖放牟利。所谓卖放，即指厘金局卡员弁巡丁向商人索贿后，少收甚至不收正额厘金，纵放货物通过的舞弊行为。湖北各局卡的卖放大致有四种形式：下票、分票、划子钱、横水票，为患最深者为划子钱，"查河小船始不过每船略取数文耳，今则有货之船亦复索取私费，谎报空船，全不完厘，此弊最无限制，凡经卖放，统归此项名目，大局至有累万者"④。

四为局卡陋规。对于厘局征收过程中各项合理支出，胡林翼在创制湖北厘金之初，即明定每收厘金十二文，准支用二文作为局用经费。⑤ 然日久弊生，各地局卡以局用为名，设置种种陋规名目。即以木厘一项为例，至光绪年间，商人在湖北赴局完纳正厘时，须加完看簿、分票、挂号、照票、收钱、量尺、测把、茶敬、酒席、划子、灰印等名目繁多的陋规钱。⑥

厘弊的后果极为严重：一方面，正额厘金收入被局员卖放侵吞；另一方面，商人不堪扰累，遂利用外国商人自《天津条约》后享有的以子口税免厘的特权，向外商购买子口税单以逃避厘金，造成厘金的大量流失。⑦

二、裁厘加税交涉与张之洞的厘务思想转变

张之洞对厘金弊端问题关注较早。光绪五年七月，时任詹事府中允的张之洞借天变与

① 早在咸丰九年，身为厘金委员的王家璧即忧虑"（厘金）急切不能停止"，以致"恐不惟取于常赋之外，非国家培养元气之道，亦恐小民未能贴然，滋生事端也"。见皮明庥等编：《出自敌对营垒的太平天国资料——曾国藩幕僚鄂城王家璧文稿辑录》，湖北人民出版社1986年版，第176页。

② 湖北巡抚谭继洵：《奏报遵旨裁并厘局情形折》，光绪二十年十二月初一日，台北"故宫博物院"编：《宫中档光绪朝奏折》第八辑，台北"故宫博物院"1974年版，第649页。

③ 《札陈重庆等移行鹦鹉洲竹木厘局巡丁因公被殴、请饬令交犯惩办并剥船各厘照数完纳》，光绪二十三年五月初四日，《张之洞全集》第六册，武汉出版社2008年版，第36页。

④ 湖北巡抚于荫霖：《奏报整顿厘金积弊收数确有起色事》，光绪二十六年四月二十八日，一档藏宫中档朱批奏折档案。

⑤ 皮明庥等编：《出自敌对营垒的太平天国资料——曾国藩幕僚鄂城王家璧文稿辑录》，湖北人民出版社1986年版，第128页。

⑥ 《会行木厘改章减成统收示》，《湖北商务报》1899年第36期，第10~15页。

⑦ 罗玉东：《中国厘金史》，商务印书馆2010年版，第143页。

灾异上书言事，对各地厘金弊端丛生阐明了己见：

> 窃惟固邦本，养民生，今日约有二义。……一在省厘税。查抽厘之举，饷项所资，势难裁罢。然朝廷所取者有制，局员苛索者无穷。食用琐屑，亦加牵榷，不守旧章，日增月盛。干没之数，少者等于官收，多者三倍不止，故外省营谋厘差，与得缺等。三江、两湖、川、广诸省，因员役暴征，闹局酿案者不一而足，商民愁困，祸基不浅。欲救今日之弊，不在减局卡，而在禁私征。伏请严饬各省督抚认真察禁，勿见小利。筹一妥善章程，宽比较之数，慎任用之人，以约束稽核之权付该地方府州县官。庶几弊可少息，而民可少安乎。①

在张之洞看来，厘金弊端的根源在于各地厘局员役的"苛索"，上对国家正项税收造成损害，下对商民形成困扰，以致人民不堪忍受"闹局酿案"，动摇了清王朝的统治基础。针对厘弊，张之洞提出"欲救今日之弊，不在减局卡，而在禁私征"，即整顿厘弊重在用人，严厉禁止局员私征，而非对厘金制度进行变革；在慎选局员的同时，张之洞提出赋予各级官员监督权，以地方官稽核局员。

从光绪七年任山西巡抚始，张之洞历经山西巡抚、两广总督、湖广总督等封疆重任，对各地厘金均进行了不同程度的整顿，尤以湖北厘金为著，迄于庚子国变前，其大略如下：

光绪十六年，清廷谕令各省裁撤厘金局卡，张之洞以长江水师月饷、北洋海防经费皆取给于厘金为由，认为湖北所存局卡（分卡、专卡共六十七处）为数无多，若裁撤则商贩必会绕越偷漏，必然影响军饷，反对"遽议裁并"②。光绪二十年，清廷谕令各省将厘金零星局卡"即着核实删减，仍将裁定数目迅速覆奏"，湖北仍执前议，认为现设各局卡"悉属扼要，未能遽议裁减"，仅将兴国州局一处裁撤，以应付部臣之督责。③

光绪二十三年四月初十日，张之洞因《马关条约》赔款浩繁，各省筹款艰难，应整顿厘金以开源，以为"惟货厘一事，其稽征之宽严，用人之当否，报解之虚实，其关键全视乎局员，得人则盈，不得人则绌"，重提地方官监督局员的建议：

> 惟有责成地方官稽察一法，尚可维系检制。虽地方印官亦未必皆贤，特既有民社之责，其自待总较局卡委员为较重。相应请旨，着为定章，将湖北通省厘金，责令局卡所在地方官认真稽察。其在何州县之境内者，即责成该州县，其有局卡与道府治所相距甚近者，并责成该道府一体稽察。如该局卡有贿卖司事、巡丁，侵蚀虚报，苛勒留难等弊，即行据实禀报督抚、藩司及牙厘总局，以凭参办。每届夏、冬两季，即将

---

① 《请修省弭灾折》，光绪五年七月十八日，《张之洞全集》第一册，武汉出版社2008年版，第15页。

② 《鄂省局卡业经裁并现存各局卡未能裁撤折》，光绪十六年三月十二日，《张之洞全集》第二册，武汉出版社2008年版，第347页。

③ 《奏报遵旨裁并厘局情形折》，光绪二十年十二月初一日，台北"故宫博物院"编：《宫中档光绪朝奏折》第八辑，台北"故宫博物院"1974年版，第649页。

此半年内,境内厘卡有无弊端,商货是否畅旺,密行通禀一次。倘有较大弊端,地方官扶同徇隐,查出亦即撤任参处。窃思近年屡奉谕旨振兴商务,且令各府州县讲求水陆商务,则道府州县所辖境内百货之盈虚,舟车之衰旺,征榷之利弊,固为地方官所必应周知而考究者,责以稽察,实非分外。①

得到光绪帝允准后,六月二十日,张之洞即在全省推进地方官监督厘金举措,并指示地方官查核当地厘局账目,"惟该局卡抽收之数与报解之数是否相符,地方官无案可查,不能纤悉周知,无凭稽核。应饬厘局委员将每月所报总局之收数及岁额历年比较,按月申报移报相距较近之道府,并移知所在州县存查,即由该道府州县证以见闻,详加资访,查其所报数目与所收之数是否相符。如有短绌,是否实因商货不旺或因稽征不力,抑或有司巡蒙弊委员侵蚀情弊,应即据实禀明,毋稍徇隐,致干咎戾"②。光绪二十四年八月十四日,张之洞进一步通饬湖北牙厘总局,禁止各级官员向牙厘总局推荐局员、巡丁,并以身作则,明言其"从未荐过司事、巡丁"③。

由上述可知,张之洞的厘务思想尚不脱其光绪五年上书窠臼,即重选用局员而慎变更规制,虽对清廷裁并局卡的历次谕令敷衍应对,却重新奏请"以地方官监督局员"。但是,庚子国变前后中外裁厘加税的交涉却促使张之洞的厘务思想发生了转变。

尽管《天津条约》后洋商取得了以子口税免厘的特权,然一则进口商品在各口岸起坡分销后仍须纳厘,二则子口税单虽可免厘,但不能免于沿途厘卡稽查,由于部分华商从洋商处购买子口税单以规避土货厘金,故各厘卡对持子口税单的商品稽查苛刻,留难延误之事时有发生,招致了各国商人的强烈不满。同治年间列强即有废除进口货物厘金的要求。《马关条约》签订后,由于沉重的赔款压力,清廷内部亦出现裁撤厘金以换取列强同意提高关税(即裁厘加税)之议。至庚子国变前夕,中英正式就裁厘加税问题展开交涉,1899 年 12 月,总理衙门指示盛宣怀、赫德等代表中国出席修改税则委员会。盛宣怀随即上奏,提出对进口洋货"税厘并征",将关税税率提高到百分之十五,免除洋货厘金,认为关税所增足抵厘金收数。翌年,清廷将盛折下发各省督抚覆议,却招致南方督抚群起反对,以两江总督刘坤一为代表的督抚们主要理由有:列强未必会接收百分之十五的税率;厘税并征后,恐会招致更多土货冒充洋货,严重影响内地厘金收入;关税提高后,将刺激洋商在内地设厂,影响土货销路。在反对声中,张之洞却独树一帜,对盛宣怀的方案积极支持。张之洞认为:按照盛宣怀等原议,关税可岁增二千万两。即使列强不允许百分之十五税率,"然必可岁增一千万两内外,实为国家大利"。对于所谓"土货冒充洋货"之忧,张之洞以为断无其事,"土货出口正税五分,在充洋货进口又完并征十五分,共二十分,是百金之货,须先纳二十金之税,无此愚商。若洋货易与土货淆混者,尽可指明数十种粘

① 《整顿厘金折》,光绪二十三年四月初十日,《张之洞全集》第三册,武汉出版社 2008 年版,第 423 页。

② 《札北牙厘局转饬各局卡整顿厘金》,光绪二十三年六月二十日,《张之洞全集》第六册,武汉出版社 2008 年版,第 65 页。

③ 《札北牙厘局通饬禁荐司事、巡丁》,光绪二十四年八月十四日,《张之洞全集》第六册,武汉出版社 2008 年版,第 166 页。

贴印花"，并祈盼光绪帝及早定计，否则"若二三年后，或各国生枝节，或内地有变乱，则此举不能再办，必至税不能加而勒我免厘矣"①。盛议后因庚子国变搁置不行。

庚子国变后，清廷与英方裁厘加税交涉重启，由吕海寰、盛宣怀代表中方与英方代表马凯谈判。作为对朝局极具影响力的督抚，张之洞不仅异常关注谈判进程，且与英方直接协商。光绪二十七年四月，英国参赞杰弥逊奉命就裁厘加税征询张之洞意见。张之洞仍执前议，认为裁厘加税可行，进口洋货、出口土货厘金皆可裁撤，"盖约计洋关税加至抽十，岁可增一千六百万两以外。进口洋厘、出口土厘约计六七百万两，两厘均免，关税必旺，必可岁增一千万。至出口土货免厘，乃富民劝工之本原，与外国通商之要义。各国出口土货大率无税，在我本当举行。今藉以增加关税，更为有益。……杰又云，加税事，牵涉厘金，且关涉通商行船新章，猝难议定，此时不能以此作抵。答以只须查明确系进口洋货、出口土货，即抽免厘，一言可决，有何难议"②。经过近三年的磋商，1902 年 9 月 5 日《中英续议通商行船条约》签字，其中第八款对"裁厘加税"做出规定："一、先裁厘后加税；二、各局卡裁撤后，不得以其他名目重立；三、进口商品税率不超过百分之十二点五，出口土货税率不超过百分之七点五。"③ 对于此次交涉的结果，张之洞基本满意，认为通过关税增加，"于报部名为厘金者实已抵补有余"，仅需对销场税办法略加修改，称其参与交涉，"洞会议八次，屡次欲裂复合。……惟此约反覆筹计，中国实不吃亏。在我已争无可争，在彼亦让无可让"，希望清廷早予核准。④

从裁厘加税交涉案可知，张之洞的厘务思想发生了转变，对于盛宣怀等提出的"裁厘加税"方案予以积极支持，力度超过各地督抚。在张之洞看来，如能通过加税切实提升清朝财政收入，则部分厘金税项和厘金局卡皆可裁撤，与过往不轻议厘金规制更张形成了鲜明对照，其根源在于庚子国变及《辛丑条约》签订后清王朝的空前财政困局，迫使清廷及地方督抚百计罗掘、开辟财源。

三、从木厘统捐到裁厘改捐

学界一般认为：光绪二十九年三月，护理江西巡抚柯逢时因江西厘金积弊太重，奏请清廷改办统捐，将以往之两起两征改为一次征收，裁撤大量厘金局卡，既简化了征收手续，又使局员舞弊减轻，成效大著。是年十二月二十七日，户部遂奏请饬各省仿效江西，筹办百货统捐，湖北于光绪三十一年推行"裁厘改捐"，由是发端。⑤

---

① 《遵旨议洋货税厘并征一事致总署、户部》，光绪二十六年五月初三日亥刻发，《张之洞全集》第四册，武汉出版社 2008 年版，第 480 页。
② 《与英参赞商赔款加税免厘诸事致西安行在军机处、江宁刘制台、济南袁抚台、上海盛大臣》，光绪二十七年四月初七日午刻发，《张之洞全集》第四册，武汉出版社 2008 年版，第 512 页。
③ 有关裁厘加税交涉，除引文注明出处外，皆参周育民：《晚清加税裁厘交涉案初探》，《中国社会经济史研究》1988 年第 2 期。
④ 《免厘加税中国实不吃亏请即行定议致军机处、外务部、户部、江宁刘制台》，光绪二十八年六月十七日丑刻发，《张之洞全集》第四册，武汉出版社 2008 年版，第 530 页。
⑤ 此论最初由罗玉东阐述，学界多从其说。参见氏著《中国厘金史》，商务印书馆 2010 年版，第 58、304 页。

　　然而，考诸相关文献，事实并非如此。早在柯逢时创立江西统捐之前三年，张之洞与时任湖北巡抚于荫霖已在湖北创行木厘统捐。由于地处长江、汉水交汇之处，享有"九省通衢"的优越地理条件，自明代以来汉口即是全国著名的木材交易市场，木厘亦是湖北牙厘总局较为重要的征收对象。但湖北木厘收数自光绪二十一年起，至光绪二十四年止，四年间由二十一万串锐减至一十二万串。此种形势引起张之洞的高度关注，通过对厘金局员与木材商人的详细调查、询问，张之洞与于荫霖了解到木厘锐减的主因在于沿途厘卡过多，征收稽查手续繁杂，且局员私征扰累过甚，商人被迫购买子口税单，造成木厘流失。商人向瑞运、王立清等提出，要解决目前木厘征收的困境，惟有改行统捐之法，并开陈统捐办法六条。光绪二十五年年底，张之洞、于荫霖认可了向瑞运等人的建议，会衔示谕湖北木厘改行统捐，于光绪二十六年二月正式在全省推行。湖北木厘统捐章程共计六条，其要如下：

　　　　一、统捐以顺商情。……凡木簰抵鄂，运赴长江下游各省者，即将樊口、武穴应完厘金归并鹦鹉洲局，照三局章程，查算统收；其进本省内河各口者，即将进口第一局应完厘金归并鹦鹉洲局，查算统收。其在武汉三镇落地销售者，向多不实，亦必照内河统收章程，如数完纳，以免影射之弊。

　　　　一、减成以恤商艰。仍应分外江、内河，以示限制。木簰至鹦鹉洲局，照章丈量。得木一根，完厘钱十九文二毫。其由外江下行樊武者……共应完钱九十六文。今改统捐，拟按樊、武两局厘章……统收钱六十五文。其不过武穴，而在樊口下游黄石港、下巴河、蕲州、漳源口等处销售者……统收钱四十八文，黄石港、下巴河、蕲州、漳源口各局，皆免抽收。其进内河各口，如鹅公颈、沙口、水口、黄花涝并襄河河内之汉川县河口各局……即照鹅公颈估本每串三十六文章程，酌减六文，归并鹦鹉洲局……统收钱四十九文。……进口之后，无论远近，听其所之。

　　　　一、改章以并商捐。……除向有江工赈捐各项不计外，凡以钱票完厘者，应请如该绅所请，每足钱一千文，令商人外缴钱二十文，作为该局津贴办公之用，惟必须官钱局票，不准以字号花票混充。此外所有看簰、分票、挂号、照票、收钱、量尺、测把、茶敬、酒席、划子、灰印等名目，概行禁革。傥司巡人等敢于需索分文，准其扭控，加等重惩。①

　　木厘统捐章程的关键在于简化征收与革除陋规，将多次征收改为一次征收，并适当降低税率，以此减轻商人负担，挽回厘金流失的局面。湖北木厘统捐推行仅二个月，收数即较上年增加一万五千余串，于荫霖随即上奏清廷，希望将木厘统捐的模式推广于百货，"即木植一项，已信而有征，如统捐一法能百货一律推行，实为挽回利权、体恤商情之要着"②。于荫霖一体推行统捐之议虽未获准，然张之洞等湖北督抚并未因此停止筹办，先

---

　　①　《会行木厘改章减成统收示》，《湖北商务报》1899 年第 36 期，第 10~15 页。

　　②　湖北巡抚于荫霖：《奏报木厘改为试办统捐缘由事》，光绪二十六年，一档藏宫中档朱批奏折档案。

后于光绪二十八年七月①、二十九年十二月②，创办火车货捐与土膏捐。火车货捐与土膏捐性质与木厘统捐相似，皆属一税之后放行，概不重征，且为二省或数省合办，征收范围及收数远超木厘统捐，在朝野取得较大影响，至此湖北厘金改行统捐已呈水到渠成之势。

光绪三十一年五月十五日，张之洞谕示全省官民，决定自该年五月二十日始全省厘金改行统捐。③ 张之洞制定的湖北统捐章程共计十条，其要略有三：第一，一次征收，概不重征，"外省客货征之于入境第一卡，本省土货征之于由产地运出内河第一卡。计其指运地方沿途经过几局卡，将向章应完厘数合并计算，统于此第一卡征收一次，以后概不重征。其本省销售落地之货，征之于最大市镇。以后转运他处，除经过各局应补统捐外，该货行抵转运销售之地，其落地捐概不重征。此三项仍照各局向章完厘之数，概不加增"。二、裁并厘金局卡，"现将内地之鲇鱼套、法泗洲、黄陵矶、湘口、坪坊、黄花涝、县河口、天门县、黄陂县、孝感县、岐亭、武安堰，距长江最近之兴国州，沿长江之蕲州、漳源口、黄石港、下巴河、樊口北卡、江口、郝穴、宜都县，沿襄河之汉川县、仙桃镇、岳口、沙洋、东津湾、郧阳府及襄阳府船厘、张家湾船厘二十九局一并裁撤。其应收百货厘者，酌于长江、襄河及内河共留大小二十局，一律改为统捐。此外若鹦鹉洲竹木捐、长江埠土布捐、河溶丝绢捐、应城石膏捐、安陆船捐，各有专门，不抽百货。其河溶、应城两局，向来兼抽百货者，俱行停免"。三、革除陋规、需索，"凡从前成案禀明之挂号、照票、灰印三项陋规，以及划子钱、提舱钱等一切陋规，暨随时勒索各费，全行革除。在商民于向来应完厘捐毫未加增，而沿途查验留难、节次索扰，蠲除净尽"。④

检视光绪三十一年统捐章程，可见"一次征收、裁革陋规"等要项多以木厘统捐章程为蓝本，最大变化在于裁并大量厘金局卡，实现了与中英交涉"裁厘加税"类似的"裁厘改捐"。近三十处厘金局卡被撤，产生了大量失职人员。如前所述，厘金局员多为本省官员所荐，此类人等失职，无异侵夺了相关官员的既得利益；当时各府州县官员养廉、办公等费不足时，往往由当地厘局取给，厘局裁并亦对各级地方官的公务及生活造成一定影响。因之，裁厘改捐甫经推行，即招致湖北官场强烈反对，官员"纷纷具禀，以商情不愿为辞，请为改定捐额，又有请将厘金截至今年年底再行改办统捐者"⑤，甚至在各类报纸上制造谣言，⑥ 形成舆论压力。然张之洞不为所动，力排众议，在统捐总办、准补汉黄德道宝丰的筹划支持下，⑦ 毅然在全省实施裁厘改捐。另一方面，张之洞亦对湖北

---

① 《筹办火车货捐已著成效请饬部立案奖励折》，光绪三十年四月，《张之洞全集》第四册，武汉大学出版社 2008 年版，第 180 页。

② 《统办膏捐充枪弹厂经费折》，《端忠敏公奏稿》卷三，五十一页，文海出版社 1966 年版。

③ 《改办统捐示》，光绪三十一年五月十五日，《张之洞全集》第七册，武汉大学出版社 2008 年版，第 266 页。

④ 《裁撤厘金局卡试办统捐折》，光绪三十一年八月三十日，《张之洞全集》第四册，武汉大学出版社 2008 年版，第 240 页。

⑤ 《鄂省统捐之阻力》，《北洋官报》1905 年第 722 期，第 7~8 页。

⑥ 如"湖北省去年改厘金为统捐，短收一百余万，现又拟仍办厘金，连日密秘商议，不日即可宣布"。《湖北统捐又有改归厘金消息》，《中华报》1906 年第 549 期，第 1 页。

⑦ 《请优恤已故准补汉黄德道宝丰片》，光绪三十二年八月，《张之洞全集》第四册，武汉出版社 2008 年版，第 283 页。

官场利益损失有所考量，不但将各地官员的办公费大幅提高，甚至书役人等也有润及，以襄阳府与郧阳府为例："至该两府办公经费，襄阳府原定各属公费三千九百三十两，本年续加津贴四千两，每年实领养廉一千零八十余两，兹再另筹给新案公费壹千两，以抵补向来关税盈余。郧阳府原定代解各属公费三千两，每年实领养廉九百七十两，兹再另筹给新案公费陆千零三十两，又郧府书役津贴银一千两，以抵补向来关税盈余。该两府每府合计新旧公费津贴及实领廉银，均系共银壹万两。两府相同，毫无参差歧异，足资办公，不得因裁撤府关，稍存阻挠。"① 刚柔并济之下，裁厘改捐得以实施，征收数额迅速增加，成效大显，至光宣之交"查湖北厘金收数从前岁仅二百数十万串，今统捐新章比较，每年额收在三百万串以外，加以带征各项杂款并计，将及四百万串之谱"②，宣统元年五月，经度支部批准，湖北正式废止厘金名目，改通省牙厘总局为通省统捐总局。③

综观湖北由木厘统捐至裁厘改捐的全过程，实肇始于张之洞在中英裁厘加税中厘务思想之转变，湖北相继创制了木厘统捐、火车货捐、土膏捐等"一次征收、概不重征"之税项，其创行时间之早、征收区域之广、绩效之显著，均在柯逢时创立的江西百货统捐之上，为顺利推行裁厘改捐奠定了坚实的基础，使湖北成为当时惟一推行统捐或统税成功的财政强省。④ 张之洞在湖北裁厘改捐的成功，揭示了在社会大环境与官场风气无法根本扭转的前提下，兼省征榷机构、简化中间环节以减少官吏舞弊滋扰的空间，是整理税务最为便捷有效的路径；从中亦可窥探张之洞这位早年笃信"任法不若任人"儒家理念的清流名臣，在内忧外患之下向"任法与任人并重"的务实理财思想转型的心路历程。

（作者单位：武汉大学中国传统文化研究中心）

① 《致襄阳邓守、郧阳魁守》，《张之洞全集》第十一册，武汉出版社 2008 年版，第 214 页。
② 湖广总督陈夔龙：《奏为湖北统捐新定岁额增收颇巨请将总分各局局用经费准予实用实销以昭核实而裨捐务事》，宣统元年六月初一日，台北"故宫博物院"藏宫中档朱批奏折档案。
③ 《折奏类一：又奏鄂省盐茶牙厘总局改为统捐总局片》，《政治官报》1909 年第 594 期，第 10 页。
④ 户部于光绪二十九年十二月饬请各省筹办百货统捐后，迄于清亡，全国仅有湖北、广西、甘肃、山西、奉天、吉林、新疆等少数省份改办统捐或统税，除湖北外，其余省份厘金收数皆有限。见罗玉东：《中国厘金史》，商务印书馆 2010 年版，第 59 页。

诗学与文化

本文·本事·故事：苏轼《卜算子》本事的接受史考察

□ 董 赟

　　苏轼名篇《卜算子》清空灵隽，词义指涉向有分歧，乃接受史中的热点话题。自宋至今，除咏怀、咏雁、刺时诸种阐释外，尚有一情感本事①的解释传统。该本事接受史长且受众广，对于全面理解此词及苏轼生活有重要意义。然而，强势的刺时说与稳妥的咏怀说聚焦了太多学人的眼光，造成对情感本事的漠视。今之苏词整理本、选本、评释类著作多将本事材料杂厕于辑录资料中；赏析读物常妄下断语，斥为"以俗情附会"而不从；研究著作多以全面整理坡词阐释史为旨归，将本事用作悼亡词或"爱情索引说"的直接材料，对原始材料未加辨析，且于本事、阐释与接受等理论问题无涉。② 这便为本文的解读留有空间。那么，情感本事的来源与具体情况如何？能否从文本中得到印证？其在历代传播与接受的真实状况如何？在接受史中又如何被遮蔽、淡化甚至有意遗忘？本文拟从具体作品与记录出发解答这些问题，重新擘画本事，寻找新的解释路径，以接近文学历史原生态。

一、本文："惊鸿"意象与美人联想

　　苏轼有小令一阕，调寄《卜算子》：

　　　　缺月挂疏桐，漏断人初静。谁见幽人独往来？缥缈孤鸿影。惊起却回头，有恨无人省。拣尽寒枝不肯栖，寂寞沙洲冷。③

---

　　① 前贤言此多称"爱情本事"，然此类本事所涉情感，除男女爱情外尚及广义人情，故本文以"情感本事"拟之。

　　② 参见陈斌：《苏轼〈卜算子〉流传中的三种接受状态》（《中国韵文学刊》2015 年第 3 期），王岩：《索隐本事与回归情感——苏轼〈卜算子〉阐释史的反思》（《牡丹江教育学院学报》2006 年第 4 期），吴德岗：《东坡词的艳情本事》（《牡丹江师范学院学报》2000 年第 6 期），仲冬梅：《苏词接受史研究》（华东师范大学博士学位论文，2003 年）。

　　③ 邹同庆、王宗堂：《苏轼词编年校注》（上册），中华书局 2002 年版，第 275 页。

南宋傅幹《注坡词》题"黄州定惠院寓居作"，后附黄庭坚跋亦称作于黄州。① 元本《东坡乐府》同，"惠"作"慧"，今本苏轼词多沿元本之旧，保留此题。由傅本、元本词题及黄跋可知，此词乃苏轼于黄州定惠院寓居时作。②

写作时地的确定可使作品语境部分明晰，然背景对于意义的决定作用有限，不同读者对同一文本的理解亦具差异，导致作品的开放性。由于早期词体表情功能的限制及语言上辞采修饰的需要，加之作者写作态度的隐晦，接受的多样性在词这一文体上表现得更为突出。就苏轼《卜算子》而言，这种意义的不确定性更为明显。此词"极虚极活，极沉极郁，若远若近，可喻不可喻"（陈廷焯《白雨斋词话》卷六·二六），一片神行，隐约含蓄，关于其主旨历来歧见叠出、聚讼纷纭。然观苏轼诗文，并无相关注释说明，背景无法从作者处得到实证，所能参考者仅有与之同时者的材料。山谷跋言："东坡道人在黄州时作，语意高妙，似非吃烟火食人语，非胸中有万卷书，笔下无一点尘俗气，孰能至此。"③是明确与此词相关的最早解读。"东坡词如国风，山谷跋如小序"（王之望《跋鲁直书东坡〈卜算子〉词》）④，吴讷《百家词》钞本、《二妙集》本、茅维《苏东坡全集》本、《东坡外集》等均无词题，于调名下径引山谷跋，此语成为后世索隐词义的关键。然跋语仅就语意之高妙与词境之不俗立论，难觅本事痕迹。此外，张耒有《题东坡〈卜算子〉后》诗："空江月明鱼龙眠，月中孤鸿影翩翩。有人清吟立江边，葛巾藜杖眼窥天。夜凉月堕幽虫急，鸿影翘沙衣露湿。仙人采诗作步虚，玉皇饮之碧琳腴。"题下小序曰："苏先生责居黄州，尝作《卜算子》云（略），因题此诗。"⑤ 诗与东坡词意呼应，"仙人"（"有人"）与"（孤）鸿影"两次相续出现，在"空江""江边"从"月明"立至"月堕"，缥缈空灵，颇具游仙诗意味。小序称苏词成于贬谪黄州期间，并因此词而作诗，然并未揭橥具体因果关系。因此，从张诗与小序中皆无法落实本事。黄庭坚跋与张耒诗可以提示与苏轼几乎同时之宋人对此词的看法，然而，就词本事的考证来说，"语意高妙"等评论虽能揭示空灵蕴藉的词境和高超的表现手法，但未能将词义推向实旨；张耒诗更像是苏词的艺术翻版，于创作语境的探求难有实助。综上可知，黄跋与张诗不能充分指示词的创作背景和语境。

仅就文本来看，在吞吐含蓄的妙哉词笔下，缺月疏桐点缀漏断人静之时，幽人之独与鸿影之孤共同指向"厚而清"（刘熙载《艺概·词曲概》）的艺术至境，也使词义难以质实。历来诠释分歧的焦点在于文本的"幽人"和"孤鸿"意象。"幽人"或解作隐士，

① 傅幹：《注坡词》卷上，北京图书馆出版社2001年版。
② 具体作词时间尚有争议。清王文诰《苏文忠公诗编注集成》首系年于元丰四年辛酉（1081）至元丰五年壬戌（1082）之间，后朱祖谋、龙榆生、曹树铭、石声淮及唐玲玲等据此系于元丰五年十二月。吴雪涛《苏词四首系年商兑》（《河北师范大学学报》1988年第1期）对此有辨证，认为当作于元丰三年庚申（1080）二月至五月间。饶学刚《苏东坡在黄州·〈卜算子〉系宋元丰三年作》，薛瑞生《东坡词编年笺证》，邹同庆、王宗堂《苏轼词编年校注》所考略同。另，孔凡礼《苏轼年谱》据吴世昌《有关苏词的若干问题》（《文学遗产》1983年第2期）所论，认定作于元丰三年深秋。
③ 黄庭坚：《豫章黄先生文集》卷二六，《四部丛刊》初编本，第7册。
④ 王之望：《汉滨集》卷一五，吴文治主编：《宋诗话全编》第4册，江苏古籍出版社1998年版，第4319~4320页。
⑤ 张耒：《张耒集》卷十六，中华书局1990年版，第268~269页。

或释为幽囚，乃苏轼自指，以移情之语写外物，有明显的自喻之意。这样，"孤鸿"成为苏轼主观意志的投射，"拣尽寒枝不肯栖"抒写鸟择木的隐喻并含寄托之意，读者通过"孤鸿"意象实现与作者的心理共情。小令"至换头但只说鸿"，以"孤鸿"意象为中心的解读将之视为咏物词，题作"孤鸿"或"咏雁"。南宋鮦阳居士始以"诗教"观念质实，句句比附，① 推究过甚，影响及于常州词派而不绝。② 可以说，咏怀、咏雁及比兴刺时诸说都是由此二意象生发，对意象含义及重点的不同解读导致诠释的分歧。

　　然而，此词尚有一个源远流长的本事解读传统，这一传统建立在文本一个重要意象的解读基础之上，即"缥缈孤鸿影"与"惊起却回头"所连缀的"惊鸿"，此"孤鸿"有"惊起"之态，故与美人发生关联。自曹植《洛神赋》以"翩若惊鸿，宛若游龙"（曹植《曹植集校注》卷二）描摹神女体态，"惊鸿"就成为《洛神赋》中的亮点，具有抽象化、类型化的文化能量，"惊鸿"不再仅是对鸿雁这一禽物惊起的动态刻画，而是由对美女舞姿的描摹渐走向"美人"这个具有丰富内涵的概念指代。经由不同时代下文本的持续强化、层积，"惊鸿"体现出文人群体甚至民族传统中审美方式和情感表达的累积过程，中国文学传统中的"惊鸿"成为一种颇具概括性的指称，它不仅带有作者情思的主观投射而具有情感内涵，且糅合了更广阔的美学背景下的类化结构。《洛神赋》后，凡写神女，常描摹鸿惊之态："又如洛妃拾翠兮鸿惊"③ "精灵变态状无方，游龙宛转惊鸿翔"④ "惊鸿瞥过游龙去，漫恼陈王一事无"⑤。"惊鸿"亦成为描写女子舞姿的经典表达："赴曲迅惊鸿，蹈节如集鸾"⑥ "惊鸿出洛水，翔鹤下伊川"⑦ "舞学惊鸿水榭春，歌撩上客兰堂莫"⑧。有时亦代指女子或旧爱，如"晚岁沦夙志，惊鸿感深哀"⑨。苏词即有

　　① 鮦阳居士《复雅歌词》："缺月，刺明微也。漏断，暗时也。幽人，不得志也。独往来，无助也。惊鸿，贤人不安也。回头，爱君不忘也。无人省，君不察也。拣尽寒枝不肯栖，不偷安于高位也。寂寞吴江冷，非所安也。此词与《考槃》诗极相似。"唐圭璋编：《词话丛编》，中华书局 1986 年版，第60 页。

　　② 持比兴刺时说者夥，兹列之。曾丰："'缺月疏桐'一章，触兴于惊鸿，发乎情性也；收思于冷洲，归乎礼义也。"曾丰：《知稼翁词序》，毛晋辑：《宋六十名家词》，上海古籍出版社 1989 年版，第577 页。俞文豹："'缺月挂疏桐'，明小不见察也；'漏断人初静'，群谤稍息也；'时见幽人独往来'，进退无处也；'缥缈孤鸿影'，悄然孤立也；'惊起却回头'，犹恐谗慝也；'有恨无人省'。谁其知我也；'拣尽寒枝不肯栖'，不苟依附也；'寂寞沙洲冷'，甘冷淡也。"俞文豹：《吹剑录》，古典文学出版社 1958 年版，第 32 页。清张惠言《词选》引鮦阳居士言，谭献力挺之："皋文《词选》，以《考槃》为比，其言非河汉也。此亦鄙人所谓'作者未必然，读者何必不然'。"谭献：《复堂词话》，《复堂词》，华东师范大学出版社 2010 年版，第 67 页。

　　③ 宋之问：《秋莲赋》，陶敏、易淑琼校注：《宋之问集校注》卷五，中华书局 2001 年版，第 632 页。

　　④ 韦应物：《鼋山神女歌》，孙望编著：《韦应物诗集系年校笺》卷九，中华书局 2002 年版，第466 页。

　　⑤ 唐彦谦：《洛神》，《全唐诗》卷六百七十二，中华书局 1960 年版，第 7685 页。

　　⑥ 陆机：《日出东南隅行》，金涛声点校：《陆机集》卷六，中华书局 1982 年版，第 69 页。

　　⑦ 薛道衡：《和许给事善心戏场转韵》，张溥辑：《汉魏六朝百三家集》第 103 册《薛司隶集》，寿考堂刻本，1918 年，第 25 页。

　　⑧ 刘禹锡：《泰娘歌》，《刘禹锡集》卷二十七，中华书局 1990 年版，第 350 页。

　　⑨ 韦应物：《冬夜》，孙望编著：《韦应物诗集系年校笺》卷三，中华书局 2002 年版，第 140 页。

"霓裳入破惊鸿起"① 写美女舞姿，"使君未敢借惊鸿"（《苏轼诗集合注》卷三十一）与
"君王不好事，只作好惊鸿"（《苏轼诗集合注》卷三十）句亦与女性相关。总之，随着
《洛神赋》在后世的广泛流传及历代文本对"惊鸿"美人义项的加强，作为文学意象的
"惊鸿"及"鸿惊"已在本义之外别生出一个关联女性且有强大文化背景的隐喻系统，并
成为几乎所有文人的知识背景。

因此，读者在面对文本中孤鸿惊起的描摹时，会产生与女子相关的自动联想。并且，
读者对传统文学了解的程度越深，就越清楚"惊鸿"的内涵、源流及意象群体。从这个
意义上说，前有文本成为读者面对《卜算子》时的注脚，甚至会联想起"孤禽失群，悲
鸣其间……绕树三匝，何枝可依。卒逢风雨，树折枝摧。雄来惊雌，雌唯愁栖。夜失群
侣，悲鸣徘徊"② 的篇章，那么，鸟择木与"惊鸿"的书写亦可能具有"雄来惊雌"的
两性关系隐喻。由"惊鸿"而起的美人联想被投射到词句的具体解读中。缺月、疏桐、
断、幽人之独、孤、有恨、寂寞等词汇的共同属性是残缺，"惊鸿"是词的中心意象，下
片精心经营之，与上片高冷空阔的环境一起指向主题：形单影只的美人有恨难言。主题下
女子的经历及她与词作者的关系则给本事留下更大的叙述空间，使故事与词句的一一对应
有了可能性，下引宋时四则材料多循此思路释词。"惊鸿"作为此词中心意象的意义可与
萨都剌效坡词而作《卜算子·泊吴江夜见孤雁》相较参看："明月丽长空，水净秋宵永。
悄无踪乌鹊南飞，但见孤鸿影。自离边塞路，偏耐江波静。西风鸣宿梦魂单，霜落蒹葭
冷。"③ 均咏夜所见孤雁，不仅词牌及部分用词、韵字相同，且风格、意境近似，然虽也
有"孤鸿影"，却因未见惊起之态而难使读者产生美人联想。

坡词中"惊鸿"虽不是直接出现，但"缥缈孤鸿影，惊起却回头"所引起的美人联
想在受众中仍引起反响，宋人已有此解读。姜特立《卜算子·用坡仙韵》："丹桂一枝芳，
陡觉秋容静。月里人间总一般，共此扶疏影。枕畔忽闻香，夜半还思省。争奈姮娥不嫁
人，寂寞孤衾冷。"④ 用韵与"缺月疏桐"一章同，直写未嫁寂冷，与惊鸿之恨同出机
杼。王之望《跋鲁直书东坡〈卜算子〉词》："东坡此词出《高唐》《洛神》《登徒》之
右，以出三界人游戏三界中，故其笔力蕴藉超脱如此。"⑤ 将坡词比之三赋：《高唐赋》
以谱写巫山风物景色为主，篇首写神女自荐枕席事；《洛神赋》状宓妃之美，恋情缥缈迷
离、心绪悲伤怅惘，终难成眷属；《登徒子好色赋》写邻女色貌，成就刻画女性之美的经
典篇章。此三章共同指向美丽却迷离的女性形象及若真若幻的遭遇，王之望认为《卜算
子》高出三赋，概就艺术鉴赏而言，而将词与写女子的三赋并举，非为不伦不类，而是
在其理解视野中亦将此词视为与女性相关的表达。更进一步说，这类铺写美人之赋在
"香草美人"的传统下常被解读出"寄心君王"的内涵，在苏轼的时代寄托说亦炽。陈师
道言："宋玉为《高唐赋》，载巫山神女遇楚襄王，盖有所讽也。"⑥ 洪迈"高唐神女赋"

① 邹同庆、王宗堂：《苏轼词编年校注》，中华书局 2002 年版，第 591 页。
② 魏明帝：《步出夏门行》，郭茂倩编：《乐府诗集》第三十七卷，中华书局 1979 年版，第 546 页。
③ 萨都剌：《雁门集》附卷《诗余》，上海古籍出版社 1982 年版，第 395 页。
④ 唐圭璋编：《全宋词》第 3 册，中华书局 1999 年版，第 2078 页。
⑤ 王之望：《汉滨集》。
⑥ 陈师道：《后山诗话》，何文焕辑：《历代诗话》上，中华书局 1981 年版，第 305 页。

条云："宋玉《高唐》《神女》二赋，其为寓言托兴甚明。予尝即其词而味其旨，盖所谓发乎情，止乎礼义，真得诗人风化之本。"① 与曾丰论《卜算子》如出一辙。某些乐府与赋几可同日而语，如黄庭坚《小山集序》称晏几道："至其乐府，可谓狎邪之大雅，豪士之鼓吹。其合者，《高唐》《洛神》之流。"② 照此观之，既然《卜算子》与三赋同属写男女恋情之畴，而赋皆有寄托，则难怪在南宋多有关于此词的比兴刺时解读。故存在这样的可能，即情感解读与比兴刺时说从"本文"上获得同样的"本义"却解读出不同的"本意"，这既由"本事"的不确定造成，也缘于寄托说对"本事"存在及功能的有意忽略。

"即辞求事，即事求意"（王质《诗总闻》卷一），这样的阐释逻辑提示着"本文"对"本事"及"本意"的限定。由词"本文"之"惊鸿"意象生发的美人联想意味着，在咏怀、咏雁及比兴刺时说的阐释传统之外，尚有情感解读的可能，于宋时已获拥趸并出现数种本事记载。同时，"本事"与"本文"的密切关系使每一种情感本事都试图从词中得到印证，形成"本事"到"本文"的叙述逻辑，"本意"及"本义"便不言自明。

二、本事：背景阐释与传播差异

今所见之宋代材料或评风格、或言比兴、或论语病，并无一处驳斥女性背景的存在，所指出的问题也未造成与本事间的决定性分歧。关于本事的明确记载，有如下四则可考的宋代材料，试按成书时间顺序加以分析。

其一，吴曾《能改斋漫录》"东坡卜算子词"条，是有关本事最简略的记载，以为属意王氏女而作，读者莫能窥其玄奥，以张耒诗为证。云：

> 东坡先生谪居黄州，作《卜算子》云：……其属意盖为王氏女子也，读者不能解。张右史文潜继贬黄州，访潘邠老，尝得其详。题诗以志之：……③

《能改斋漫录》"编成于宋高宗绍兴二十四至二十七年间（1154—1157）"，"到宋光宗绍熙元年（1190），京镗重刊其书于成都郡斋"。④ 是书于重刊前虽经删削，但此条列于卷十六"乐府"下，并无触及时事的敏感内容，推想其应均见载于宋时流传的多寡各异的三本。《瓮牖闲评》即征引《能改斋漫录》中的两则材料（分见卷四、卷六），可见，袁文即读过此书。这样，与袁文差不多同时的李如篪、王楙也有见过此条本事记载的可能。因此，吴说可能为后出本事提供真实性的支撑，但太过简单的记叙很难决定他说的结构和情节。

---

① 洪迈：《容斋随笔》，《容斋三笔》卷三，中华书局 2005 年版，第 458 页。
② 黄庭坚：《豫章黄先生文集》卷十六，《四部丛刊》初编本，第 4 册。
③ 吴曾：《能改斋漫录》卷十六，上海古籍出版社 1979 年版，第 479~480 页。
④ 《能改斋漫录·出版说明》，上海古籍出版社 1979 年版，第 3 页。

吴曾距东坡的时代非常接近，想必其时仍广泛流传着苏轼各类轶事，张耒于潘大临处听得其详而作诗即是一证。吴曾博闻强识，"自少至壮，奔走四方，从贤士大夫游，所得多矣"①，且是书援据赅洽，考证大体精确，此说未可竟废。据吴曾所说，潘大临是传播此事的关键人物，"东坡、文潜先后谪黄州，皆与邠老游"②：苏轼谪居黄州期间，与潘氏一家多有来往，有送潘大临赴省试词；三度居黄州的张耒在崇宁元年安置黄州时，又恰与潘大临为邻③。那么，张耒从潘大临处得知王氏女事就有了可能。虽则张诗及序并未言及此事，然据潘大临、张耒与苏轼之关系，想必杜撰编排东坡情感私事的可能性极小。

其二，袁文《瓮牖闲评》④载：

> 苏东坡谪黄州，邻家一女子甚贤，每夕只在窗下听东坡读书，后其家欲议亲，女子云："需得读书如东坡者乃可。"竟无所谐而死。故东坡作《卜算子》以记之。黄太史谓语意高妙，盖以东坡是词为冠绝也。⑤

苏轼属意王氏女而作词的单向线索已演变为男女主人公的双向互动，初具故事结构。苏轼谪黄州是背景与时间交代，女主角从王氏女变成邻家女，不仅有性格刻画，且主要情节推动均靠邻家女的言行完成，为词提供完整的创作背景，即，是词之作概因苏轼慨叹邻家女慕己惜才、不谐而死的悲剧。

袁说未明所自，亦未见载他书。考察其人及书可知，袁文的祖父曾在苏轼知杭州时任通判，过从颇密，他本人"忻慕苏公之为人，讽诵其言语，依仿其字画，曰：'此吾平生所深爱而老而不衰者。'"⑥其认为当"宝藏"的《瓮牖闲评》论诗词以考订训诂为主，"其所载典故事实，亦首尾完具，往往出他书所未备"⑦，所叙述故事很少敷衍造作之词。以常理度之，当无凭空杜撰坡词此条本事的必要和可能。袁文是南北宋间人⑧，去苏轼之世未远，其时此故事仍有极大可能在士人百姓间口耳相传，故袁文所记可能是因其有所耳闻并一定程度上相信其真实性。正因如此，袁文才会用"奇"的评价⑨以示事之稀罕并表其惊异，记录者的决断显示出与信息来源同等的重要性。

---

① 吴复：《能改斋漫录后序》，《能改斋漫录》，上海古籍出版社 1979 年版，第 1 页。

② 刘克庄：《江西诗派小序》，丁福保：《历代诗话续编》，中华书局 1983 年版，第 478 页。

③ 张耒《潘大临文集序》："邠老，故闽人，后家黄州。崇宁中，予以罪谪黄州，与邠老为邻。"《张耒集》卷四十八，中华书局 1990 年版，第 751 页。

④ 《瓮牖闲评》中有载淳熙十五年（1188）四月事（卷八），表明其时仍未完稿，据袁文之子袁燮所撰墓表，袁文于 1190 年离世，则是书最终完成于 1188—1190 年，且未镂板传世。

⑤ 袁文：《瓮牖闲评》卷五，上海古籍出版社 1985 年版，第 50 页。

⑥ 见《瓮牖闲评》附录《墓表》，上海古籍出版社 1985 年版，第 114 页。

⑦ 永瑢等撰：《四库全书总目》，卷一一八，中华书局 1965 年版，第 1020 页。

⑧ 据袁燮所撰行状及墓表，推知袁文于 1119—1190 年在世。见《瓮牖闲评》附录《墓表》。

⑨ 在后引《江城子》（凤凰山下雨初晴）本事时袁文评说："此词岂不更奇于《卜算子》耶？"见《瓮牖闲评》卷五，上海古籍出版社 1985 年版，第 50 页。

其三，李如篪《东园丛说》① "坡词" 条亦载词本事：

> 坡词《卜算子》，山谷尝谓非胸中有万卷诗书，笔下无一点尘气，安能道此语。愚幼年尝见先人与王子家同直阁论文，王子家言及苏公少年时，常夜读书，邻家豪右之女，常窃听之。一夕来奔，苏公不纳，而约以登第后聘以为室。暨公及第，已别娶。仕宦岁久，访问其所适何人，以守前言不嫁而死。其词 "时有幽人独往来，漂缈孤鸿影" 之句，正谓斯人也。"拣尽寒枝不肯栖，枫落吴江冷" 之句，谓此人不嫁而云亡也。其情意缱绻，如他人为之，岂能脱去脂粉，轻新如此？山谷之云不轻发也。而俗人乃以其词中有 "鸿影" 二字，便认鸿雁，改后一句作 "寂寞沙洲冷"，意谓沙洲鸿雁之所栖宿之地也。愚每举此一事，而为人言之，莫以为然，此可与深于词者语，岂流俗之所能识也哉。②

李如篪不仅认可山谷 "语意高妙" 的评价，而且试图以爱情本事注解词的缥缈境界。事件发生时间从贬谪黄州时期提前至苏轼少年，时间跨度也大大延长，不仅对苏轼和邻家女进行简单的身分和性格刻画，两人之间产生 "女窃听来奔—苏不纳而约—苏失信别娶—女不嫁而死—苏感慨作词" 的互动情节，相对吴、袁二说而言，篇幅更长、情节复杂且更具故事性。

本事成为李氏破译词义密码的重要线索，不仅因为他相信背景对作品的决定意义，更重要地在于事情得自幼年亲身见闻。李氏在记忆中筛选材料，用叙述的形式再现经验以作为词的事件背景，以之释词并 "每举此一事，而为人言之"，正缘于他对本事真实性的确定。故事讲述者王公乃苏辙之婿，"其言三苏故事甚多，愚幼小不能记也"，李氏又用大量笔墨说明王公与苏轼的亲密关系，并于下文专门记录王公与先人道此语的时间、地点、年龄，以证记忆无误、所言非虚。李氏通过对讲述者话语权的肯定及对自己目击者身分的强调，建立其个人化历史叙事的权威性。然历来论本事者常忽略此条材料，注意无多。

其四，《野客丛书》③ 中，王楙记录此本事的另一形态，即发生在惠州的、与温氏女之间的故事：

> 仆谓二说如此，无可疑者，然尝见临江人王说梦得，谓此词东坡在惠州白鹤观所作，非黄州也。惠有温都监女，颇有色，年十六，不肯嫁人，闻东坡至，喜谓人曰：

---

① 李氏自序称《东园丛说》作于绍兴甲寅，然据余嘉锡考证，"绍兴" 当为 "绍熙" 之误，故此书应完成于绍熙年间（1190—1194），且李如篪与朱熹同时而稍晚。详见余嘉锡：《四库提要辨证》卷十五，中华书局 1980 年版，第 929~932 页。颇有意味的是，余嘉锡在考证是书写作时间时，所用材料之一即是李如篪记录于绍兴三年幼年时听闻《卜算子》词本事，可见，余氏视此条记录成史料，颇信其真。

② 李如篪：《东园丛说》，中华书局 1985 年版，第 52~53 页。《四库提要》认为此书有可疑者，尝证其伪，余嘉锡对此有辨证，详见《四库提要辨证》卷十五，中华书局 1980 年版，第 929~932 页。本文从余说，认可旧题李如篪撰。

③ 《野客丛书》"自庆元元年（1195）至嘉泰二年（1202），七年中三易其稿，始得完成"，且生前并未刊行。《野客丛书·点校说明》，上海古籍出版社 1991 年版，第 1 页。

此吾婿也。每夜闻坡讽咏，则徘徊窗外。坡觉而推窗，则其女逾墙而去。坡从而物色之，温具言其然。坡曰：吾当呼王郎与子为姻。未几，坡过海，此议不谐，其女遂卒，葬于沙滩之侧。坡回惠日，女已死矣，怅然为赋此词，坡盖借鸿为喻，非真言鸿也。"拣尽寒枝不肯栖"者，谓少择偶不嫁，"寂寞沙洲冷"者，指其葬所也，说之言如此。其说得自广人蒲仲通，未知是否，姑志于此，以俟询访。①

王楙在认同吴说的基础上又记录了从王说梦得和蒲仲通处听到的惠州版本。这则记载中，故事发生地改变，主人公性格刻画更细致，多出温父一角，兼之动作、语言描写，情节增益。故事虽生动丰富，然有两处细节失实：其一，惠州的地点有误，此词显然作于黄州，详见前析；其二，坡回惠并无其事。与史实龃龉的部分使它距事实真相有些距离。王楙颇有考证事实的态度，因未及详考这则来源于听说的故事，"未知是否，姑志于此，以俟询访"，以记录本事在传播中的一种版本。

以上四种由简至繁，共同指向苏轼与女子的情感本事，仅就《卜算子》而言，能否将本事视作创作语境成为后世争论不休的问题。要讨论本事成为背景及解词线索的可能性，可以先把目光聚焦到事件的真实性上。此事并不见诸史传，我们现在所能了解的关于事件的真实情况，仅能从现存吴、袁、李、王之说中获得。这四条材料并未提供足够的细节可供判定，加之语言对原生事件的记录仅能基于基本事实，历史事件与文本描述之间必然存在巨大分歧，"我们不知道其真实的状态究竟如何；将来也不会知道。我们所有的只是对其真实状态究竟如何的描述。我们所说的每一种描述本身都蕴含着解决某个问题的动机"②。因此，我们仅能通过故事描述来发掘记录者——同时也是写作者的动机，从残存的旁证判断较为可靠的历史描述，借助于一些合乎情理与史实的准则来排除某些背景的可能性。

就动机而论，四人之所以记录此条本事，除了在面对开放性极强的《卜算子》文本时试图把握词义与词境的强烈愿望，更在于对本事功能的深信，这种阐释思路的逻辑延续《本事诗》而来：　"由采集触动情感的'本事'（background）而知道诗人的本意（intention），由知道诗人的'本意'而领悟作品的'本义'（meaning）。这种'本事→本意→本义'的阐释学思路也在宋代成为学者的共识。"③ 按照这样的思路，钩稽事实后就能推求原本立意始末，词本义也就呼之欲出了。本事记录者的动机在于以事释词，基于保证自己及引导读者正确解词的主观意图，他们对所录本事也必然抱有力求其真的态度。因

---

① 王楙：《野客丛书》第二十四卷，上海古籍出版社 1991 年版，第 354 页。

② ［美］史蒂芬·欧文著，陈磊译：《诗歌及其历史背景》，《文艺理论研究》1993 年 3 月，第 76~81 页。此句话在英文原著中为 We don't know how it really was; we will never know how it really was. All we have are stories of how it really was. Every story we tell is told for a motive and to solve a problem. Stephen Owen: *Poetry and Its Historical Ground*, Chinese Literature: Essays, Articles, Reviews, 1990 (12), p. 110. 周裕锴将其译为 "我们（读者）决不可能知道事实究竟如何，我们拥有的一切只是事实究竟如何的故事"。周裕锴：《中国古代阐释学研究》，上海人民出版社 2003 年版，第 242 页。将 story 译为故事似更接近作者原意，事实与故事的对应也更符合原文概念及思路。但周著并未翻译全文，故本文在引用《诗歌及其历史背景》一文时仍采用陈磊译本。

③ 周裕锴：《中国古代阐释学研究》，上海人民出版社 2003 年版，第 237 页。

此，从写作动机与目的来看，在"尚意阐释学"①流行的宋代，四人虚构本事的可能性很小。

这一点可从材料的叙述逻辑中找到佐证。细析四则材料可以发现，对本事的描述紧紧围绕词作展开，由四人的表达可以梳理出本事功能的实现思路。吴曾用表肯定语气的判断句，无疑将这件颇具暧昧情愫、有很大解读空间的事直接判定为苏轼作词之缘由，可助读者解词。这样，本事为词提供创作背景和理解情境，引导读者将词的缥缈朦胧置于爱情之境，与张耒诗一起成为词义的注脚。袁文用连词"故"表因果关系：因有此事所以作词记之，"本意"成为连接"本事"与"本义"的中间环节。于是后引黄跋，将本事落实在解词上。而"东坡作《卜算子》以记之"既是纪事，亦在悼念亡女，《卜算子》有了作为悼亡词存在的合理性与价值。"本事→本意→本义"的阐释思路在李如箎的叙述中更为明显，《卜算子》"语意高妙"非但因为苏轼"胸中有万卷诗书，笔下无一点尘气"，更因为现实悲剧带来的真切体验和情感力量，此情此境非亲历者不能尽道，事件与作品具有唯一的指涉性。"本事"确定后"本意"自明，"本文"与"本事"形成对照，词句都能在本事中找到现实注脚，孤鸿指代女子，"拣尽寒枝不肯栖"是对邻家女不嫁而亡的诗意刻画，"象喻性文本也因与本事一一对应而转化为记述性文本"②，"本义"清晰。材料"词—事—词"的结构及表述可见，李氏深信本事及它限定的本义，并以此勘辨末句版本问题。他还试图引导读者获取词义，虽常举此事与人言而莫有知音，但并不妨碍深于词者通过李之记录得词真旨，有"我既窥古人之堂奥，又欲天下共窥；我既通其性情，亦欲来世尽通"（王文诰《苏文忠公诗编注集成》卷首达三序）之意，对本事功能的信任成为李氏的部分写作动力。王楙对吴说的明确肯定是情感本事存在的一则证据，而在此基础上，他记录或者说重述这个故事的动力在于，力图还原事实存在的每一种可能以便直抵词义，因为按照本事阐释的思路，对于本事的考究愈详，词之本意愈彰。且惠州版本的本事在指涉词义上具有与其他三说同样的功能，故王楙明确说出李如箎未明言的话："坡盖借鸿为喻，非真言鸿也。"此四说显示出，宋人自信于本事在作者意图上有所指涉并能对词义作出一般性解释。因为对本事功能的信任，他们的叙述便带有"本事→本意→本义"的阐释思路：本事完成词人创作动机和过程的还原，也暗含创作者的经历与性情，词本义自然明晰。综上，本事成为记录者理解并引导其他读者破译词义密码的关键。

事实上，本事不仅见诸文献记载，也存在于口头传播中。值得注意的是这四则本事的类似来源：因所闻记。如前所论，除袁说外的三则本事都已说明是得自他人，袁文也很可能是从祖父或他人处听说③。文本是对口传版本的记录，记录者与事件的关系是演绎，而非建构或发明，这几则本事符合早期诗词本事的口头文学特征。④这四条关于同一本事的

① 其概念与解释参见周裕锴：《中国古代阐释学研究》第五章《两宋文人谈禅说诗》，上海人民出版社2003年版。
② 周裕锴：《中国古代阐释学研究》，上海人民出版社2003年版，第240页。
③ 如王水照即认为"此则传说或得之于家中亲属"。参见王水照选注：《苏轼选集》，上海古籍出版社1984年版，第277页。
④ 本文认为早期流传的词本事与唐诗本事一样，也具有口头文学特征。关于唐诗本事故事以口头流传的方式传播的研究，参见洪越：《结构分析：解读唐诗本事故事的一种方法》，《文艺研究》2011年第10期，第49~58页。

不同叙述给我们提供了观察早期词本事的一个契机：不同的故事版本本身已显示出这则苏轼轶事的广泛传播，以及本事的口头传播方式的流行；事件形成后经过长时间的口耳相传，故事在口头讲述与复述中必然发生变形，这些经书面保存的版本间的重叠和差异就是口头传播的表现。由此可见，这些借由文字保存下来的本事也不过是原事件在流传过程中产生的若干版本中的部分。更进一步说，口头叙事的流动性也决定了被书面固定后的事件并不具有高度稳定性，① 因为故事来源本身就存在着空间。作者记录时定难以回忆起所有细节，他可能会主动增删描述，并根据受众及主观意志点窜故事，加以润色。这样，讲述者和记录者都在不断改造、重塑本事。从这个角度说，正是早期词本事的口头文学特征决定原事件产生差异的文本形态。另外，《瓮牖闲评》《东园丛说》《野客丛书》三著在十余年时间内先后完成，成书时间接近，然而对此条本事的记载却有较大差异，很难判定不同故事版本之间真实与失实的关系，它们不过是某一事件的多种版本，或者说一种故事类型的不同记录，更显示出词本事早期流传和接受的复杂情况。

吴、袁及李说并未包含与现存历史材料不符的信息，王说保存口头传播中的某一故事形态，加之以上的动机及来源分析，则宋人之记载不失为可靠的历史描述。四说背景及情节的不一致使我们很难认定事件的真实情况，但一个基本事实是：《卜算子》词的情感本事真实存在。目前并无任何证据显示作者的记载是出于有意虚构，也未确证不存在此词本事。同时，几位宋代严肃学者同时在讲述这次事件，这个事实本身就显示这则本事并非完全出于虚构。总之，《卜算子》的情感本事有事实存在的合理性，而此条本事具有的口头文学特征决定原事件的不同文本形态。

三、故事：借杯浇臆与多重遮蔽

上述分析之所以成立，是因为将四说视为同一作品的本事记载，这种认知的有力证据是本事中事件与词及词作者的稳定关系。与许多本事中作品与故事间复杂的关系不同，关于东坡此词的所有故事叙述都紧紧依附作品，苏轼对《卜算子》拥有不可争辩的著作权，署名本身即指示着语境，本文与本事联系紧密，二者间有着极强的可比附性。本事固然可以帮助读者理解作品，关于本事真伪问题的讨论亦能扩大作品传播和知名度，同时，本事的故事性常引起心理共鸣，吸引受众。书面记录保存了基本事实的一些不同方向，与文本传播一致的是，在多年的、广泛的口头传播中故事核心一直未变。支撑这个核心的是故事的结构性因素。就人物类型来看，故事主人公是苏轼与女子，更进一步讲，是才子与爱才痴情的少女。从叙事主线来看，除了吴说，其他的故事情节都可以概括为三段式结构：少女爱慕才子—欲嫁不得而亡—才子感而作词，表现出爱慕—死亡—作词的叙述结构。从功能性关系来看这三层结构，爱慕与死亡不仅是情节要素，也一起构成结局（作词）的背景。这样，故事不仅解决了这首词产生的原因和背景，也形成自给自足的叙述结构，可以脱离词而独立存在。

---

① "The story in written form was secondary to and based upon the story as it was told orally." See Sarah M. Allen: *Tales Retold: Narrative Variation in a Tang Story*, Harvard Journal of Asiatic Studies, 2006（66），pp. 105-143.

在这个事件的不同描述中，包括时间、地点、对话、细节刻画、女子身分等在内的故事内容都是可变因素，在不同作者手中、面对不同受众，呈现出差异面貌。而人物类型和叙述结构、词的"本文"成为故事流变中的稳定因素，固定故事结构，结撰核心情节。稳定的结构性因素不仅帮助本事实现功能，也昭示出独立叙述本身的故事母题：爱情悲剧。人物类型本身就蕴藏冲突：少女爱慕年逾四十的大叔，在惠州版本的故事里，仰慕对象苏轼已垂垂老矣，人物类型的年龄与身分冲突制约故事走向不嫁而亡的悲剧结局。"爱慕—死亡"的叙述结构反映的是求之不得的永恒悲剧和死亡的震撼力量。母题凝结着人类共同的生命体验及情感慰藉，爱情悲剧母题使其在后世的口头传播和书面转写中广为接受。这首词的意义在于，它不仅是对个体爱情经历的描绘，更展示了世俗生活中普遍存在的情爱体验。因此，此本事的叙述结构和母题决定它在历时性传播中的延续。

元《东坡诗话录》卷中照录《野客丛谈》内容。① 明人郎瑛、毛晋直接用本事解词。《七修类稿》卷三二"东坡孤鸿词"条，在引山谷跋与坡词后云："予谓句则极精，托意深远，似不可以易解也。后见《词学筌蹄》解云（引铜阳居士说，略），以为得旨……昨读《野客丛书》，方知所以，乃东坡在惠州白鹤观所作。"② 接着转述王说。郎瑛的理解是，相较于政治附会说，情感本事获得了对于解释词义更高的可信度和有效性，这是对本事批评的认可及延续。有趣的是，郎瑛是在王说基础上的转述，而非照录，随笔点缀使故事细节有别：东坡在惠州与温家相邻，欲以苏轼为婿的是温都监而非温女，苏轼欲做媒的对象也从王郎坐实为王说。这一方面源于记忆的偏差③，另一方面也在于作者对故事的合理想象和加工，这种演绎表现在语言、词汇和描述的细节方面，而非凭空编造。毛晋编刻汲古阁本《东坡词》时采此情感本事作为题注，甚至不惜将原有词题"黄州定惠院寓居作"删去以支撑故事发生在惠州的背景。毛晋的题注是王说的缩写，许多词句直接截取自《野客丛书》④。毛氏汲古阁本坡词流传广泛，而此本事也随着毛晋的编入获得更多受众。相较于笔记、词话的来源，作为词序后的王说本事似乎显得更为可靠，随着原词流传广远。

李贽披选《坡仙集》亦照录王说，专门保留"说之言如此，其说得自广人蒲仲通"。后评："卓吾曰：焦弱侯欲去此条，余独悲其能具只眼，知坡公之为神仙，知坡公之为异人，知坡公之外举世再无与两，是以不得亲近，宁死不愿居人世也。"⑤ 李贽对王说的截取和评语透露的信息是，焦竑似对本事的真实性存疑，而即便得之蒲仲通的来源与惠州的地点使这则故事可信度低，李贽亦加以保留，其原因在于他敬仰钦佩苏轼之心在温氏女处找到异代知音。李贽之举并不留意于本事的功能，他将关注点放在脱离于词之外的故事本身，而沉醉于这则近小说家言传递出的信息。稍晚于李贽的冯梦龙对本事的点评也流露出

———————————

① 陈秀明编：《东坡诗话录》，中华书局 1985 年版，第 17 页。

② 郎瑛：《郎瑛诗话》，吴文治主编：《明诗话全编》第 3 册，江苏古籍出版社 1997 年版，第 2388 页。

③ 郎瑛言："《丛书》无刻板，故录之。"其所见为抄本《野客丛谈》，录此条时可能手中并无此书。

④ 毛晋辑：《宋六十名家词》，上海古籍出版社 1989 年版，第 50 页。

⑤ 苏轼著，李贽选：《坡仙集》卷十一，四川大学古籍所编：《宋集珍本丛刊》第 19 册，线装书局 2004 年版，第 762 页。

近似的情感："人知朝云为坡公妾，而不知此女乃真坡公妾也。坡公迁谪岭外，婆娑六十老人矣。十六之女何喜乎？而心许之，且死之也。然坡公非当时须眉如戟，诸人所欲极力而杀之者哉？而一女子独见怜，悲夫！"① 冯梦龙将此事作为故事记录在《情史》中，基本照搬王说，篇尾特意说明"或云黄州作，属意王氏女，非也"。引发冯感慨的是女子痴情对惨遭贬谪的名士苏轼的抚慰，在慨叹东坡命运的同时也将这种哀怜的感伤投射到类似的怀才不遇之士上，期盼得一知音，这其中或许也包括他自己。袁中道欲使人由苏轼之"老少行踪"知其"潇洒之趣"，因而作《次苏子瞻先后事》，情节亦用王说，并将故事背景设置在惠州，然只记事件而不录词作，"女后竟殂，子瞻悼焉"② 的结局将故事与词的关系割裂，更不用提本事之功能。清人袁枚借此事写《金纤纤女士墓志铭》："然昔东坡老矣，贬惠州，有温都监之女窥其读书，坡奇赏之。海外归，此女已亡，坡不能忘情，作小词以吊。余愧非东坡，而受知于纤纤则百倍于温家女矣。"③ 亦是借他人酒杯浇心中块垒，已于解词无涉。

上述材料的共同指向是，本事的真实性已退至其次，故事传递的信息才是阐释重心。明清人或仅满足于故事本身，即便知道故事被添油加醋得早已距事实远矣，也无碍他们从文本中获得阅读快感和情感共鸣，他们不是稽查作品故实的研究学者，没有去做严谨的历史辨伪。事实上，口头传播系统的断绝及传世文献的不足也导致究考事实的不可行。与之对应的是，明人对《卜算子》文本的解读也从南宋盛行的比兴刺时说转向纯文学的欣赏，借本事追寻作者原意与还原作品本义的传统被抛弃。这显示出此词及本事在接受史上重心的转移，也是对明末苏轼及苏词接受热潮的反映。

明时之转写都源自王说，词句的照录、截取即是明证。如果从还原事实真相的程度来看，王说虽也来自本事的口头版本，但距现实事件最远。失实的细节已让这个版本颇受质疑，而从篇幅与文字对传说的加工程度来看，王说也更显露出小说的虚构性。吴曾仅用一句话说明此事，为读者留下广阔的情感想象空间和事件背景的多种可能性；袁说中邻家女仅是听苏轼读书，欲嫁"读书如东坡者"，而非苏轼本人，乃一般情理；李说中邻家女爱慕少年苏轼，守信不嫁他人，也只是正常的女子痴情：三说均未出现王说中妙龄少女爱慕老翁的新奇情节，且叙述语言都较平实，篇幅也短。王说则增加许多非功能性情节："颇有色，年十六，不肯嫁人""坡觉而推窗，则其女逾墙而去""怅然为赋此词"。这些情感反应及细节描摹已有几分小说家言。语言对原生事件的记录仅能基于基本事实，越多的词汇被使用，则可能距离事件真相越远，语言与真相间的鸿沟始终存在。故事越详细越长，则可能意味着更多的语言堆砌和包裹。相较于另三说，篇幅最长的王说显示出更明显的书面语对口语的加工痕迹，更具虚构性、文学性。正因此，在以"议论之纯正、稽考之精确、钩撷之博洽""考辨精核""向推南宋说部之杰出"④ 著称的《野客丛书》中，王楙

① 冯梦龙：《情史》，岳麓书社 1986 年版，第 191 页。

② 袁中道：《珂雪斋集》中，卷二十一，上海古籍出版社 1989 年版，第 929 页。

③ 袁枚：《小仓山房文集》，王英志主编：《袁枚全集》第 2 集，江苏古籍出版社 1993 年版，第 588 页。

④ 以上三条分见于陈造《宋浙西参议陈公跋》，《四库全书总目提要》，《李慈铭越缦堂读书记》，参见《野客丛书》附录，上海古籍出版社 1981 年版，第 458、463、468 页。

才会着意说明此说来自他人传言。王说显示出，"本事"向"故事"的演化中增加了传奇般的曲折情节，但后来的接受者却更相信"故事"而置"本事"于不顾，以至本事的最终指向和目的——词反而被剥离，"故事"成为主角。于是，最具文学性的王说影响广远。然而，王说中失实的材料与颇具小说家言的叙述，却使得《卜算子》之情感本事在辗转的流传中可信度降低。文学批评领域则极力回避这种以俗情附会的阐释传统，情感故事的本事功能很难得到信任，往往被目以小说家言。① 可以说，正是后人对王说的集体接受和递相转引遮蔽了原事件可能存在的真实性。

明人不约而同地选择王说作为他们转录的源文本，考其原因，除了完整故事所具的小说性以外，尚有版本流传问题。《能改斋漫录》自元初以来刊本久绝，今本乃明人抄自秘阁，明抄本今存。《瓮牖闲评》宋世已罕流传，至明遂佚，仅散载于《永乐大典》。据周庭筠跋，《东园丛说》有绍熙甲寅（1194）刊本，然诸家不录，今存清抄本、《指海》本。可见此三书于明代难见，所以明人见到吴、袁、李三种本事的可能性极小。而《野客丛书》有明嘉靖四十一年刊本②，《说郛》《稗海》皆见著录，在明末较为流行。如陈基虞抄录本事后即说："《丛书》云此说得之广人蒲仲通，未知是否？"③ 已用《丛书》刊本。且经过毛晋、冯梦龙、袁中道、李贽等大家的转录及其著作的广泛流传，王说更见流行。与本事的唯一性与完整性相比，王说真实性上的缺陷并不重要。故其后递有转引，如赵翼《陔馀丛考》④，亦见于叶申芗《本事词》，录王说且加评语曰："此词时有谓公在黄州时为王氏女作，及《贺新郎》词有谓为侍妾榴花作者，殆皆传闻异辞欤？"⑤ 可见他种本事的重现已挑战着此前王说的唯一和权威。

值得一提的是，明末出现苏轼与温超超的版本，流播广远，清人及今人引述词之本事时多采此说，而言出自元代龙辅《女红余志》。旧题元林坤《诚斋杂记》卷下亦载此条，作温超超事，文字稍异。⑥ 较早载温超超事并注明出自《女红余志》者有三，皆为转引。其一，明《古今词统》选苏轼《卜算子》，题作"孤鸿"，后附："按《女红余志》：惠州温都监有女名超超，年十六，不肯字人……子瞻念之，为作此词。'拣尽寒枝'，言择偶

---

① 如清初李良年《词家辨证》录王说后引梨庄语："此言亦非，似亦忌公者以此谤之，如阶下簸钱之类耳。小说纰缪，不足凭也。"（《丛书集成新编》第 81 册，台湾新文丰出版公司 1985 年版，第 319 页）清丁绍仪《听秋声馆词话》卷十一："至《卜算子》词，或谓有女窥窗而作，殆因温都监女而附会之，亦不足信。"（唐圭璋编：《词话丛编》，中华书局 1986 年版，第 2707 页）清邓廷桢《双砚斋词话》："而造言者谓此词为惠州温都监女作，又或谓为黄州王氏女作。夫东坡何如人，而作墙东宋玉哉。"（唐圭璋编：《词话丛编》，中华书局 1986 年版，第 2529 页）清陈廷焯《词则·大雅集》卷二："或以此词为温都监女作，陋甚。"（《词则》，上海古籍出版社 1984 年版，第 54 页）清郑文焯《大鹤山人词话》："此亦有所感触，不必附会温都监女故事，自成馨逸。"（唐圭璋编：《词话丛编》，中华书局 1986 年版，第 4324 页）朱祖谋《东坡乐府·凡例》："《卜算子》之温都监女，依托谬妄，并违词中本旨。"

② 见《天禄琳琅书目》《藏园群书经眼录》《著砚楼书跋》。

③ 陈基虞：《客斋诗话》卷二，陈广宏、侯荣川编校：《稀见明人诗话十六种》下，上海古籍出版社 2014 年版，第 1093 页。

④ 赵翼：《陔馀丛考》卷四十一，上海古籍出版社 2011 年版，第 824 页。

⑤ 叶申芗：《本事词》卷上，古典文学出版社 1957 年版，第 50 页。

⑥ 林坤辑：《诚斋杂记》，中华书局 1991 年版，第 59~60 页。

也；'寂寞沙洲'，言葬所也。"① 并引李贽评语。其二，清初沈雄《古今词话》有两处引温超超事，一处见于《词话》卷上"坡公为超超作卜算子"条，故事叙述文字与《古今词统》所引稍异，首句作"惠州温氏女超超，年及笄，不肯字人"，后引铜阳居士语而斥之为错解，并引李贽评语，然出处作《梅墩词话》；一处见于《词辨》卷上"卜算子"条，故事叙述语言与上引同，而无铜阳居士与李贽评语，出处作《女红余志》。② 其三，清沈辰恒等编《历代诗余》卷一百十五："《女红余志》云：惠州温氏女超超，年及笄，不肯字人……按：词为咏雁，当别有寄托，何得以俗情附会也。"③ 而后标明出自《古今词话》④。观今所见《女红余志》，明天启崇祯间汲古阁《诗词杂俎》本⑤与清宛委山堂《说郛续》刻本⑥内容有异，然均无此条。上引三条未知所自。但有一点需要廓清，《女红余志》"皆不著出典，又无一语为诸书所经见。……钱希言《戏瑕》称为好事者所依托，则明人已灼知其伪"⑦，历来颇受质疑，并非出于元代龙辅之手；且《诚斋杂记》之著者林坤与序者周达观均属伪托，二书乃万历初杂凑条文或放手自造而成，属伪书性质。⑧ 因此，是二书并非成于元代，超超之名出自明末好事者之杜撰，这也是为何明万历前人引本事而不提超超之名的原因。

从温氏女的概指到具体的超超之名，明末伪书的杜撰与词句润色一方面显示出此本事所具故事性的强大吸引力，另一方面也是对当时文化市场及市民口味的回应。本事虽自王说而来，然更具通俗故事性的同时亦距事实愈远。《女红余志》虽饱受质疑，但流传很广以至《汉语大词典》亦采其条目，又经三部大型词选的录入而广泛流播。其后，凡引《卜算子》情感本事者多采《女红余志》条材料，王说与在其基础上敷演出的苏轼与超超故事的版本流传最广，宋时四说反被忽略。

超超本事的接受不仅表现在内容的复述和评论上，还经过了审美性的再创造流传，明末徐士俊《卜算子·次坡公悼超超韵为寒氏悼亡》及卓人月《卜算子·次坡公悼超超韵为寒民悼亡》⑨ 即是在接受苏轼与超超故事的基础上将《卜算子》视为悼亡词。明以后

---

① 卓人月汇选：《古今词统》卷四，辽宁教育出版社 2000 年版，第 138~139 页。

② 沈雄编：《古今词话》，上海古籍出版社 2009 年版，第 47、204 页。

③ 沈辰恒等编：《历代诗余》，上海书店出版社 1985 年版，第 1360 页。

④ 此本《古今词话》与上引沈雄之《古今词话》为二书："《历代诗余》所引《古今诗话》多涉南宋、元、明人事，盖别为一书，与杨湜、沈雄之《古今诗话》无关。三书同名异实，学者所宜留意。"而《古今词话》之名误作《古今诗话》。见程千帆、吴新雷：《两宋文学史》，上海古籍出版社 1991 年版，第 174 页。

⑤ 龙辅：《女红余志》，浙江古籍出版社 2014 年版，第 1~41 页。

⑥ 陶珽：《说郛续》卷四十四，陶宗仪等编：《说郛三种》第 10 册，上海古籍出版社 1988 年版，第 2023~2028 页。

⑦ 永瑢等撰：《四库全书总目提要》，王云五主编：《万有文库》第 25 册，商务印书馆 1923 年版，第 62~63 页。

⑧ 是二书之伪书性质《四库提要》皆有辨证。另参见罗宁：《明代伪典小说五种初探》，《明清小说研究》2009 年第 1 期，第 31~47 页。关于《女红余志》之辨伪另可参看陈景超：《衡庐读书记》"女红余志"条，见《抱春堂集》卷四；邓瑞全、王冠英主编：《中国伪书综考》，黄山书社 1998 年版，第 543 页。

⑨ 饶宗颐初纂，张璋总纂：《全明词》，中华书局 2004 年版，第 2144、2909 页。

主要以文学创作的方式呈现，在"故事"的路上越走越远。明末清初周如璧杂剧《孤鸿影》即以王说为蓝本，情节基本一致，加入王朝云与林行婆二角色，正目概括剧情："热怜才温小姐沙洲甘死，暗钟情苏学士鸿影留词，鬼同心王朝云幽魂入梦，古女侠林行婆雅信传诗。"① 以苏轼与温女故事为主线，于超超之才华与感情多有着墨，刻画细腻生动。从文字的转写到故事的敷演，词及本事功能已退居次要，重要的是故事本身的动人、苏轼的名人效应以及创作者主观情怀的注入。清张九钺传奇《六如亭》谱写苏轼与朝云恋情，插入温超超事："温家女，守奇志，殉虚名。都缘才子合教，附传表奇贞。"② 情节增益、临文藻饰，实则借二女子事哀悼爱妾何氏之早逝，以东坡自况。《赋鸿》一出写东坡回惠后往吊超超，其情至真，其词可诵，辞、意皆由《卜算子》而来："毛羽云霄，不嫁燕山婿，寒枝拣不栖，……徘徊留影非无意，惊起回头却暂飞。"其中，"一曲孤鸿，隐喻伤心谜"显示出，张九钺不仅借本事读懂词义，他也通过重写故事的形式将这种理解在文本层面加以固定、强化；同样，这曲《赋鸿》亦隐喻着张自己的"伤心谜"。

两剧在内容上与早期本事的粗具梗概相去甚远，形式上从词话、笔记小说到杂剧、传奇的转变意味着故事容量的增加，显示出作者在如何处理已有叙述材料上的重大转变，复杂曲折的情节及奇异的故事都表明作者对已有描述的有意超越，带有明确的虚构特征，即文学性。但依然延续才子与少女的人物类型与爱慕—死亡—作词的叙述结构，仍属于爱情悲剧的母题范畴，显示出故事结构在流传过程中不同文学形式下的稳定性。经过层层堆叠、众手修饰，作为背景的本事已越出词的阴影，走向独立的叙述存在。宋人笔记有关坡词纪事者甚多，然艳情本事在明清时最为流行，这与其时才子佳人小说之流行及普遍的主情、好奇风尚有关，也与市井中人对坡词非审美性的接受动机一致。《卜算子》本事向故事的变化与其时对本事批评的态度有关，也是明清人对苏轼形象进行娱乐化、世俗化、多情化重塑和接受的一个典型案例。

四、结 语

口头传播与书面转写是本事保存和传播的两个重要途径，也显示出不同的特点。宋时四种本事出处是对耳闻目睹之事的记载，较能还原生活本真。从冯梦龙、李贽之评论，到袁中道使本事脱离词而成为苏轼行状之记载，到万历年间伪书对故事小说性的加工，到清初戏剧的同题改编，可以梳理出书面传播的脉络，渐具虚构性。《卜算子》本文中的"惊鸿"意象引发美人联想及关于此词背景的种种猜测，本事及其功能在宋代获得接纳，引起将事件与文本对应比附的兴趣，并以之作为语境释词。宋以后的情感本事接受史中，最流行的是王说及由之而来的苏轼与超超故事，也正因其可信度较低的来源、失实的细节、过于丰富的情节描述及伪书性质，使这则情感本事颇遭诘难，殃及事件本身真实存在的可能性。因此，通过《卜算子》情感本事的梳理，我们可以了解其在接受史上的实际情况，其中的大趋势是：从本事到故事的转变与其内在的从本事批评到通俗文学的滑动。这种滑动不仅指示着本事批评的弱化，也可以从中看见本事是怎样在固定化、庸俗化的文学实践

---

① 周如璧：《孤鸿影》，《杂剧三集》卷二十二，中国戏剧出版社 1958 年据诵芬室本影印。
② 张九钺：《六如亭》，《陶园诗文集》，岳麓书社 2013 年版，第 700~825 页。

中渐失可信度。

　　与比兴刺时说一样，情感本事说在历代接受视野中既有广泛受众，亦饱受批评。如前所引，清人对情感本事的批评仍主要集中于对温都监女故事的攻讦，清以后这种质疑已泛化为对所有女性背景的怀疑。自20世纪八九十年代起，主流解读多抛弃此二说而将之释为咏物寄托词，显示出强烈的取舍态度及对已有阐释的整合思维，极大地影响今天学界对此词的理解。① 然历来对情感本事的攻击缺乏实证，今人亦多停留在感性层面，视此本事为"沿俗情附会"，"路头一差，自然也可不予理会"②，"《卜算子》被附会为王氏女或温都监女而作一样，不过是无稽之谈而已"③。因为"这种说法附会的成分很明显，明显违背了苏轼写词一贯的精神"④，或者"就这首词的本身来说，这样附会是有损于它的意义的"⑤，甚至"容易造成对名篇的'污染'"⑥，所以"这只能是后人因仰慕苏轼文采而附会的佳话而已"⑦。其中透露的观念是，在今天的主流接受视野里，作为大文豪的苏轼不应有以私人俗情示人的一面，即便要在作品中表现情爱，也只能如《江城子》（十年生死两茫茫）一般悼念亡妻，街谈琐议般的隐秘爱情故事更不能是坡词名篇的创作背景，故当有意抹杀或淡化儿女风情，以提高苏轼及其作品的"地位"。且不论情感背景是否会损伤作者形象与作品意义，仅就《卜算子》来说，一味忽略或攻击本事似缺乏辨析。通过全文梳理可知，此词之情感背景有着事实存在的可能性及合理性，只是渐被失实的口传版本、伪书、历代转引与文学加工所遮蔽。

　　清及之后的评论者多将坡词置于文化传统的期待视野，或寄托忠贞，或自咏怀抱，然而上文对情感背景的确认提示着《卜算子》主流解读外的另一种可能，即突破当前单一趋同的阐释潮流转而寻找新的解释路径。欲践于此，不仅要梳理具体情况和原始材料，也需看清阐释史上内部的差异性，才能准确理解《卜算子》的内涵，真正揭示可能存在的

————————————

　　① 如吴小如"承认这首词有政治内容，而解释却穿凿附会"，本事阐释"用编造故事的方法来讲词，这比前一种方法更不足取"，二者皆为"谬说"。见吴小如：《说苏轼〈卜算子〉》，《大学生》1981年第3期。袁行霈称情感本事"都不足信"，居士之解"又嫌穿凿"。见袁行霈：《词风的转变与苏词的风格》，《社会科学战线》1986年第3期。又，这两种"大都穿凿附会，不足凭信"（朱东润主编：《通用大学语文》，复旦大学出版社1985年版，第226~227页）。罗忼烈："不要轻信那些穿凿附会的词本事和寄托忠爱的词论。"（《宋词本事多不足信——以周邦彦和苏轼词为例》，《词学杂俎》，巴蜀书社1990年版，第183~202页）缪钺称二说"都是好事者附会之辞，不足凭信"（《宋词鉴赏辞典》，上海辞书出版社2013年版，第404页）。他者不再详引，见吴世昌《有关苏词的若干问题》（《文学遗产》1983年第6期），黄诚一《渺渺没孤鸿》（《文史知识》1981年第5期），申自强《"不能栖"还是"不肯栖"——由苏轼〈卜算子·黄州定惠院寓居作〉引起的美学聚讼》（《中国古代诗词鉴赏美学聚讼》，河南大学出版社1997年版，第198~205页），木斋《唐宋词评译》（广西师范大学出版社1996年版，第159~160页）等。

　　② 彭玉平：《唐宋词举要》，商务印书馆2014年版，第248~250页。

　　③ 张仲谋：《论宋代叙事诗》，莫砺锋编：《第二届宋代文学国际研讨会论文集》，江苏教育出版社2003年版，第142页。

　　④ 姚苏杰执笔，见刘石主编：《宋词鉴赏大辞典》，中华书局2011年版，第224页。

　　⑤ 夏承焘：《唐宋词欣赏》，北京出版社2014年版，第145页。

　　⑥ 张仲谋：《宋词欣赏教程》（修订版），南京大学出版社2015年版，第309页。

　　⑦ 周兴陆：《古诗讲读》，上海人民出版社2014年版，第193~194页。

爱情本事及相应的接受史。本事的具体细节难以确考，然而本事对于阅读者与考证者的价值不在于事件细节，而在于其存在本身对文本背景的规定，以及一定程度上对作品性质的影响。我们的尝试应不止于对本事线索的搜寻、猜测，更在于廓清阐释传统中对本事尤其是情感本事意义的误解，梳理本事记载的顺序情况，得出合乎逻辑的判断。其他或具有情感本事的宋词名篇如苏轼《贺新郎》（乳燕飞华屋）、陆游《钗头凤》（红酥手）、周邦彦《少年游》（并刀如水）等，或亦可循此以辨。

[附记] 本文在写作过程中有幸受到周裕锴教授的指教并惠赐宝贵修改意见，谨此致谢！

（作者单位：四川大学中国俗文化研究所）

邹忠胤《诗传阐》与明末清初诗经学

□ 于 浩

  明嘉靖年间丰坊伪造《子贡诗传》一书,假托子贡以言诗,之后王文禄在《诗传》基础上又伪造《申培诗说》,① 二书在明末清初产生不小的影响,尽管如何楷、毛奇龄、姚际恒等已辨明其伪,② 但仍有不少学者引用、赞同二书中之观点,甚至出现了专门申述《诗传》或《诗说》的著作,邹忠胤的《诗传阐》即其中之一。《诗传阐》成书于崇祯八年(1635),全书皆依托《子贡诗传》发言,对此书的疏失,清人早有批评,如朱彝尊说:"邹氏误信石经、子贡传,而反斥毛传之非,此无异痴儿说梦矣。"③ 凌扬藻也称:"邹忠胤作《诗传阐》,亦往往据传以攻序。……遂若诗传果出子贡之手,抑何谬哉。"④ 这些批评都切中其弊。但《诗传阐》的价值也遮蔽在这些批评之下,它申述伪《传》的性质也使得前人对其关注不足。其实清代诗经学著作经常引用《诗传阐》中的考证与观点,可见它在某些方面有一定的价值,同时放在明末清初学术发展的视野之下,此书也透露出学风转变过程中一些颇具学术史意义的信息。本文拟在明末清初诗经学史的背景之下,考论《诗传阐》之价值与得失,并尝试以此书为个案,揭示学术发展的一些独特现象。

一、邹忠胤与明末《诗》学的转向

  邹忠胤,字肇敏,江苏武进人。生卒年不详,万历四十一年(1613)进士,曾担任钱塘令、福建参议。清康熙间编《常州府志》载其事迹云:

---

  ① 参见林庆彰:《丰坊与姚士粦》,台湾万卷楼图书股份有限公司 2015 年版,第 104~105 页。
  ② 何楷:《诗经世本古义》,《景印文渊阁四库全书》第 81 册,台湾"商务印书馆"1983 年版,第 7 页。
  ③ 朱彝尊:《经义考》第四册,侯美珍等点校,台湾"中国文哲研究所"筹备处,1999 年,第 232 页。
  ④ 凌扬藻:《蠡勺编》,《丛书集成初编》第 225 册,中华书局 1985 年版,第 57 页。

初任钱塘令①，有惠政，升福建参议，平剧寇刘香，转九江副使。当事欲侈贼凿功，忠胤曰："守在人，不专在地，徒妨农事，无益。"以此忤当事，投劾归。穷研经学，所著有《周易揆》《尚书稽》《诗传阐》《春秋衷》等书。②

今据沈守正《邹侯肇敏扈冶斋诗义序》，可知邹氏以《诗》学教授钱塘，③ 又丁丙《善本书室藏书记》载邹氏任钱塘令期间，曾刊刻其先祖北宋学者邹浩的《道乡集》，④《常州府志》所谓"有惠政"者，非虚言也。所著书除《诗传阐》外，均不存于世。

邹氏早期事功，触忤当事，遂归而穷研经学。研治之范围，包括《周易》《尚书》《诗》和《春秋》，除《礼记》未有专门研究外，几乎遍及五经。其实这是明代后期学者的共同特征。如郝敬曾花费十年时间，撰成《九部经解》，黄宗羲称："五经之外，《仪礼》、《周礼》、《论》、《孟》各著为解，疏通证明，一洗训诂之气。"⑤ 曹学佺亦有《五经困学》，包括《诗经剖疑》《书传折衷》《易经通论》《春秋传删》《礼记明训》，朱睦㮮有《五经稽疑》，周应宾有《九经考异》；崇祯间何楷亦欲作《五经解诂》⑥，后成《春秋绎》《古周易订诂》和《诗经世本古义》三书。

之所以重新注释五经，是源于当时学者对旧注的不满。明自颁布《五经大学》以来，《诗》学一尊朱传，其间虽有阐释序义、怀疑朱说等的著作，但都是在朱子诗说的体系之下所进行的弥缝与补缀，非为反对朱子而设。万历以后，陆续出现不满朱子的声音，同时也出现了不少批驳朱子诗说的著作。值得注意的是，这些不满朱子的学者，大部分也不满汉儒。如郝敬撰《毛诗原解》，即是"病汉儒之解经详于博物，而失之诬；宋儒之解经详于说意，而失之凿。乃自为解"⑦。张以诚也说："汉儒近古，度有师承，而傅会不少；宋儒明理，疑无曲说，而矫枉或过。"⑧ 这样的观点，还能找出很多。当时学者既对汉宋经说都有微辞，于是纷纷董理群经，加以新解，希望能超轶宋儒、汉儒。又为了避免其新说陷入无根之谈，因此多依托古义，借重孔圣之言。如郝敬论《诗》，特重诗序，即是因他认为诗序首句经圣人手裁，他说："诗序首句函括精约，法戒凛然，须经圣裁，乃克有此。"⑨但郝敬的观点在当时并未获得公认，不少学者认为诗序出于汉人之说，如何楷即

---

① 据乾隆《杭州府志》，邹忠胤于万历四十五年（1617）开始担任钱塘令。《杭州府志》卷102，《中国方志丛书·华中地方·第199号》，台湾成文出版公司1974年版，第1972页。

② 《（康熙）常州府志》卷24，《中国地方志集成·江苏府县志辑·36》，江苏古籍出版社1991年版，第540页。

③ 沈守正：《学堂集》，《四库禁毁书丛刊》集部第70册，北京出版社2000年版，第634~635页。

④ 丁丙：《善本书室藏书志》，《续修四库全书》第927册，上海古籍出版社1997年版，第489~490页。

⑤ 黄宗羲：《明儒学案》，中华书局2008年版，第1313页。

⑥ 黄宗羲：《思旧录》，《黄宗羲全集》第一册，浙江古籍出版社1985年版，第356~357页。

⑦ 朱彝尊：《经义考》第七册，侯美珍等点校：台湾"中国文哲研究所"筹备处，1999年，第511页。

⑧ 张以诚：《毛诗微言》，《四库全书存目丛书》经部第63册，齐鲁书社1997年版，第453页。

⑨ 郝敬：《毛诗原解》，《四库全书存目丛书》经部第62册，齐鲁书社1997年版，第139页。

认为诗序为卫宏所作。① 邹忠胤亦认为诗序来源不明，为托言子夏。② 既然诗序并不完全可信，当时学者又从其他文献中寻找解诗的根据，何楷所依凭的是《春秋》，③ 邹忠胤则依凭《子贡诗传》。

从当时诗经学之发展来看，朱子诗说与汉人诗说也出现了难以弥缝的情况，朱子诗说的弊端不断被揭示，同时诗序的权威又尚未树立，诗序、毛传与郑笺的不少解释同样无法使当时学者心安。在这种情况下，《子贡诗传》的出现给《诗经》诠释提供了另一种可能，学者或借其弥缝、折衷各家之说，或托《子贡诗传》以立新说。如凌濛初《圣门传诗嫡冢自序》云：

> 序说自汉以传，虽夹漈力辨其妄，紫阳细索其瘕，或至尽更其说。时亦小有易置，而终不敢移其篇第，以类相从，徒使读者从违皆不安，惟有仍袭固然，莫究诘耳。今得子贡《传》，一览而群疑皆释。④

凌濛初认为通过《子贡诗传》和《申培诗说》，郑玄不必牵经以合序，朱子也不必寻绎文辞以解经义，围绕诗序长久以来的纷纭聚讼亦可以息矣，而古义可重见天日。韦调鼎也有相似的说法，他在《诗经备考答语》中云：

> 汉重经术，师尚专门，言诗家如申如辕如韩如毛，学有根据，互为阐宣，若老农谈稼，山人谈樵，泽人谈渔，自写其胸中独得之妙，不必一也。而鲁最为近。后世传注笺疏，日增月益，繁文杂举，如鬻矛而兼盾，抵牾不相下，而诗之义晦矣。晦庵朱氏最后，集诗传，自谓可以垂世，不知其误亦不少。……予故旁掺博考，以鲁诗为正始，酌辕韩毛三家，使不相病，合序传笺疏诸说，使不相悖，上自孔卜端木，下及夹漈考亭，参之于章句之外，会之于声响之先，不守一说，不牵一隅，弃其睽离，采其无弊者，定以为训，使天下后世有所折衷焉。⑤

韦调鼎认为汉以后之诗说矛盾抵牾，而朱子之误亦不少，致使诗义愈晦。《诗传》（即韦氏所认为之《鲁诗传》）恰可以作为根据，参酌齐诗、毛诗、韩诗、笺疏、朱子之说，以折衷诗义。

《子贡诗传》也给好立新说者提供了依据，学者或据此以驳朱，或据此以驳序。詹思谦《二贤诗传小序跋》就批评朱子道："彼其舍圣门授受之微言，而直断以千载悬掺之臆

① 何楷：《诗经世本古义》，《影印文渊阁四库全书》第81册，台湾"商务印书馆"1983年版，第6~7页。

② 邹忠胤：《诗传阐》，《四库全书存目丛书》经部第65册，齐鲁书社1997年版，第471页。

③ 何楷云："诗者，联属《书》与《春秋》者也"，"《书》、《诗》、《春秋》原相首尾，诗即史也"。见《诗经世本古义》，《景印文渊阁四库全书》第81册，台湾"商务印书馆"1983年版，第8页。

④ 凌濛初：《圣门传诗嫡冢》，《四库全书存目丛书》经部第66册，齐鲁书社1997年版，第240页。

⑤ 钟惺、韦调鼎：《诗经备考》，《四库全书存目丛书》经部第67册，齐鲁书社1997年版，第143页。

说，至其说之难通，如青衿城阙诸章，则又两解而互存焉。夫诗盖尝删之，约其义蔽于无邪止耳，若夫郑、卫之音，正其所为淫，所谓亡国而恶其放焉者也。而今一切并录之，至为曲模，其淫态佚情而了无愧畏，然则当时所删者何诗，而所云无邪者又何指乎。"又说："岁己丑，谦幸以职事侍文宪郭公，纵言及于诗，因出所藏秘阁子贡诗传石本示谦，谦受而卒业，然后又知赐之为诗，而益信马氏之辨为有据。……传中每多残阙，然所不阙者，要与小序相发明。且篆画精研，足备好古一助。"① 此是借《诗传》与诗序相发明。邹忠胤则皆《诗传》之说，对序说、朱说皆驳之，以立新说。他在《诗传阐》序言中批评历代诗说道：

> 于是儒者学一先生之言，守残专己，入主出奴，各自伸其臆见，匪无弋获，浸假亦归销歇。惟毛序托重子夏，其说遂曼衍至今，传笺疏注，递相耳食，虽互有合离，总之郢书燕说。而无邪得所之义，历百千余载，长蔽云雾。孰知孔氏真传，原自不殄于世，则晋虞喜所摹石本是也。其书多阙文，颂为尤甚。以残缺弥见其真，一展卷而部分粲如，并宗旨亦跃如。兼有可以旁证他经，而破千古聚讼之不决者，藉非亲经圣裁，即圣门高弟未易捃摭，岂秦汉以下诸儒所能摹拟。②

邹氏不满于前说，认为传笺疏注，递相耳食，幸有《子贡诗传》能够拨去旧注的云雾。这种既不满汉学也不满宋儒的风气，正是《子贡诗传》得以传播的主要原因。另外，邹氏认为《子贡诗传》亲经圣裁，也与郝敬信从诗序的理由如出一辙，可见当时学者对所依据的经说的衡量标准，在于是否经过孔子的裁定。因此郝敬信从诗序，邹忠胤信从伪《传》，看似毫不相干，其实内在的理念是一致的。

邹忠胤信从伪《传》，亦与当时学界对古文字的极大兴趣密切相关。明人重新董理五经，发现需弄清文字问题，进而对古文字学产生极大兴趣。周应宾在《九经考异》中就明确谈道："夫经湮于秦而复出于汉，其间简编之刊缺、语音之龃龉，固已家异而人不同矣。况夫古文变而篆，篆变而隶，隶变而今文，其为鲁鱼亥豕之误，岂少哉。"③ 而吴中地区研习古文字的风气尤为兴盛，所谓"作者专尚古文，书必篆、隶"④。《子贡诗传》在流传过程中，一度以古篆文书写，这对当时学者极具迷惑性。邹忠胤弟子就说："郭（即郭子章《二贤诗传小序》）、李（即李维桢《二贤言诗》）所刻《诗传》，本系钟鼎篆文，古法森然，识者知为先秦旧物。"⑤ 邹忠胤等不少学者正是被这种"古法森然"所惑，而信《诗传》为真传。

---

① 凌濛初：《圣门传诗嫡冢》，《四库全书存目丛书》经部第 66 册，齐鲁书社 1997 年版，第 243 页。

② 邹忠胤：《诗传阐》，《四库全书存目丛书》经部第 67 册，齐鲁书社 1997 年版，第 471 页。

③ 周应宾：《九经考异题辞》，《九经考异》，《四库全书存目丛书》经部第 150 册，齐鲁书社 1997 年版，第 585 页。

④ 王锜：《寓圃杂记》，《四库全书存目丛书》子部第 239 册，齐鲁书社 1997 年版，第 707 页。

⑤ 邹忠胤：《诗传阐》，《四库全书存目丛书》经部第 67 册，齐鲁书社 1997 年版，第 848 页。

二、《诗传阐》的诠释风格及其成就

在邹忠胤撰写《诗传阐》之前，明代诗经学已出现不少新的趋向。第一，宗古之作渐多，不少学者不满足于朱子的解释，转而寻求古义。他们或重新诠释诗序之义，或董理三家诗之义，如朱谋㙔《诗故》以诗序首句为主，而意在通乎齐鲁韩毛四家诗义；郝敬《毛诗原解》则专宗诗序。① 第二，集中出现了一批名物训诂之作，先是万历间林兆珂撰《毛诗多识编》，冯复京撰《六家诗名物疏》，其后又有沈万钶《诗经类考》、黄文焕《诗经考》、吴雨《毛诗鸟兽草木考》、耿汝愚《诗经鱼虫考》等，虽然其中一些著作有转相袭用之嫌，但对于考据话语的推广起到了一定作用。第三，诗古音、训诂的研究逐渐兴起，并渐归纳出一些比较成熟的方法，当时除陈第《毛诗古音考》外，还有张蔚然《三百篇声谱》、唐达《毛诗古音考辨》、杨贞一《诗音辨略》等著作，此外沈万钶《诗经类考》中亦有《音韵考》，虽只是罗列旧说，无所考辨，但显示出当时学者对诗古音的兴趣。同样，吴雨《毛诗鸟兽草木考》也全录陈第的《毛诗古音考》。第四，文学评点之作渐多，刘毓庆先生指出，"晚明的《诗经》著述，今存者约有一百六十部左右，而其中几乎有半数以上是与文学研究有关的。他们讲诗趣，讲词章，讲诗法，讲言外之意，无所不用其极"②。邹忠胤的《诗传阐》既受到当时学术的趋向之影响，同时也在考辨等方面别具特色。

邹氏首先考辨了《子贡诗传》和《申培诗说》的区别，这是前人未曾注意到的。虽然他过信伪《传》，但在辨伪上，仍是迈进了一步。后来姚际恒、四库馆臣都没有意识到这一点。《四库全书总目》尝批评《诗传阐》："是书即丰坊伪《诗传》每章推演其义，而于坊伪《诗说》则深斥其妄。一手所造之书，而目为一真一赝，此真不可理解之事矣。"③ 其实邹氏之失乃在于过信伪《传》，所谓"一手所造之书，而目为一真一赝"，恰是因邹氏信从《子贡诗传》，故能对比《申培诗说》，进而发现其中区别。四库馆臣没有意识到《子贡诗传》《申培诗说》本非出自一手，故有此误。

邹氏《诗传阐》卷二十四《阐余》有"鲁申公诗说辨"，对《子贡诗传》《申培诗说》非出一手，详加辨明，他从其内容风格上断定《申培诗说》乃托《子贡诗传》为之：

> 汉承秦烬，诸儒荜路以启草昧，固未能畅厥十旨，要以各禀师承，各不相袭，虽守残专己，然亦多匠心并获，未有若《诗说》之规规焉摹仿《诗传》，每篇仅倒其数字，而赘之曰"若者为赋"、"若者为兴"、"若者为比"，此汉儒所不屑亦不暇详也。

又从目录所载鲁诗书目、卷数及《汉书》所载鲁诗之说，断《诗说》之伪：

① 参见林庆彰：《朱谋㙔〈诗故〉研究》，《明代经学研究论集》，华东师范大学出版社 2015 年版，第 289~292 页；蒋秋华：《郝敬的诗经学》，《中国文哲研究集刊》第十二期，"中研院""中国文哲研究所"，1998 年，第 253~294 页。

② 刘毓庆：《从经学到文学——明代诗经学史论》，商务印书馆 2001 年版，第 361 页。

③ 永瑢等：《四库全书总目》，中华书局 1965 年版，第 141 页。

考《汉志》鲁故二十五卷，说二十八卷，今《诗说》既不若是侈。鲁诗之见于《汉书·杜钦传》者曰："佩玉晏鸣，《关雎》叹之"，及释"先君之思，以畜寡人"，谓为卫定姜作。即此二条，又与今《诗说》不类。则《诗说》非出自申公，不较著矣乎。《隋志》谓鲁诗亡于西晋，而小学有一字石经鲁诗六卷，今亦未见其卷之有六，所云亡于西晋，审矣。

又考察出《申培诗说》释诗多与前说同：

载观《诗说》中释《泮宫》、《有駜》、《载驰》、《溱洧》、《维清》、《长发》，则词同小序；释《河广》、《鸨羽》、《十亩之间》、邶之《羔求》、《匪风》，则词同朱子；释秦之《晨风》，则意同东莱。其他释雅、颂，与朱传雷同者不下十余篇。虽虑百致一，我心先获，亦何能乃符至是。此绝非朱之袭申，而为申说者袭朱也。①

邹氏辨《申培诗说》之伪极为详审，他指出《申培诗说》乃依托《子贡诗传》伪造，非成于一手，是《子贡诗传》《申培诗说》出现以来辨伪第一人。② 不过他误以《申培诗说》可能是"宋元季世陋儒所为"③，这也是囿于过信《子贡诗传》的成见导致的。

《诗传阐》是专门阐释伪《子贡诗传》之作，在体例上先列《子贡诗传》之说，再逐篇加以论析。虽然其主旨在于阐述伪《传》，但邹氏对于诗中之训诂、文字、制度等诸多问题详加考辨，对诗旨的探讨也颇有独到之处。

如训诂方面，邹忠胤在不少地方能明假借、读本字，《汝坟》"惄如调饥"，邹忠胤云：

按调饥之调，《韩诗》作朝，《薛君章句》云："朝饥最难忍。"《易林》云："佩如旦饥"，其义最晰。《毛诗》误作调，郑氏求其说而不得，乃音调为稠，又改字作輖，愈解而愈离其真矣。④

邹氏认为调为朝之假借，并引《易林》为证，驳斥旧说之误。又如《静女》"爱而不见"，邹氏云："爱，《说文》作僾，《方言》作薆，字书作靉，皆蔽而不见之意。"⑤ 指出爱为薆之借字，爱而不见即蔽而不见，解释极为明晰。再如论《狸首》，以"狸"与"不来"声近，认为《狸首》有指诸侯不来朝之意：

至苌弘设狸首为的，射诸侯之首不来朝者（自注：按，系《史记·封禅书》

---

① 邹忠胤：《诗传阐》，《四库全书存目丛书》经部第 67 册，齐鲁书社 1997 年版，第 820~821 页。
② 明末其他学者考辨《子贡诗传》《申培诗说》者，参见林庆彰：《清初的群经辨伪学》，台湾文津出版社 1990 年版，第 263~270 页。按，邹忠胤之前，周应宾已意识到《申培诗说》与《子贡诗传》篇次稍异，但未能详考。
③ 邹忠胤：《诗传阐》，《四库全书存目丛书》经部第 67 册，齐鲁书社 1997 年版，第 821 页。
④ 邹忠胤：《诗传阐》，《四库全书存目丛书》经部第 67 册，齐鲁书社 1997 年版，第 489 页。
⑤ 邹忠胤：《诗传阐》，《四库全书存目丛书》经部第 67 册，齐鲁书社 1997 年版，第 531 页。

文），固未必有诗，即有之，亦未必曾孙侯氏之类。而《考工记·梓人》祭侯之辞曰："惟若宁侯毋，或若女不宁侯，不属于王所，故抗而射女。"或者即其遗意。……乃狸为不来，韵正与埋合，而周人赋《兔爰》，意者阴指不来朝之诸侯乎？审尔。而兔之为狸，亦适可互证矣。①

虽邹氏以《兔爰》即《狸首》，证据不足，未为后世所接受。但说狸首不来之意较精，直承郑玄之注礼。②

在考证诗义和史实方面，邹氏也颇有创发。如《周南》诸诗，自诗序定为美后妃，历来多认为与文王太姒有关，即如朱子驳序，对《周南》诗义，仍多袭用毛郑旧说。邹忠胤对此则加以驳斥：

> 周人美后妃，止《桃夭》一诗，诗序于诸诗，无不归美后妃者，夫太姒以俔天之妹嗣徽音而宣阴化，其扶助德美为华宠，亦何庸殚述。要以妻道无成，后妃之美孰非文王之美，故《诗传》于《螽斯》曰："周人庆文王之多男"，于《麟止》曰："周人美公子之多仁"，而词不及后妃。非谓后妃无足美也，美文王则后妃在其中。若如序专美后妃，将至文王于何地乎？③

邹氏认为专美后妃，则置文王于无地，其证据正是伪《子贡诗传》，从此可见伪《子贡诗传》对于当时学者怀疑精神之推动作用。他又详考史实，认为太姒之身分有不少问题：

> 诗言"长子维行"，先之以命文王于周京，则谓初载为即位初年，似亦非凿。但《书·无逸》云："文王受命惟中身。"若斯时甫娶，无乃太晚？愚又意太姒为文王继娶，缵女惟莘，倘是谓邪？礼，诸侯不再娶，或乃周制，非殷制邪？且元妃卒于未即位之先，故无嫌续娶邪？因思《关雎》窈窕淑女，何求之若是其迫？倘亦以文王年已中身、胤嗣未广故邪？④

邹氏连续提出六个疑问，尤其是据"缵女惟莘"疑太姒为文王继室，对后世影响甚大，明末何楷、清初钱澄之、清末魏源都是在邹忠胤的怀疑基础上，作了进一步的考论。⑤

由于邹氏考证较为精审，能破除汉儒、宋儒之成见，故往往能就诗论诗，分析诗经文字中的情感，解释诗旨颇具特色。如论《氓》诗云："此女归非礼，衰而见弃，《氓》之诗所为赋也。诗本刺而无一语讥诋，但代弃妇言，委致如其自叙，诗之曲尽人情如此。"⑥

---

① 邹忠胤：《诗传阐》，《四库全书存目丛书》经部第67册，齐鲁书社1997年版，第815~816页。
② 参见段玉裁：《说文解字注》，上海古籍出版社1981年版，第458页。
③ 邹忠胤：《诗传阐》，《四库全书存目丛书》经部第67册，齐鲁书社1997年版，第485页。
④ 邹忠胤：《诗传阐》，《四库全书存目丛书》经部第67册，齐鲁书社1997年版，第740页。
⑤ 何楷：《诗经世本古义》，《景印文渊阁四库全书》，台湾"商务印书馆"1983年版，第93页；钱澄之：《田间诗学》，黄山书社2005年版，第5~6页；魏源：《诗古微》，《魏源全集》第一册，岳麓书社2004年版，第331~332页。
⑥ 邹忠胤：《诗传阐》，《四库全书存目丛书》经部第67册，齐鲁书社1997年版，第538页。

论《唐风·扬之水》，亦不信旧说，别出新解：

> 盖成师擅国，十有五年。其子庄伯鳝亦十有五年，而武公偁以即位之三十七年灭晋，赂王请命。凡六十七年之间，曲沃阅君者三，而晋则至昭侯、孝侯、鄂侯、哀侯、小子侯及哀侯之弟缗，凡六君。成师弑其一，鳝弑其一，偁弑其三，积□固非一日，犹必假宠于王灵。彼翼之屡废而屡置，民心盖犹未忘故晋也。其叛而归沃者，宁不实繁有徒，顾何肯作为诗章以泄其事？夫亦翼之谋臣设为国人相语，以怂翼侯使早为之备。所谓言者无罪，闻着足以戒，正以不告告耳。①

邹氏详考史实，认为民心未忘故晋，而归沃之徒亦不当自泄其谋，当是"翼之谋臣设为国人相语，以怂翼侯使早为之备"之诗，与严粲《诗缉》之解释相近；而考证过程则别具特色。因此，尽管邹忠胤在解释诗义时常常依托伪《传》发言，但往往能别出新解，又加以较为细密的考证，颇具启发意义。还有不少发前人所未发，如认为《静女》一诗通篇皆寓言，又以《小雅·白驹》之贤者为箕子，皆是如此。②

邹氏还善于分析诗篇中之文学特色，不少论析颇为生动，如论《汉广》云：

> 翘薪四语，似与章首四句遥对，盖乔木不可休，错薪则有可刈也。游女不可求，于归则有可效也，又似兴而实赋。薪中之楚可以秣马，薄言刈之而秣其马乎？薪中之蒌可以秣驹，薄言刈之而秣其驹乎？乃其不可求者，卒令人自远矣。故久复咏汉之广云云、江之永云云，夫女不可求，女之守礼可见。知女之不可求，男子之秉礼可见，国风好色而不淫，此类是已。后世骚赋如"相下女之可贻"、"令寒修以为理"；"理弱而媒拙兮，恐导言之不固"、"满堂兮美人，忽独与子兮目成采"、"芳洲兮杜若，将以遗兮下女"，固是寓言，又如意似近而既远，若将来而复旋颇……所谓词人之赋丽以淫，要亦古诗之流也。夹漈郑氏云："屈宋以来，骚人词客多生江汉，二南始基矣。"③

讨论《汉广》诗之遣词造句，并结合诗义加以分析，又引《楚辞》等后世诗赋进一步阐发其影响及意义，颇为贯通。

又如《陈风·月出》，伪《传》造"朋友"二字为说，伪《申培诗说》认为"朋友相期不至而作"，邹氏则直指为相念之诗，并论之曰：

> 陈近于楚，其音节正相类，窈、纠、忧、受等语，已隐然具骚人之致矣。又《神女赋》云："其少进也，皎若明月舒其光"，谢庄《月赋》云："美人迈兮音尘

① 邹忠胤：《诗传阐》，《四库全书存目丛书》经部第 67 册，齐鲁书社 1997 年版，第 601 页。
② 邹忠胤：《诗传阐》，《四库全书存目丛书》经部第 67 册，齐鲁书社 1997 年版，第 531、661 页。
③ 邹忠胤：《诗传阐》，《四库全书存目丛书》经部第 67 册，齐鲁书社 1997 年版，第 491 页。

阙，隔千里兮共明月"。意俱本此。①

　　这种指明后世诗赋受《诗经》影响之处，在《诗传阐》中比比皆是。见解独到，具有很高的价值。

　　《诗传阐》虽有不少成就，但邹氏过信伪《传》，其疏误也在所难免。如据伪《传》以改乱《诗经》之次序，改换诗题，以《鄘风·定之方中》为"鲁诗"，并改其名为《楚宫》，还引《左传》僖公二年城楚丘事详加考辨，白白耗费精力。将《桑中》更为《采唐》，将《邶风》之《雄雉》《匏有苦叶》《北门》《简兮》《北风》等系之管叔之乱，皆非解经之正途。因伪《传》《王风》载所谓《唐棣》篇，遂以《郑风·东门之墠》为此诗，并移置《王风》中。又拘泥伪《传》之说，如释《荓莒》为儿童斗草，过于求新说、异说，等等。② 前人多已讥之。

三、邹忠胤与姚际恒

　　邹忠胤《诗传阐》一书出后，明代学者即有引用，如曹学佺《诗经剖疑》（成书于明崇祯末年）、何楷《诗经世本古义》（成书于明崇祯十四年，1641）、顾梦麟《诗经说约》（成书于明崇祯十五年，1642）、朱朝瑛《读诗略记》（约在清康熙初年成书）、张次仲《待轩诗记》（成书于清康熙十五年，1676）等学者多用其说。何楷、朱朝瑛、张次仲为明末大儒，对清初学术影响较钜。③ 他们的诗经学著作成书时间距《诗传阐》均不太远，从侧面可见当时学者对此书之重视。而《诗传阐》常以《竹书纪年》考古史的方法，也被何楷、朱朝瑛等人所继承。清朝《诗》学之作，则有朱鹤龄《诗经通义》、顾栋高《毛诗订诂》、胡承珙《毛诗后笺》等多用其说，甚至康熙御纂之《钦定诗经传说汇纂》也录了不少邹氏意见。④ 更反映出《诗传阐》一书在明末清初诗经学史上的价值和地位。

　　前人未及注意的是，受邹氏《诗传阐》影响最大的一部著作，其实是姚际恒的《诗经通论》。姚际恒对邹氏的评价颇为矛盾，他在《古今伪书考》中说："凌濛初为《传诗嫡冢》，邹忠胤为《诗传阐》，姚云恭为《传说合参》，使得以尽售其欺，可叹也。"⑤ 在《诗经通论》里也说他入伪书之魔而不悟，⑥ 但同时又说他的《诗传阐》"文辞斐然"，对于他笃信伪《传》，颇有可惜之意。今检《诗经通论》中明引《诗传阐》计有 20 处，其

---

　　① 邹忠胤：《诗传阐》，《四库全书存目丛书》经部第 67 册，齐鲁书社 1997 年版，第 644 页。

　　② 邹忠胤：《诗传阐》，《四库全书存目丛书》经部第 67 册，齐鲁书社 1997 年版，第 513～515、527～528、605、491 页。

　　③ 参见方以智：《晤何玄子先生》，《方子流寓草》卷 6，《四库禁毁书丛刊》集部第 50 册，北京出版社 2000 年版，第 719 页；黄宗羲：《朱康流先生墓志铭》，《南雷诗文集》，《黄宗羲全集》第 10 册，浙江古籍出版社 1985 年版，第 348 页。

　　④ 王鸿绪等：《钦定诗经传说汇纂》，《景印文渊阁四库全书》第 83 册，台湾"商务印书馆" 1983 年版，第 266、377 页。

　　⑤ 姚际恒：《古今伪书考》，顾颉刚点校，北京朴社 1933 年版，第 10 页。

　　⑥ 姚际恒：《诗经通论》，中华书局 1958 年版，第 6 页。

中反对其说者仅 4 处，而赞同者多达 16 处。姚际恒引邹氏之语后，往往赞云 "此说良是"；"其说良快"；又说 "阅此可以击节"；"其说甚新……尤巧而确"；"可谓发千古之蒙矣"① 等，处处表现出姚际恒对邹氏的赞赏之情。如《邶风·柏舟》，刘向《列女传》以为卫宣姜所作，朱子用其说，以为妇人所作。姚际恒引邹氏说云："原向作传之意，特因燕尾垂涎，辑闺范以示讽喻，取其通俗易晓，故其书庞而无择，泛而未检，何得取以释诗！马贵与曰：刘向上封事，论恭、显倾陷正人，引是诗 '忧心悄悄，愠于群小'，而继之曰，'小人成群，亦足愠也'，此正合序意。夫一刘向也，《列女传》之说可信，封事之说独不可信乎！"② 姚际恒赞同邹氏之说，并认为诗中 "饮酒" "遨游" "威仪棣棣" 等皆男子语，力驳朱说之非。

又如《周颂·有客》"有萋有且，敦琢其旅" 句，姚际恒全引邹氏之说云：

> 邹肇敏曰："'有萋有且'，荐其笾豆也。'敦琢' 为玉，'旅' 为陈，盖来朝之享礼，所谓 '旅币无方' 也。《礼器》云：'笾豆之荐，四时之和气也。内金，示和也。束帛加璧，尊德也。龟为前列，先知也。金次之，见情也。丹、漆、丝、纩、竹、箭，与众共财也。其余无常货，各以其国之所有，则致远物也。'《郊特牲》曰：'旅币无方，所以别土地之宜而节远、迩之期也。龟为前列，先知也。以钟次之，以和居参之也。虎豹之皮，示服猛也。束帛加璧，往德也。' 以此观之，'萋且、敦琢' 之义晓然矣。又按《巷伯》'萋兮斐兮'，《韩奕》'笾豆有且'，皆可互证，何以作 '敬慎' 解？《棫朴》'追琢其章'，岂 '选择' 之谓乎？" 按邹释此二句诗，可谓发千古之蒙矣。③

此二句，朱子《集传》曰："萋、且，未详。传曰：敬慎貌。敦琢，选择也。"④ 邹忠胤则据《巷伯》《韩奕》二诗证萋、且为笾豆，又据《礼器》《郊特牲》证敦琢为玉，"敦琢其旅" 即《郊特牲》"旅币无方" 之义。从中可见邹忠胤考证之精密，见解之独到，而无怪乎姚际恒要赞其 "发千古之蒙" 了。

其实姚际恒所用邹氏之意见，绝不止此明引的 20 处，《诗经通论》中还有很多暗用、暗袭邹氏之说处。笔者详勘二书，发现除明引邹氏外，《诗经通论》中未加明示而实引自邹忠胤《诗传阐》的地方计有 41 处。姚际恒或直接袭用《诗传阐》之说；或归纳《诗传阐》考证与意见，重新述之；或直接承用《诗传阐》之结论；或节引《诗传阐》之观点，再加以引申。以下分别举例言之。

直接袭用《诗传阐》之说者，如《小雅·南山有台》，邹氏《诗传阐》云："序以《南有嘉鱼》为乐与贤，此篇为乐得贤，不过更一字以为异，其实无甚意义也。" 姚际恒《诗经通论》直接袭之云："按序以前篇《南有嘉鱼》为 '乐与贤'，此篇为 '乐得贤'，

———————————

① 姚际恒：《诗经通论》，中华书局 1958 年版，第 23、241、264、342、343 页。
② 姚际恒：《诗经通论》，中华书局 1958 年版，第 49 页。
③ 姚际恒：《诗经通论》，中华书局 1958 年版，第 342～343 页。
④ 朱熹：《诗集传》，中华书局 1958 年版，第 231 页。

'与'之与'得'，所差几何？如此说诗，不近稚乎！"① 又如《大雅·棫朴》，邹氏《诗传阐》云："序以《棫朴》为能官人，此窃左氏释《卷耳》意，要非正解。"姚际恒《诗经通论》袭之云："小序谓'文王能官人'，差些，盖袭《左传》释《卷耳》之说。"②

再如《周颂·清庙》，姚际恒云："小序谓'祀文王'，是。大序谓'周公既作洛邑，朝诸侯，率以祀文王焉'，谬也。按《洛诰》曰，'则禋于文王、武王'，又曰，'文王骍牛一，武王骍牛一'，是洛邑既成，兼祀文、武，此诗专祀文王，岂可通乎！"③ 此亦直接袭自《诗传阐》。邹氏云："序以《清庙》为祀文王，是已。衍之曰：'周公既成洛邑，朝诸侯，率以祀文王。'此臆说也。按《洛诰》……曰：'王在新邑，烝祭岁，文王骍牛一，武王骍牛一，王宾杀禋咸格，王入大室祼。'然则洛成之祭，固未尝崇文而堕武。"④

归纳《诗传阐》考证与意见，重新述之者，如《豳风·伐柯》，《诗传阐》云："窃意《伐柯》作于王亲逆后，周人料公还朝不远，故庆幸若此。'匪斧不克、匪媒不得'，想是周、齐间成语。"姚际恒用其意，而以己说述之云："周人喜周公还归之诗。《齐风》曰：'析薪如之何？匪斧不克。娶妻如之何？匪媒不得'，与此同，盖必当时习语，故首章全用为比。"⑤

又如《魏风·葛屦》，《诗传阐》论之云："愚意诗原属兴体，则当会其兴义。纠纠四句，不当如毛郑平说直拟序所云机巧趋利而已。……即彼纠纠之葛屦，尚见为可屦霜，况此掺掺之女手，安在其不可以缝裳。于是遂要之、襭之而遂服之，若有汲汲焉不能少须之意，抑何褊也？斯固所称好人乎。"姚际恒亦承用其说："诗人取兴多有难详者，不必执泥强求。……诗取兴谓虽纠纠之葛屦亦可以履霜，则掺掺之女手亦可以缝裳矣，于是要之襭之，使好人服之。'好人'犹美人，指夫人也。以见其服事之勤如此。"⑥ 可见姚际恒对兴之理解、对诗义之解释，与邹氏固同，只是改换文字，用己意加以述之。

直接承用《诗传阐》之结论者，如《秦风·蒹葭》，《诗传阐》论诗义甚详而精："而乃有遗世独立，澹乎埃壒之外若斯人者，岂所谓一国之人皆若狂而此独醒者欤？按秦士自贱，所从来矣，然当焚坑之候，尚有飞遯离俗如鲁两生、商山四皓，其人则幽贞，道未尝缺，而秦川伊人已为之嚆矢。若其诗，抑亦桃源记之祖也。"姚际恒则直接用邹氏结论，曰："此自是贤人隐居水滨，而人慕而思见之诗。"⑦ 又如邹氏《诗传阐》以《菁菁者莪》《隰桑》为燕贤之诗，乃人君"直自写其中心之好，以菁莪、隰桑起兴，谓其芳可

① 邹忠胤：《诗传阐》，《四库全书存目丛书》经部第 67 册，齐鲁书社 1997 年版，第 665 页；姚际恒：《诗经通论》，中华书局 1958 年版，第 185 页。

② 邹忠胤：《诗传阐》，《四库全书存目丛书》经部第 67 册，齐鲁书社 1997 年版，第 741 页；姚际恒：《诗经通论》，中华书局 1958 年版，第 268 页。

③ 姚际恒：《诗经通论》，中华书局 1958 年版，第 323 页。

④ 邹忠胤：《诗传阐》，《四库全书存目丛书》经部第 67 册，齐鲁书社 1997 年版，第 778 页。

⑤ 邹忠胤：《诗传阐》，《四库全书存目丛书》经部第 67 册，齐鲁书社 1997 年版，第 511 页；姚际恒：《诗经通论》，中华书局 1958 年版，第 169 页。

⑥ 邹忠胤：《诗传阐》，《四库全书存目丛书》经部第 67 册，齐鲁书社 1997 年版，第 596 页；姚际恒：《诗经通论》，中华书局 1958 年版，第 124 页。

⑦ 邹忠胤：《诗传阐》，《四库全书存目丛书》经部第 67 册，齐鲁书社 1997 年版，第 653 页；姚际恒：《诗经通论》，中华书局 1958 年版，第 141 页。

撷、其荫足可庇也"。姚际恒则用其结论,认为《菁菁者莪》为"大抵是人君喜得见贤之诗"①。

节引《诗传阐》之观点,再加以引申者,此类在《诗经通论》中亦甚多。如姚际恒解《卷耳》,自"欧阳氏驳之曰",至"此诗固难详,然且当依《左传》,谓文王求贤官人,以其道远未至,闵其在途劳苦而作,似为直捷"等语,几乎全袭邹氏之意见,而略加引申。② 又如姚际恒解《周南·兔罝》,认为序"后妃之化"说迂而无理,并引胡胤嘉语以为是求遗贤之诗,此亦节引自邹氏《诗传阐》。③ 再如《小星》,邹氏引章俊卿之说认为是"史臣勤劳之诗",姚际恒亦云:"此篇章俊卿以为'小臣行役之作',是也。"并据诗句详加分析,举出不类后妃妇人之事者三、不可通者三,订旧说之失。④

由上所论,可见邹氏对姚际恒之影响。而更值得注意的是,姚际恒在袭用邹氏时对其说之扬弃,从中恰可见明末清初学术递进之过程。一方面,从姚际恒对《诗传阐》的袭用可见姚氏对邹氏之考辨、怀疑精神的继承与发扬;另一方面,姚际恒虽袭用邹氏之说,但不少地方加以改进,显示出经学观念和考据理念的进步。首先是对朱子之态度,邹忠胤虽常驳朱子之说,但总体而言,他对朱子的批评较为委婉,甚至有曲护之处,其主要方向是批驳诗序、毛、郑。姚际恒则批驳朱子甚力,毫不留情。如《周颂·臣工》,邹氏云:"此诗朱子以为戒农官,窃疑戒农官何与于颂?然观《竹书》所纪吉禘于先王,申戒农官,告于庙,则此其告于庙之诗乎?"⑤ 邹氏虽觉朱注有所不安,但仍委曲成说。姚际恒则直斥朱子之非:"不详来历,不解文义,直与稚子涂鸦何异!"⑥ 又如《周颂·桓》一诗,邹忠胤、姚际恒皆以序说为无稽之谈,并批驳后世尊序之失,但邹忠胤仅批评孔疏之不当,对朱子不置一词,姚际恒则力批朱子,称"何其无学识至于此也"⑦。足见邹氏虽有驳朱,但不排朱,而姚际恒则意在排斥朱子诗说也。其次,在考据的实践上,邹氏常利用《竹书纪年》《周礼》《孔子家语》等考证史实,由于姚际恒视这些书为后出之伪书,⑧ 故在考证中则不加利用,而是多用《左传》等材料,善于以经证经,在理念上更为严谨和审慎。加之姚际恒学识更高、考证更为精密,故能在邹氏的基础上青出于蓝。

---

① 邹忠胤:《诗传阐》,《四库全书存目丛书》经部第 67 册,齐鲁书社 1997 年版,第 660 页;姚际恒:《诗经通论》,中华书局 1958 年版,第 188 页。

② 姚际恒:《诗经通论》,中华书局 1958 年版,第 20 页;邹忠胤:《诗传阐》,《四库全书存目丛书》经部第 67 册,齐鲁书社 1997 年版,第 487 页。

③ 姚际恒:《诗经通论》,中华书局 1958 年版,第 25 页;邹忠胤:《诗传阐》,《四库全书存目丛书》经部第 67 册,齐鲁书社 1997 年版,第 488 页。

④ 邹忠胤:《诗传阐》,《四库全书存目丛书》经部第 67 册,齐鲁书社 1997 年版,第 501~502 页;姚际恒:《诗经通论》,中华书局 1958 年版,第 43~44 页。

⑤ 邹忠胤:《诗传阐》,《四库全书存目丛书》经部第 67 册,齐鲁书社 1997 年版,第 796 页。

⑥ 姚际恒:《诗经通论》,中华书局 1958 年版,第 335 页。

⑦ 邹忠胤:《诗传阐》,《四库全书存目丛书》经部第 67 册,齐鲁书社 1997 年版,第 788 页;姚际恒:《诗经通论》,中华书局 1958 年版,第 350~351 页。

⑧ 姚际恒:《古今伪书考》,顾颉刚点校,北京朴社 1933 年版,第 11、16、18~20 页。

四、结　　论

邹忠胤《诗传阐》一书是在明末崇古、好博、竞新风气下产生的，在受到当时学风影响之外，他还具有比较强烈的怀疑精神和考辨精神，不仅能提出新解，并能尝试通过考证辨析来支持其新解。是故邹氏虽有过信伪《传》之弊，仍能够辨别《子贡诗传》与《申培诗说》之不同，对于诗义的解释，对一些名物、制度、训诂上的考证，都能别出心裁，较为精审。

透过对《诗传阐》的分析，我们能够更为细致地看到明末学术发展过程中一些独特的现象。《诗传阐》依托伪《传》成说，按其内容本无足称道，四库馆臣也以此视之。但细绎其书及其影响后，我们可以发现当时学者笃信伪《传》，与朱子诗说地位日趋动摇，学者喜谈古义、求新说有关，同时考据的兴趣也渐渐风起，在其他同一时期的《诗》学著作中，我们都能看到这种考据兴趣的体现，就连一些以阐说义理为主的著作，也掺入不少考证话语。因此怀疑宋儒之说、不满于汉儒琐碎，又认为诗序不够圆满，好博引诸家说对疑义加以考证，这些都客观上促成了《诗传阐》的出现。

过去我们对于姚际恒的认识，往往视之异军突起。① 通过对比《诗传阐》与《诗经通论》二书，我们发现由明末到清初的姚际恒，其实有一个发展的过程，姚际恒的怀疑和考辨，正是建立在邹忠胤、何楷等人的基础之上。邹忠胤之后，何楷明确地认识到《子贡诗传》之伪，姚际恒沿袭了这种认识，破除诗序、朱传等旧说，用更为严谨的考辨方法，条分缕析，往往归纳出数条例证，以支撑其说。② 审视《诗传阐》到《诗经通论》，我们能更清楚地看到这个学术递进的过程，同时对于《诗传阐》的价值，也能有一个更为客观的评价。

（作者单位：南昌大学国学研究院）

———————————

① 顾颉刚：《古今伪书考序》，姚际恒：《古今伪书考》书首，北京朴社 1933 年版，第 2~3 页；何定生：《关于〈诗经通论〉》，《古史辨》第三册下编，上海古籍出版社 1982 年版，第 419~420 页；李家树：《清代传统诗经学的反动》，《诗经的历史公案》，台湾大安出版社 1990 年版，第 127 页。

② 如《二子乘舟》，历来皆以为是指公子伋、寿之事，姚际恒从地理、史源等角度始辨其非；又如《素冠》，旧说多以为是丧服之练冠或缟冠，姚际恒举出此说"不可信者十"，详加分析辨别，力证素冠、素衣不过是当时之常服。见姚际恒：《诗经通论》，中华书局 1958 年版，第 68~69、152~153 页。

《红楼梦》程高本与清末诸续书的文化内涵比较

□ 杨铭硕　陈文新

　　《红楼梦》自面世数百年来受到众多读者的喜爱，也吸引了不少人对它进行续写、改写。对于通行的百二十回程高本，红学界通常的看法是曹雪芹生前只完成了前八十回，高鹗、程伟元等人接续了后四十回。然而近年来学界的考证成果表明，程高本后四十回并非凭空杜撰，而是高鹗等人在偶然发现的曹雪芹残稿的基础上加工补葺而成，是以残稿为基础的一次"再创作"。

　　此后陆续出现了嘉庆年间的五种《红楼梦》续书，且续写《红楼梦》的风潮一直延续到民国年间，到了现代则更有刘心武、张之、萧赛、西岭雪等人乐此不疲地续书、作外传（现代诸续书不在本文探讨范围内）。据一粟所编《红楼梦书录》则《红楼梦》续书种类曾一度超过百种，可惜其中的绝大多数现在已经亡佚不存了。

　　如果把程高本后四十回看成前八十回之后诸多续书中的一种，则相较于其他续作，后四十回显然在风格和思路上比较符合曹公原著的创作意图，因此问世以来逐渐为众多读者所接受，为《红楼梦》的普及和流传作出了不可替代的贡献。本文拟将程高本后四十回与清末其他《红楼梦》续书对比，以凸显程高本相对较高的思想价值，并对诸续书所呈现的样貌进行深度的文化省思。本文作者多方搜集，但终因资源有限，只找到清代至民国年间共计十余种《红楼梦》续书（指有书名有正文的完整版本），书目及各续书内容概要罗列在文后以供检阅。

一、程高本的高格调与诸续书的庸俗套路化

　　程高本以雪芹残稿为底本补缀而成，比较善于把握曹雪芹的创作意图，续作四十回的语言风格竭力向原著靠拢，情节安排也有一定的底本依据，不至一味天马行空，相对而言是所有接前八十回后续写者中最好的一种，因此广为流传，成为现在百二十回通行本《红楼梦》。其后涌现的诸多续书多从一百二十回宝玉毗陵驿遇贾政续起，或从九十七回黛玉离魂续起，表明其他续作者对于程高本后四十回的态度基本上也是肯认的。

　　从文化传统上来看，大众读者显然更容易欣赏和和美美的团圆结局，也更容易信服惩

恶劝善的道德教化。因此清末续《红》者为了使自己的续作有更好的销路，盲目迎合读者的心理需求和大众的审美趣味。程高本之所以能够脱颖而出，被广泛接受并与曹雪芹著前八十回合成百二十回的通行本，正是因为它跳出了这些陈旧套路，基本摆脱了低质量的庸俗，在思想上有所超越提升。

（一）沉酣一梦终须醒：程高本悲剧结局的深沉韵味

中国人传统上热衷于乐感文化，常常关注于世俗的幸福，即以人的现世性为本。在反映世俗生活的世情小说中，喜剧相比悲剧往往更符合大众的文艺审美口味，或至少在情感上倾向轻快的欢喜而不是沉重的悲哀，其中又以阖家团圆及男女主人公喜结连理为典型。清末许多续《红》者也认为程高本续书处理结局的方式实在太残忍，宝黛爱情一死一走的悲剧他们万万不能接受。无论是钗、黛、湘、探还是其他诸钗，没有人最终得到幸福的爱情或美满的婚姻，而且最后"众芳流散"，让宝玉亲眼目睹了姐姐妹妹们的悲惨人生，以及抄家流放、门庭败落的惨状。这是曹公煞费苦心为《红楼梦》设计好的一场大悲剧。可这些续书之人非但不能理解曹公这一番苦心，反而不依不饶，定要宝黛喜结连理，且荣宁二府复盛如初，兰桂齐芳荣耀显达，方能圆了他们心目中的红楼之"梦"。

例如署名逍遥子的《后红楼梦》，是"还魂"再续前缘的典型代表。书中令黛玉得练容金鱼护体还魂再生，晴雯借柳五儿之体还魂，宝玉随父还家，宝黛终成眷属。该书不仅思想内容俗不可耐，而且艺术表现也很平庸甚至拙劣，书中情节大多是蹩脚的模仿，[①] 但因成书时间较早，对后来的续《红》作品在思路上存在较大影响，宝黛爱情的圆满归结遂成了其后诸续书内容的首选。又如秦子忱的《秦续红楼梦》，作者在弁言中明说自己在病中"于宝黛之情缘终不能释然于怀"[②]，其书开篇即写黛玉属纩之后重遇警幻仙姑，宝玉在仙道的帮助下修道，最后登上仙界与黛玉喜结连理。该书中神仙人鬼混杂一堂，人称"鬼红楼"，读来令人甚感荒谬无稽。

如上述这类想方设法使黛玉复活，令宝黛最终喜结连理的续作不少，这里限于篇幅不能一一列举。这种续写方式，一方面从续作者的心理来说，是不愿意从"梦"中醒来。而且他们只愿意作圆满欢乐的"梦"，不愿意作失落痛苦的"梦"。另一方面从读者来说，这些续书极大地迎合了普通读者的乐感文化心理，填补了原著（包括程高本后四十回）所造成的人生悲剧感的心理落差，因此在其产生之初可能受到大众追捧。当续写《红楼梦》的热潮逐渐退去，这些续作却并未能够成为经典作品，因此也未能得以广泛流传，而只是成为红学研究者的案头书，仅仅具有客观上的学术研究价值，其艺术审美价值较之《红楼梦》原著大打折扣。

曹雪芹在创作《红楼梦》之初其立意高度是显而易见的。他写出来的不仅是宝黛爱情的悲剧，也不仅是四大家族由盛转衰的悲剧，更是"大梦初醒"的悲剧，是"万境归空"的悲剧。曹雪芹在书中第一回就借一僧一道之口说出了他对人生悲剧性的认识："那红尘中有却有些乐事，但不能永远依恃；况又有'美中不足，好事多魔'八个字紧相连

---

① 林冠夫：《红楼梦纵横谈》，文化艺术出版社 2004 年版，第 383 页。

② （清）秦子忱：《秦续红楼梦》，春风文艺出版社 1985 年版，第 11 页。

属，瞬息间则又乐极悲生，人非物换，究竟是到头一梦，万境归空，倒不如不去的好。"①如此有勇气打破读者的心理舒适区，敢于承认并正视人生本就存在的悲剧性，把人生中的波折坎坷、把世界里血淋淋的现实撕开给人看，是曹雪芹写作《红楼梦》的目的之一。原书第二十五回写道："天不拘兮地不羁，心头无喜亦无悲；却因锻炼通灵后，便向人间觅是非。粉渍脂痕污宝光，绮栊昼夜困鸳鸯。沉酣一梦终须醒，冤债偿清好散场"②，已经明白点出石头化作通灵美玉来到人间所必将经历的磨炼。梦境无论怎样欢畅、美好，都只是虚幻的，最终必将走向破灭；人终究要从梦中醒来，直面赤裸裸的现实。这是《红楼梦》现实主义的突出体现。《红楼梦》所展现的正是不掩饰不伪装的生活的真实，曹雪芹以其才情艺术地再现了生活的真实，使《红楼梦》成为经典的文学作品，具有撼人心魄的悲剧艺术魅力。

程高本后四十回较好地把握住了曹雪芹预设的情节思路，在宝黛爱情的小悲剧之上，写出了四大家族抄家流放、人丁衰落的大悲剧。当然出于某种政治上的原因，程高本也写了荣宁二府贪缘复旧职，以及宝玉、贾兰科考中举引得龙心大悦的段落，但也只是在倒数第二回一带而过，全书并没有以此归结。盛衰轮回，荣辱交更，这本就是天道常理。当宝玉终于勘破人生情缘分定，要随那一僧一道"回去"，他的世俗生活注定在钗玉大婚、得中乡魁之后戛然而止，"石头"的情债孽缘也算彻底了结。清末一些续《红》者着意写荣宁二府阖家团圆复盛如初、宝黛有情人终成眷属，以为把《红楼梦》续书的结局主观地设置成悲转欢、离转合、困转亨的喜剧，就可以轻易掩饰和抹杀关于人生价值失落的深沉思考。程高本敢于以悲剧结尾，大胆撕下了那种人为的大团圆结局的面纱，向我们展示了始于欢者终于悲、始于合者终于离、始于亨者终于困的现实悲剧。③

对于这一问题的评价，胡适说"（后四十回）虽然比不上前八十回，也确然有不可埋没的好处。作一个大悲剧的结束，打破中国小说的团圆迷信，这一点悲剧的眼光，不能不令人佩服"④。张爱玲虽然一直以"《红楼梦》未完"为人生一大憾事，但她也仍然承认"（后四十回）以悲剧收场的框子较明显，至少比一切其他的《续红楼梦》高明"⑤。

（二）莫向痴儿说"好""了"：程高本的人本主义思想光芒

儒释道三教向来不缺乏道德说教文字，儒家讲希贤希圣，佛道二教则更是在现实行为层面上的约束和警戒。王蒙《红楼启示录》指出，中国传统小说的教化主旨——诸如忠孝节义之类，也管不住他，当然不能说《红楼梦》是什么教化小说，虽然它尽力至少在字面上不去违背。事实上此书是对小说教化模式的一大突破。⑥ 曹公在《红楼梦》原著中早就借宝玉之口大加批判，直指文死谏武死战都算不得好死、正死。宝玉一直不肯走科举之路，也不喜欢与那些为官做宰之人多加来往，又骂他们是禄蠹，儒教所要求的"君

---

① 《红楼梦》上册，人民文学出版社 2008 年版，第 3 页。

② 《红楼梦》上册，人民文学出版社 2008 年版，第 346~347 页。

③ 唐富龄：《〈红楼梦〉的悲剧意识与旋律美》，武汉大学出版社 2000 年版，第 41 页。

④ 宋广波：《胡适红楼梦研究资料全编》，北京图书馆出版社 2005 年版，第 175 页。

⑤ 张爱玲：《红楼梦魇》，上海古籍出版社 1995 年版，第 27 页。

⑥ 王蒙：《红楼启示录》，安徽教育出版社 2010 年版，第 22 页。

君，臣臣，父父，子子"的行为规范他也不屑于去遵守。

一些续《红》者却偏偏背道而驰，如署名花月痴人的《红楼幻梦》，原书中形象十分不堪的贾赦、贾珍一流人物，居然只是由于朝廷使之免罪复职，在续书中便摇身一变成了"好人"。该书中亦有宝、黛、钗推己及人做好事的描写，却显得过于突兀。又如顾太清的《红楼梦影》，"可惜的是，它比一般续作更加糟糕。书中所表现的基本思想，不折不扣，是王夫人的水平"①，书中没有改变钗玉成婚的结局，反而让麝、莺、袭等一并成为宝玉妾室，且都各守本职，一行一言合乎礼仪。如此则确乎是原书中宝玉之母王夫人以传统道德观念严格要求宝玉所希望看到的状况。如此续《红》的目的是让贾府人人皆成圣贤，则一部杰出的人情小说不免沦为简单的道德教条。

在续《红》作品中却仍然有一类以描写因果报应为首务的，例如署名花月痴人的《红楼幻梦》，开篇就提到城隍在生死簿上按各人前生善恶诸因将情况上奏天庭，求得各自发落；后又写贾府人人迁恶从善，家道重新如日中升云云。又如《红楼梦影》，作者女词人顾太清不忘对"福善祸淫"思想大加渲染，书中大写赦、政、珍等人遇赦回家，并恢复了世袭爵位，还有贾政平乱升迁的情节。贾兰因亲事攀附权贵，荣府兴盛甚至超过从前。这些续书者把接续主旨聚焦于轮回转世、因果报应等，而诸续书对于这些民俗心态的刻意追求认同，不啻为自《红楼梦》的雅向俗的回缩。

《红楼梦》里的僧尼道众，主要不是作为宗教的使者出现，而是线索人物，主人公还是宝、黛、钗等人，而又最主要的是宝玉，即石头—通灵玉—贾宝玉。全书的核心线索仍然是宝玉由石头幻化成人来到凡间如何历劫、如何了悟、如何勘破人生情缘分定。曹雪芹借秦可卿之口说"荣辱自古周而复始，岂人力能可保常的"②，大到家族的兴衰荣辱，小到个体的生死祸福，都是天道周而复始轮转过程中极为渺小的组成部分。作为续书作者，必须深刻理解原著的思想主旨，人情小说所需要的并不是简单的道德评判，连篇累牍的说教反而会使小说失去了本身风趣幽默的语言特色。一部优秀的人情小说应该在提供审美享受的同时，能够启发读者的深思。

宝玉因读《庄子》而开始反思自己的人生，又因黛玉的题诗和诘问而顿悟。在程高本续书中，宝玉在中乡魁之后选择了飘然远去，虽然是跟着一僧一道，却并非是去庙中出家为僧，倒似乎有点《庄子》所说"逍遥游"的味道。当他终于齐祸福、齐荣辱、齐死生，终于勘透他人生的情缘聚散，他最后的出走倒是大自由和真正快乐的开始。

（三）红粉即是骷髅：程高本对"情"与"淫"的分判

在《红楼梦》文本的解读史上有一种看法，认为大观园中是一个男人（贾宝玉）和众多女子的生活，这一点极其类似皇帝的后宫。于是《红楼梦》就变成了"小皇帝"贾宝玉风流欢情生活的描写。尤其是一些男性的续书作者竟纷纷认可如此解读，在续作中大加描写宝玉与众女的风流韵事。作为杰出人情小说《红楼梦》的续作，本不该以此噱头博人眼球，他们却为了满足一己私欲趁续《红》热潮大肆炒作，大写床帏之事以换取作品销路，丝毫不顾续书是否符合原著高雅的审美水平。其续书内容竟比《金瓶梅》更加

---

① 林冠夫：《红楼梦纵横谈》，文化艺术出版社 2004 年版，第 389 页。
② 《红楼梦》上册，人民文学出版社 2008 年版，第 169 页。

淫秽不堪，加之文字肮脏、笔法拙劣，最终只能被归于三流、四流小说。

清代满族女作家，也是著名词人的顾太清的《红楼梦影》，是硕果仅存的一部女性续红之作，也可以看成一部充分体现女性视角、深刻展示女性心理，并具有突出女性书写特色的评红之作。① 因其作者的女性身分，没有把性描写作为该书的主要追求。该书出自诗性的、柔善的、敏感的、精细的女性之手，接续的又是以女性、诗性与深邃之思见长的经典，在《红楼梦》续书史上显得十分难能可贵。

从深层的文化心理来分析这种现象，是千百年来男权社会的基础奠定了男性中心主义的话语方式。男性把女性作为自己私有财产的一部分，而女性无论是作为妻妾还是奴婢，都被严重地物化，其地位卑微低下，与男性并不对等，常常只是男性的奴役对象和性欲望的发泄对象。男性中心主义者坚持认为女性不应该有自己的思想，女性存在的所有价值和意义都是围绕着男性进行的，包括缠足、束胸在内的一系列针对女性的恶习，表面上看是符合了男性对女性审美的畸形要求，从根本上说则是为了方便男性更好地奴役和压迫女性。

如郭则沄《红楼真梦》、王兰沚《绮楼重梦》和署名花月痴人的《红楼幻梦》等，正是这类"红楼秘史"的突出代表。花月痴人认为《红楼梦》所写无非是"奇梦"，然惜其"欢洽之情太少，愁绪之情苦多"②，《红楼幻梦》即写宝玉效舜帝娶娥皇女英之故事并娶钗、黛，书中借"梦""幻"之名大行污秽之实，让宝玉在梦中与众女宣淫，其中更有妙玉、熙凤、香菱诸女。作者自称把《红楼梦》看成"情书"，然而他所肯定的"欢洽之情"似乎只在床帏之间，有人评价此书"名为写情，实为写欲，以致破坏了原书的优美境界"③，真是一语中的。类似的还有王兰沚（署名兰皋主人）的《绮楼重梦》，写贾宝玉转生为薛宝钗之子贾小钰，与一众妙龄女子淫恣无度；又让晴雯附体香菱重生，取名薛淡如，即为与宝玉宣淫的众女子之首。该书糟蹋原书中人物形象竟至于斯，难怪问世后有人狠批"十二龄童子即荒淫无度，诋之极矣，然又崇以封王拜相，何耶？"④ 可谓骂得极妙。

这类续《红》者没有正确理解曹公原著对待"情""欲"的区别态度。曹雪芹写作《红楼梦》，从开篇就提醒读者，尘世间有许多乐事，即如《好了歌》中所唱，功名利禄、娇妻美妾、子孙满堂等，是常人尽力追求的，其中最令人难以割舍的就是一个"情"字。无论是爱情还是亲情，到头总是一场空。书中借甄士隐之口解《好了歌》，有"说甚么脂正浓、粉正香，如何两鬓又成霜？昨日黄土陇头送白骨，今宵红灯帐底卧鸳鸯"，道出了人世情爱的短暂和虚幻。曹公多次在书中让红粉和骷髅同时出现，正是提醒宝玉，也是提醒读者"色"字头上一把刀，"皮肤滥淫"是猪狗之所为。如"风月鉴"写贾瑞因贪恋凤姐美色终于送命，第二十五回和尚给宝玉解祟时叹曰"粉渍脂痕污宝光，绮枕昼夜困鸳鸯。沉酣一梦终须醒，冤债偿清好散场"，其时宝玉等人刚搬进大观园，他与黛玉的情愫刚刚展开。

———————————
① 张云：《也读红楼》，北京时代华文书局 2016 年版，第 151 页。
② （清）花月痴人：《红楼幻梦》，时代文艺出版社 2003 年版，第 1 页。
③ （清）花月痴人：《红楼幻梦》，时代文艺出版社 2003 年版，第 3 页。
④ （清）王兰沚：《绮楼重梦》，时代文艺出版社 2003 年版，第 3 页。

　　然一部《红楼梦》正是宝玉由痴情到了悟的过程，正如警幻仙姑先让他领略"情"之奥妙，以情欲声色警其痴顽，欲其改悟前情速速回头。宝玉在曹公原著中出场时不过十二三岁，后面也不过十五岁左右，如此懵懂年纪，如何就成了风月老手？况且，曹公原著《红楼梦》在宝玉对待众女的态度上分别极其显著，如他对黛玉是相知相恋、怜惜体贴，对宝钗是敬重中有些畏惧，对湘云、探春是哥哥对妹妹的爱护疼惜，对晴雯、香菱是爱其俊俏、怜其命苦，对袭人是朝夕相处的依赖等。

　　《红楼梦》一书"虽大旨谈情"，实有为以黛玉为首的一众女子树碑立传之意，借宝玉之眼写他所见青春女子的聪明灵秀、天真美好。《红楼梦》是一部女子的赞歌，其女性中心主义视角是显而易见的。原著第一回开篇写道"忽念及当日所有之女子，一一细考校去，觉其行止见识，皆出于我之上。何我堂堂须眉，诚不若彼裙钗哉！"① 尊重每一个女性，写出了不同背景和不同环境下的女性不同的性格和才能，如黛、钗、湘、探、晴、菱等，并借宝玉之眼欣赏、称赞。程高本续书后四十回在狠批皮肤滥淫的同时，对于少男少女真挚的感情也延续了曹公的欣赏和保护态度。程高本后四十回在处理宝玉对众女情感的"度"上把握相对最好，基本上保留了少年时期心灵的纯真和美好，没有滑入艳情小说的行列。即如钗、玉婚后，宝玉仍因怀恋黛玉而迟迟不与宝钗圆房，恰恰体现了宝玉的天生痴情。《红楼梦》对于纯真爱情和皮肤滥淫的区分非常清楚，是对"情"的高扬，《红楼梦》（包括程高本后四十回）之所以能够成为家喻户晓的经典文学名著，正是因其立意如此高明。

二、程高本的诗性思维与诸续书在思想上的倒退

　　曹雪芹以其伟大的想象所构筑的理想世界集中体现于太虚幻境、大荒山无稽崖青埂峰等情境。以太虚幻境为例，"太虚"即道家的老庄所说的"道"，"道"之貌就是《道德经》中的"恍兮惚兮""窈兮冥兮"，"太虚"二字给人以空寂玄奥之感，"幻"有"虚幻""变幻"之意。"千红一窟""万艳同悲""群芳髓"等名称不仅契合了悲剧主题，还给人一种梦幻之美，读来如诗。其他诸如"茫茫""渺渺""空空""警幻"等字样也是不断回归到小说的主旨，书中第一回明确指出"此回中凡用'梦''幻'等字，是提醒阅者眼目，亦是此书立意本旨"②，大荒山无稽崖青埂峰更是隐喻这部小说所说之事是"荒唐""无稽"的，到头一梦、万境归空的结局也让人明白了空即是色、色即是空的佛理。

　　《红楼梦》中以警幻仙姑为代表，包括跛足道人、癞头和尚，甚至空空大士、渺渺真人等，亦皆不必看成现实中的宗教人物，如此反而会丧失原书的空灵意境和诗性美。曹公用丰富的想象力创造了这一批人物形象，原著在描写他们的时候多是作为功能型人物，其主要作用是作为线索人物穿针引线。茫茫大士、渺渺真人将一块顽石携入红尘历尽悲欢离合的故事给了《红楼梦》一个玄妙的起点，也为这部小说蒙上了一层神秘的面纱。那一

---

　　① 《红楼梦》上册，人民文学出版社 2008 年版，第 1 页。
　　② 《红楼梦》上册，人民文学出版社 2008 年版，第 2 页。

僧一道在全书中多次出现，比如带甄士隐、柳湘莲出家，给贾瑞送"风月宝鉴"①等。警幻仙姑的目的实则在于告诉宝玉，荣华富贵都是过眼烟云，沉迷声色更是败家的根本，以此令他最终"悟情"。

程高本的作者对于曹公在前八十回中构筑的空灵玄妙的"理想世界"有一定的理解，因此续作能够比较妥善地安排理想和现实的关系，基本上延续了两个世界并行的故事框架。在后四十回中，警幻仙姑、跛足道士、癞头和尚等适时出现，牵出情节的进一步发展。宝玉在警幻仙姑的带领下翻阅了金陵十二钗册，知晓了书中一众女性人物的最终结局，程高本基本遵循了这条线索，把人物身上暗含的命运密码一一写出。警幻在后四十回中的主要职责是收回十二钗的魂魄，从秦可卿开始直到最后的袭人、巧姐、香菱等，这些美丽聪慧的女子也才算历劫圆满。每当那块玉丢失，导致宝玉昏迷或陷入迷狂状态时，那一僧一道自会前来解救指迷，也预示着宝玉下凡历劫的这段经历已经逐渐走向尽头，应该复归于太虚幻境的清净世界了。直到全书最后，美玉又幻化成顽石回归到无稽崖青埂（情根）峰下，带回了刻在上面的一段《红楼梦》故事，这也是其构思方面注意首尾呼应，颇具匠心之处。

清末诸续书多是在程高本后四十回的基础上展开的，然缺乏曹公的杰出才情，甚至想象力、创造精神及不上程高本，故而在技术上常常显得笨拙。这些续作者多仿照神魔小说的写法，把僧道与法术写得天花乱坠，似乎书里的人物不神通广大就不能吸引读者的眼球。有从仙界写到阴司的人称"鬼红楼"的《秦续红楼梦》，还有把跛足道人和癞头和尚目为"妖人"，让贾政从他二人手中"抢"回宝玉的《后红楼梦》。僧道等人不仅被坐实为宗教人士，还因此被贾政等贾府众人目为"妖人""江湖术士"，以为是他们勾着宝玉的魂魄使他几次中邪。警幻让宝玉品尝"群芳髓"，给他欣赏《红楼梦》十二曲，以及把自己的妹妹许配给他，但这些都只是用旁敲侧击的方法试图让宝玉开窍，并没有直接出手干预他的现实人生轨迹，符合其"警之以幻"的身分设定。到了诸续书中，不少作者直接套用"还魂""转世"等小说惯用的路子，让警幻仙姑使用仙术复活黛玉、晴雯等人，以合其大团圆的结局。如此则不仅不符合"警幻"的名号，而且把太虚幻境玄幻空灵的意境美抹杀殆尽。

曹雪芹写了一个悲中有喜、喜中有悲、悲喜交集的大故事，程高本也能够在一百二十回末尾给人以一种意犹未尽的阅读感受，从某种意义上来讲，这是程高本续书的成功之处。前八十回铺展开的情节基本上都得到了收束，主要人物的结局也基本上都得到了比较妥善的交代，但是用心的读者对于人生的疑惑、对于命运的追问却并不会因此而结束。程高本续书把高潮部分写成悲剧，这是审美的更高境界。前八十回已经写了太多欢乐的情节，如园内诗社、元妃省亲、嬉游大观园等，若后续之作一概欢乐下去，《红楼梦》全书的审美价值将大打折扣。而程高本后四十回主要的几处大关节设计为黛玉夭亡、宝玉出家、贾府败落等，正是这几点的明白无误和不可逆转，使续书的情节得以与前书比较顺利地接续起来。张爱玲自以《红楼梦》未完为人生一大憾事，程高本百二十回虽然促进了《红楼梦》的成书和流传，但这个版本本身仍然保持了开放式的结尾，且尚有一定的完善

---

① 按：事实上世间哪有"风月鉴"这样神奇的镜子？以风月之事为鉴亘古未闻，然"风月鉴"正是警之以色、戒之以淫、欲导之于正之意。

空间。红学界对程高本的后四十回毁誉参半，程高本后四十回在审美价值上最大的长处就是它敢于在同一历史条件和文化背景下疏离主流价值观念，冲破传统审美定势。①

三、结　语

如果说梦境总是空灵美好的，从梦中醒来总会给人带来一定的失落感和迷茫感，则程高本续书敢于写出这样的失落和迷茫，敢于把人生宿命般的悲凉、荒谬和空虚赤裸裸地展示出来给人看，是需要极大勇气的。虽然曹雪芹的前八十回是不可企及的艺术高峰，程高本后四十回的作用也同样是不可替代的，在《红楼梦》全书的流传史上作出了不可磨灭的贡献。

清末至民国年间乃至现代陆续出现诸多《红楼梦》续书，相信为《红楼梦》续书的热潮仍然会持续，"江山代有才人出"，当代红学研究者在期待更好的《红楼梦》续书作品的同时，也要加强对既有这些续书的整理和研究工作，取长补短，去粗取精，给红学的健康良性发展奠定坚实的基础。

（作者单位：武汉大学国学院、武汉大学文学院）

———————————————

① 吕启祥：《红楼梦校读文存》，北京时代华文书局 2016 年版，第 200 页。

论傅东华的诗学观[*]

□ 张进红 何 敏

　　傅东华（1893—1971），生于浙江金华，自幼家境贫寒，少时随父亲于家塾读书，1912 年毕业于上海南洋公学中院（中学部）。因家庭经济困难，未能继续升学，但傅东华古汉语和英文学习出色，次年便进入了中华书局，并开始文学创作、翻译以及文艺理论研究。1916 年秋，傅东华离开中华书局，辗转于浙江东阳县立中学、平民大学附中（北京）、北京高等师范各校教授英语。1920 年，傅东华在北京加入"文学研究会"，之后翻译文学作品《青鸟》[①]，与金兆梓合译文艺理论著作《诗之研究》[②]（*A Study of Poetry*）。1924 年，傅东华担任上海商务印书馆编译员，其后四年潜心翻译小说和文学理论著作。兹后又在上海复旦大学、吴淞中国公学任教。1933 年 7 月，上海生活书店出版的大型文艺期刊《文学》创刊，郑振铎、傅东华任主编。郑当时任教北平燕京大学难以抽身，故而委托傅为执行编委。在此期间，傅东华大量阅览二三十年代文坛作品，尤其是左翼文学作品[③]。编辑经历进一步构建与修正了他的文学主张，其中最著名的就是 30 年代文艺界公案之一的"盘肠论争"[④]，傅东华表达了文学作品应该遵循真实刻画的观点。1936 年，傅东华与茅盾、叶圣陶组织文艺家协会，呼吁文艺家共赴国难。1937 年八一三淞沪抗战后，傅东华参加上海市文化界救亡协会，并成为该会主办的《救亡日报》编委之一。上海沦陷后，傅东华留在上海，一边翻译《飘》《业障》等英美名著，一面着手编辑出版"孤岛闲书"。中华人民共和国成立后，历任中国文字改革委员会研究员、中华书局《辞海》编辑所编审、《辞海》编辑委员会委员、语辞学科主编。

---

　　[*] 本文为教育部人文社会科学研究一般项目"乔纳森·卡勒研究"（项目编号：14YJA751033）；河北省社科基金项目"后理论时代的乔纳森·卡勒研究"（项目编号：HB13WX020）阶段性成果。

　　① ［比］梅脱灵（Maeterlinck. A）：《青鸟》，傅东华译，上海商务印书馆 1923 年版。

　　② ［美］勃利司·潘莱（Perry Bliss）：《诗之研究》，傅东华、金兆梓译，上海商务印书馆 1923 年版。

　　③ 傅东华在《十年来的中国文艺》一文中，专门回忆了郭沫若、成仿吾等人于 1926 年开始由浪漫主义向革命文学的转变，并且还讨论了最初的鲁迅周作人等人在 20 年代的创作，以及 1927 年普罗文学产生渊源。参见中国文化建设协会（注：组织写作）：《抗战前十年之中国》，龙田出版社 1948 年版，第 660~664 页。

　　④ 刘方东、解文静：《鲁迅与"盘肠大战"——兼及鲁迅对周文创作的影响》，《鲁迅研究月刊》2012 年第 12 期。

傅东华以翻译驰名，在中国现代译坛中与傅雷并称"两傅"①，其最负盛名的译作《飘》影响深远②。目前，研究者大多集中在傅氏的翻译策略上，通过公开学术搜索，仅研究傅东华《飘》译本的文章就有 50 篇之多。这在一定程度上遮蔽了他在文学理论研究上的成就，专研傅氏翻译的学者队伍庞大，而注目或阐发傅氏文学理论的研究者则为数寥寥。其实，傅东华对西方文论的引入也作出了重要的贡献，先后翻译亚里士多德的《诗学》、克罗齐的《美学原理》、勃利司·潘莱的《诗之研究》等理论著作。在 1915 年至 1949 年间，傅东华译介文学理论文章数量达到 38 篇，译介理论文章著作总数超过梁实秋、郁达夫、周作人等人。他对以诗歌为主的美国文论的译介引入尤为积极，前后共翻译了 16 篇美国文论，③ 并且还结合国外的理论和中国古典诗学撰写了五本文学理论著作，④《文学常识》（商务印书馆 1927 年版），《文艺批评 ABC》（世界书局 1928 年版）、《诗歌原理 ABC》（世界书局 1929 年版）、《诗歌与批评》（新中国书局 1932 年版）、《创作与模仿》（博文书店 1947 年版），涉及诗歌、创作、批评等文论领域，论述了诗歌本质、想象、情感、模仿等文学命题。他的诗学观立足文学本体论，以一种冷静超越的眼光，力求中国古典诗学与西方文论的互补融合，为五四后期新诗的发展进行了宝贵的理论探索。傅东华的诗学观极富前瞻性，他对"诗歌"的定义在 20 年代就闪烁着接受美学的光亮，而他反复提及的"诗歌影像"，更是成为新诗创作的一脉风尚。

一、钩沉命题：何为诗歌

对"何为诗歌"这一诗学基本命题的回答，贯穿了古今中外的文学典籍。傅东华从《尚书·尧典》的"诗言志，歌永言"，列举到《梁简文帝说》的"诗者，思也，在辞为诗"，其中枚举了中国古代关于诗歌定义十一家说法，涉及《礼乐记》《毛诗序》《广雅释言》《郑氏六艺论》《鲁语》《春秋说题辞》《荀子·勤学篇》《管子·山权数篇》《贾子·道德篇》等篇目；其后他又开列了西方诗人和理论家的观点，从弥尔顿（John Milton，1608—1674）的"诗是简单的，感觉的，热情的文字"，到斯德曼（Edmund Clarence Stedman，1833—1908）"诗歌是表现人类心灵的发明、趣味、思想、热情，以及洞见一种有节奏的想象的文字"，其间包括了柯勒律治（Samuel Taylor Coleridge，1772—

---

① 马海甸：《想起傅东华》，《文汇读书周报》，2011 年 7 月 8 日。

② 傅版《飘》再版多次，目前献见的版次有 8 个：1943 年，上海龙门联合书局第一版；1947 年，上海龙门联合书局再版；1954 年，国华编译社一版；1979 年，浙江人民出版社一版；1985 年，浙江人民出版社再版；1988 年，浙江文艺出版社一版；2003 年，伊利人民出版社一版；2008 年，浙江文艺出版社再版。

③ 沈素情：《中国现代文学期刊中的外国文论译介及其影响：1915—1949》，北京语言大学出版社 2015 年版，第 42、341 页。

④ 傅东华有着深厚的古学功底，选注有 7 部诗集：《陶渊明诗》（商务印书馆 1927 年版）、《杜甫诗》（商务印书馆 1930 年版），《王维诗》（商务印书馆 1930 年版），《古诗源》（商务印书馆 1930 年版），《孟浩然诗》（商务印书馆 1930 年版），《李白诗》（商务印书馆 1932 年版），《白居易诗》（商务印书馆 1947 年版）。同时傅东华还撰写了诗人评传《李清照》（商务印书馆 1935 年版），《李白与杜甫》（商务印书馆 1935 年版）等著作。

1834)、马修·阿诺德（Matthew Arnold，1857—1867）、华兹华斯（William Wordsworth，1770—1850）、雪莱（Percy Bysshe Shelley，1792—1822）、爱默生（Ralph Waldo Emerson，1803—1882）、布朗宁（Robert Browning，1812—1889）、李希·亨特（Leigh Hunt，1784—1859）等人的观点。① 傅东华总结"古今中外说诗的意见虽则千差万别，而大要也不外从形体去观察和从本质去观察的两派"②，故而他决定从这两方面建构自己的诗学观。

傅东华洞悉到，形式特征并不是诗歌独具的特征。如果遵循形式对诗歌的考量，形式无外乎是诗歌的共同点，即"有它便是诗歌，没有它便不是诗歌"③，他以中国古典诗歌为例，"中国自古的诗都是有韵的，每句的字数很整齐的，所以一般人的心目中，对于不是四言、五言、七言，或者其他的句调整齐而有韵脚的文句，便不能认为诗"④。傅氏认为这是"成见"，"直到现在还未打破"（指1929年间）。他反其道行之，考证出中国古典文学中存在大量此类形式文本，但是这些却并非诗歌。比如："人之初，性本善，性相近，习相远"，是为三言韵语；"赵钱孙李，周吴郑王"，是为四言韵语；"吾乃张翼德，云游次坛降，求福不诚心，罚油二十两"，是为五言韵语，但是皆非诗歌。故而傅东华得出结论，"整齐和有韵并非是诗所独具的性质，也可见单单揭出这两种形式上的元素并不能显出诗的特征"⑤。关于这一点，后来朱光潜在《诗论》（1931年）中秉持相同的观点，在"诗与散文"一章中，朱光潜否定形式定义诗歌时候也引证到了这两种例子，一种是章回小说中常插入几句韵文，评论某个角色或某段情节，在前面也郑重标明"后有一首"，一种是《百家姓》。⑥ 傅东华打破诗歌的形式限制，从理论层面为新诗合法性提供了有力的支持，在新诗艰难的发轫时期，可谓雪中送炭。⑦ 朱光潜在《诗论·抗战版序》就曾指出当时诗论研究的重要性："在目前中国，研究诗学似尤刻不容缓……我们的新诗运动正在开始，这运动的成功或失败对中国文学的前途必有极大的影响，我们必须郑重对待，不能让它流产。"⑧ 傅东华1924年于《文学旬刊》晨报副刊第115期发表了论诗的文章《中国今后的韵文》。他从进化论的角度⑨分析，中国诗歌从律诗到古体诗的发展是一个不断走向自由走向真实的创作进程，新诗更加自由更利于表达真实自我，是顺应文学发展规律的产物，理应获得支持。更加难能可贵的是，傅东华还指出了韵文（赋、律诗、歌）"别具一种风致和美"，将来韵文还会与新诗平行存在。这非常准确地预言了新

---

① 傅东华：《诗歌原理ABC》，世界书局1929年版，第1~4页。

② 傅东华：《诗歌原理ABC》，世界书局1929年版，第5页。

③ 傅东华：《诗歌原理ABC》，世界书局1929年版，第5页。

④ 傅东华：《诗歌原理ABC》，世界书局1929年版，第5页。

⑤ 傅东华：《诗歌原理ABC》，世界书局1929年版，第6页。

⑥ 见朱光潜：《诗论》，上海古籍出版社2005年版，第74~75页。另，朱光潜先生1931年前后写成《诗论》初稿，之后在北京大学、武汉大学任教时曾用作教材，并一再修改，1943年由国民图书出版社正式出版。后续再版多次，此处涉及引文意义未变。

⑦ 傅东华在《诗歌原理ABCA》中直接反驳章太炎发表在《国华月刊·第一卷》上完全否认无韵白话诗的观点。见傅东华：《诗歌原理ABC》，世界书局1929年版，第6页。

⑧ 朱光潜：《朱光潜全集·3卷》，安徽教育出版社1987年版，第4页。

⑨ 傅东华曾从莫尔顿《文学进化论》一书中选取了部分章节翻译，发表于《小说月报》（1927年第18卷2期，第18卷6期和第18卷8期）。以进化论为思想基础的文学理论对傅东华的文学观产生了深刻的影响。

旧体诗歌发展趋向，即使百年之后的今天，仍然存在数量庞大的旧体诗歌创作群体。《中国今后的韵文》后来被收入《中国新文学大系——文学论争集》的"白话诗运动及其反击"部分，① 与胡适、钱玄同、徐志摩、俞平伯等新旧体诗论争中的 13 篇文章共同构成该部分。由此可以看出当时傅东华是白话诗的支持者，更是具有胡适、徐志摩、钱玄同等人那般影响力的新诗倡导者，在新诗发轫时期起到了不可或缺的作用。

傅东华认为，诗的本质是诗人有价值的经验凭借假象的成功传递。② 在傅东华看来，中国古典诗论中，将诗定义为抒发感情的说法不妥，诸如"诗言志，歌永言"，"在心为志，发言为情"，其实都"可以说在心为志，发言为文"③，这其实抹杀了诗歌和散文的根本区别。因此，傅东华建议可以适当借鉴"西洋的诗说"，将诗歌看作艺术，进而通过认识艺术的特点来认识诗歌。首先是经验，傅东华论及的经验，是"一个心理学名词，内中包涵两重作用，意识心理的作用，说得通俗点就是我们人的心经感觉所接受的影像而激起的一种意识之谓，这种意识，并不就是感情，却又不能绝对不含感情"④，并且这个经验要"有价值"。与克罗齐的理性认知"经验"不同，傅东华的"经验"具有包含感情的可能性，指的是诗人心灵对感官世界的影像产生意识反映，这种掺杂感情的反映述之于文本则成为将要被阅读的"经验"，成为准诗歌。抒写的过程中艺术家看到的影像，最接近他所说的"假象"。所谓"假象"，是诗人的意识中之物，"它必须借助一种形象来表现。不过这个形象，并不就是'物'的形象，却是那'物'在他心上唤起的形象"⑤，"以为艺术的所有事是影像而不是实在，意即艺术的所有事是事物的外象（semblance），或者艺术家眼中的事物"⑥，可见"假象"又是"外象"，是文字符号所指的事物形象，这个形象以艺术家为镜面，染有艺术家的特性。例如，使用"美人""芳草"就可以表现一种孤高清洁的品格。傅东华对诗歌定义的限制性条件，还包括"假象"蕴含之经验被成功传递。这意味着经验经由文本符号得以为读者所认识、接受。诗人无论是对客观世界的观照还是主观感情的抒发，只有被读者接受承认，诗歌的创造过程才能完成。傅东华的见解，已经触及了 20 世纪五六十年代才兴起的文论思潮——接受美学。在后文谈到"感情生动有力以读者为准"之时，他再次闪现了"读者反应批评"的光亮，提出读者才是文体的决定者。在 1942 年"文学服务于大众"的口号之前，在国内文坛仍以作者或作品为中心的时代，傅东华超前进入读者接受领域而进行思考，闪烁着"读者反应批评"的光亮。只是遗憾傅东华未能在此基础上做深入探究，后来也乏有后人重视，故而这一理论的光亮没能像接受美学那样引发争鸣和反响。四十多年后，伊瑟尔写到"文学作品具有两极。我们可以称之为艺术极和审美极。艺术极是作者写出来的本文，而审美极是读者对本文的实现。从这种两极化的观点看来，十分清楚，作品本身既不能等同于本文也不能等

①　康白情、赵家璧主编：《中国新文学大系·文学论争集》，上海良友图书印刷公司 1925 年版，第 313~316 页。

②　傅东华：《诗歌原理 ABC》，世界书局 1929 年版，第 30 页。

③　傅东华：《诗歌原理 ABC》，世界书局 1929 年版，第 11 页。

④　傅东华：《诗歌原理 ABC》，世界书局 1929 年版，第 15 页。

⑤　傅东华：《诗歌原理 ABC》，世界书局 1929 年版，第 25 页。

⑥　[美] 勃利司·潘莱（Perry Bliss）：《诗之研究》，傅东华、金兆梓译，上海商务印书馆 1923 年版，第 9 页。

同于具体化，而必须是处于两者之间的某个地方"①。虽然伊瑟尔在经验传递和读者接受方面远远超过了傅东华的思考，但不得不承认傅东华早早就触及了这个命题。

综上可见，傅东华通过钩沉诗歌定义建构自己的诗学理论，虽然结论朴素，但却极具启发性和前瞻性。新文学革命期间，胡适提出的"诗体大解放"（1919），从形式上号召解禁白话诗歌;② 康白情认为"把情绪的想象的意境，音乐的描绘出来，这种作品就叫做诗"③（1920），宗白华从"形"和"质"上讨论作诗（1920），④ 到后来穆木天和郭沫若讨论"纯粹诗歌"⑤（1926），甚至最为明显的闻一多《诗的格律》提出格律的"三美"⑥（1926）。这些名噪一时的"先锋"诗人对新诗的思索集中在新诗的技艺、形式等因素方面，未能超越新旧体诗论争，围绕诗歌发展进行更深入的讨论。傅东华带有接受美学的诗歌定义，是进入诗歌本体论的有益尝试，与之前的众多诗人的思考相比，表现出了更广阔的理论视野。出版社编辑的身分让傅东华尤为关注读者接受，但美中不足的是，他的诗学构建只有条例式把握，缺乏系统的逻辑支撑。傅东华缺乏锱铢必较的求证精神，诸如对于经验如何传递，以及何为有价值的经验，并没有做出深入的阐释。他认为诗歌经验是通过影像传给读者，而这个经验怎样才算具有价值，他并不直言，只是列举了五种感情类型来解释创作动机的例子供读者推断。他将更多思考放在诗歌感情的传递媒介上，对于如何传递，他沿用了克罗齐"直觉"的理论，即读者见到就会被他所谓的"影像"直接唤起，这便是接下来的"影像说"了。

二、诗歌的生成："影像"说

"影像说"最早可以追溯到亚里士多德的"模仿说"，艺术家对客观世界的模仿形成艺术，艺术表现出客观世界的样貌，"事物本身尽管引起痛感，但是惟妙惟肖的图像看上去却能引起我们的快感"⑦。傅东华认为，考察艺术家对客观世界图像的呈现，成为西方批评家在很长一段时间里公认的"原则"，"但当时（17 世纪及 18 世纪）较有系统的文艺理论，就只有亚里士多德的诗学，所以一般批评家舍此便更无依据。故在我们看起来，虽觉这些二千年前的原则不复能适用于新兴的文学，而十七世纪及十八世纪初期的批评家

---

① ［德］沃·伊瑟尔：《阅读行为》，金惠敏译，湖南文艺出版社 1991 年版，第 25 页。

② 胡适：《谈新诗——八年来一件大事》，康白情、赵家璧主编：《中国新文学大系·建设理论集》，上海良友图书印刷公司 1935 年版，第 295 页。

③ 参见康白情、赵家璧主编：《中国新文学大系·建设理论集》，上海良友图书印刷公司 1925 年版，第 324 页。

④ 宗白华：《新诗略谈》，参见刘匡汉、刘福春主编：《中国现代诗论》，花城出版社 1985 年版，第 29 页。

⑤ 穆木天：《谭诗——寄沫若的一封信》，参见刘匡汉、刘福春主编：《中国现代诗论》，花城出版社 1985 年版，第 94 页。

⑥ 闻一多：《诗的格律》，参见刘匡汉、刘福春主编：《中国现代诗论》，花城出版社 1985 年版，第 121 页。

⑦ 亚里士多德：《诗学》，胡经之、伍蠡甫主编：《西方文艺理论名着选编（上卷）》，北京大学出版社 1985 年版，第 49 页。

的工作，却只是应用诗学的原则于新兴的作品"①。虽然"模仿说"风气尤盛，但是傅东华从历史事实着眼，"因科学知识之扩张，因新大陆之发现，因东方航路之开通，再加国力膨涨，精神蓬勃，所以一般作者都极充分的创造冲动，更不得为固定的诗型所束缚了"②。傅东华认识到一味的模仿会导致不足，他辨析道，"我们要明白这个新的原则，便应该稍稍回顾一下。当初亚里士多德因见柏拉图那个'唯真'的原则不能适用于创造的文学，故说明创造的文学之描写'真实'，是兴非创造的文学或科学的文学方式不同的；又说明创造的文学的描写，不但不比科学的文学'不真'，实在还比它'更真'，因为它的描写是用艺术的方法显出'真实'之最主要的特色的"③。傅东华倡导应领会"模仿说"的内涵，看到不拘一格的内质——真。可见，傅东华的"影像说"本质在于"真"，无论是写实还是想象，都要能够真诚地召唤出读者心中的真实影像。

"影像"这个概念，傅东华没有对其做具体解释，从傅东华后文的著述中总结可以得出一个大致的定义，影像即诗歌在阅读中唤起的视觉图像，这个图像可以是单个影像，也可以多个影像构成的一幅图像。和传统的写实主义的构图不同，傅东华认为诗歌"影像"生成时，"影像"在作者的创作中经历了一个复杂综合的过程，"影像"的生成不是直接工笔画一般描绘即可，而是要经历两个步骤：

第一个步骤，作者在现实世界"有感于物"的时候，同时也会涌现表达这种感情的欲望，这种表达的欲望就会驱使作者主动去构思写作的"影像"，并且这"影像"也会经过感情的筛选。傅东华认为，西方文论中的"神启说""劳动说""游戏说"未能反映创作中的"感情"因素；据此来解释"作诗的动机"（即创作的冲动），都"只有一部分的道理"④。他更认同中国古典文论中的说法：感于物而动（《乐记》），"这所谓动，当然是指感情的萌动"⑤。傅东华强调情感的真挚，"凡事不相称的赞美与夸许，与夫一切肉麻的或无病呻吟的作品，都属感情的不合时宜，其实此类作品未必含有真挚的感情"⑥。同时，傅东华独具慧眼地指出，感情的真挚与否需要读者的接受与认同。"感情的生动或有力，是对于读者方面说的，固然，诗人必具有真挚的感情方能感动读者，但也须看作者的表现力如何为准。"⑦ 清人黄白山评价杜甫《闻官军收河南河北》的动人之处是"能以性情运之笔墨"。傅东华指出这里的"性情"，不只是杜甫自己的感情在诗歌中泼洒，还取决于读者切身感受到的悲喜。⑧

第二个步骤，由"假象"唤起实物影像。傅东华所谓的"假象"就是作者离开现实材料之后，将现实材料想象加工为文本意义上的形象，这个形象不只是指涉实体形象，它还承载感情。越是真挚有力的感情将越会影响作者对假象的选择和筛选；"感情的表现必

---

① 傅东华：《文艺批评 ABC》，世界书局 1929 年版，第 35 页。
② 傅东华：《文艺批评 ABC》，世界书局 1929 年版，第 36 页。
③ 傅东华：《文艺批评 ABC》，世界书局 1929 年版，第 37 页。
④ 傅东华：《诗歌原理 ABC》，世界书局 1929 年版，第 32 页。
⑤ 傅东华：《诗歌原理 ABC》，世界书局 1929 年版，第 32 页。
⑥ 傅东华：《诗歌原理 ABC》，世界书局 1929 年版，第 32 页。
⑦ 傅东华：《诗歌原理 ABC》，世界书局 1929 年版，第 42 页。
⑧ 傅东华：《诗歌原理 ABC》，世界书局 1929 年版，第 47 页。另，傅东华在此处将清初学者黄白山错写作了"黄山白"。参见黄生（原名：黄白山）：《杜诗说》，黄山书社 2014 年版，第 365 页。

须靠着假象"①，但是"假象"又不是随意想象一个事物来指代情感，而是"感觉离开实物，而将那实物的影像重新唤起，是谓再现的想象（reproductive imagination）"②。他强调对实物影像的唤起，"这是诗人最重要的一部工夫，也就是最难的一部工夫"③，这个"假象"甚至可以"凭空唤起一种影像，或将从前感觉到接受的影像的各部分剪裁修改，或重新排列，而成为一种新的影像，是之谓创造的或建设的想象（creative or constructive imagination）"④。借用郑板桥的"三竹说"能够更好理解傅东华的"假象"。"假象"的形成过程和郑板桥的"胸中之竹"形成过程相似。首先是创作主体看见实物，是"眼中之竹"；然后创作主体以实物为原型，赋予它感情、情绪、意志等因素，产生一个新形象，就是"胸中之竹"，即傅东华所谓之"假象"。此外，傅东华所谓的"假象"其实与意象有合而不同之妙，合在二者都依靠一个实物的图像或者名称指代，但是"假象"强调对于影像的唤起，而"意象"强调对于作者知情意的把握，"意象是意志的外射或对象化（objectification），有意象则人取得超然地位，凭高俯视意志的挣扎，恍然澈悟这幅光怪陆离的形象大可以娱目赏心"⑤。可以看出，相对于重视诗人主观情感的主流诗论，傅东华更加侧重考察诗歌对客观图像的呈现。

傅东华将诗人构建"影像"的能力视为衡量诗人创作水平的重要标准，"诗人的本领，大部分靠着他能不能明白如画的描写，必须有明白的影像以为蓝本，故诗人的大本领仍要看他能否造成明确的影响"⑥。这一说法看似偏颇，但是却在中国新诗的发展历程中不断被诗人及评论家强调。朱自清散文的一大特色就是"绘画美"，这一点也与傅东华的"影像说"有异曲同工之妙。虽是散文，但是朱自清恰恰主张"以文为诗"⑦（1939）。他的早期散文非常精准地表现了傅东华"影像说"的精髓，即：坚持影像的构造。诸如名篇《桨声灯影里的秦淮河》（1923）、《背影》（1925）、《荷塘月色》（1927）。诗人艾青在《诗论》（1939）中多次论及了"构图""影像"在创作中的重要性，"诗是由诗人对外界所引起的感觉，注入了思想感情，而凝结为形象，终于被表现出来的一种完成的艺术"⑧。不仅要加入感情，艾青还暗示要迅速准确地把握影像，"诗人应该有和镜子一样迅速而确定的感觉能力——而且更应该有如画家一样的渗合自己情感的构图"⑨。由是观之，艾青的这些观点和傅东华的"影像说"有异曲同工之妙，只是艾青直接以修辞性的语言书写出来，而傅东华的论述是借用中国古典诗歌来佐证，所以在欧风美雨影响下的现代文学史上难被瞩目。

总体而言，在新诗狂飙突进的 20 年代，傅东华提出的"影像说"，非常清醒地秉持了"诗歌作为一门艺术"的理论立场，这使得他的诗论历久弥新，在不同时代都能闪现

① 傅东华：《诗歌原理 ABC》，世界书局 1929 年版，第 52 页。
② 傅东华：《诗歌原理 ABC》，世界书局 1929 年版，第 52 页。
③ 傅东华：《诗歌原理 ABC》，世界书局 1929 年版，第 52 页。
④ 傅东华：《诗歌原理 ABC》，世界书局 1929 年版，第 53 页。
⑤ 朱光潜：《诗论》，上海古籍出版社 2005 年版，第 49 页。
⑥ 傅东华：《诗歌原理 ABC》，世界书局 1929 年版，第 68 页。
⑦ 朱自清：《以文为诗》，《朱自清全集·第八卷》，时代文艺出版社 2000 年版，第 3364 页。
⑧ 艾青：《诗论》，《艾青专集》，江苏人民出版社 1982 年版，第 112 页。
⑨ 艾青：《诗论》，《艾青专集》，江苏人民出版社 1982 年版，第 126 页。

出光辉。其实从"图画影像"的诗学理念在新诗史上的发展脉络看，朱自清的"绘画美"和艾青的"图画说"都获得了足够的关注，而傅东华的"影像说"则因为诸多原因（译作繁富，编辑身分等）被湮没了，成为诗歌研究的一大缺憾。

三、诗歌的秘密："生机"说

中国传统诗论常借助抽象字眼或"禅理"来解读诗歌，神秘与幽玄的论调容易造成读者理解的困难。"中国从前的论诗的人，因为不能别（一）诗歌的客观的品性和读者主观的品性，及（二）诗的实质的品性和形式的品性，故往往只晓得用一种抽象字眼或象征字眼来描写诗的美，甚至须用禅理来解释，益发使人觉得神秘了。"[1] 傅东华分析了其中原因："关于文艺的美的方面，也因缺乏心理学的帮助，故只能用象征的方法来说明（如司空图的《二十四诗品》），或用一套类乎神秘的直觉观念来说明（如神气说等）。所以西洋的批评因其利用分析的方法，故能与人以明晰的观念，故其效力大而普遍。中国的批评因缺乏分析的能力，故只可以意会而不可以言传，故其效力只限于少数赏鉴专家，而于一般人的了解文艺没有多大的帮助。"[2] 为了消减这种神秘性，傅东华借鉴西方诗歌批评方法，提出了诗歌"生机说"。他认为，"但是凡艺术的作品，总都是一种有机（*vitality*）的东西，你单单是把它分析开来，仍旧不能知道它的生机所在"[3]。傅东华提出的"生机"是一个有机的整体，在其中存在"一种统摄的力，这点统摄的力，在生物身上便是生命"[4]。这与中国古典文论中"境界""神韵"有相似之处，都是为了阐释作品中充溢的灵性。不同之处在于，"生机"可以加以分析辨识。傅东华通过自己的阅读和创作经验，推理出了"生机"的一些要点。

首先，"生机"蕴含了天才的成分，是诗人的灵感和热情造就诗歌中天才的闪光点。傅东华认为人的知觉来源于感觉和感情，而当知觉到相当的深处，便会对事物形成一种洞察般的体认，这个认识对诗人而言，会产生两种结晶，"一种是发明（invention），一种是灵感了"[5]。而当诗人深刻感受外物之时，就会达到一种澈明通达的状态，因此这种写诗的原动力之中就会含有一种常人所不具备的写作的热情。可以看出，傅东华强调创作的热情和深度感受能够产生非同的灵感。

其次，"生机"的元素有"真"和"美"。傅东华认为诗歌的"真"是由洞察而来的，深度的洞察之后，爆发出灵感的热情，会包含有诚挚和自然两种品性，成为文本之后就会转换为真和美。他将李梦阳诗歌《正德元年郊祀歌》[6] 定位为格调派，而王维的诗歌《鹿柴》定为神韵派，这两首诗歌都带有一种神秘的气韵，给人真实入迷的感受，但

---

① 艾青：《诗论》，《艾青专集》，江苏人民出版社 1982 年版，第 124 页。
② 傅东华：《文艺批评 ABC》，世界书局 1928 年版，第 88 页。
③ 傅东华：《诗歌原理 ABC》，世界书局 1929 年版，第 1 页。
④ 傅东华：《诗歌原理 ABC》，世界书局 1929 年版，第 119 页。
⑤ 傅东华：《诗歌原理 ABC》，世界书局 1929 年版，第 120 页。
⑥ 李梦阳：《正德元年郊祀歌》，《皇明诗选·第十三卷》，华东师范大学出版社 1991 年版，第 876 页。

是这种神秘并非不可解读。《正德元年郊祀歌》"在于它的具有雄浑、悲壮、高华、浏亮等品性。但是所谓有雄浑、悲壮、高华、浏亮者，只是描写读者方面的印象。若从该作者方面分析，那就无非是题材上的关系"①；《鹿柴》"其长处在于冲淡、自然、含蓄、兴趣等品性，但是若从作者方面分析起来，只不外是：（一）以幽远清淡的景象做题材；（二）作者的主意和情感不露骨的表出，而使得读者有运用想象的余地；（三）文字力避典重而趋平易；（四）声调倾向于清脆而避滞重"②。读者通过对诗歌的题材、情感、想象空间、声韵、语言色彩等因素逐一分析，实现对诗歌的理解。在这分析过程中，读者可以逐渐感受到动人的力量有两层，一层来自作品感情的真，一层来自抒写的美。傅东华将诗歌的美学特征层层分解，凝练出"真"与"美"的本质，大大消减了主流诗论中语焉不详的神秘性，从而为诗歌的欣赏阐释褪魅。

最后，傅东华诗学对"真"的推崇，不仅表现为"诗人认为的真"，更表现为"读者接受的真"。与之前郭沫若、郁达夫要求喷发自我的真实情感有所不同，傅东华于读者接受视角出发，要求诗歌应给予读者感受的真实，进而引发对艺术创造中所产生的诗歌生机的关注。他的观点为诗人提供另外一种要求，那就是诗人需要深入洞察生活，要锤炼诗歌表现的手法。如果没有对现实生活细致入微的观察，就没有把细节升华成审美经典的基础。著名诗论家梁宗岱在写给徐志摩的《论诗》（1931）中，告诫他诗人要有"艺术修养"，"一方面要注重艺术底修养，一方面还要热热烈烈地生活，到民间去，到自然去，到爱人底怀里去，到你自己底灵魂里去……固然，我不敢说现代中国底青年完全没有热烈的生活，尤其是在爱人底怀里这一种！但活着是一层，活着而又感着是一层，感着而又写得出来是一层，写得出来又能令读者同感又一层"③。在白话新诗生成的历史语境下，梁宗岱和傅东华提倡的"给予读者真实感受的"创作理念如出一辙。

傅东华的"生机说"将诗歌的神秘性分解到读者和作者两部分，通过对"生机"的分析来削减诗论中令人难以捉摸的神秘感，是对 20 年代模糊、抽象、含混、神秘的诗学话语进行更新的有益尝试，这在之后朱光潜讨论诗歌的境界、情趣部分也有所体现。美国当代文论家乔纳森·卡勒将"有机的整体"（organic wholes）作为抒情诗的体裁特征之一。这里的"整体"不仅指诗歌内部结构的相互支撑，更来自于读者"对于完整性或内在连贯性的期待"④。卡勒的诗论与傅东华的"生机说"具有惊人的相似之处，其中包括两点：一是都强调诗歌内部的整体性，诗歌内部有一个统一的力；二是都认为读者接受是诗歌的重要环节。卡勒与傅东华产生这种相似的原因在于，卡勒的理论吸收了美国新批评文论的相关主张，又融合了读者反应批评的观点；而傅东华的编辑身分使得他注意到了读者接受问题，加上他译介美国文论时接触到了新批评的观点，⑤ 可见二人有着共同的理论来源。由此也可以看出，傅东华诗论既有不俗的理论背景，也有敏锐的超越性。

───────────────

① 傅东华：《诗歌原理 ABC》，世界书局 1929 年版，第 122 页。
② 傅东华：《诗歌原理 ABC》，世界书局 1929 年版，第 123 页。
③ 梁宗岱：《诗与真》，中央编译出版社 2006 年版，第 33 页。
④ 乔纳森·卡勒：《结构主义诗学》，盛宁译，中国社会科学出版社 2011 年版，第 254 页。
⑤ 傅东华参与翻译的《诗之研究》具有明显的新批评文论色彩，并译介了相关文章。

四、结　语

　　傅东华的诗学观核心部分"何为诗歌""影像说""生机说"，都涉及了现代诗歌的重大命题，即使新诗诞生百年后的今天，我们仍然要面对"新诗的合法性""诗歌的神秘性"的追问。傅东华在 20 世纪初期的诗学理论建构是极具远见性的探索，是站在深刻的文学艺术价值立场上的沉思。尤其是他超越诗歌新旧之争的窠臼，融合中国古典诗论和西方美学观点进行现代新诗理论的探索，极具启发性、前瞻性。傅东华通过对中国传统诗论的科学化改造，开启了中国文论现代性转向的一条路径。同时，他对西方文学理论并非单纯接受，而是结合中国古典诗论进行理解、阐释，形成兼具中西思维方式、蕴含中华精神文化特色的诗学理论，这在现代文学实践的激流之中，显得尤为冷静甚至包容，闪烁出了一个文论家的思想光芒。

（作者单位：河北大学文学院）

莫言与川端康成文学的邂逅[*]

□ 李圣杰

众所周知，中日两国地缘相邻，文化同源，邦交历史源远流长。日本自古尊中国为师，在佛教、文学、艺术、儒学和律令制等诸多方面深受中国文化的影响，单向输出模式颇为持久。然而，明治维新以降，中日关系发生逆转。日本脱亚入欧，向近代化国家迈进，跨越式的发展使其跃为亚洲强国。经济是国力提升的基础，也是文化繁荣的重要保障。日本文化凭借经济发展开始向世界扬播。20 世纪中下叶，是中国对日本文化学习和吸收值得关注的重要时段之一。就文学而言，"二战"后两国交流陷入低迷，除通过翻译介绍少量日本无产阶级文学之外，无甚交流。改革开放打开了通向世界的门户，文学交流也伴随经济迅速活跃起来，近邻的日本文学在中国得到前所未有的译介，其中值得关注的是 1968 年日本第一个获诺贝尔文学奖的川端康成，其翻译的作品甚多，颇受中国读者的青睐，读者中受其影响的就有中国首个获得诺贝尔文学奖的作家莫言。

莫言，原名管谟业，是中国首位获得诺贝尔文学奖的作家。1999 年 10 月 24 日，莫言在日本京都大学会馆作了一场题为"我的文学"的演讲。全文刊登于 2000 年 3 月 12 日的《检察日报》，改题为"我变成了小说的奴隶"①，文中提到日本首位诺贝尔文学奖获得者川端康成的作品《雪国》。莫言与川端文学的初次邂逅是在 1984 年的寒冬，正处在创作困顿时期的莫言，读到《雪国》中"一条壮硕的黑色秋田狗蹲在那里的一块踏石上，久久地舔着热水"②的情景，不禁感叹文学创作居然可以如此写实和具象，一只普通的小狗也能进入名家的文学世界里。莫言顾不上将《雪国》全书读完，放下书即刻挥笔写道："高密东北乡原产白色温驯的大狗，绵延数代之后，很难再见一匹纯种。"③

* 本文为国家社会科学基金青年项目"川端康成'魔界'思想的流变研究"（项目编号：15CWW010）阶段性成果，受武汉大学人文社会科学青年学者学术团队建设计划（项目编号：WHU2016006）资助。

① 演讲稿日文版「かくて私は小説の奴隷となった」（毛丹青译、吉田富夫监制）刊登在 2000 年 1 月出版的《世界》（岩波书店发行）上（第 194~198 页）。该期还刊登了东京大学藤井省三教授与莫言的对谈——《幼少期の孤独な生活が想像力を与えてくれた》（第 199~204 页）。

② 该句中文翻译引用出自青野繁治「莫言の来日と『雪国』」（『中国文芸研究会会報』第 217 号，藤野眞子编集，中文芸研究会发行，1999 年 11 月 30 日）一文第 6 页，因为青野繁治亲自看到了莫言演讲稿原文，故取此译文。

③ 本文中关于《白狗秋千架》的原文引用出自 1985 年第 4 期的《中国作家》（第 135 页）。

这是莫言短篇小说《白狗秋千架》的开头，也是莫言文学作品中第一次出现"高密东北乡"的字眼。陷入文学创作窘困的莫言，邂逅了川端文学，终于感悟到真正的文学并非华丽辞藻的堆砌，也并非遵循教科书里的教条，而应该是作者对生活的真实感受，人们周围的一草一木、一狗一猫，抑或一阵风、一场雨皆可进入小说世界。这样的文学作品才有血有肉，才能进入读者的内心世界。可以说莫言与川端康成文学的邂逅是超越时空的机缘，而这种机缘又恰是莫言在文学创作思维中与川端康成的神合。莫言的《白狗秋千架》与川端康成《雪国》的关联，正是作家的交流和共鸣，体现了文学的世界性。

一、莫言的首次日本文学之旅

1999 年 10 月 22 日，长篇小说《丰乳肥臀》在日本出版发行，莫言首次访问了日本。翌日，莫言参观了芦屋市的谷崎润一郎纪念馆，当夜又参加了由神户中华会馆关西中日关系研究会（京都大学名誉教授兼学会代表竹内实）主办的"展望二十一世纪的中日关系"的研讨会，并作了题为"二十一世纪的中日关系"的演讲①，其中涉及川端康成等多位日本作家。他说："二十年前，我就开始阅读日本作家的作品，川端康成、谷崎润一郎、三岛由纪夫、大江健三郎……日本作家的作品开阔了中国作家的视野，中国当代的文学大量地吸收了日本文学的营养。"② 10 月 24 日，莫言参观了坐落在大阪府茨木市的川端康成文学馆，当晚在京都大学作了演讲。莫言在演讲中再次谈到他的文学创作与日本文学的关系，特别提到了他从川端康成的《雪国》中获得创作灵感的经历。其后的三天里，莫言依次访问了京都、奈良和神岛③。

28 日，他再度访问了川端康成的文学舞台——伊豆半岛。参观了川端康成创作《伊豆的舞女》时所居住过的小旅馆——汤本馆，后又去了梶井基次郎曾住过的汤川屋和梶井的墓地。29 日莫言返回东京，30 日在驹泽大学深泽校舍作了题为"神秘的日本和我的文学历程"的演讲④，讲述了他在伊豆之旅中所亲历的神奇故事。他说："驹泽大学的釜屋修先生首先带我来到了汤本馆——这是当年川端康成写作《伊豆舞女》时居住的地方，一个小小的旅馆。釜屋修先生不知用什么样的花言巧语说服了那个看门的老太太，使她允许我参观川端康成居住过的房间。我坐在通往那个著名的房间的楼梯上照了一张相，然后还坐在川端康成坐过的垫子上照了一张相，想从那上边沾染一点灵气。我知道楼梯是真的，但坐垫肯定是假的。这是一个小小的但是十分雅致的房间，与川端康成的气质十分地相似，我感到这个房间好像是为他特意布置的。"⑤ 至于莫言是如何进入川端居室的，釜

---

① 演讲内容刊登在 2000 年 3 月的《世界》（岩波书店发行），题为「中国と日本、そして私」，（第 14~18 页）。
② 莫言：《用耳朵阅读》，作家出版社 2012 年版，第 11 页。
③ 位于三重县鸟羽市，因作为三岛由纪夫作品《潮骚》的舞台而有名。
④ 演讲的时间是 1999 年 10 月 30 日 15 点—17 点，地点是深泽校舍日本馆红叶之间。演讲内容刊登于 2000 年 8 月出版的《野草》（66 号、中国文艺研究会出版）。
⑤ 莫言：《神秘的日本与我的文学历程》（《用耳朵阅读》作家出版社 2012 年版）第 14~15 页。

屋修先生在《与莫言先生在天城的回忆》① 一文中做了一个解释：其实不过是购买了参观门票而已。

此次演讲"神秘的日本和我的文学历程"的二级题目是"川端康成的幽灵"。莫言讲述了当天夜里，下榻在距离汤本馆不远的绿色天城旅馆时的神秘经历。"当我穿越长长的走廊走向卫生间时，听到在身后的楼梯上，响起了一阵清脆的木屐声，还飘来一股浓烈的脂粉香气，望着那楼梯的出口，希望能看到一个像白莲花一样不胜凉风娇羞的日本美人从那里出来，但没有人出来，木屐声也消逝了，只有猫越川的流水响亮着，好像那屐声从来就没有出现过，出现的只是我的幻觉。我怀着几分遗憾进入卫生间。卫生间那里有不少的间隔。我推门进去时，就听到抽水马桶哗哗地一阵响。如果说刚才从楼梯口传来的木屐声是我的幻觉，那这次，马桶的响亮水声，绝对是真实的。听，那排过水之后的抽水声还在继续着。这说明卫生间里有一个起夜者，他很快就要走出来的。但一直等我离开卫生间时，也没有人从那个水声响亮过的间隔里走出来。当我冒着冒犯别人的危险拉开那个间隔的门时，结果你们应该猜到了，里边什么人都没有。回到房间后我再也没有睡着，一直侧耳听着外边的动静，但除了川里的水声，再无别的声响。于是，我索性跑去泡温泉，一个人下楼进了澡堂，因为没有人，我连温泉和更衣室之间的推拉门也没关。我躺在热水里，迷迷糊糊地想着夜里发生的事情。这时候，面前的推拉门无声无息地合上了。我以为是旅馆的工作人员帮我拉上了门，但门是无声无息、缓缓地合上的，根本就没有人。第二天早晨，我向釜屋修先生和毛丹青谈起这个经历，两个人都不相信"。如果说那是幻觉，那么莫言讲了一个更神奇的事情。他那天吃早餐的时候，摆放在桌前的一次性卫生筷"啪"的一声在没有外力的情况下裂开了，这件事就发生在大家的眼皮底下。于是，他愿意相信，从昨夜到清晨发生的这些难以置信的事情，如果不是川端康成显灵，就是那小舞女熏子（《伊豆舞女》中的女主角）显灵了。

其后，莫言在一系列演讲中都会说起川端文学。如 2004 年 12 月 27 日，在北海道大学演讲时，讲到温泉和文学的时候，不由提到《伊豆的舞女》；2005 年 5 月，在韩国举行的东亚文化论坛上，莫言作了题为"没有个性就没有共性"的演讲，提到了《白狗千秋架》的创作动机源于川端的《雪国》；2006 年 9 月 15 日，在福冈市饭仓中央小学作"我的幼年时代"的演讲之前，与大家一同欣赏了以《白狗秋千架》为题材拍摄的电影《暖》②。两天后，莫言荣获福冈亚洲文化奖，作了题为"留给未来的信息——超越国境的文学世界"的演讲，再度谈到《白狗秋千架》的创作与《雪国》。

二、汉译本《雪国》与"高密东北乡"的"白狗"

优秀的文学作品或名著传播到全世界，离不开翻译媒介，而在翻译工程下形成的翻译

---

① 釜屋修在「莫言さんと天城の思いで」（『日本中国当代文学研究会会报』第 26 号，2012 年 11月）中写道："莫言さんは「釜屋がどういう手立てで旅館の老女（実はおかみさん）を説得したのか知らないが」と書き、話していたが、私は規定の見学料を払っただけだった。"

② 《白狗秋千架》由霍建起导演于 2003 年 11 月拍成电影《暖》，日语的电影名为「故乡の香り」，荣获第 16 届东京国际电影节大奖，演员香川照之荣获最佳男演员奖。

文学，对文学接受者会产生不可估量的影响。犹如莫言受到川端康成《雪国》对"秋田犬"描写的启发，创作了《白狗秋千架》，可谓翻译文学对本国文学创作有着重要作用和意义。

在国内，《雪国》的译本很多，莫言到底读了哪个译本呢？青野繁治在《莫言的访日和〈雪国〉》① 文中，引用了莫言演讲稿中有关《雪国》译本的一句话："一只黑色秋田狗蹲在那里的一块踏石上，久久地舔着热水"，并找到《雪国》三种译本，对莫言阅读过的译本作了简单考证。经青野繁治对《雪国》三个汉译本的比较，认为东北师范大学出版社的版本与莫言的作品最为接近。三种译文如下：

（1）秋田县产黑色勇猛的狗，踩在那儿的踏脚石上，好半天舔着水。（侍桁译：《雪国》，上海译文出版社 1981 年版）

（2）一只壮硕的黑色秋田狗，蹲在那里的一块踏石上，久久地舔着热水。（叶渭渠、唐月梅译：《雪国 千只鹤》，东北师范大学出版社 1996 年版）

（3）一条健壮的黑毛秋田狗，站在踏脚石上舔了半天泉水。（高慧勤译：《川端康成哀婉小说》，上海文艺出版社 1997 年版）

译文质量暂且不论，东北师范大学出版社的版本是 1996 年的，显然不是莫言所读的版本，因为莫言最早是在 1984 年接触到《雪国》汉译本的。青野繁治所列举的三个译本，有两个不符合时间条件。80 年代，中国国内仅见的译本有两个，均出版于 1981 年，与莫言创作《白狗秋千架》时读到《雪国》是符合时间逻辑的。那么，先看看两个译本的内容：

大概是为了不让雪垒积起来，把水池子里涨溢出来的水，通过一道临时挖的沟顺着旅馆的墙壁回旋，在大门口前面弥漫出浅浅的泉水。秋田县产黑色勇猛的狗，踩在那儿的踏脚石上，好半天舔着水。象是从库房里取出来供客人使用的滑雪鞋，摆在那儿晒干。它们微微发霉的气味，被热水的蒸气冲淡了，从杉树枝上落向公共浴场屋顶的雪块，暖和得要崩塌下来。（侍桁译：《雪国》，上海译文出版社 1981 年版，第29～30 页）

大概为了避免积雪，顺着客栈的墙壁临时挖了一条小沟，将浴池溢出的热水引到大门口，汇成一个浅浅的水潭。一只黑色壮硕的秋田狗蹲在那里的一块踏石上，久久地舔着热水。门口晾晒着成排客用滑雪板，那是从库房里面刚搬出来的，还发出轻微的霉味。这种霉味也被蒸汽冲淡了。就连从杉树枝头上掉落在公共浴池房顶的雪块，遇到热气，也融化变形了。（叶渭渠、唐月梅译：《古都·雪国》，《外国古今文学名著丛书》，山东人民出版社 1981 年版，第 216 页）

从画线的部分看，侍桁译本是："秋田县产黑色勇猛的狗，踩在那儿的踏脚石上，好半天舔着水。"叶渭渠、唐月梅合译版本为："一只黑色壮硕的秋田狗蹲在那里的一块踏

---

① 《莫言的访日和雪国》一文出处请参照青野繁治「莫言の来日と『雪国』」（『中国文艺研究会会报』第 217 号，藤野眞子编集，中文芸研究会发行，1999 年 11 月 30 日）一文。

石上，久久地舔着热水。"若将莫言的引用文字与之对比，的确是叶渭渠、唐月梅的译本最为接近，因此青野繁治所认定的 1991 年东北师范大学出版社出版的《雪国》是不妥当的，虽是译者相同，可出版时间却相隔 10 年。从时间和内容两个层面思考，1981 年 9 月山东人民出版社出版，叶渭渠、唐月梅译的《古都·雪国》最符合莫言的阅读条件，80 年代的两个译本出版的时差仅有两月，加之莫言是山东人，最有可能首先看到本地出版社出版的译本。

三、从"雪国"的"秋田犬"到"高密东北乡"的"白狗"

关于《雪国》和《白狗秋千架》的比较研究，上海外国语大学康林的论文《莫言与川端康成——以小说〈白狗秋千架〉和〈雪国〉为中心》（《中国比较文学》2011 年 第 3 期）作了较详细的论述。该文认为，两部作品具有共同的故事模式，即"离乡—归乡—再离乡"。《白狗秋千架》显然符合这一模式，而《雪国》中的主人公岛村离开东京的行为视为"离乡"，若将岛村前往越后汤泽旅行理解为"归乡"，则可能被认为与该模型有所偏离。如果按该模式来诠释，或许也可以把这一模式归为"生活空间—诱发乡愁的空间—生活空间"。这一模式下的人物也具有相似性。《白狗秋千架》中的"我"和《雪国》中的岛村在性格上都缺乏行动力；《白狗秋千架》中的暖与《雪国》中的驹子也有明显的共性，都是远离都市的农村妇女。在人物形象上，虽然"我"和岛村都是知识分子，但"我"与"暖"却是青梅竹马，这一点与《雪国》中岛村与驹子的关系明显不同。总之，莫言在很多场合都表明川端作品给自己的启发意义。莫言接触川端也并非偶然，1984 年他在解放军艺术学院学习是他拓宽自己视野的机会。在那里，他接触到了西方文学和日本文学，那时经常读福克纳、加西亚·马尔克斯等人的作品。关于读川端康成作品的体会，莫言在《白狗秋千架——莫言自选短篇集》序中这样写道：

> 一九八四年寒冬里的一个夜晚，我在灯下阅读川端康成的名作《雪国》。当我读到"一条壮硕的黑色秋田狗蹲在那里的一块踏石上，久久地舔着热水"时，脑海中犹如电光石火一闪烁，一个想法浮上心头。我随即抓起笔，在稿纸上写下这样的句子："高密东北乡原产白色温驯的大狗，绵延数代之后，很难再见一匹纯种。"这个句子就是收入本集中的《白狗秋千架》的开头。这是我的小说中第一次出现"高密东北乡"的字样，从此之后，"高密东北乡"就成了我专属的"文学领地"。我也由一个四处漂流的文学乞丐，变成了这块领地上的"王"。（《感谢那条秋田狗》——日文版小说集《白狗秋千架》序）

1984 年的冬天，莫言文学的草创期正值中国文学界"伤痕文学"的后期。"伤痕文学"是 20 世纪 70 年代末到 80 年代初，中国文坛占主导地位的一种文学现象。它因"文革"期间被下放到农村的知青生活为题材的卢新华的小说《伤痕》而得名。"伤痕文学"的出现，改变了以前文坛上粉饰现实的文风，标志着批判现实主义精神的回归。虽然"四人帮"1976 年被粉碎，但文学在当时仍不失为政治宣传的工具之一，几乎所有的作品都在控诉"文革"扼杀人性的罪恶。那时的莫言也不例外，可结果不尽如人意。他本人甚至认为，如果现在重读，"尽是些让人想一把火烧了的作品"。由此可见，1984 年对于莫言的文学创作道路而言，是极为重要的一年。因为正当他为小说题材苦恼彷徨之时，却有幸与《雪国》不期而遇。

下面是莫言在日本京都大学演讲时，讲到他读《雪国》所感触深刻的一段话。

> 当我从川端康成的《雪国》里读到"一只黑色而狂逞的秋田狗蹲在那里的一块踏石上，久久地舔着热水"这样一个句子时，一幅生动的画面栩栩如生地出现在我的眼前，我感到象被心仪已久的姑娘抚摸了一下似的，激动无比。我明白了什么是小说，我知道了我应该写什么，也知道了应该怎样写。①

无疑莫言是一个敏感的人，是一个有感悟的人，是一个情感丰富的人。《雪国》里的一句话可让他感动，可使他顿悟，可让他下笔一泻千里，衍生出《白狗秋千架》，不能不说他有着多情善感的内心世界，当然更有创作的禀赋。

四、莫言对文学创作的再觉醒

莫言在创作窘促时，被《雪国》中的"秋田犬"唤醒灵感，从一个侧面佐证了他对文学创作的再觉醒。

> 川端康成的秋田狗唤醒了我：原来狗也可以进入文学，原来热水也可以进入文学！从此之后，我再也不必为找不到小说素材而发愁了。多此以后，当我写着一篇小说的时候，新的小说就象急着回家产卵的母鸡一样，在我的身后咕咕乱叫。过去是我写小说，现在是小说写我，我成了小说的奴隶。②

由此可见，莫言从"秋田犬"那里感受到了小说创作离不开现实生活，而这直接的丰富生活正是文学的源泉。文学萌芽期的他要挣脱和超越当时文坛特有的意识形态是不易的，那时的文学空间不足以释放作家的能量与想象力。莫言在这一时期与《雪国》邂逅所感到喜悦是可想而知的。在这里，我们不妨回顾一下川端文学在中国的翻译情况。

1933 年葛建时翻译的《死人的脸》③ 和高明译翻译的《旅行者》④，可谓是川端康成作品首次进入中国⑤。然而，1937 年卢沟桥事变爆发后，抗日战争经历了漫长的岁月，

---

① 莫言：《用耳朵阅读》，作家出版社 2012 年版，第 7 页。

② 莫言：《用耳朵阅读》，作家出版社 2012 年版，第 7 页。

③ 译文刊登在 1933 年 1 卷 5 期的《文艺的医学》第 71～72 页，日语标题为「死顔の出来事」（『金星』1925 年 4 月）。

④ 译文刊登在 1934 年 2 卷 6 期的《矛盾》第 43～52 页，日语标题为「旅の者」（『新潮』1932 年 1 月）。

⑤ 川端康成常常和横光利一一起作为新感觉派的成员出现在文学史里，但在这个时期国内已经出现了横光利一翻译的单行本《新郎的感想》（郭建英訳，上海水沫书店，1929 年 5 月），而川端康成在当时被翻译的仅有这两篇短篇小说。

日本文学的译介随之停滞。中华人民共和国成立后，重新开启了日本文学译介的大门，大致分为三个阶段。

第一阶段是 1949 年至 1966 年。其间，外国文学翻译主要以苏联文学为主，而日本文学则主要以无产阶级文学的翻译为主。从《中国日本学文献总目录》的统计来看，被介绍到中国的 63 部小说中，小林多喜二、德永直、野间宏、宫本百合子的作品居多，其他作品甚少。至于夏目漱石、芥川龙之介、志贺直哉、石川啄木等作家的作品被翻译出版，那是中华人民共和国成立前翻译工作的延续。当然，对作家作品的翻译是有所取舍的，如抗战前被介绍到中国的谷崎润一郎的作品，1949 年后就很零落了。

第二阶段是 1966 年到 1976 年。这一时期被称为"中国失去的十年"，在这一时期，本国文化受到冲击，异域文化就不言而喻了。1968 年，川端康成获诺贝尔文学奖，从此川端文学开始享誉世界。遗憾的是当时正值"文革"，川端文学之风未能吹到中国。然而，1971 年 11 月人民文学出版社出版了三岛由纪夫的作品《忧国》。斯时"诗言志"的红色情怀甚浓，文学多为政治服务。三岛的《忧国》被定位为"日本军国主义的复活"作品，作为批判用的反面教材被出版。《忧国》的封面写有"日本反动作家三岛由纪夫"的字样（笔者所查的旧书上印有"宣传处内部资料"的印章）。1972 年中日邦交正常化之初，依旧停留在以小林多喜二等作家为主的无产阶级文学上。

第三阶段是 1976 年粉碎"四人帮"至改革开放后。尤其是 1978 年改革开放以后，迎来思想解放的春风，异域文化被解禁，日本文学开始全方位地被介绍到中国。这一年也是川端的作品最早介绍到中国的年份，《外国文艺》第一期刊登了《伊豆的舞女》和《水月》。1981 年 7 月上海译文出版社出版了《雪国》，同年 9 月山东人民出版社出版了《古都·雪国》的单行本。《雪国》在一年内被两个出版社分别出版发行，这在当时可以说是对川端的厚爱，抑或是长时间禁锢后对文化新风的迎纳。进入 20 世纪 80 年代后，日本的小说、诗歌、儿童文学、传记、史籍等各种体裁的书籍在国内出版，动漫、电影、电视剧大量出现在荧屏，一度风靡。毋庸置疑，川端康成、夏目漱石、三岛由纪夫、谷崎润一郎等作家的作品，如一股清风拂面而来。

五、"高密东北乡"的"秋千"和"白狗"

莫言读到《雪国》，为何首先想到"高密东北乡"，因为那里是儿时的记忆，是乡愁，是割舍不去的情。《雪国》不仅唤起日本人的思乡之情，半个世纪后又点燃了莫言对自己家乡的炽热眷恋。一般来说，非本国读者很难从该小说中须臾读出乡愁的味道，而莫言却立即产生了共鸣。小说中有一段对日本昔日光景的描写："据说几年前还没通铁路的时候，这里主要是农民的温泉疗养地，有艺伎的家，都挂着印有饭馆或红豆汤馆字号的褪了色的门帘。人们看到那扇被煤烟熏黑的旧式拉门，一定怀疑这种地方居然还会有客上门。日用杂货铺或粗点心铺也大都只雇佣一个人，这些雇主除了经营店铺外，似乎还兼干庄稼活。"这个"雪国生活最舒适的村庄"与现代都市形成反差，这种反差充满了作者对昔日日本的留恋。越后汤泽虽不是岛村的故乡，只是一个旅游地，但并不影响岛村对故乡的怀念，反倒触发了他的乡愁。同样，小说对往昔日本的描写手法，产生了谐振效应，让读者莫言联想起自己的故里。

另外，秋田犬是秋田县原产的体格硕大的日本犬，现在属日本犬的一个品种，并非在秋田县的犬。然而，外国读者常常误以为是秋田县的犬，甚至认为故事发生在秋田县，而知道越后汤泽位于新潟县的人却少之又少。恐怕连莫言也难免有这样的错觉，才联想到了故乡高密的白狗。"秋田犬"唤醒了莫言儿时对高密东北乡"白狗"的记忆，在记忆中"犬"和"狗"重叠了，从彼到此的时空重合产生无限大的想象，想象的激情又化为美妙的创造。

《白狗秋千架》写的是：已是大学讲师的"我"，在阔别"高密东北乡"十年的归途中，在故乡的桥上邂逅了白狗和它的女主人。仔细一看，驮着高粱叶子的女主人竟是"我"青梅竹马的"暖"和"我"幼时玩伴的白狗。然而，面前的"暖"因十年前荡秋千发生不慎致左眼失明。后来，"我"考上了学离开了家乡，"暖"留在村里嫁给了一个哑巴，生了三个不会说话的孩子。虽然重逢不免尴尬，但毕竟相互爱慕过。于是，"我"去她家看望。"我"和她丈夫喝酒时，"暖"有事去了镇上。喝完之后，"我"在回家的路上与白狗再次相遇。白狗带我去见了躲在高粱地里的"暖"。小说最后以"暖"的两句话作为小说的结尾："想要一个会说话的孩子"，"有一千个理由，有一万个借口，你都不要对我说"。

小说草草的结尾，给读者留下了足够的余白和想象。小说主要多采用写实，少见虚构。莫言的初期作品，创作手法称不上成熟，但作品的主题，描写了背负着某种宿命的人们的生存状况，也是"我"从青春少年到成年的成长历程。这些是从"文革"到20世纪80年代风云变幻的社会背景下发生的故事。"我"和村民、"我"和"暖"之间有着很大隔阂。"我"阔别家乡十年，一见到青梅竹马的"暖"便兴奋地说道："我很想家，不但想家乡的人，还想家乡的小河，石桥，田野，田野里的红高粱，清新的空气，婉转的鸟啼……趁着放暑假，我就回来啦。"可是，"暖"回答说："有什么好想的，这破地方。想这破桥？高粱地里像他妈×的蒸笼一样，快把人蒸熟了。"[1]"暖"简短的回答像一盆冷水，把"我"的兴奋和热情浇灭了。

"我"和"暖"的命运在"高密"这块土地上形成鲜明的对比，"我"所怀念的故乡对于土生土长的"暖"来说，不过是一个贫穷、孤独、单调的地方。"我"和"暖"的恋情始于秋千，也毁于秋千，左目失明的"暖"的不幸，让"我"产生了强烈的负疚感。看似个人的悲情，也是当时社会的悲剧。秋千只是一个借代物，牵系着爱情，承载着社会的命运，在晃荡中不稳定，荡得越高也就越危险，隐喻当时人们的生存状态。20世纪五六十年代，农村希望通过"人民公社化""大跃进"等运动实现农村现代化，最终理想在期待中破碎。

"我"虽已走出农村，但白狗却替代"我"，始终陪伴"暖"的左右。"暖"说："闷得我整天和白狗说话，狗呀，自从我瞎了眼，你就跟着我，你比我老得快。"狗是一种意象，替补了"我"的空缺。与狗形影不离的"暖"从"心底却是感应到了"某种存在，"狗眼里的神色遥远荒凉，含有一种模糊的暗示，这遥远荒凉的暗示唤起内心深处一种迷蒙的感受"，"我对白狗说，'狗呀，狗，你要是懂我的心，就去桥头上给我领来他，他要是能来就是我们的缘分未断'"。同样，秋田犬舔热水时，正是主人公岛村和驹子再会之

---

① 参见《白狗秋千架》原文（《中国作家》1985年第4期，第138页）。

时。可以说"白狗"和"暖"的构思与《雪国》的"秋田犬"有异曲同工之处。"白狗"比起《雪国》中硕大的黑狗，显得十分弱小，象征着"高密东北乡"的脆弱性，"纯种"的白狗已不多见了，暗喻"种的退化"。换言之，闭锁的"高密东北乡"的传统，一方面是人们追求精神解放，另一方面是落后守旧。"纯种"的概念既包含美，也不乏脆弱。作品有着"怀乡"和"怨乡"的二律背反的强烈性格。

六、结　语

莫言把高密县东北乡的故事写进"寻根文学"的作品中，巧妙地"将魔幻现实主义与民间故事、历史与当代社会融合在一起"。对此，莫言认为它不是封闭的，而是开放的；不应是地理概念，而应是相对抽象概念。它既与少年时代生活息息相关，也是超越国界形而上的"文学王国"。描写的故事很多是作家真实感受到的人生凄凉和凝重，也是作家内心世界的激情和诡秘。两者内外照应，浑然一体，观照历史，呈现现代人的惶窘和落寞。

《雪国》这部小说的内容和手法无不具有整个日本文学的写实、细腻、含蓄和地方色彩等特性。日本自古以来的"真""哀""艳""寂"和"余情"的文艺理念与日本的地理环境、历史条件和社会因素相关。鲁迅先生说过："现在的文学也一样，有地方色彩的，倒容易成为世界的，即为别国所注意。"（《鲁迅全集》第13卷，人民文学出版社，2005年版，第81页）莫言也不例外，从乡土记忆里去找寻文学素材，从传统文化的沃土中挖掘富矿，努力在历史与现实中构架一座通向新文学未来的桥。莫言在《白狗秋千架——莫言自选短篇集》（吉田富夫译，日本放送出版协会2003年版）序言的末尾中写道："这只狗看上去骄傲难以接近是一个神秘的存在，其实却对《雪国》中秋田犬饱含敬意。狗坐在高密县东北乡的大树下，朝着时间的彼岸，大海的彼方用力吼叫，等待回答。"看上去，莫言对《雪国》中"秋田犬"的极度关注，似乎从"秋田犬"的描写感悟到了什么，从而启发了创作灵感。其实，莫言并不是简单地移换了乡土元素的人和狗，而是将其演绎为民族色彩和文化象征。莫言还受到加西亚·马尔克斯等人的影响，将幻想主义和写实主义相融合，创作了《生死疲劳》《檀香刑》等诸多优秀作品。关于莫言和川端康成的文学共性和异质，还有待我们去继续细读品味、比较研究。

（作者单位：武汉大学外国语言文学学院）

《现代汉语词典》（第7版）词形处理献疑

□ 卢烈红

　　"词形"这一术语，中国语言学界有两种用法。王维贤主编的《语法学词典》说："词形，词的外形。一个词的形式常常显示出词的形态或它与其他词的句法关系。……参见'变形'。"这种用法的"词形"概念着眼于形态变化，与语法意义的表达相关涉。中华人民共和国教育部、国家语言文字工作委员会发布的《第一批异形词整理表》（2002年3月31日试行）"前言"中指出："词形，本规范中指词语的书写形式。"①这种用法的"词形"概念着眼于词语的书写形式，关注用哪些汉字标写，与语法意义无关。本文的"词形"采用的是第二种用法。

　　《现代汉语词典》（第7版，商务印书馆2016年）在词形的处理上存在一些问题，下面结合具体词条略加讨论。

一、异形词的处理

　　异形词（含固定语）又叫异体词。对这一概念，学术界有不同的理解，按周荐的归纳，大体上有三种意见："第一，认为异形词是读音相同或相近，意义相同，但词形不同的词；第二，认为异形词是词形不同而含义相同并在同一语言环境中可以互换使用的一组词；第三，认为异形词是意义、读音完全相同，但书写形式不同的词。"②《第一批异形词整理表》"前言"关于异形词的界定同于第三种意见而表述得更加细致明确："普通话书面语中并存并用的同音（本规范中指声、韵、调完全相同）、同义（本规范中指理性意义、色彩意义和语法意义完全相同）而书写形式不同的词语。"③ 各种不同意见有一个重要的分歧点，就是读音相近算不算异形词？有的学者认为判定异形词必须坚持读音相同的

---

　　① 中华人民共和国教育部、国家语言文字工作委员会：《第一批异形词整理表》，教育部语言文字信息管理司：《语言文字规范标准手册》，商务印书馆2015年版，第235页。

　　② 周荐：《现代汉语词汇学教程》，北京大学出版社2016年版，第234页。

　　③ 中华人民共和国教育部、国家语言文字工作委员会：《第一批异形词整理表》，教育部语言文字信息管理司：《语言文字规范标准手册》，商务印书馆2015年版，第235页。

标准，有的学者则认为异形词包括少数读音相近的情况。而对少数读音相近的情况，各家把握的宽严也不一致。我们认为《第一批异形词整理表》"前言"中的界定是可取的，只是要补充少量音近词，这类音近词主要来自两类现象：一是音译词中的异形同词现象，二是连绵词中的异形同词现象。

异形词需要整理规范。符准青提出了异形词选用的四个原则：一是从俗，即选用大众多用的；二是从简，即选用笔形简易的；三是义明，即语素表义清楚；四是音准，即字的读音跟词的读音一致。①《第一批异形词整理表》"前言"介绍了整理异形词的三个主要原则：通用性原则、理据性原则、系统性原则。② 根据这些原则，我们发现《现代汉语词典》（第 7 版）有些异形词的处理是值得商榷的。

（一）是"惹是生非"还是"惹事生非"?

1. 问题的提出

《现代汉语词典》（第 7 版）第 1093 页：

> 【惹是生非】惹是非。
> 【惹是非】引起麻烦或争端。
> 【惹事】【动】引起麻烦或祸害：你别给我~｜他在外惹了不少事。

《现代汉语词典》（第 7 版）未收"惹事生非"，该词典因其编撰队伍、组编单位、出版机构的权威性，被奉为依据，于是我国的图书报刊出版系统在质检过程中以"惹事生非"为误。

2. 以往的使用状况

查"汉籍全文检索系统"，"经、史、集"三部未见"惹是生非"和"惹事生非"，"子"部两种形式都有，"惹是生非"7 例，"惹事生非"6 例。
"惹是生非"之例：

> （1）毛狮子这个人专于醉酒骂世，惹是生非，倒是死了清净。（《热血痕》第二回，华夏出版社 2013 年版，第 12 页）
> （2）后来又和那些流氓在一起，常常地在外边惹是生非，我早知他要闯大祸，却不料因为今日这桩事，竟被兵士们捉到旅部。（《广陵潮》第八十八回，凤凰出版社 2014 年版，第 833 页）

"惹事生非"之例：

---

① 符准青：《现代汉语词汇》（增订本），北京大学出版社 2004 年版，第 94 页。
② 中华人民共和国教育部、国家语言文字工作委员会：《第一批异形词整理表》，教育部语言文字信息管理司：《语言文字规范标准手册》，商务印书馆 2015 年版，第 236~237 页。

（1）不比我家红雯那蹄子，虽然做事乖觉，这一张嘴比刀子还快，半点儿不肯饶人，到处惹事生非，我就是厌她。（《绘芳录》第四十九回，吉林文史出版社 1988 年版，第 638 页）

（2）想众姊妹并未惹事生非，都因我遭此恶劫，叫我又无法将他们相救。（《狐狸缘全传》第二十回，《古本小说集成》，上海古籍出版社 1990 年版，第 390 页）

北京语言大学 BCC 语料库现代汉语语料中"惹是生非"和"惹事生非"均可见到，情况见表 1：

表 1 BCC 语料库"惹是生非""惹事生非"使用频率表

语料类别词项	惹是生非（次）	惹事生非（次）
多领域	429	290
文学	1866	1588
报刊	101	105
微博	85	89
科技	89	105

3. 今天的科学选择

应按《现代汉语词典》"简练""简炼""精彩""精采"并存同用的方式处理，认定"惹是生非"和"惹事生非"同用，皆可。理由是：

（1）就从俗从众原则而言，由表 1 可知，"惹是生非"和"惹事生非"在现代汉语中使用频率没有显著性差异，应承认其并存状态。

（2）就系统性原则而言，相关的词语既有"惹是非"，也有"惹事"，因此"惹事生非"的并存同用地位毋庸置疑。

（3）就理据性原则或义明（语素表义清楚）原则而言，词语前半的"惹是"与"惹事"相较，"惹事"表义更明晰，更准确，因此没有理由排斥"惹事生非"。

（二）是"遮阴"还是"遮荫"？

1. 问题的提出

《现代汉语词典》（第 7 版）第 1658 页：

【遮阴】【动】遮蔽阳光，使阴凉：院子里有几棵~的树。

《现代汉语词典》（第 7 版）未收"遮荫"，如写成"遮荫"，图书报刊出版系统在质检过程中则以为误。

2. 以往的使用状况

"汉籍全文检索系统"之"经部""集部"未见"遮阴"和"遮荫","史部""遮阴"和"遮荫"各有 1 例,"子"部"遮阴"14 例,"遮荫"10 例。

"遮阴"之例:

(1) 头带单纱抹眉头巾,身穿葛布直身,撑着一把遮阴凉伞。(《水浒全传》第一百二回,中华书局 1961 年版,第 1221 页)

(2) 四面更无树木遮阴,左右倒有芝兰相衬。(《西游记》第一回,人民文学出版社 1980 年版,第 3 页)

"遮荫"之例:

(1) 看时,庭前是一株大桂树,扶疏遮荫,不知覆着多少里数。(《拍案惊奇》卷七,《古本小说集成》,上海古籍出版社 1990 年版,第 284 页)

(2) 六古榕树东西遮荫,北望旷如,荷万顷摇风送香。(清·袁枚《游端州宝月台记》,《小仓山房集》文集卷二十九,清乾隆刻增修本)

北京语言大学 BCC 语料库"遮阴"和"遮荫"均可见到,情况见表 2:

表 2   **BCC 语料库"遮阴""遮荫"使用频率表**

语料类别词项	遮阴 (次)	遮荫 (次)
多领域	167	570
文学	120	293
报刊	65	174

"遮阴"之例:

(1) 盛夏,大家一块上山砍树叉、割茅草,搭起凉棚,为树苗遮阴。(福建生产建设兵团第十四团报道组:《女育苗班》,《福建日报》,1972 年 5 月 29 日)

(2) 它们蜂拥而上,你夺我抢,抓上一块便跑到遮阴处,独自美美地慢慢享用,既解渴又解馋。(赵维光:《百兽消夏各有高招》,《文汇报》,2004 年 7 月 15 日)

"遮荫"之例:

(1) 由于经常除草、施肥,叶子又能起遮荫作用,因而大大促进了幼林、幼果的生长。(郭则荣:《林粮互相促进》,《福建日报》,1960 年 8 月 26 日)

(2) 人行道上树冠匀称、遮荫度高的大叶榕、高山榕,急速后退。(《绿了

广州》,《人民日报》, 2001 年 2 月 26 日, 第 8 版)

（3）平坝里到处是高大的仙人掌、碧绿的麻桑蒲、浓绿的柚子树、遮荫的大青树、婀娜多姿的凤尾竹、成片的芭蕉林。(周其俊:《边境"宝石"德宏》,《文汇报》, 2004 年 4 月 17 日)

从 BCC 语料库的情况来看, 现代汉语中"遮荫"的使用频率是"遮阴"的两倍多。

3. 今天的科学选择

"遮阴"或"遮荫"应该是动补结构的合成词, 语义构成为"遮而获得阴"。

《说文解字》:"荫, 草阴地(草木覆荫土地)。""阴, 闇(幽暗);水之南、山之北也。"

"阴"的本义是"阴暗", 亦指山北水南, 因为山北背对太阳, 较暗 (孙云鹤《常用汉字详解字典》第 171 页取《说文》说, 左民安《细说汉字》第 540 页则认为"阴"本义为"阴天", 引申为"阴暗")。由"阴暗"引申为"暗中""阴影"。"荫"本义为"树阴", 指树枝叶遮盖而形成的阴影, 是"阴"的分别字。

今天对"遮阴"和"遮荫"的处理, 应两者并存而以"遮荫"为首选, 理由是:

（1）从"阴"和"荫"的本义和引申义看, 用在"遮"后表示"遮而获得阴"两字均可, 故"遮阴""遮荫"可同用并存。

（2）从 BCC 语料库中"遮荫"使用频率远远高于"遮阴"着眼, 使用中应以"遮荫"为首选。

（3）"遮而获得阴"多与树木相关, 而"荫"就是对应树木遮盖形成阴影而造的分别字, 因此写作"遮荫"更能体现相关联的事物, 从这个角度看, 也应首选"遮荫"。

《汉语大词典》:"【遮荫】亦作'遮阴'。遮蔽阳光, 使阴凉。"这种处理是妥当的。如果"遮阴""遮荫"只能保留一个的话, 那就应该保留"遮荫"。

（三）是"打勾"还是"打钩"?

1. 问题的提出

《现代汉语词典》(第 7 版) 第 234 页:

【打钩】(~儿)【动】在公文、试题等上面画"√", 表示认可、肯定或正确。

《现代汉语词典》(第 7 版) 未收"打勾", 第 459 页"勾¹"前 7 个义项皆为动词; 第八个义项是"姓", 标为名词。由于"勾"字下除姓氏义项外未列名词用法, 因此图书报刊出版系统在质检过程中将"打勾"视为错误。

2. 以往的使用状况

在"汉籍全文检索系统"中检索"打勾""打句""打钩", 只在"子部"见到 1 个疑似用例:

又有打睡，打嚏喷，打话，打闹，打斗，打和，打合，打过，打勾，打了，至于打糊，打面，打饼，打线，打百索，打绦，打帘，打荐，打蓆，打篱巴。街市戏谑有打砌、打调之类，因并记之。（南宋·刘昌诗《芦浦笔记》卷三，中华书局1986年版，第24页）

据《汉语大词典》，"打勾"有"购买"义，元杂剧无名氏《朱太守风雪渔樵记》第三折"三日五日去那会稽城中打勾些物件"之"打勾"即"购买"。《芦浦笔记》这1例因缺乏上下文，其义是"购买"还是"在公文等上面画符号表示认可、肯定或正确"无法确定，义为"购买"的可能性很大。

"中国基本古籍库"中不见与现代用法相关的"打钩"，与现代用法相关的"打勾"只在清代可见到用于书法的少数几例，例如：

⎿打勾势　要诀云：打勾之势，右打反趯抱腹，"以比"等字用之。（清·戈守智《汉溪书法通解》卷四"运笔"，乾隆霁云阁刻本，第21页）

"趯"是书法笔画之一，指笔锋向上挑。"打勾"指书法中"⎿"的运笔书写，这与"打勾"的现代用法相关。

北京语言大学BCC语料库现代汉语语料中用法为"在公文等上面画符号表示认可、肯定或正确"的"打勾"和"打钩"均可见到，情况见表3。需要说明的是，BCC语料库中还可见"打勾勾"和"打钩钩"。"打勾勾"和"打钩钩"大部分是"拉钩，表示守信用，不反悔"的意思，少数表"在公文、试题等上面画'√'"。表3中的数据不包括"打勾勾"和"打钩钩"。

表3　　　　　　　　　　BCC语料库"打勾""打钩"使用频率表

语料类别词项	打勾（次）	打钩（次）
多领域	103	74
文学	37	22
报刊	31	37
微博	68	49
科技	106	50

"打勾"之例：

（1）凡上面发表格来了解自主权落实情况，我们在每个权项上都打勾。（《落实〈条例〉需要全社会配合》，《人民日报》，1993年8月10日，第5版）

（2）为了客观、公正地评议党员，党支部设计了《党员评议表》，由职工对每位在职党员进行无记名"打勾","打勾"的内容包括政治素质、奉献精神、党群关系、工作态度、技术水平、工作业绩等6个方面。（陆炎、马美菱：《我是党员，向我看齐》，《文汇报》，2002年6月27日）

（3）一些单位在民主测评中，一般是打印一张表格，让大家按"优秀、称职、基本称职"；或"优秀、良好、一般、差"等分类，在上面"打勾"。（朱登峻，魏恒：《民主测评工作中的偏误及对策》，《学习论坛》2000年第1期）

"打钩"之例：

（1）列入测评表，让群众对号打钩。（《坚持干部标准 把好选人用人关》，《人民日报》，2003年8月5日，第16版）

（2）他只是依照理财专员在文件的打钩处签名，其他的他都不是很清楚。（《吴景茂称十余人提供吴淑珍人头户》，《福建日报》，2008年10月23日）

（3）秉德老汉又安静下来，继而眼里又泛出活光来，这回他可没说给阎王生死簿上打钩画圈的笑话。（陈忠实《白鹿原》第一章，北京十月文艺出版社2008年版，第6页）

由表3和文献用例可见，现代汉语中无论哪个年代，无论哪一类文献，"打勾"和"打钩"均并用，而以"打勾"占优势。

3. 今天的科学选择

"勾"原作"句"。《说文解字》云："句，曲也。"段注云："古音总如钩。后人句曲音钩，章句音屦，又改句曲字为勾。此浅俗分别，不可与道古也。""勾"是"句"的俗字。钩，《说文解字》云："钩，曲钩也。"段注云："曲物曰钩，因之以钩取物亦曰钩。""钩"是"勾"的同源派生词。

"句（勾）"古代即可表钩形或打钩形符号。作名词表钩形的有上引清戈守智《汉溪书法通解》卷四"打勾"之例，作动词表打钩形符号的用例有：

有一卷文书皆是人名，或有勾者，有未勾者，己名在焉。（"柳并"，《太平广记》卷四三三，中华书局1961年版，第3511~3512页）

状检瀛王亲笔，甚有改窜勾抹处。（北宋·沈括：《梦溪笔谈》卷一，胡道静校证，上海人民出版社2011年版，第93页）

文度遽取其小册观之，尽记人细故，有已行者，即朱勾之，未行者尚众也。（南宋·王铚《默记》卷中，中华书局1981年版，第27页）

现代汉语中"勾"可作名词，表钩形符号即其作名词之一义。BCC语料库中"一个勾"与"一个钩"（"勾""钩"均表钩形符号）数据对比见表4：

表4   **BCC 语料库"一个勾""一个钩"使用频率表**

语料类别词项	一个勾（次）	一个钩（次）
多领域	11	4
文学	19	7
报刊	6	1

由表4中数据可知，现代汉语中表钩形符号的名词，"勾"比"钩"用得多。

这样看来，今天对"打勾""打钩"的处理，应二者并存并以"打勾"为首选。理由是：

（1）表3表明，指称"在公文、试题等上面画'√'"，"打勾"比"打钩"占优势；表4表明，作为表钩形符号的名词，"勾"比"钩"占优势。依据从俗从众原则，我们没有理由让"打勾"出局，反而应该让它作为首选词形。

（2）就从简（选用笔形简易的）原则而言，"勾"比"钩"笔画简单，"打勾"比"打钩"更有资格作为首选。

二、义同音近词的处理

有一些词，意义完全相同，读音相近，词形有异，到底是让二者并存还是选取一个作规范词形？如果要选取一个作规范词形，应该选取哪一个？这里也存在处理是否科学得当的问题。《现代汉语词典》（第7版）对这类词的词形处理也有一些是值得商榷的。

是"奋斗终身"还是"奋斗终生"？

1. 问题的提出

《现代汉语词典》（第7版）第1699页：

> 【终身】【名】1. 一生；一辈子（多就切身的事而言）：～之计｜～受益。2. 特指婚姻：私订～。
>
> 【终生】【名】一生：奋斗～｜～难忘。

"身"读 shēn，"生"读 shēng，"奋斗终身""奋斗终生"属于义同音近的情况。按《现代汉语词典》（第7版），得用"奋斗终生"，如写成"奋斗终身"，图书报刊出版系统在质检过程中则以为误。

2. 以往的使用状况

"汉籍全文检索系统"未见"奋斗终身"和"奋斗终生"。

北京语言大学 BCC 语料库"奋斗终身"和"奋斗终生"均可见到，情况见表5：

表5　　　　BCC 语料库"奋斗终身""奋斗终生"使用频率表

语料类别词项	奋斗终身（次）	奋斗终生（次）
多领域	482	251
文学	70	92
报刊	348	220

"奋斗终身"之例：

（1）向白求恩学习，作一个毫不利己专门利人的人，为共产主义奋斗终身。（《"雷锋同志模范事迹展览"明天在京展出》，《厦门日报》，1963 年 3 月 18 日）

（2）5 月 9 日，她在鲜红的党旗下庄严宣誓：为共产主义事业奋斗终身，为党旗增辉添彩。（《一位老军人的儿女情怀》，《人民日报》，2003 年 6 月 20 日，第 10 版）

（3）中国共产党党员必须全心全意为人民服务，不惜牺牲个人的一切，为实现共产主义奋斗终身。[《中国共产党章程》第一章"党员"（十八大通过），《中国共产党章程汇编》（一大—十八大），中共中央党校出版社 2013 年版，第 219 页]

（4）才能滚一身泥巴，炼一颗红心，改造自己的世界观，为解放全人类而奋斗终身！（池莉：《怀念声名狼藉的日子》，《池莉近作精选》，长江文艺出版社 2003 年版）

"奋斗终生"之例：

（1）为解放全人类，为在全世界实现共产主义，为把毛泽东思想普及全球而奋斗终生。（《毛泽东思想是力量之源胜利之本》，《厦门日报》，1966 年 11 月 20 日）

（2）我觉得《讲话》的精神将永远指导京剧事业的发展，也将指导着我为京剧事业奋斗终生！（《遵循"古为今用"的方针》，《人民日报》，1997 年 5 月 29 日，第 12 版）

（3）他只好在十六岁就把脑袋别在裤腰上，为军阀混战卖命，而不是为三民主义或共产主义奋斗终生。（张洁：《无字》（第一部），人民文学出版社 2011 年版，第 164 页）

由表5 和文献用例可见，现代汉语中无论哪个年代，无论哪一类文献，"奋斗终身"和"奋斗终生"均并用，而以"奋斗终身"占优势。

3. 今天的科学选择

今天对"奋斗终身"和"奋斗终生"的处理，应两者并存而以"奋斗终身"为首选，理由是：

（1）"终身"和"终生"如《现代汉语词典》（第 7 版）所释，都有"一生"之义，故从语义的角度看，"奋斗终身"和"奋斗终生"二者均可表示奋斗一辈子。

（2）从 BCC 语料库所显示的现代汉语使用状况看，"奋斗终身"使用频率明显占优势，而且《中国共产党章程》这样严肃、最高级别的政治文件都用"奋斗终身"，因此，应以"奋斗终身"为首选。

（3）"汉籍全文检索系统"之"先秦"部分未见先秦有表"一生"义的"终生"①，但却有不少表"一生"义的"终身"。例如：

> 终身不仕。（《左传·襄公二十七年》）
>
> 以舜之德为未至也，于是夫负妻戴，携子以入于海，终身不反也。（《庄子·让王》）
>
> 君子其未得也，则乐其意，既已得之，又乐其治。是以有终身之乐，无一日之忧。小人者其未得也，则忧不得；既已得之，又恐失之。是以有终身之忧，无一日之乐也。（《荀子·子道》）
>
> 余将董道而不豫兮，固将重昏而终身！（《楚辞·涉江》）

由上可见，"终身"表"一生"义早于"终生"，从这一角度说，也应以"奋斗终身"为首选。

如果"奋斗终身"和"奋斗终生"只允许保留一个的话，那也应该保留"奋斗终身"。

三、具有包孕关系的词的词形处理

书面语中，甲乙两词有共同的义项，但另一词还有其他义项，也就说，甲乙两词具有包孕关系。李行健认为这种情况的词也是异形词，他称为"包孕异形词"。② 我们采用《第一批异形词整理表》"前言"关于异形词的严式界定，认为这种情况的词不是异形词，这里姑且称之为具有包孕关系的词。《现代汉语词典》（第 7 版）在对具有包孕关系的词的词形处理方面也存在一些不完善的地方。

是"一份"还是"一分"？

1. 问题的提出

"分"有 fēn、fèn 两读，"份"只 fèn 一读，"一分""一份"具有包孕关系。《现代汉语词典》（第 7 版）对这一对用法纠缠不清的词没有收录，没有给出词形上的规定，那么，什么时候该用"一份"，什么时候该用"一分"，令人颇费踌躇。

请看下面三组用例：

A 组：

---

① 该部分《楚辞》例出西汉王褒《九怀》；《荀子·子道》1 例即下文所引之例，"终生"是电子版打印错误，电子版下文的"有终身之忧"不误，"有终生之乐"诸子集成本《荀》作"有终身之乐"。

② 李行健：《异形词研究和异形词规范词典编纂》，《辞书研究》2003 年第 2 期。

（1）艺术家也要发挥专长，为贫困地区减一分贫困，添一分温暖，作一分贡献。（《翰墨丹青寄深情》，《人民日报》，1998 年 3 月 29 日，第 2 版）

（2）努力为社会主义精神文明建设作出自己的一份贡献。（《大学生士兵的追求》，《人民日报》，1996 年 4 月 28 日，第 1 版）

B 组：

（1）曾琦先生说，创办鹭江大学是家乡人民的心愿，我愿为办好鹭大尽一分力量。（《曾琦先生遵母嘱捐资办学》，《厦门日报》，1985 年 4 月 15 日）

（2）为了和平统一，我更愿意做一名促进两岸和平的使者，为祖国的统一大业尽一份力量。（《何佳汝：小英雄的歌》，《厦门日报》，2004 年 9 月 25 日）

C 组：

（1）我虽已过耄耋之年，但有一分热就要发一分光，继续为中医事业作贡献。（《医术精湛医德高尚享誉海内外》，《厦门日报》，1994 年 5 月 30 日）

（2）在这历史性时期，更应为厦门这第二故乡的跨世纪建设"有一份热发一份光"。（《九届市政协特邀港澳委员抵厦》，《厦门日报》，1997 年 11 月 30 日）

这三组用例，每组是同样的组合，每组用例均见于时间相差不远的同一报纸，可是，一用"一份"，一用"一分"，是都可以，还是有一个用错了？如果有一个用错了，那错的是哪一个？

看来，"一份"与"一分"的问题不可不辨。

2. 以往的使用状况

"一分"表示"一部分"，先秦就有用例，历代用例多见。例如：

（1）三分所生，益之一分以上生；三分所生，去其一分以下生。（《吕氏春秋·音律》）

（2）以为儒者所谓中国者，于天下乃八十一分居其一分耳。（《史记·孟子荀卿列传》）

（3）扬、南徐二州今年户租，三分二取见布，一分取钱。（《南齐书·武帝本纪》）

（4）家内所有钱财，今拟分为三分：一分儿今将去，一分侍奉尊亲，一分留在家中，将施贫乏之者。（《敦煌变文集·目连缘起》，人民文学出版社 1957 年版，第 701 页）

"分"由"部分"义很容易引申出量词用法，这两种用法有时很难区分。只有当脱离了"划分"语境时，量词用法才较容易认定。古代"一分"为"数词+量词"结构的用例如：

（5）其余的也不敢轻送人一分礼，轻收人一文钱，轻收发一封书子，整日的只有在家静坐。（《梼杌闲评》第三十七回，《古本小说集成》，上海古籍出版社 1990 年版，第 1250 页）

（6）自明日为始，我教当直的每日另买一分肉菜供给他两口。（《醒世恒言》第一卷，人民文学出版社 1956 年版，第 8 页）

（7）话说刘绛仙丈夫，名唤刘文卿，也在班中做戏。自从得了绛仙，遂挣起一分大家私。（《比目鱼》第一回，《古本小说集成》，上海古籍出版社 1990 年版，第 8 页）

检索"汉籍全文检索系统"，"一份"则迟至明代才开始出现①，用例不多，清代才使用渐广。其用法，可以是"一部分"之义，也可以是"数词+量词"结构。下面各举 2 例：

（1）劫来银子，你拿二份，我受一份。（《包龙图判百家公案》第三卷）

（2）再分爨各房有五，均系亲生，并无螟蛉，应作六份匀分者，因长房长孙多分一份故也。（清·佚名《安平县杂记》）

（3）哪知每日早起，他那石洞中，必设有一份干粮水果之类，刚够他一天伙食。（《八仙全传》第六十四回,：三秦出版社 1988 年版，第 509 页）

（4）不然，兄弟送一份帖子过来，我们换了帖就是兄弟，何必客气！（《二十年目睹之怪现状》第八回，人民文学出版社 1959 年版，第 59 页）

到现代汉语中，"一分""一份"基本上在同一组合中都用，不过在大部分组合中使用频率差别大。表 6 是 BCC 语料库"报刊"类中几种组合数据对照表：

表 6　　　　　　　　　**BCC 语料库"报刊"类中几种组合数据对照表**

组合	出现次数	组合	出现次数
一份贡献	110	一分贡献	21
一份力量	800	一分力量	704
一份家业	14	一分家业	0
一份热	9	一分热	81
一份光	17	一分光	82
一份心意	93	一分心意	5

---

① "汉籍全文检索系统"元代有 3 例"一份"，均出自元杂剧。查王季思主编《全元戏曲》（人民文学出版社 1990 年版），这 3 例均作"一分"。

表6显示，"一份力量"与"一分力量"使用频率接近，其他组合使用频率差别都较大。

3. 今天的科学选择

分，《说文解字》："分，别也。从八，从刀。刀以分别物也。""分"的本义是"分开"。分开就形成各个部分，故引申为"一部分"。清徐灏《说文解字注笺·八部》："分，分物谓之分，平声；言其所分曰分，去声。此方言轻重之分。"

份，《说文解字》："份，文质备也。"这与"文质彬彬"之"彬"同，今读bīn。表"一部分"的"份"与"文质备"的"份"是同形字，二者没有关系。表"一部分"的"份"是"分"的后起字。

《汉语大字典》"分"列四个音项。第一个音项fēn下有："1. 分开；分割。……3. 分支，从主体分出的部分。如：分会；分局；分队；第三分册等。……13. 量词。长度，尺的百分之一；重量，两的百分之一……"第二个音项fèn下有："1. 所分之物，整体中的一部分。也作'份'。……12. 量词。今也作'份'。《儿女英雄传》第十回：'便叫安公子去里屋找分笔砚来用。'鲁迅《南腔北调集·为了忘却的记念》：'我便将我和北新书局所订的合同，抄了一分给他。'"

《汉语大字典》"份"列bīn、fèn两个音项，fèn下有三个义项："1. 整体里的一部。如：部份；股份。2. 量词。用于搭配成组的东西。如：一份礼物；一份材料。3. 用在'省、县、年、月'后面，表示划分的单位。"

《汉语大词典》"一份"下云："一部分。参见'一分3'。""一分"下列两种读音四个义项。"分"读fēn所对应的义项是："1. 整体分为若干分的一部分。2. 一点儿；少量。""分"读fèn所对应的义项是："3. 犹言（所得的）一部分。4. 一户（人家）。"

《辞源》未收"一份""一分"。

总体来看，现代汉语中"一份""一分"可作如下处理：

（1）强调将整体分成几个部分占其中一个部分时用"一分"。如：三山六水一分田。

（2）强调《汉语大词典》第二个义项"一点儿；少量"时用"一分"。如：有一分热发一分光。这样处理基于两点：①"一点儿；少量"这个意义应该是从"量词。长度，尺的百分之一；重量，两的百分之一……"这一用法引申出来的，因此宜与这一量词用法同字。②从BCC语料库"一分热"与"一份热"、"一分光"与"一份光"使用频率对比情况看，依据从众原则，应如此处理。

（3）用作一般量词（非度量量词）时，如用于搭配成组的东西、用于报刊文件等，用"一份"。如：一份礼物；一份《光明日报》。

（作者单位：武汉大学文学院）

书　评

一部全面深入研究刘永济先生的力作

——读陈文新、江俊伟《刘永济评传》

□ 巩本栋

由陈文新教授和江俊伟博士历时六载、数易其稿的学术著作《刘永济评传》（以下简称《评传》），日前由湖北人民出版社顺利出版了。作为一位对刘永济先生深怀着敬意的读者，我们在对《评传》作者表达着由衷的感佩、祝贺，并分享着其成功的喜悦的同时，谨在此略谈一点自己肤浅的感受。

《刘永济评传》是一部迄今为止最为全面、深入研究刘永济先生的力作，它填补了中国现代学术史研究的空白。

刘永济先生是现代著名的词人和学者，在现代词史和学术史上占有重要的地位。从辛亥革命到 1917 年，刘先生在上海曾向近代著名词人况周颐、朱祖谋问学，得到两位老辈特别的赏识。彊村老人即称其为"能用方笔者"。刘先生作词受到朱、况二位的影响，但取径更广。① 他不独如席启駧先生所说，其"为梦窗词，而往往似白石，意其胸襟性情或近之欤"②，而且又如朱光潜先生所品题的，"谐婉似清真，明快似东坡，冷峭似白石，洗净铅华，深秀在骨，是犹永嘉之末闻正始之音也"③。同时，他还对南唐冯延巳的词下过很大工夫。所以，他的作品可以说是将冯之深婉、苏之豪放、姜之清刚、吴之丽密，融汇发展，而自成一家的。刘永济先生又是一位十分渊博的学者。在五十多年的学术生涯中，他在古代文学的领域内作了多方面的探索，取得了非凡的成就。不算未及收集的单篇论文和未完成的残稿，即就已成书者论，便有二十种之多，尤其是他在文学理论、《楚辞》、《文心雕龙》、词学、曲学和文学史等方面的研究著作，多次出版印行，向为学界所推重。

---

① 刘先生在创作方面，以词为主，诗不多作，晚年经过精心筛选，辑成《刘永济词集》二卷、《云巢诗存》一卷。今并收入《刘永济集》，中华书局 2010 年版。

② 《刘永济词集序》。

③ 见《刘永济词集》卷首。

　　然而，长期以来，由于种种原因，对刘先生的创作和学术成就，却缺少应有的研究。35 年前，先师程千帆先生曾撰《刘永济先生传略》一文，对刘先生的生平、思想、创作和研究，作了较为全面的论述。其文情文并茂，十分精粹，然受篇幅所限，很多方面尚未得以充分展开。进入 21 世纪以来，刘永济先生的学术渐为学界所关注，只是这些研究的范围多集中在刘先生学术的某些领域，如楚辞学、"龙学"、唐诗学和词学等方面，鲜有作整体观照者。而《刘永济评传》的作者，则在充分搜集有关材料、深入研读刘先生词作和著述的基础上，对刘永济先生的家世、生平、思想学术、创作成就及其学术史地位等，进行了全面、深入的讨论，从而成为一部迄今为止最为全面、深入研究刘永济先生的创作和研究的力作，填补了中国现代词史和学术史研究的空白。

　　刘永济先生生于清光绪十三年（1887），去世于 1966 年，由晚清、民国到中华人民共和国，他的人生轨迹跨越了三个历史时代，其经历也就十分丰富和复杂。刘先生出身于官宦世家、书香门第，自幼熟读四书五经，饱览群籍，并曾随龙继栋先生学习诗词，虽早中秀才，科举制度废止后，便改入新学，先后在复旦公学、天津高等工业学校、清华留美预备学校读书。辛亥革命后，在上海又从况周熙、朱祖谋学词。1917 年，刘先生回长沙明德中学任教，自 1928 年起，开始在东北大学、浙江大学、湖南大学等南北各高校任教，而从 1942 年始，便长期执教于武汉大学，直到他 1966 年去世。其间曾任武汉大学文学院院长，湖北省文联副主席等职，1956 年被评聘为一级教授。对于刘先生这一生的经历，我们虽然大致了解，但对其中许多事件的过程和细节却并不清楚，尤其是对刘先生一生的心路历程和思想学术发展的变化，往往缺乏准确的认识。比如，其家世、门风对其思想性格和人生志趣的熏陶，新式学堂的学习对他早年反清排满思想和人生态度的影响，从明德学校教员到东北大学教授的十五年对其词人和学者格局的养成，刘先生如何与"学衡派"结缘以及其所主持的《湘君》与《学衡》的关系，刘先生在 20 世纪 40 年代的武汉大学文学学科中所起的作用和处境，1949 年后，刘先生又如何从一位民国时期的教授，经由"思想改造"而走向"识得真源""要向青灯共策勋"的过程，他的《诵帚庵词》的编订与被审查、被诬陷的遭遇以及他晚年的心态和遭遇等，这些以往很少为论者所涉及的经历、事件和过程，在作者的笔下都一一清晰地展现出来。再如，刘永济先生的学术成就，过去的研究往往单一和分散，难以反映出刘先生学术的全貌，而在《刘永济评传》中，我们则看到了作者对刘先生学术的多角度、全方位的探讨。从对《文学论》三重视野的分析，到《十四朝文学要略》文学史理路的梳理；从对《楚辞》学研究路径与得失的论述，到《文心雕龙校释》的文学史建构的考察；从对《唐人绝句精华》编选宗旨和学术内涵的阐释，到对刘先生词学研究特色的多侧面的揭示和论说等，研究范围涵括了刘先生学术的诸多方面，全面展示出刘先生的学术成就和贡献，弥补了学术界研究的不足。

　　《刘永济评传》又是近年中国现代学术史研究的新成果。《评传》的作者不但能把对刘永济先生的认识置于中国现代学术史发展的链条中审视，而且在对刘先生学术的讨论中，又能时时注意他与其他学者的联系，从而展示出一幅更为宽广的现代学术史发展的图景。

刘永济先生在中国现代学术史上属于学衡派。① 1921 年冬，梅光迪、吴宓、胡先骕等国立东南大学（即今南京大学前身）的几位教授创办学术期刊《学衡》杂志，翌年一月正式出版。柳诒徵先生为撰《学衡杂志简章》，开宗明义地提出《学衡》杂志的办刊宗旨是："论究学术，阐求真理，昌明国粹，融化新知。以中正之眼光，行批判之职事。无偏无党，不激不随。"以《学衡》为纽带，形成了一个在中国现代史上独具特色的思想流派，史称"学衡派"，在思想学术界掀起了一个与五四新文化运动、《新青年》相对应的文化思潮。作为与梅光迪、吴宓等人志趣相投的好友，刘永济先生很快也加入了这支学者的队伍，并开始不断地给《学衡》写稿。像《中国文学通论》《中国文学史纲要》《论文学中的相反相成之义》《文诣论》《旧诗话》《天问通笺》和大量的词作等，都是最早在《学衡》上发表的。刘先生也很自然地被归入"学衡派"。我们知道，五四新文化运动长期以来被认为是一场反帝反封建的革命和思想文化运动，那么，作为其对立面的"学衡派"，也就似乎很自然地成了反历史潮流而动的"文化复古主义"或"文化保守主义"。因此，对五四运动的评价越高，对"学衡派"的批判也就越严厉。很长时间以来，"学衡派"成了一个人们不愿去触碰的话题，直到近二十年，情况方有所转变。《刘永济评传》的作者虽也将"学衡派"的性质看作"文化保守主义"，但他们把对传主的研究放在"学衡派"的视阈和背景之下进行，并由此去把握和探讨刘先生学术的宗旨、追求以及路径和得失，眼光已迥自不同，从某种意义上来说，他们做的虽是以刘先生为对象的个案研究，实际却为人们重新认识和评价"学衡派"提供了具体的方法、依据和成功的案例。

"学衡派"主张"论究学术，阐求真理，昌明国粹，融化新知"，"无偏无党，不激不随"，其学术精神是以中学为体，西学为用，是兼取中西文化之精华而加以融会贯通。《刘永济评传》所着力揭示的，正是这种贯穿于刘先生一生学术研究的内在精神。比如，书中论及刘先生早年的文学理论著作《文学论》，就从文化、文学史和文学批评史三重视野进行观照，指出其"并不认为中国文化十全十美，更不赞成文化锁国。在他看来，文化的互补和融合是文化进步的必由之路。'一国之文化得与他国之文化相接触，必生变化，而每一度变化，又必为一度之进步，有史以来，皆如此也。'"并力图揭示其"融会中西的著述方略、兼通中西的知识背景和致力于振兴中国文化的学术关怀"，以及其"在中国古代学术资源和现代转化方面所做的探索"和意义。② 再如，论述刘先生的《十四朝文学要略》，特别对其文学流派意识进行阐发。作者指出，刘永济对流派现象做考察注意到几个相互关联的文学史事实："其一，中国古代最早的文学流派产生于魏晋之间。'魏晋之间，人竞品题，俗尚臧否，文人相轻，于斯为盛，宗派之渐，其在此乎？'从中

---

① 这个与新文化运动、《新青年》相对应的文化思潮，以往学界往往称这股思潮为"文化复古主义"，但这实际上是对学衡派的误解，它也许应当被视为"文化理性主义"更妥当。学衡派倡导的是兼取中西文明之精华而熔铸贯通之思想，而非一味偏颇于哪一方面。实际上，无论是新文化运动还是学衡派，都是当时的中国知识分子在面临全球化对中国的冲击下寻求的应对之策。学衡派对中国现代学术尤其是东南学术产生了深远的影响。近年来，学术界对学衡派的评价渐趋公正，南京大学还成立了学衡研究院，创办了《新学衡》杂志。而如果对学衡派应作重新评价的话，那么，对刘先生的学术史地位也应重估，尤其是对其学术上不激不随，兼取中西文化的精华而加以融会贯通的学术精神，理应有充分的认识。

② 陈文新、江俊伟：《刘永济评传》，湖北人民出版社 2018 年版，第 157、155 页。

西文学的演进历程来看，文学流派的充分发展只有在文学取得独立地位或曰'文学自觉'的背景下才有可能。因此，说建安以降才出现文学流派，乃是对文学史阶段划分极具意义的一个命题。其二，文学流派包括'宗主'、'体性'、'源流'等层面"，这与我们今天所说的"流派统系""流派盟主"和"流派风格"是很相近的。① 也注意到刘先生融合中西文学理论的倾向。《十四朝文学要略》中论及永明年间声韵学的兴盛，刘先生曾指出梵学的传入是不可缺少的条件。"盖自东汉许叔重作《说文解字》，形定声明。后人更进而研求音声，自然之势也。故孙炎著《反语》、李登作《声类》、吕静作《韵集》，已远在魏晋之世。此固有之因缘也。而梵学西来，中土之士，渐习其文字。于是彼土谐声之字，与此方衍形之文，互相接角，而生影响。声韵之学，遂以兴起。此外来之影响也。"② 《评传》的作者认为，"刘永济指出的虽是一个历史事实，而背后则是一种文化立场，即充分肯定外来文化对于促进中国文化进步的作用"。只不过刘先生是"以尊重民族文化为前提，强调以中华文化为主，以外来文化为宾，反对喧宾夺主或以宾为主"③。同样准确地揭示出刘永济先生治学的中西古今兼融的倾向。

刘永济先生性情耿介宽厚，在其数十年的人生和学术生涯中，所师从和交往的多是文坛和学界名流。像晚清著名词家况周颐、朱祖谋，现代著名学者陈寅恪、梅光迪、吴宓、吴芳吉、闻一多、顾颉刚、朱自清、龙榆生、陆侃如、冯沅君、梁宗岱、茅盾、吴梅、钱锺书、赵景深、游国恩等先生，都与刘先生相知很深。《评传》的作者在研究中，不但很注意考订他们彼此之间的交游，而且注意从这种交往和比较中，从辨章学术、考镜源流的学术过程中，凸显刘永济先生的学术个性和价值，进而展示出一幅更为广阔的中国现代学术史的画卷。例如书中第三章对刘先生与"学衡派"关系的相关论述，既对"学衡派"的相关问题作了细致的辨析，又对刘先生及其与现代学术史上的许多学者的交往等，作了认真的比较和中肯的分析，反映出五四运动后期学术界的实际情况。而在论述刘先生早期著作《文学论》的时候，又能把它置于学术史的视野下加以考察，与同时或前后出现的同类著作，像宋桂煌翻译的英人 Hudsan 的《文学研究法》（*An introduction to the study of literature*，1913）、伦叙的《文学概论》（1921）、章太炎的《国故论衡·文学总略》、姚永朴的《文学研究法》、马宗霍的《文学概论》（1925）、潘梓年的《文学概论》（1925）等，进行比较，既可以由此清楚地认识到这部中国最早的具有现代学术意义的文学理论著作的地位，也再现了 20 世纪 20 年代文学理论研究的整体图景。此外，在论及刘永济先生《文学论》的文学史视野时，将其与谢无量、曾毅等人的文学史著作相比较，而论述《文学论》的中国文学批评史视野时，又与黄季刚先生的《文心雕龙札记》比较，并指出其对郭绍虞等人文学批评史撰写的影响。这些地方，都给予了读者更多的现代学术史影像。

在现代学术史上，"学衡派"并不是一个孤立的存在。在 20 世纪初的东南大学，与《学衡》和"学衡派"同时存在和桴鼓相应的，还有"国学研究会"和《国学丛刊》等组织和刊物，其代表有陈中凡、顾实、吴梅、陈去病、柳诒徵、王伯沆、汪东、黄季刚、王易、胡小石、汪辟疆等众多著名学者。由此形成的"东南学术"，无论在当时还是后

①　陈文新、江俊伟：《刘永济评传》，湖北人民出版社 2018 年版，第 176 页。

②　刘永济：《十四朝文学要略》，中华书局 2010 年版，第 183 页。

③　陈文新、江俊伟：《刘永济评传》，湖北人民出版社 2018 年版，第 187 页。

来，都有着十分广泛和深远的影响。从这个意义上说，刘永济先生及其学术不只属于"学衡派"，也是"东南学术"的重要组成部分。《刘永济评传》的作者敏锐地注意到了个中的联系，尤其是程千帆先生与刘先生的传承关系。书中多处引录程先生对刘先生为人的回忆。像刘先生捐资明德中学、与叶圣陶等先生的交谊、与苏雪林的关系、对初登武大讲堂的程先生的关心和扶持等，就都引自程先生的《刘永济先生传略》。书中也多处引用了程先生对刘先生学术的评价。像讨论刘先生的《十四朝文学要略》《文心雕龙校释》等，就都注意到程先生的看法，并指出后者与刘先生学术的传承关系。比如，书中引录程先生对文学史撰写的看法："从《春秋左传》到佛经合本子注及其效法者，如《三国志》、《水经注》、《洛阳伽蓝记》，还有后来的《三朝北盟会编》等，一个纲，下面分系很多材料。刘师培《中国中古文学史》就是这样写的。刘永济先生《十四朝文学要略》也是这样写的。"①《评传》作者进而指出："刘永济《十四朝文学要略》之后所有的著述，其体例都取法于传统的经典。这不是偶然的，而是一种文化信念的执著表达。"这是有见地的。实际上，刘先生学术研究中对一些具体问题的看法及其对程先生和其他学者的启发，其例是很多的。像程千帆先生与程章灿合作完成《程氏汉语文学通史》后就写道："本书第八章中关于从子书衰落到论说文论勃兴的一些论述，就是从刘永济先生《十四朝文学要略》中受到启示，并参考利用了刘先生的一些思考结晶。"② 此即为一例。

刘永济先生与程家是世交。刘先生早年在长沙的时候，曾经向程先生的叔祖程颂万问学，③ 而程先生自幼随十发老人的长子君硕先生读书，十发老人称之为"诗笔清丽，自由天授"。刘先生是千帆先生的长辈，刘先生发表在《学衡》杂志和武汉大学《文哲季刊》上的许多文章，程先生原就读过，十分佩服。所以，1940 年初，因躲避战乱辗转入川、刚到乐山中央技艺专科学校任教不久的程先生，便去拜访当时亦随武汉大学内迁乐山的刘先生。次年，刘先生推荐程先生到武大中文系任教。自此至 1957 年程先生被错划为右派，除了在成都任教于四川大学和金陵大学的三年之外，程先生一直都与刘先生在一起工作，前后同事长达十七年。刘先生的人格与学术对程先生都产生了很大的影响。

1978 年，在经历了长达十八年的非罪获谴的遭遇后，已自武大退休的程千帆先生受聘于南京大学。在南京大学，程先生发奋工作，努力挽回过去十八年所浪费的时间。他著书撰文，传授生徒，承担了多项研究课题，发表、出版了许多饮誉学界的论文与专著，并在研究思想和方法上明确提出把"文艺学与文献学完美地结合起来"的观点，不但为重振"东南学术"作出了重要贡献，而且在中国当代学术界也产生了广泛而深远的影响。对程先生的这些学术成就和治学方法，已故傅璇琮先生曾作过一个评价，他认为程先生的学术思想和方法以及体现这些方法的著作，"将在我国的古典诗歌研究学术史上占有特定的位置，其意义及经验必将日益为学界所认识和汲取。程先生在三十年代曾受到南京几位

① 程章灿等：《老学者的心声——程千帆先生访谈录》，巩本栋编：《程千帆沈祖棻学记》，贵州人民出版社 1997 年版，第 103~104 页。

② 程千帆、程章灿：《程氏汉语文学通史》，辽海出版社 1999 年版，第 659 页。

③ 程颂万，字子大，别号石巢居士，又号十发老人、鹿川田父，曾参谭继洵、张之洞幕府，后为岳麓书院山长、武昌自强学堂监督，诗文兼擅，光绪间与曾广钧、易顺鼎齐名，称"湖南三诗人"，有《十发居士全集》。

国学大师的教益，'厚德载物'，他的学问基础的深厚即来自源远流长的传统。而程先生在此后又逐步接受了科学的世界观，并且恰当地运用了中外关于研治人文科学的新理论，这样他就在传统的治学路数上融会入现代科学的成果，特别是他在七十年代后半期直至现在，他的传统与现代科学成果结合治学思路已较原来的考证与批评结合更富时代性，在学术层次上更有发展。这不但体现在程先生十余年来问世的几部专著上，也表现在他与（周）勋初先生一起，陆续培养出已斐然有成的好几位博士、硕士研究生身上，因而形成南大古典文学研究那种沟通古今、融合中西，于严谨中创新的极有生气的学风"①。1998年，徐公持先生在回顾 20 世纪 80 年代以来中国古代文学研究的现状时，也认为，在老一辈学者中，能够"以耄耋之年，仍奋发有为，撰述不止，再现学术雄风"的，当以钱锺书先生和程千帆先生最为代表。② 如何认识和评价程先生在中国现代学术上的作用与地位，傅先生和徐先生的看法是十分值得重视的，然我们这里想说的是，程千帆先生之所以能顺应现代学术发展的潮流，以其独特的个性和品格，融合新旧，创造性地完成了自身思想学术的转换，并取得了卓越的成就，对南京大学中国古代文学学科的创建，也对整个古典文学研究界的发展，产生了重要影响和作用，固然有多方面的原因，但其中刘永济先生的影响是决不可忽略的。

刘永济先生的学术研究兼重理论与文献。他早年"参稽外籍，比附旧说"，融合中西，撰为《文学论》，阐发"浪漫派"与"写实派"等许多理论范畴，以建构中国文学自身的理论体系，同时又附录《古今论文名著选》《参考表》《引用人名汇考》和《引用篇籍备检》，为读者提供了丰富的文学史资料。其后他的屈赋研究，既重知人论世，又强调文字训诂。他的《文心雕龙校释》，注重对刘勰文章学理论的揭示和阐发自不必说，而书后又附有《文心雕龙征引文录》，可见其对理论和文献的双重关注。及至刘先生编撰《词论》，汇集许多词话材料，然我们看他上卷通论词的名义、缘起、宫调、声韵和风会，下卷专论作词方法，分为七节：总术、取径、赋情、体物、结构、声采和余论，从词的起源、声律、词史的发展，到词的创作论的诸多范畴，几乎涉及词学理论的所有重要方面；而其中每一节的撰写，又必先对有关的词学文献进行全面细致的考察，然后严加选汰，择取具有代表性的说法，进行归纳排比，或疏通印证，考辨得失，或发明引申，从容立论，多精详周密，平正通达，要言不烦，从而建构起一个相当完整的词学理论体系。③ 这些都对程先生的研究有过积极的影响。

40 年初，程先生刚到武汉大学，给中文系的学生教大一国文，编为讲义，"就想讲一

---

① 傅璇琮：《江湖诗派研究序》，张宏生：《江湖诗派研究》卷首，中华书局 1995 年版。

② 徐公持：《二十世纪中国古典文学研究近代化进程论略》，《中国社会科学》1998 年第 2 期。

③ 刘先生的《词论》两卷，原是刘先生早年在湖南大学任教时的词学讲义，1940 年，刘先生到武汉大学任教，所讲授的课程仍有词学一门，故续有增益，尤其是下卷，刘先生还准备以其为蓝本，提要钩玄，写成几十则词话，作为学词的纲领。然不知何故，我们后来从刘先生的遗稿中只看到已修改完成的《总术》《取径》两节和文前的题记，书名则作"诵帚词笺"。取修改后的这两节与 1981 年由上海古籍出版社据武汉大学印本出版的《词论》相较，可知修订稿已比原稿有了较大的改动和补充，惜今之中华书局版《刘永济集》未能据此校改。

点带有文学理论的内容"，"与一般性的大一国文课区别开来"。① 讲义分总论、骈文、散文三部分，骈文和散文主要是选本的序跋，像《古文辞类纂》的序，《骈体文钞》的序等。总论选了十篇文章，包括章太炎《国故论衡·文学总略》、章学诚《文史通义·诗教》、刘师培《南北文学不同论》等多篇论文学的代表性文献，皆详加注释，而分别类之以"文学之界义""文学与时代"、"文学与地域""文学与道德""文学与性情""制作与体制""内容与外形"等，实际上与刘先生的《文学论》相同，也是在以现代学术的眼光来处理中国古代文论的材料，是一种总结和建构中国文学理论体系的可贵的尝试，其研究思路和方法，自然也得到刘先生的充分肯定。而也就是在这一时期，程先生在古代文学的研究实践中，更进一步提出了要将理论批评建立在坚实的文献考据基础上的看法。像《左太冲〈咏史〉诗三论》《陶诗"结庐在人境"篇异文释》《陶诗"少无适俗韵"韵字说》《王摩诘〈送綦毋潜落第还乡〉诗跋》《韩诗〈李花赠张十一署〉篇发微》等，都显示出他在这方面的努力。1949 年以后，程先生又接受了马克思主义的唯物史观和文艺思想。他承担过文学理论课程的教学，撰写了许多文学理论和批评方面的著作和文章，而且更重要的是，他把这些理论自觉地运用到了古代文学的研究实践中。这不但使他在古代文学的研究上取得了杰出的成就，而且在学术思想和方法上，也将自己多年研究的经验凝结、升华并表述为："文艺学与文献学的完美结合"，从而在中国古代文学研究界产生了广泛和深远的影响，取得了很高的学术史地位。其在理论和方法上的自觉，当然已超越了刘先生，但若要追溯其思想学术的渊源，刘先生影响的痕迹仍不难看出。

刘永济先生治学之广，读书之多，是很惊人的。他在群经、诸子、小学方面，在目录、校勘、版本方面，在地理沿革、名物制度等方面，都有深厚的修养，尤其是他的古代文学研究，从"楚辞学""龙学"，到唐诗学、词学和曲学等，几乎跨越了整部文学史。这就要求研究者也必须有文学史的眼光和积淀。我们欣喜地看到，《评传》的作者不但在深入研读刘先生著作的基础上，对刘先生在文学理论、"楚辞学"、"龙学"、唐诗学、词学、曲学等方面的成就，作了全面的论述，而且，作者的研究又往往能从文学发展演进的历史中去认识和把握研究对象，揭示出其内在的理路和特色，同时也彰显了作者自身的学术倾向和追求。比如，《评传》的作者在讨论刘先生的《十四朝文学要略》时，就特别注意到是书虽不是一部完整的文学史著作，但其文学史的理念却贯穿了他全部的古代文学研究。刘先生在书中对赋比兴有一个独到的阐释。他认为："孟子之巧譬，庄生之寓言，论宗之用比也。宋玉之《风赋》，贾生之《鵩鸟》，赋家之用兴也。《过秦》、《王命》、《六代》、《辨亡》，论之体也，而用则赋。虬龙云蜺，美人香草，《骚》之文也，而用则比。且比者，附也，附理者，切类以指事。兴者，起也，起情者，依微以拟议，推阐其用，岂仅限于诗歌辞赋之文？赋者，铺也，布也，铺采布文，体物写志也，会通其旨，亦有合于说部戏曲之法。盖文家以三事为用，所用岂囿于一体？"② 这一见解是极为深刻的。故《评传》作者指出："由此一例可见，关注赋比兴手法在诗之外的其他文体中的运用，不只说明了一个文学写作的具体现象，还有助于阐明文学发展的进程。而刘永济所说'斟

---

① 程千帆述，张伯伟编：《桑榆忆往》，北京大学出版社 2015 年版，第 64 页。

② 刘永济：《十四朝文学要略》，中华书局 2010 年版，第 22~23 页。

酌百变之间，取予寸心之内，作者之才艺系焉，一代之风会存焉'，由'才艺'之演进，以见'风会'之变迁，还赋予了这种分析方法以文学史研究的意义。"并且，《评传》作者将《十四朝文学要略》所附《文体孳乳分合简表》与刘先生《默识录》中的有关论述联系起来，进一步论述道："就中国古代的叙事传统而言，其建立和发展，可大体分为四个阶段：先秦；汉魏六朝；唐；宋元明清。先秦是子、史、诗赋初步建立各自叙事传统的时期；汉魏六朝是子、史传统交融孕育出子部小说的时期；唐代是子、史传统与诗赋叙事传统融合孕育传奇小说的时期；宋元明清是文言叙事传统与讲唱文学传统融合，中国叙事传统发展到集大成境界的时期。而无论哪一种叙事形态，都以情节和场面为主体，只是各有侧重，各有不同的处理罢了。刘永济所说的'横铺'，聚焦于场面的描写；刘永济所说的'直铺'，聚焦于情节叙述。先秦时代的史家散文、诸子散文和辞赋，不出'横铺'和'直铺'两种方式；后世的小说、戏曲，又何尝在矩镬之外。这样来看中国古代的叙事传统，就可以打通文体的壁垒，不至于在各种文体之间划下一道截然的鸿沟。刘永济的思路，对于拓展文体研究的视野，对于深化中国古代叙事传统的研究，其意义尚未得到充分的认识。"① 这些论述，既深刻指出了刘先生古代文学研究的内在理路及其文学史意义，又包含着作者自身学术研究的心得，颇具识见。其他像探讨刘先生的《文学论》，指出其文学史和文学批评史的视野；讨论刘先生屈赋研究，指出其文学史意义；讨论刘先生的《文心雕龙》研究，着眼于其文学史建构；论述刘先生的唐诗宋词研究，又拈出其关注流派、风会的特点等，都在在体现了《评传》作者对文学史研究多年的思考。

此外，《刘永济评传》引用材料的丰富，迭出的新见，严谨的体例和平易畅达的文笔等诸多特点，也是显而易见的。刘永济先生出生于官宦世家，然其父祖辈如何影响其学术志趣，却少有材料。《刘永济评传》的作者，能从刘家"诗书继世"的家风、父辈的熏陶、早年的阅读经历和家庭教育，对其人生态度和学术兴趣、思想信仰的影响，作了可贵的探讨，揭示其内在关联。自 1917 年 7 月应长沙私立明德学校校长胡元倓之邀任学校教员，到 1927 年任东北大学教授，1932 年任武汉大学教授，计前后十五年的时间，是奠定刘永济学术发展的重要时期，以往研究者亦关注不够，《评传》通过细致的梳理，展示出刘永济先生的学者形象和炽热的民族情怀。至于 20 世纪 40 年代的武汉大学文学院所谓"新""旧"派之争，外人更难以索解，而《评传》则挖掘了许多珍贵的资料，据此指出其中虽存在意气纷争和人事纠葛的因素，但其实质还是源于学术观点与理路的分歧，这两派人物在其学术生涯中都取得了引人瞩目的成就。书中的一些重要看法，如认为刘永济先生的屈赋研究，包括两种类型：第一类偏于人文性的阐发，常常并无铁证，如关于屈赋作品的认定和部分字句的改动，一方面对读者多有启迪，另一方面也不时招致商榷；第二类则以科学性见长，包括屈赋的审音、训诂、语法研究等内容，他的若干主要成果，如《屈赋通笺》各卷的"正字""审音""通训"各节，以及《屈赋音注详解》《屈赋释词》两部专书，集中显示了他在考据和语言学方面的深厚造诣。其屈赋研究得到闻一多、游国恩等大家的激赏，主要是在第二个方面。这些论述无疑都是颇有见地的。至于此书文字风

---

① 陈文新、江俊伟：《刘永济评传》，湖北人民出版社 2018 年版，第 179~180 页。

格的平易流畅，读者皆能感知，这里就不赘述了。

　　总之，由陈文新、江俊伟两位先生完成的《刘永济评传》，在刘先生的生平、思想、文学创作和学术研究等很多方面，创获甚多，洵为一部对刘先生的学术成就和现代学术史地位作出全面而公允评价的力作，也是近年现代学术史研究的新收获，它将受到学界的欢迎是肯定的。

（作者单位：南京大学中文系）